潘懋元肖像油画（魏楚予画）

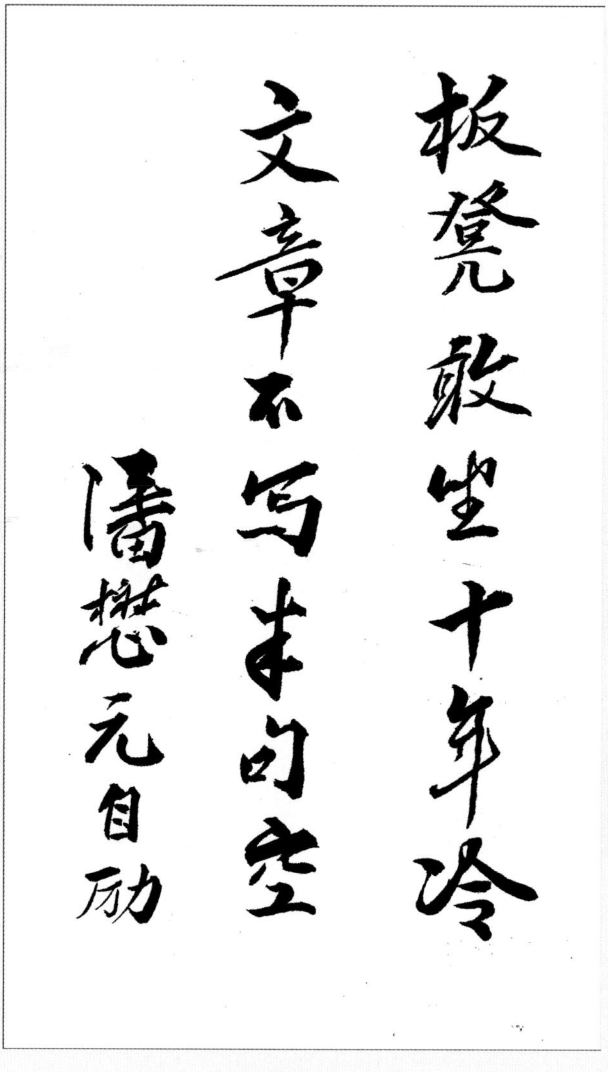

2006 年题铭自励

潘懋元文集

卷四·历史与比较研究

潘懋元◎著

广东高等教育出版社
Guangdong Higher Education Press
·广州·

图书在版编目 (CIP) 数据

潘懋元文集. 卷四，历史与比较研究 / 潘懋元著. —2 版. —广州：广东高等教育出版社，2020.6

ISBN 978-7-5361-6769-8

Ⅰ. ①潘… Ⅱ. ①潘… Ⅲ. ①潘懋元-文集 ②高等教育-教育史-研究-中国 Ⅳ. ①C53 ②G649.29

中国版本图书馆 CIP 数据核字（2020）第 086185 号

PANMAOYUAN WENJI JUANSI LISHI YU BIJIAO YANJIU

出版发行	广东高等教育出版社 地址：广州市天河区林和西横路/510500 营销电话：（020）87554153 http://www.gdgjs.com.cn
印　　刷	佛山市浩文彩色印刷有限公司
开　　本	787 毫米 ×1092 毫米　1/16
插　　页	2
印　　张	33
字　　数	527 千
版　　次	2010 年 9 月第 1 版　2020 年 6 月第 2 版
印　　次	2020 年 6 月第 2 次印刷
定　　价	148.00 元（全套定价：1388.00 元）

《潘懋元文集》编辑委员会

谨以本书庆贺潘懋元先生百岁华诞暨从教八十五周年

编辑说明

潘懋元，1920 年出生于广东汕头，厦门大学文科资深教授。现任厦门大学教育研究院名誉院长，教育部人文社会科学重点研究基地厦门大学高等教育发展研究中心名誉主任；中国高等教育学会顾问、高等教育学专业委员会终身名誉理事长。兼任教育部教育发展研究中心、国家教育行政学院、南京大学、华中科技大学、华南师范大学、华中师范大学、广西大学、深圳大学等十多所研究机构和大学的客座或兼职教授。曾任厦门大学副校长、顾问、教务处处长、高等教育科学研究所所长、海外教育学院院长，国务院学位委员会教育学科评议组召集人，中国高等教育学会副会长，高等教育学专业委员会理事长，等等。

潘懋元先生是中国高等教育学科的奠基者和创始人。作为著名的教育理论家，潘懋元先生教育理论研究硕果累累，为创建我国高等教育学科，丰富和发展我国乃至世界高等教育理论体系做出了重要贡献。作为杰出的教师，他培养了大批高层次教育学人才，桃李满天下，为建设我国高等教育学科骨干教师队伍和研究队伍做出了重要贡献；作为一位优秀的教育活动家，他对我国若干重要教育改革决策提出了许多宝贵的意见和建议，为我国高等教育宏观决策科学化做出了重要贡献。

潘懋元先生从 1935 年 15 岁开始从事教育工作，在 15 岁之前就已经进行创作和发表。涉及范围从最初的文学创作，到后来从事教育史研究、教育学研究，开创高等教育学科以及长期从事高等教育研究等，时间跨度长达 80 多年，内容精彩，成果丰硕，卓有建树，其中尤以高等教育研究成果为最。

这套《潘懋元文集》收录了潘懋元先生的绝大多数成果，约 550 万字。根据潘懋元先生创作及研究成果的特点，我们进行了分类整理，一共有 9 卷 11 册。各卷名如下：

卷一·高等教育学讲座
卷二·理论研究（上、下）
卷三·问题研究（上、下）
卷四·历史与比较研究
卷五·序文
卷六·讲课录
卷七·昔年作品及其他
卷八·潘懋元教授纪事年表
卷九·潘懋元教育口述史

上述9卷基本上反映了潘懋元先生学术人生的全貌。其中，卷一是潘先生作为高等教育学科奠基人的奠基之作，1983年5月在人民教育出版社出版第一版，1985年、1992年分别出版第二版、第三版。2010年广东高等教育出版社出版《潘懋元文集》时，将此书收入作为卷一。本书虽然个别地方的表述与现在说法稍有出入，但为了尊重历史和潘先生奠基性的贡献，力求保持原貌。卷二至卷四集中反映了潘先生对教育特别是高等教育方方面面的研究成果，包括理论研究和问题研究。卷五是潘先生为学者们的教育研究专著所作的序言，话题宽泛。卷六是最新版讲课内容，是潘先生给2019级博士生讲授“高等教育学专题研究”课程内容的实录。卷七包括潘先生早年的学士学位论文和文学作品、散论等，最早的作品作于16岁。卷八包括各个时期个人生活、学术活动等内容的照片和教学、科研及学术活动纪事。卷九以教育口述史的形式，以时间为主线，以思想为专题，生动地反映了潘懋元先生的教育人生。该卷由北京师范大学出版社于2007年出版，这次收入文集时略有修订。

在对书稿进行编辑加工的过程中，我们对一些时间概念、专有名词、数据、注释等做了规范处理。为方便选择和阅读，每卷每册开头都编排了编辑说明、代序，末尾编排了潘先生的百岁感言和编者的后记，特此向读者说明。

编　者
2019年10月28日

代　　序

潘懋元：中国高等教育研究的奠基人①

[加拿大] 许美德（Ruth Hayhoe）

潘懋元教授，1920 年出生于粤东沿海的汕头市，家境贫寒。在这样的家庭中，能获得基础教育就相当不容易了。但他对教育的热爱却使得他在 1941 年抗战时期考入当时迁于福建长汀的厦门大学，随后他的教育生涯就与厦门大学的历史结下了不解之缘。厦门大学位于福建省东南沿海的厦门（厦门旧称 Amoy，与台湾隔海相望），有着独特的发展历史。

在我涉足中国高等教育之初，了解到潘懋元教授很早就在该领域从事重要的工作。1988 年秋，我在南京大学召开的高等教育改革会议上首次聆听他的报告。第二年我移居北京，做加拿大驻中国大使馆的文化参赞。其间，我荣幸地接受了潘懋元教授的邀请访问厦门大学，了解到厦门大学在高等教育研究领域所做的工作。我为这滨海校园之美所打动，它的建筑风格成功地糅合了中西方的特点。

---

① 许美德．思想肖像：中国知名教育家的故事［M］．周勇，等译．北京：教育科学出版社，2008．许美德教授是国际著名的比较教育专家，多年来她对我国高等教育研究投入了大量的精力，成果丰硕。她对潘懋元教授的地位和贡献给予了高度的评价。本次出版《潘懋元文集》，我们征得许美德教授本人同意，将此文章作为文集的代序（少数地方根据现在的出版或文字规范稍有删改）。

更为重要的是，我获知了很多厦门大学高等教育科学研究所（以下简称“高教所”）的工作，它是潘懋元教授于1978年创办的，源头则要追溯到潘教授自20世纪50年代在厦门大学所做的工作。

1997年11月，我再次有机会访问厦门大学高教所，拜访潘懋元教授，并邀请他讲述自己的人生故事。此前我已定居香港，时任香港教育学院院长。本文的主要资料就来源于那一年的两次长谈。[①]我也有幸看见他每周六晚在自己家里为研究生们举办的学术沙龙，由此领略了他的教学风格。

潘懋元教授住的是一栋两层楼的房子，位于厦门大学校园内的一座小山上。二楼是宽敞的斯巴达式的书房，里面整齐地排放着书架，桌子和沙发点缀其间，还准备了许多客人来访坐的小凳子。当晚来了12名研究生，我能感受到他们对于沙龙的热情和期待。潘教授寥寥数语先起了个头，介绍了晚上所要讨论的主题。当晚的主题是一位研究生的论文涉及的论题，她在此之前曾写过一篇论文，与南京的一位著名学者提出的教育社会观进行商榷。这位研究生认为，南京学者的那篇文章的理论前提完全忽视了高等教育作为独特领域而发挥的功能。南京学者于是又发表了一篇文章与她反商榷，这位研究生正在准备她的再次应答。于是学生们围绕着这个问题给她提供各自的意见，他们分成两派，充当论辩中的不同角色。在热情生动的争论中，几个小时不知不觉过去了，学生们在争论之中探讨了高等教育方方面面的社会功能。潘教授不时插入几句简短的评论，以免出现跑题的现象，但辩论主要由学生自主进行。我入迷地观察着整晚的沙龙，亲眼见识到了潘教授的教学风格和对学生和蔼

① 对潘懋元教授的访谈时间是在1997年12月6日和8日。

可亲的态度，而这是此前在相对正式一点的场合中我所从未见过的他。

本文中我所描绘的潘懋元形象主要基于他的那次自述，还有自己所拜读的他在高等教育领域的部分研究成果。我从厦门大学开始讲起，自1939年直至现在，这是他为生、为师以及成为学校管理者和教授的地方。

1920—1949年在中国东南地区的成长

1920年，潘懋元出生于广东东部沿海毗邻福建厦门的汕头市。由于贫困，家里无法供他上学，所以他的早期教育是不正规和断断续续的，由兄长和父亲在家教他认字。8岁时，他被送到当地的小学插班读三年级。他记得所学课程的主要内容都是传统经典。启蒙教育的内容是《三字经》，接下来是儒家经书和古代历史书籍。虽然1919年爆发了五四运动，新文化运动提倡采用接近口语的白话文，但潘懋元接受的仍然是传统教育，学的是文言文，直到后来才接触现代汉语。

小学毕业后，由于家庭无力支持，少年潘懋元无法继续上学。他的父亲希望他留在家中帮助碾米做一些发糕来卖。非常幸运的是，小学校长杨雪立在阅读毕业试卷时发现了潘懋元的中文写作才能。得知他待在家中，不能继续上学，杨校长帮助其减免一半的学费，使他得以上初中学习。就读的那所中学是一所非常传统的中学，称为时中中学。在那里他主要学习了3年的中文。潘懋元的很多老师参加过封建时期的科举考试，有的甚至考中举人。后来，他感觉到传统经典的学习给他的一生奠定了一个很有价值的基础。他回顾说，最为重要的是他学会了如何做人。

潘懋元15岁时，知道家里不可能再资助他上学了。但他得到一个到小学当教师的机会，他满腔热情地投入到工作中，但很快发现，教小学生并不是想象中那么容易。他每上一堂课要备课数个小时。初次讲课，备好的课讲不到半小时便无话可说，站在讲台上，面对乱哄哄的课堂不知所措。不甘失败的他决定想办法到师范学校学习，学习如何当老师，同时也找一些教育书籍来读。

他首先找到的是浙江大学庄泽宣教授的《教育通论》，这成了他的启蒙书。潘懋元发现这本书理论复杂，学问深入，他读不太懂，这更加坚定了他要找机会去师范学校读书的决心。1936年，终于有机会到海滨中学高中师范科做旁听生，学习了教育心理学、小学教材教法和教育行政等几门课程。当时，他已能通过教夜校和赚稿费维持生活。在海滨中学学习期间，他写过几篇短篇小说和许多散文，有一些已发表。

1937—1939年，潘懋元在农村小学教书。那时正是日本侵华战争时期，战争使得民不聊生。潘懋元热爱教书，但他越来越多地投身于抗日的洪流中，参加抗日宣传活动，组织民众起来抗日。他加入了汕头地下党组织的青年抗敌同志会，揭发敌人的罪恶行径，鼓舞民众的抗日激情。1939年6月，日军侵占了汕头，在其后的几个月里，潘懋元不得不辞去热爱的教学工作，参加抗日军队，全身心地投入到抗日运动中。

出于多种缘故，1940年，潘懋元决定离开家乡。离家的一个原因就是去接受进一步的教育，以便能做一个称职的老师。那一年他19岁，战争的局势日渐恶化。他翻山越岭，艰苦跋涉，一个星期之后，终于来到福建长汀，厦门大学于1937年迁移至此。他参加了厦门大学的入学考试，虽然他的中文很优秀，但由于事先未做充分准备，英语和数学未合格，结果名落孙山。为了读师范，他考入一所中等师资养成所学习了一年。次年，他终于考入厦门大学教育系。

潘懋元回顾说，1941—1945 年在厦门大学的学习生活对他是很大的锻炼。当时在厦门大学担任教授的多是留美学者，其中教育系主任李培囿是杜威的学生，翻译了杜威的一些著作。另一名在教育系工作的知名学者陈景磐教授，于 20 世纪 30 年代在多伦多大学获得博士学位，其博士论文是关于孔子生活的背景和为师之道。[①] 通过这些年的学习，潘懋元成为杜威著作的敬慕者，并对陶行知把杜威的理论运用到中国教育实践特别欣赏。陶行知的教育实验在中国有很大的影响，虽然杜威 1921 年来华时仅在福建有过短暂访问（Keenan，1977），陶行知的实验工作也主要是在南京和上海，但他的思想在福建却备受推崇。[②]

为了糊口，在厦门大学读书期间，潘懋元先在一所小学担任兼职教师，接着又在一所中学做兼职教师。大学四年级时，他还担任了一所县立中学的教务主任，从而可以将自己所学的知识用于实际的教学当中。1945 年大学毕业后，潘懋元在江西省的两所中学任教一段时间。与此同时，厦门大学也迁回厦门市。1946 年，他收到厦门大学校长和教育系主任的邀请，要他担任厦门大学附属小学的校长，并在厦门大学教育系兼做助教。这期间，他发现陶行知的理论对他主持校长工作的帮助很大，虽然他很遗憾没有机会与陶行知会面。在这一点上，潘懋元与李秉德的认识是一致的，后者也认为陶行知的理论最符合中国教育的实际需要。

① CHEN J P. Confucius as a teacher：philosophy of Confucius with special reference to its educational implications ［M］. Beijing：Foreign Languages Press，1990.

② 刘海峰，庄明水．福建教育史［M］．福州：福建教育出版社，1996：422－438.

新方向与新事业：社会主义时期

对潘懋元来说，1949 年的革命胜利意味着新教育生涯的开始。中华人民共和国成立后，他继续留在厦门大学当讲师。1951 年秋季，他被派到中国人民大学进修研究生课程，学习教育。一年后，李秉德也在此学习。潘懋元发现，在众多学友中，一些是和他一样的研究生；另外还有一些年长的教授，他们在此学习马列主义的理论知识，目的是为了更好地胜任未来的教育领导岗位。在潘懋元学习的班上，有好几位学者后来都成了北京师范大学的知名教授，包括教育哲学家黄济、教育学家王策三和王天一、心理学家章志光。1952 年初，因为院系调整，这项进修计划从中国人民大学转到了北京师范大学。

潘懋元对在中国人民大学的学习至今记忆犹新，他记得有 4 位苏联教授给他们上马列主义的课程，还有苏联教育理论，他甚至还记得 4 位教授的名字，但是，对所学的那点儿俄语则记得甚少。当时的教学是有翻译协助的。学习给他留下了深刻的印象，他当时感受到苏联的课程组织的方式和教学计划的制订都非常严谨，能够达到有效的控制。

在北京学习一年之后，1952 年夏，潘懋元便被厦门大学校长王亚南召回，协助厦门大学的教学和课程改革。他被任命为教学改革办公室的负责人，负责指导大学的各专业制订新的教学计划。他曾经非常推崇杜威的教育思想和美国的其他教育理念，感觉富有活力而且极具灵活性，但在控制严格的民国时期（指 1912 年 1 月 1 日至 1949 年 9 月 30 日，下同），实践这些理念是十分困难的。两者相比，他感到苏联的教育计划能够较好地使学生获得系统的知识，打好扎实的基础。特别是在诸如工程和自然科学等领域，这些对于社会主义建设是十分重要的。

潘懋元感到，事实上苏联的高等教育模式根植于欧洲大陆模式，特别是法国模式，与英美模式区别很大。他觉得苏联模式和中国自己的知识传统相对应，强调知识基础厚，存在一种中心化、系统化的知识方法。潘懋元特意提到著名的北京大学校长蔡元培，认为他是民国时期最杰出的大学校长。蔡元培在自己的高等教育思想中融合了德国、法国、中国的理念，他采用德国学问之道，特别是在研究和教学上，这得益于他在柏林大学和莱比锡大学的经历。蔡元培极力效仿法国模式的高等教育体系，因为其管理结构十分理性，并按地理区域均匀分布。在教育哲学方面，蔡元培陶醉于中国传统的自学之路，特别是对书院情有独钟，学生可以自主掌握学习进程。蔡元培极力提倡将学校分为从事理论知识研究的综合性大学和担负为国民经济各部门训练高级人力资源的专门学院。潘懋元认为20世纪50年代早期的改革，出现了大量的专门学院，同时只保留了数量相对较少的综合性大学，是较符合当时国情的，适应了中国发展的需要。①

但对于20世纪50年代初的院系调整，将一些民国时期优秀的综合性大学的系科进行削减，形成像苏联模式那样的综合性大学，潘懋元持保留意见，他觉得这些是完全可以避免的。他对按高等教育区域进行院系调整发表了看法，以自己所从事的教育领域为例，他认为，中心区按地理分布强调更多的是政治因素而非教育因素，这就导致了反常现象的出现。在南部的中心区里，位于广州市的中

① 潘懋元．潘懋元论高等教育［M］．福州：福建教育出版社，2000：521－560.

山大学，其师范学院实力雄厚，1953 年与其他教育系合并组建了华南师范学院。然而，华南师范学院当时只是不受重视的省级院校，经费和师资都受到限制，以致影响教育学科的进一步发展。

总的来说，潘懋元认为受苏联模式影响的院系调整在当时是起了积极作用的，为中国 20 世纪 50 年代国民经济建设培养了一批人才。在 1956 年中国共产党第八次全国代表大会上，周恩来强调了要尊重知识分子。[①] 如果一直贯彻这一项政策的话，潘懋元相信中国也许能够同日本和东亚其他地区一样经济快速发展。

苏联模式的高等教育有很多薄弱环节，但他感到，完全能够用一种平衡、理性的方法来解决。问题之一是对学生在不同领域能力的认识和实践强调得不够，常常希望学生通过刻苦专注的学习来达到课程所规定的较高的学术标准，而不是将更多的注意力放在教和学过程的研究上。另一个问题是过于迷信翻译过来的苏联资料，其实并不是所有的材料都适合中国国情。

1954 年对潘懋元来说是十分重要的一年。他得知厦门大学教育系被并入福建师范学院，他很想前往，专心于教育史的研究和教学。然而，王亚南校长却舍不得他走，决定把他留在教务处，继续管理厦门大学的教学工作。他决心留下来，此举为一门新学科的诞生创造了条件，也由此改变了他日后的工作和生活的方向。

潘懋元感觉到在教育研究、学校教学和担任学校领导的生涯中，他所学的教育知识与高等教育领域的联系很少。大学层次的学生需要一个全新的教育理论，以及高等教育课程发展和教学制度。

---

① ZHOU E L. On the question of intellectuals [M] //BOWIE R R, FAIRBANK J K. Communist China 1955—1959: policy documents with analysis. Cambridge, Mass.: Harvard University Press, 1962: 128 - 144.

总体来说，高等教育是一个一直被教育理论者所忽视的知识和研究领域。到那时为止，不只是中国，苏联和西方国家也是这样。他曾为捷克一位教授在教育科学会议上所做的讲演所感，这个讲演认为教育理论仅仅关注普通学校，很少关注高等专业院校。潘懋元随后写了一篇题为《高等专业教育问题在教育学上的重要地位》的文章，发表在1957年厦门大学《学术论坛》上。同年，他与几位同事合作写出《高等学校教育学讲义》。这本书随即在中国的综合性大学和师范大学内广泛流传，作为课程改革和教学计划发展的资源。[①] 尽管这本书从未正式出版，但它却是中国高等教育研究领域内最早的学术书籍。

潘懋元着力将此发展为一个新的研究领域，并兴奋地发现，这能为高等教育系统、课程发展和教学计划的制订提供重要的学术基础。然而，1957年是一系列政治运动的开端，他所希望的研究和发展几乎是不可能的。因出身贫寒，他并未受到1957年“反右”运动的影响，但他悲伤地看到，厦门大学的一些老教授虽然做出了杰出的学术贡献却被打成右派，从学术研究工作中被隔离出来。随后的1958年“大跃进”，同样侵扰着潘懋元。当时大量的教材都是从苏联翻译过来的，他认为这样的教材更加应该中国化。他同时感觉到，建立中国传统中医学院意义重大，因为中国传统医学把人体看成一个整体，发展起了不同于西方医学的中医方法，它是一笔巨大的遗产，不应该丢失。

就总体而言，潘懋元认为1958年的教育革命是个误导。1958年前，他在厦门大学教务处，参与了当时所有的课程变革。他感到

① 忻福良．当代中国高等教育家［M］．上海：上海交通大学出版社，1995：199.

很多想法都未经过细致思考，不过是一种政治运动口号罢了，对教育缺乏真正的理解。在潘懋元看来，让学生代替教师编写教学大纲和教材，这样做显然超过了学生的能力范围，因为他们大多数并没有足够的学科知识来做这些工作。改革强调增加学生参加生产活动实践的机会，然而这大都是出于政治目的，并没有多少教育价值。总之，过多的政治活动以及体力劳动引起很大的混乱。他记得，学生真正听学术课程的时间，一年之中只有70天。潘懋元认为，所谓“开门办学”的思想在某些方面固然有一定的可取之处，但是它无法替代对科学知识的系统教学，而中国的发展又需要这些科学知识来培养各行各业的专门人才。

潘懋元对高等教育作为一个研究领域逐渐有了兴趣，同时对中国高等教育系统在更大范围内发生的变化也给予了密切关注。社会上的学习机会一下子增加了许多，大量的所谓的“红专大学”的开设，给很多个人背景条件稍差的青年人提供了学习机会，但是这些学校根本没有足够的资源用于真正开展高等教育工作，大多数在几年内就关闭了。如江西新建的许多共产主义劳动大学，没有合格的师资，根本无法生存。然而另外有些新成立的院校，比如福州大学，是省内唯一的一所工科院校，被认为对本省经济发展起着至关重要的作用，因此得到省政府支持。

1961年的“困难时期”过后，20世纪50年代初期的那种学术氛围开始恢复，学术质量受到特别的重视。潘懋元再次希望能有机会发展高等教育这一研究领域。然而，1966年开始的“文化大革命”又使他的希望落空了。

建立一门新学科

1977 年，邓小平复出。潘懋元准备开始他事业的一个全新阶段，他过去当过厦门大学的教务处处长，现在他致力于建立一门新学科——高等教育学，先是在厦门大学，再推广至全国。我们知道，在 20 世纪 50 年代中期他已经开始此项研究，并于 1957 年发表了一篇题为《高等专业教育问题在教育学上的重要地位》的论文。随后到来的政治运动和混乱年代让他更深刻地体会到研究这一领域理论的重要性，他认为这项研究将使人们对高等教育与社会、经济、政治、文化发展的关系有更深刻的理解。20 世纪 50 年代至 70 年代后期，高等教育发展中最严重的问题是缺少能给高等教育的政策制定提供理论支持的系统理论研究。随着邓小平时代的到来，全国积极响应邓小平提出的"教育要面向现代化，面向世界，面向未来"的号召，潘懋元最终找到了追求自己理想的舞台和时机。

1978 年，潘懋元在厦门大学建立了高等学校教育研究室，很快发展成为一个全国高等教育研究的中心。1983 年，高等教育学被教育部认定为教育学的二级学科，有资格建立硕士点和博士点。厦门大学高等教育科学研究所招收全国第一批高等教育专业的硕士和博士。到 1998 年庆祝高教所成立 20 周年时，已经有 20 个博士生和 75 个硕士生毕业于此[①]，他们已在全国各地的大学工作，为这一领域的进一步发展贡献着力量。高教所承担了高等教育各个领域的主要研究课题，举办了十多次全国和国际学术会议。

虽然北京大学、华中科技大学、华东师范大学等其他大学都有

① 刘海峰. 厦门大学高等教育科学研究所建所二十周年工作报告［C］//建所二十周年纪念活动专集. 1998：33－35.

高等教育学的研究及相应的研究生培养，但是厦门大学高教所于2000年9月被评为该领域全国唯一一所国家级研究中心，被评为文科重点研究基地，国家提供数量相当的发展基金。这是政府支持人文社会科学研究项目的一部分，其目的是要使一些研究中心能够达到世界同等水平，使其能积极开展国际研究交流活动。厦门大学能排除地理上的相对劣势获得国家的认可，是非比寻常的。当然，这与潘懋元先生用毕生的精力致力于建立高等教育学这门新学科所做的贡献是分不开的。同时也表明，尽管在1949年中华人民共和国成立后的30年，中国政策和社会环境有许多束缚，但一个忠诚的教育家还是能有所作为的。

1978年以后，潘懋元又把工作重心放在学术研究上，他在厦门大学进行教学和研究工作。每周六晚上，他在家里开沙龙，与研究生们聊学习、聊生活，是一个和蔼可亲的长者。然而，他还想推动这门学科在全国范围内发展，希望中国高等教育学作为一门学科能够对国际学术发展做出贡献。1979年，他和上海市高教局及其他7所大学的学者召开了第一次全国高等教育研究会议。1981年，他组织编写了第一部高等教育学著作《高等教育学》，并于1984年出版。[①] 这是1983年教育部确立这门学科后的第一本高等教育学著作。在随后的这些年里，潘懋元仍然是这一领域中富有远见的领导者，他启发新思想、新的研究方法，鼓励其他人做研究，写作和发表论文，他自己也在这一领域中发表了大量文章，出版了大量著作。

潘懋元工作的中心是想通过建立坚实的理论基础、清晰的概

① 潘懋元．潘懋元论高等教育［M］．福州：福建教育出版社，2000：96.

念，以及研究方法来确保这门新兴学科的发展。1983年，中国高等教育学会成立时，潘懋元感到高等教育学被认为只是一个研究领域，而不是一门学科。于是，1992年，他在厦门大学组织了一次学术会议，提出要把高等教育学作为一门学科来研究。次年，在上海召开的高等教育学会议上，成立了一个新的组织——高等教育学研究会，它把高等教育学作为一门学科来研究，挂靠在中国高等教育学会之下。此后，会议定期召开。潘懋元在一篇回顾该学会前三次会议进程的文章中，列出了这一新学会的目标、工作范围，并鼓励进行理论争鸣与探讨。

高等教育学研究会的主要任务是要为理解中国的高等教育建立一个系统性的理论基础。工作范围主要有以下5个领域：理论、历史、高等教育的当代实践、未来发展以及研究方法。① 潘懋元对一些理论的观点和看法，使得这些会议开得活跃而有趣，对中国高等教育给予了深刻的关注和洞察。其中一个关键的理论问题是高等教育的功能问题，对其与社会、经济与政治体制的关系展开讨论。与此相关的是高等教育的目的，国内的研究者普遍认同以下3点，即培养人才，发展知识，为社会服务。然而，第三个目的在近年来受到了强烈的质疑，主要是由于许多大学通过各种形式的咨询服务或与企业的直接关系进行着大量的"创收"活动。有人认为，这些活动将会使大学远离学术追求。由此，一些中国学者们建议，高等教育应有以下6个目的：教学、继承知识、传播知识、发展知识、社会批判、对社会实施监督。② 这将激起高校对社会的特殊使命；大学将与社会经济和政治力量建立互动关系，而不只是对社会的发展

① 潘懋元．潘懋元论高等教育［M］．福州：福建教育出版社，2000：86.

② 潘懋元．潘懋元论高等教育［M］．福州：福建教育出版社，2000：87.

做消极的应对。

另外一个生动的议题是潘懋元在第二篇论述该学科发展的文章中提到高等教育的个体功能和社会功能问题。一派学者认为，人是教育的主体，教育的基本功能在于促进人的自我发展，达到个性的全面发展；与此相对立的观点是，教育是一种社会活动，按社会发展的需要塑造人，教育的基本功能在于满足社会的需要，促进社会的发展。① 如此公开著文承认个体发展的重要性及对自我价值的追求是十分有意义的，它使我们思考新儒学教育观"为自我而学习"，以及儒家哲学中所说的个人价值发展的重要性。尽管在20世纪50年代初期计划经济体制下，个人选择的自由受到很大的限制，五六十年代的政治运动给很多人造成了巨大的伤痛，但中国传统教育的价值观仍然保留着它的生机和活力。

在对高等教育学作为一门学科做全面综合研究时，潘懋元看到了两个理论挑战：第一，必须界定高等教育与政治、社会、经济、文化系统的关系，探索这些系统与高等教育系统的相互关系；第二，对高等教育内部各系统之间的关系——如学术与职业、通才教育与专才教育、教学与科研的关系等进行研究。

在发展这门学科的过程中，潘懋元感到既具挑战性又令人兴奋的重要原因在于它的开拓性。与学术体系和学习过程有关的教育学理论有着一百多年的历史，而高等教育学不仅在中国而且在全世界都是一门比较新的学科。在中国，基础教育和学校教育的理论建构受到欧美西方思想和苏联的重大影响，这一点潘懋元在早年的教育研究中就已经意识到了。然而，高等教育学作为一门学科就不再如

① 潘懋元．潘懋元论高等教育［M］．福州：福建教育出版社，2000：101.

此。回顾在中国建立这一学科的这些年，潘懋元强烈地感到中国所做的独特贡献，同时又感到很骄傲，因为在中国发展起来的这些思想和观点不是别人的派生产物，而是稳稳地扎根于中国自己的知识社会和文化土壤，近几年才开始对国外高等教育的理论有所引进。

潘懋元鼓励他的同事们为世界高等教育研究的发展做贡献，并指出中国学者在发展这个领域承担重要角色的4个原因。其一，中国有着在亚洲历史上颇具影响的古老的学术文化。其二，中国是全世界最大的高等教育体系之一，其规模超过俄罗斯，接近美国。它不仅是一个非常庞大的系统，而且近年来随着社会主义市场经济的成功发展，它经历了快速而且巨大的变化，在这个过程中出现了许多有意义的问题，对高等教育提出了挑战。其三，中国有着一支庞大的高等教育研究队伍，从事这一领域研究的学者可能比其他任何国家都多。其四，中国高等教育发展成为一门学科，靠的是学者个人和地方院校的创造和努力，因此它更具灵活性和自主性。这与中国的其他大部分学科不同，它们多是由自上而下的行政决定建立起来的。中国的高等教育理论可以说是“本土理论”，因为这些理论来自对中国近年来正在进行的高等教育改革中出现的实践问题的研究。①

潘懋元非常重视中国的传统文化，他的一篇文章对中国传统文化的特点以及文化对中国现代化进程的贡献进行了比较深入的探讨。潘懋元指出，现代化不能等同于工业化或西方化，它影响社会各个方面发展的过程。不同的文化背景塑造不同的现代化。文化的传承和创新是高等教育的功能，它塑造发生在不同社会中的现代化

① 潘懋元．潘懋元论高等教育［M］．福州：福建教育出版社，2000：107－110.

的不同特征。潘懋元否定那种认为西方社会已经进入“后现代时期”并建立了一套后现代的标准。他建议要对现代化概念本身做全面的理解，必须首先考虑中国现代化发展的轨迹。他还认为这一论点同样适用于正在经历现代化进程的其他非西方国家。①

潘懋元对现代化进程的定义是把“文化价值”放在核心地位，他认为现代化应该是人类共同追求的一个价值，其终极目标是实现“人”的价值，包括个人、集体和社会价值。这个共同追求会导致产生整个人类共同文化遗产，这是一种吸收了不同文明的多样化的遗产。② 中国传统教育的许多因素对中国的快速发展做出过积极的贡献，也应该是这一共同文化遗产的重要组成部分。这些思想使我们联想到联合国致力于文化之间对话的观点：“把重点放在人类文化、精神层面，放在人类的相互依存和人类的多样性上。”

结语：集多种传统之大成

当被问到什么因素对他的教育事业影响最大时，潘懋元开玩笑地回答道：受益最大的是“文化大革命”中批判的三种意识形态“封”“资”“修”。他早年学习中国古典文学，从中获得了受益终身的良好道德基础，一生的教育经验使他感到儒学的确是适应任何时期的一种哲学。他在大学时代学习过美国的教育思想，特别是杜威的理论，他从中得到了对改善学校、获得生动的教学方法以及课程设置的很多有用的思想。20 世纪 50 年代，他曾广泛接触苏联的教育理论和模式，慢慢理解并重视苏联模式中全国统一的学术标准，结构严密的教材和教学工作中精细备课的价值。在思考影响了

① 潘懋元. 潘懋元论高等教育［M］. 福州：福建教育出版社，2000：229 - 241.

② 潘懋元. 潘懋元论高等教育［M］. 福州：福建教育出版社，2000：231.

他思想的两种国外传统时，他感到，基于欧洲理性主义的苏联教材和教育方法，比美国的更加适应中国的环境，因为中国有着集中知识模式的传统，也因为苏联模式更符合当时中国发展的现实需要。

1997 年，我曾两次有幸与潘教授进行深入交谈。当我问到他对中国高等教育未来的看法时，他说他感到当前面临最大的挑战就是要进行教学改革，必须要考虑学生的多样性，最大限度地发掘他们的才能。这反过来又强调了高等教育对优秀师资的迫切需要。总的来说，他对过去15 年研究生教育所取得的进步感到高兴和满意。很多素质高的年轻人进入大学教师队伍，但他强调这些教师应该得到足够的支持。他感到高等教育改革应该把重点放在教学和研究的质量上，而不是放在管理结构的改革上，因为后者牵涉到政治改革的重大问题。

对于中国的高等教育体系，潘懋元觉得它将更适应未来世界发展的趋势，强调知识的广度和适应性，注重毕业生总体的德育和智育质量。他认为，终身学习是一种趋势，因为中国人会慢慢发现，为了跟上社会的快速发展，必须经常更新他们的知识。潘懋元相信，在中国快速走向高等教育大众化的时代，为了满足社会发展的需要，私立高校将会起到越来越重要的作用。

2000 年，在庆祝潘懋元教授八十寿辰时，他的同事和学生们在厦门大学举行了一系列特殊的庆祝活动。其中之一是收集出版了他有关高等教育学的最重要的理论著作。[①] 然而，这并不是一个退休告别会，潘懋元仍然是一个积极的学者、教师，继续活跃在进一步发展高等教育学的工作中。他在 2001 年出版的新著《多学科观点

① 潘懋元．潘懋元论高等教育［M］．福州：福建教育出版社，2000：727.

的高等教育研究》就是企图以新的方法论来推进高等教育学的理论建设。是什么使这位来自贫苦家庭的谦谦君子，保持着发展一门新学科的热忱和忠诚，50年来从不言悔？潘教授谈到早年所受的中国传统教育时说的一番话也许能给我们答案。他可能从没掌握过一门外语，在数学和自然科学中也并没有很高的造诣，但在他早期所接受的教育中，首先学会了怎样做人，同时也学会了用汉语表达自己的思想，他把对文学的热爱转化成了从事教育工作的关键财富。最后，他学会了把从各处学来的有用知识融入他学生时代形成的知识框架中。

目录
CONTENTS

历史部分

人物思想研究

比较部分

历史部分

在桂林七星岩（1972年）

人物思想研究

杨贤江（李浩吾）教育思想[①]

杨贤江同志，浙江余姚人。笔名有曲它、叶公朴、李谊、李浩吾等。中国共产党党员，大革命时期的青年导师，早期马克思主义教育思想的传播者。

1917 年，杨贤江于杭州市浙江第一师范学校毕业后，任南京高等师范学校职员，经常在《学生杂志》发表论文，旋任《学生杂志》编辑。在 1922 年以前，尚只是一个头脑清楚而富于正义感的青年。1923 年，恽代英到上海主持中国共产主义青年团宣传工作，主编《中国青年》。杨贤江也曾任《中国青

① 原载《厦门大学学报》，1954 年。作者：潘懋元。

编者注：潘懋元先生从 20 世纪 50 年代初期就开始研究杨贤江，并成为新中国第一个研究杨贤江教育思想的人。1954 年，潘先生在《厦门大学学报》上发表了《杨贤江（李浩吾）教育思想》一文，在《光明日报》上发表了《马克思主义教育思想传播者杨贤江》。1961 年，在杨贤江逝世 30 周年之际，潘先生写了一篇长达 4 万字的纪念文章讲述杨贤江的教育思想。值得一提的是，1959 年，潘先生即受人民教育出版社约稿，选编杨贤江教育文选，但由于受“文化大革命”中极左思潮的影响，当时编稿并未出版。一直到 1981 年教育部和团中央联合召开“纪念杨贤江逝世50 周年大会”，指定潘先生参加纪念会的筹备工作和主编杨贤江教育文选，这一中断近 20 年的研究工作才得以继续。潘先生陆续写了一些文章，并与宋恩荣、罗杞秀合作，撰写了《马克思主义教育理论家杨贤江》一书。该书收录了一些潘先生关于杨贤江研究的文章，另还有些文章由于篇幅原因没有收录，如 1981 年发表在《教育研究》上的《杨贤江的教育思想研究》，《中国教育学刊》上的《关于杨贤江教育思想若干问题的我见》等。另外需要一提的是，1984 年，在中国教育学会之下成立了杨贤江教育思想研究会和杨贤江教育基金会。研究会成立时，潘先生被推选为杨贤江研究会理事长和基金会主任，现在仍是杨贤江研究会的顾问。

年》编辑，受恽代英的影响颇大。他努力学习马克思主义著作，思想进步很快，并通过《学生杂志》、《中国青年》、少年中国学会、青年问题讨论会等，指导学习，宣传革命，对当时青年的学习与革命起了巨大作用，为广大青年学生和青年工人、店员所景仰与热爱，也遭军阀与帝国主义所猜忌。1927 年，杨贤江曾任武汉总政治部编辑工作。“四一二”事变，他被迫转入地下，旋流亡至日本，在日本又因刑事警察的监视、迫害和生活困难，转回上海，继续做党的工作，并用笔名在教育杂志上发表教育论文，介绍苏联教育理论与教育制度，撰写《教育史 ABC》与《新教育大纲》两书。这些论文和书籍是中国最先以马克思主义立场、观点系统地论述教育理论的著作，在中国教育思想史上，树立了一座划时代的里程碑。但杨贤江因积劳成疾，患肾脏结核，赴日本就医，不治，于 1931 年 8 月 9 日在长崎逝世。

一、哲学观点和革命理论

杨贤江的哲学观点，是科学的哲学观点。他对历史唯物论有着深刻而正确的见解，其运用历史唯物论的理论武器，以解决作为社会现象的教育的最本质问题。他指出：“教育为‘观念形态的劳动领域之一’，即社会的上层建筑之一。”① 而什么是上层建筑或观念形态呢？他根据马克思所下的经典定义概括说：“照唯物史观来说，社会的经济构造是现实的基础，而法制上、政治上、宗教上、艺术上以及哲学上——简言之，就是观念上——的各种形态（即所谓观念形态）都是建立在这个基础上的上层建筑；教育就是这样的上层建筑之一，也就是这样的观念形态之一；上层建筑对下部基础的依存关系是这样：物质生活资料的生产方法（即经济构造）决定社会的政治的及精神的生活过程（即上层构造）；‘因为经济的基础发生变动，所以巨大的上层建筑全体，也徐徐地或急速地发生变革’。”② 同时，指出上层建筑对于基础的作用：“社会的经济关系和生产力，由上层构造看来，虽则是现实的基础；但是

① 杨贤江．新教育大纲［M］．上海：南强书局，1930：11．

② 杨贤江．新教育大纲［M］．上海：南强书局，1930：12．

上层构造的本身，对于社会的经济关系及生产力，也有影响的作用；就是有时可以促进生产力的发达，有时也可以拘束经济关系的发展。在种种社会现象的中间，不断地有着一种相互作用的过程存在：原因变成结果，结果变成原因。"① 他认为"论社会进化，要根据这样的唯物史观；论教育问题，也要根据这样的唯物史观"。"不能像空想的教育革命论者，徒然狂喊现代教育宣告破产，却提不出实际意见和实施方法"。要"从马克思主义的立场"出发，如资本主义国家内部的无产阶级教育运动和社会主义国家即苏联的教育事业那样，才能解决教育的问题。②

教育是上层建筑之一，苏联于 1952 年通过《苏维埃教育杂志》开展论争，已经明确下来。根据唯物史观来理解教育最本质的问题，是完全正确的。杨贤江对于马克思主义历史唯物论最根本的课题——关于社会的构成，除了经济基础即生产关系，并不包括生产力这一点，他来不及见到斯大林同志的发表意见，因而略有出入之处，但主要论点是正确的。

从历史唯物论的观点出发，杨贤江在他的著作中正确地分析了政治、经济、文化各种问题。兹举科学与生产和阶级的关系来说明：他认为科学的产生，不是偶然的，乃是生产力进步的结果，其后直接地或间接地伴着生产力的进步而进步。即是，科学的内容，是以该社会的技术发展的阶段为基础的。一切科学，对于社会来说，都应该是有用的。由于科学是对社会有用的，而研究科学的人又都属于社会的上层阶级，所以当研究以至于说明这种学问时，必然反映在阶级立场上。他举出天文学为例。在奴隶社会中，天文学的知识，成为僧侣神官所独占的秘密，以拥护统治阶级的利益与权势。如埃及、巴比伦的天文学，都具备宗教的意义。到了希腊时代，天文学虽离开僧侣之手，却被哲学所隶属。脱拉米的天动说，一面包有了柏拉图、亚里士多德的唯心哲学，一面包有了基督教的圣经。所以脱拉米的天文学，是与圣经上所写的宇宙构造大体相同，因此能够长期占有天文学的权威，任何人不得对其天文学持异议。只有资产阶级新兴时，要求自由思想、科学思想做他们与封建主

---

① 杨贤江. 新教育大纲［M］. 上海：南强书局，1930：253.

② 杨贤江. 新教育大纲［M］. 上海：南强书局，1930：231.

义斗争的武器，天文学的地动说才产生。[①]

杨贤江特别分析了资本主义社会对待科学的态度，指出资本主义社会初期，为发展生产力，非常努力研究自然科学，因此新理论、新技术不断发见，这是资本主义为未来人类幸福做准备工作的功绩；在社会科学方面，起初为了攻击封建主义、宗教，也有进步成分，但是后来资本主义稳固了，社会科学的研究对象转到自身的分析时，态度就不相同了。资产阶级为掩饰自己的丑恶真相，禁止研究真正的社会科学。正如寺院不能排斥资产阶级的科学一样，资本主义也不能排斥无产阶级真正的科学。

以上可见到杨贤江对科学与生产的关系，以及说明任何科学都必然地以某一世界观为根据，都必然替经济上占统治地位的阶级服务的论点，是完全正确的。不过，自然科学本身并不直接是阶级的科学，它所研究的对象和所阐明的规律，与社会科学不同。在这一方面，杨贤江因来不及见到斯大林同志发展马克思主义的学说，因而不够明确。但是，其主要论点是正确的。

由于杨贤江从历史唯物论的观点出发来分析经济、政治、文化的各种问题，所以，他对于文化革命与政治革命的关系，也有了正确的见解。他认为在资本主义反动时期，文化是不能向前发展的。反动文化的“生产”，绝不增加任何的“富”。它“并不是文化的扩张再生产，实在乃是逐渐缩小文化的领域。所谓反动文化政策，就不外是从社会夺去一切进步的文化之政策”。[②] 所以它主张革命必须包括文化的革命，即对反动文化的斗争。在斗争中，必须注意三点：第一，“这种文化斗争不能与政治斗争分离”。“文化的斗争要与革命的一般斗争相并列，然后这种文化斗争才能成为确实有效的斗争”。第二，“普罗列塔利亚的组织上，也应涉及一切的文化”，即一般革命斗争必须运用文化斗争。而这种文化斗争并不是自己有自己的目的，乃以达到政治变革为主要任务。第三，在政治变革未完成的国家，文化斗争应当视为动员大众进行政治斗争的工具。而政治变革已完成的国家（如苏联），政治教育的作用便在准备社会主义社会的建设”。[③]

---

① 杨贤江．教育史 ABC［M］．上海：世界书局，1929：30－34．

② 杨贤江．新教育大纲［M］．上海：南强书局，1930：287．

③ 杨贤江．新教育大纲［M］．上海：南强书局，1930：288－290．

根据历史唯物论的看法，杨贤江对于中国革命的形势与革命的方向，所理解也是正确的。1924 年，他分析军阀战争说："这一次江浙间及奉直间所谓国内战争——实则宁可说是国际战争。"他分析国内为什么要起战争，"其主因却在外力的侵略"。而帝国主义者为什么要帮助军阀进行战争？"乃利用军人互相争乱，使中国实业不能发达，他们商品得以畅销；更因借款售械，取得操纵中国政局的权柄，使中国永远为他们的殖民地。"因此得出结论：我们要解决一切问题，"自当从消灭军阀开始。但要消除军阀的根本，先要打倒军阀所赖以生存的帝国主义"。[①] 大革命失败之后，他在批判职业教育的提倡者所认为的职业教育可以救国的错误观点时，指出帝国主义、封建势力和"投降帝国主义、妥协封建势力的资产阶级"三者的勾结，才是阻碍中国社会发展的原因，没有职业知识技能并不是中国贫弱的主要原因。关于封建势力的阻碍，他说："如今封建制度的残余，依然到处存在——因到处有地主、豪绅、军阀——国际帝国主义还企图与封建势力勾结，故农民所受剥削为尤甚。中国目前的革命，还不能不把肃清封建势力列为任务之一。"因此，他认为："不推翻帝国主义在中国的统治……不肃清封建势力，不打倒那投降帝国主义、向封建势力妥协的大资产阶级，中国就不能脱离现在半殖民地的地位，中国民众就不能改进现在贫困的生活。靠职业教育能救国，简直是笑话！"[②] 杨贤江根据这一分析，在其与青年学生的通信或论文中，不止一次地指出要解决青年们一切学习、就业以至恋爱婚姻的问题，其根本的道路，只有"从事中国国民革命运动"，"只有根本地推翻坏制度"。

杨贤江的哲学理论与革命理论甚多，上面只是简单地举出他对于社会构成、科学的产生、文化斗争与革命斗争、分析中国革命的数点加以说明，因为这几点与下面他的教育理论关系最密切。

二、教育的本质

杨贤江是中国第一个从社会发展观点和阶级观点来说明教育本质的马克

① 杨贤江．教育史 ABC［M］．上海：世界书局，1929：12.

② 杨贤江．教育史 ABC［M］．上海：世界书局，1929：114，165.

思主义教育思想家。他认为“教育在发生时就植根于当时当地的人民实际生活的需要；它是帮助人类营造社会生活的一种手段”。“自有人生，便有教育”。所以，按其本质来说，教育是与生产劳动相结合，为了“使单纯的劳动力转变为特殊的劳动力”。即是说，一个人原来是一无所长的，受了教育之后，他可能成为一名医师、哲学家、文学家、科学家、教师、熟练工人等。但是到了阶级对立的社会，教育为统治阶级所占有，统治阶级以教育为其阶级统治的武器，农民、工人只能在实际工作中受一点教育。而主要的教育（学校教育）则与生活实际、生产劳动脱了节。因此，教育的“生产劳动”的意义，让位于“阶级统治”的意义。这种教育就是“变了质”的教育。

这是杨贤江教育思想最根本的问题。在这个问题上，颇有人反对之。反对的意见认为原始社会并不是理想的社会，原始社会的教育是贫乏的。从奴隶社会开始，教育才有了很大的进步，杨贤江却把原始社会的教育认为是本质的教育，把自奴隶社会起的阶级社会教育认为是“变了质”的教育。这是不符合历史发展规律的。在杨贤江的著作中，的确比较着重于提到原始社会那种没有阶级剥削与压迫、共同劳动、共同享受、共同享有教育的情形；而不着重于提出原始社会的贫乏、愚昧的情形。这是因为杨贤江的著作，着重于阶级立场的说明。但这并不等于说原始社会就是理想的，要大家回到原始社会去；也并没有否认从原始社会进入奴隶社会有其进步的方面。特别在教育的发展上，杨贤江就指出：“我们不否认是有它（指奴隶社会的教育）的进步的方面。”① 接着，他举出古希腊的文明以为证。杨贤江的所谓“本质”，乃是指教育本来的性质，即教育是与生产劳动结合的，是帮助人类营谋社会生活的一种手段；所谓“变质”，乃是指教育成为支配阶级的剥削工具、统治武器。二者原无进步与退步的意义。如果一定要说进步、退步，原也无不可：从生产与文化的发展来说，奴隶社会是比原始社会进步的，谁也不能否认，我相信杨贤江不至于没有弄清楚这一点。但是，从社会的平等、友爱、合作、共享来说，奴隶社会却是退步的。恩格斯说：“生产中的一切进步，同时也就表示被压迫阶级（即大多数人）的生活状况的退步。对一阶级的任何幸福，

① 杨贤江．新教育大纲［M］．上海：南强书局，1930：38．

必然地对别一阶级的不幸；一阶级的任何新的解放，必然是对别一阶级的新的压迫。”“本质”与“变质”如果理解为“进步”与“退步”，正是这样一种“进步”与“退步”，即从“阶级观点”来区分它，或者说从教育的性质来区分它。这说明杨贤江的阶级立场坚定，而不是如某些学者般离开了阶级立场来空谈“社会发展规律”。

从另一些地方，我们可以见到杨贤江并没有忽视随着社会生产的发展所引起的教育的进步。诸如他在叙述资本主义初期的教育时，就肯定了它相较于封建社会的教育是有很大的进步性的。他所举的进步性有五方面：（1）关于教育的进步：从僧侣手中夺回教育，委之于俗人之手；又从教会分离教育，迁移于国家。（2）关于学者的进步：从僧侣才享有教育权，到资产阶级享有教育权，以至19世纪则有教育普及的舆论，要使劳动者也享有某些教育权。（3）关于教材的进步：从以宗教、超自然为主的教材到注重自然及生活的教材。（4）关于教授法的进步：从注重暗记，不许深究，鞭责成为必要，到注重自由的、理解的、研究事实以谋发达智力等的教授法。（5）关于教育目的的进步：从作为来生准备，贱视现世生活，忽略肉体的教育，到竭力利用现世，以谋实践个人的、家庭的、社会的、政治的义务，以得个人的最高发展为目的。[①] 这些进步性的原因是由经济基础所造成的。杨贤江指出主要有两个原因：（1）封建时代是以农业生产为社会主要产业，庶民没有研究学问的必要，但在资本主义的经济组织中，这种经济组织本身需要文字，故普及教育只为了养成国民的劳动力，却不为了国民自身的幸福。（2）封建制度为尊重礼仪的制度，故教育注重道德，为养成安分的良民；但在资本主义社会中，一方面经济组织自身需要知识技能，另一方面为收揽劳动者的心，也有注重劳动教育的必要。由此看出，这种进步性是有限的。但是，即使这有限的进步性，也仅仅是在资本主义初期是存在的，到了帝国主义时期，就不同了。他举出帝国主义教育的几个特征时，特别指出：“当资产阶级初兴，保有革命的实践时，为对抗封建贵族权力计，也曾高唱唯物论与无神论；但至19世纪后半期，资产阶级已中止了革命的实践，资产阶级的思想家便倾于观念论的、

① 杨贤江．教育史ABC［M］．上海：世界书局，1929：116.

神秘论的、颓唐趣味的意识形态，而指责唯物论与无神论为人类之耻辱，且更增加被支配阶级之意识的欺蒙之程度。换言之，即增加御用哲学化之程度。”① 这样的见解，完全是符合历史发展的。

杨贤江就是这样说明了资本主义教育的进步性原因及其进步性的限度。同时，他更拆穿了对资本主义教育颂扬的论调的假面目。如所谓劳动化、科学化、平民化、中立化、国际化等好听的论调，究其实际，都是为了替少数的资产阶级者服务，以便他们更好地进行统治、剥削、欺骗劳动人民而已。试想想，当时在中国正是教育科学化，平民主义教育、国际教育、和平教育等论调高唱入云的时候，杜威来华讲了两年学，不知迷惑了多少所谓教育学者的视听；平民教育也正风行一时，而杨贤江却把这些东西的丑恶真相，赤裸裸地暴露出来。假如不是他掌握了马克思主义的理论，从阶级立场来分析问题，是不可能这样深刻地发他人所未言的。

特别要介绍的是杨贤江分析阶级社会中教育的五大特征，这五大特征也即是“变质”了的教育的特征：

第一个特征是教育与劳动分家。在阶级社会中，出现了治者与治于人的两种阶级，前者变成“劳心者”，后者变成“劳力者”。在政治上是支配与隶属的关系，在教育上便成为“学问”与“劳动”的关系。有学问的治者阶级轻视劳动，劳动者缺少教育，社会的生产发展受了限制。

第二个特征是教育权跟着所有权走。有产阶级成为有知识阶级，无产阶级成为无知识阶级。他举出日本山形县一地方受中等教育与“富”之程度关系的调查表以为证：每年收入在3 000元以上的子弟，每百户有80人以上受中等教育；1 000元至3 000元，只有41人；500元至1 000元，只有18人；500元以下的，每百户只有子弟2.7人受中等教育了。他更指出即使是所谓的强迫教育、义务教育，也不能强迫需要帮助父兄以谋生的子弟受教育。

第三个特征是专为了支配权的利益。他举出高级学校教育的三个任务来说明。这三个任务是：(1) 养成服从于支配阶级的中间阶级。(2) 培植适于站在支配地位的支配阶级中人。(3) 促进那维持及发展支配阶级的秩序所必

① 杨贤江. 教育史ABC [M]. 上海：世界书局，1929：135.

需的学术技艺之研究。这三个任务，显然都是为了统治阶级的利益的。即使是国民教育，也是被统治阶级当作政治的支配手段与经济的榨取手段的。

第四个特征是两重教育权的对立。统治阶级占有一定制度的教育，被统治阶级则被摒弃在教育制度之外，所靠的只是一种“实质的活动”，即在生活间、工作中受教育。但是到了现代，无产阶级在争取教育权的斗争中，也发展了有一定组织与制度的劳动者教育了。这两重教育权一向是处于对立斗争之中的。

第五个特征是男女教育的不平等。由于女子在经济之未能独立，所以女子教育向来是与男子教育不平等的。（《新教育大纲》第一章第二节）

至于资本主义的教育，除上述五个特征外还加上“独占化”与“商品化”两个特征。

这些特征，也就是构成杨贤江所指的教育的“变质”的内容。而这种内容之产生，无一不是由于阶级分化所引起。这样，杨贤江论教育本质问题，整个地贯穿了阶级观点。

因此，杨贤江反对所谓超阶级的教育、超政治的教育。他把这些超阶级、超政治的教育理论归结为教育神圣说、教育清高说、教育中正说、教育独立说。而驳斥之为欺骗人的教育迷信论：“实在说人类自社会的内部分成阶级以来，教育只是阶级支配的工具；它只为了支配者的利益，且惟少数特权阶级能以享受。到了资本主义时代，普及教育也系为了资本家的需要，替他们造成在平时的能动机器，在战时的爱国健儿；因资本的集中，更伴生了所谓精神生产之独占，学校不过是观念制造的工场而已。”他引用列宁那段有名的话：“资本家的国家，愈是文明的，就愈巧妙地玩着学校超越政治为全体社会服务的话以欺骗人民……我们公然宣言——所谓超越生活与政治的学校，只不过是欺蒙、虚伪。”并以之反对蔡元培所主张的“超轶政治的教育”、陶行知在《中国教育改造》一书中所提出的“不过问政治”的信条；讥笑舒新城和范寿康所谓“中国国民在历史上即为平等”，“周代即注重普及教育与养成完全人格的教育”，是不可救药的大错误。这些尖刻的批评，对于当时的教育迷信论者确是当头一棒。

附带要说的是，今天还有人弄不清楚无产阶级专政的教育是否有阶级性。

杨贤江当时却已经很明确地指出：苏联的教育“在普罗列塔利亚专政期内的教育，当然同资本主义社会教育一样，也是阶级的。所不同的是，这时期的教育权跟政权在一起，不在资本家手中，而在普罗列塔利亚手中。在资本家社会的教育，以养成资本家的忠实的奴仆为目的；在普罗列塔利亚专政下的教育，以养成无产阶级的忠实斗士，且由此以准备将来无产阶级社会为目的。还有，前者务必隐蔽教育之阶级性与政治性，后者则公然宣言为阶级的、政治的”①。他所说的“养成无产阶级的忠实斗士，准备将来无产阶级社会为目的”，基本上正如凯洛夫教育学对于苏维埃国家中的教育的性质所说的：“以无产阶级专政的形式，即以新的工农国家的形式而出现的苏维埃政权，在它成立时，立即公开声明，将要这样来组织培养和教育青年的事业；使它成为反对剥削者斗争的有力武器，成为建设共产主义新社会的武器。”

三、教育的效能和教师的任务

杨贤江根据教育是上层建筑之一以分析教育的效能。认为教育是某种经济的社会形态之反映，它受制于经济的关系，同时也受制于政治制度。即是说，它是被基础所决定，被政治所制约的。但是，“教育也有率先领导或促进的功用。如辛亥革命之前，有许多地方的学校已在宣传革命思想，黄花岗七十二烈士的英勇行为可说是这种宣传的产物。由此可知教育着实有作用，绝不是专做尾巴的。不过就在这儿，我们要问在辛亥革命以前，何以会有那种革命思想发生呢？是生于教育之‘良知’吗？是生于革命家之‘先觉’吗？都不是的，是生于一种的刺激……教育绝对不能超越了时代与环境而有特别新颖可喜的内容和方法。……人绝不能在客观上所不可能的范围内创造什么；人只能在客观上所可能的范围内有所推进利导。教育的可能性自然也有这个限度”②。以此，他批判了教育万能说、教育救国说、先教育后革命说三种错误的论调。

---

① 杨贤江. 新教育大纲［M］. 上海：南强书局，1930：237－238.
② 杨贤江. 新教育大纲［M］. 上海：南强书局，1930：104－105.

教育既然不是万能的，不能单凭教育以救国，不能先搞教育后搞革命。那么，应该如何来发挥教育的效能，也即正确地解决教育与革命的关系呢？杨贤江解决这个问题的重要论点是：

（1）教育是革命的武器。“我们承认教育在革命过程上自有它的地位，就是可以作为革命的武器之一。”在革命前，教育用以从事革命斗争，以谋获得政权；在革命后，即群众已经获取了政权，这时教育的责任是在教育民众，以拥护这一政权，巩固这一政权，保住民众对政府的密切关系和对政策的一致信任，是防卫政权并促进政权的一种机能。

（2）教育既是革命的武器之一，就不能离开革命而为无关系的存在；只有在进行革命时才能有也才需有革命的教育。同时，对它也不应有过奢的期望，它的效力究竟是有限的。作为武器之一，并不等于教育救国说。

（3）教育不能离开革命，在革命时期，就要适应革命的总策略，协力并进。当时中国革命既然未成功，故教育人员当与一般革命斗士及革命民众互通声气，齐一步骤，协力以谋革命总纲领的实现。①

教育既然是革命武器之一，不能离开革命。所以，杨贤江指出教师就有尽一部分革命任务的可能与必要。教师要担当起这种责任，首先自己就必须有革命的认识，和教育事业与革命关系的认识。“教育者自身要受他们所不可不生活的事情的教育。”其次，教师（特别是小学教师）应该把革命的道理教给学生，并引导学生去接触社会的实际，培养他们的革命认识。还有，教师必须面向社会，参加或领导民众运动，负起对民众的宣传动员工作。

但是，这样的希望，杨贤江自认为在这个社会中，是很难如意收效的，更不是教师们单独分散的力量所能做到的。所以，他认为必须把教师这一集团的力量积聚起来，形成一种社会势力，才能一方面保障自己的利益，另一方面尽力于社会变革的工作。他认为教师的结社运动是当时重要的问题。教师的结社运动，应该是和工会组织运动的性质相近似。因为教师和一般劳动者生活相近似。他们同样是被支配的阶级而不是支配的阶级；同样是工人劳动者，都是没有生产手段的；同样是受雇的工场劳动者，与其制成品没有关

① 杨贤江. 新教育大纲［M］. 上海：南强书局，1930：117－119.

系。因此，他反对伪立法院不许教师组织工会的规定。

教师组织工会是必要的，但是许多教师忌言组织，杨贤江分析其原因主要是由于教师思想意识的阻碍。教师的出身，多是中农、小商人、小职员的家庭，以安分守己为生活信条；又以为为“人师”者必须循规蹈矩，温文尔雅；以及中了封建社会“君子思不出其位而行”的“清高”之毒。他认为欲扫除这种思想障碍，必须从教师的社会责任去认识。教师有革命的任务，而要使革命任务能完成，就有团结的必要。

关于教师组织的方式方法，杨贤江均有很精要的论述，并认为就中国当时的现状而言，教师组织运动所要达到的要求是：“（1）在思想上，要取批判的态度，把封建思想，改良主义的思想彻底扫除；（2）在政治上，要争得诸种自由，以解除权威的压迫；（3）在经济上，要保证生活的安定，以求日常生活的人间化。要之，教育者的运动目标，可说是在争取彻底的民主主义，获得批判的自由与生活的安定。”①

从教育的效能，到教育与革命之关系，杨贤江在理论上都很清楚正确地解决了教育作用的问题。我们今天谈到反对教育万能论、教育无能论，正确地认识教育的作用等，基本上也没有超出杨贤江所已解决了的问题的范围。他分析了教师的劳动性质与社会地位，号召广大的教师参加革命斗争，结成团体，在半封建半殖民地争取彻底的民主主义，也是正确的。

四、青年学习与学生运动

杨贤江在担任《学生杂志》编辑期间，对学生的学习与运动写了无数的有价值的指导文章和问题解答。有许多是关于教学原理的，如学习方法、学习心理，多有重要的价值，尚待研究整理。这里要提及的只是他对于学生学习的目的、失学青年的自学问题、学习与运动的关系，以及学生运动的方向、策略等的理论。

杨贤江分析了在不良的教育与社会制度之下，学生生活有许多不良的类

① 杨贤江. 新教育大纲［M］. 上海：南强书局，1930：313 - 314.

型：有的糊里糊涂混分数，有的还沉醉在斯文拘谨地谈国故中，有的目光短浅除个人之外不知有其他。所以，他认为在学的学生，首先应解决两个问题：（1）我们为什么求学？（2）我们和社会、国家有什么关系？关于前一问题，他的解答是：我们求学的目的是在改良并丰富人类的生活，是在获得普遍人群的幸福。具体来说，求学的目的在于为国家、为社会服务。当国家需要进行革命运动时，青年学生便应当参加革命工作。（《读书与救国》，1924 年 3 月）这是就在学青年而言的。但中国社会，青年多数失学，对于失学青年，他提出“无产者不必要入学校读书”的口号。响应恽代英在武汉所曾提倡的“自修主义”，杨贤江写《勖自学者》《再勖自学者》《青年求学问题》等文章，介绍自修书籍和自修方法，替自修者解决许多实际困难，鼓励青年要像列宁那样研究学问，对于不能入学读书的学生，给予很大的鼓励。更重要的是，杨贤江对在学青年或失学青年，都指出所有改良课程、选择教师、提倡自修等，只是治标的办法，欲从根本上解决不合理的教育、解决毕业生失业、解决求学等问题，只有一个办法，即“政治经济问题的总解决”“推翻现存社会制度”。在《中学毕业生升学问题》（1926 年 6 月）一文中，他宣称“我们要知道军阀的本性是要掠夺的，在被压迫与压迫者中间是无情义可讲的；对付这种掠夺成性的军阀，只有用民众的实力去抵抗才会得胜；所以我们诚要恢复求学的权利，只有准备自己的实力，和掠夺者勇猛奋斗”。在《现在中国青年的生活态度》（1924 年 3 月）一文中说：“在现在这个私产制度方面，青年能享受美满生活的，实在只有少数富家子弟罢了。……有志青年为自身阶级的利益起见，便有起来改造这个不良的社会制度的天职。……你真想做一个科学家，或是一个音乐家，或者真想做诗、谈谈恋爱，那么请你先做一个战卒吧。”

学生要推翻当时的社会制度，就必须干预政治、参加国民革命运动；要参加国民革命运动，就必须入党（主要指广州革命政府时期的国民党）。但是，当时社会上对于学生干预政治的认识很不够，对于青年学生入党尤多反对。杨贤江于 1923—1924 年间，在《学生杂志》上发动了一个“学生干政与入党问题”的论争。发表意见的青年学生很多。在这个论争中，杨贤江写了《教育者与政治》《学生与政治》《再论学生与政治》《中国的学生运动与青年运动》《团体纪律与个人自由》等文章，并请恽代英、刘敦等人对青年学生做入党问题的解答。批判了不关心政治，或关心政治只要看看报纸而不可干政之错误；也批判了以为做革命工作只要凭个人的良心血气，慷慨激昂地喊几声“干干干”或轰轰烈烈地丢炸弹的错误。恽代英1924年5月在《答华少峰、若兰两人的公开信》中指出：“革命决不是消极的打倒这个，打倒那个，所能成功的；他必须有积极的，改造政治经济的主张。所以必须有伟大的党，以拥护且监督革命的领袖，以求主张的实现。”而也“必须有纪律能服从团体的革命党员，像军队一样的强固而整齐，才打得倒那些恶霸”。“我以为没有伟大的党，挟着积极的具体的主张在后面，炸弹主义是没有用的事。安重根的一炸，自然可以使他的名字震动世界；然而朝鲜仍旧亡了。”杨贤江在《团体纪律与个人自由》（1923年8月）一文中，引申这一理论说：“团体纪律应该看得比个人的自由更重要。”因为“要做革命的事业，试问须靠团体的力量呢？还是单靠个人的力量？”“一定要有极坚固的组织，极严明的纪律，来规范团员，指挥团员，做团员的就应绝对服从，即使有时须牺牲个人的自由也只好安于牺牲。”《到青年中间去的先驱者》（1924年2月）一文说：“要知他们成为一个阶级（指军阀），我们要推翻他们，也必须是我们的阶级力量，可决不是个人的力量。所以做政治革命的必须结党，做社会革命的也必须结党；以此类推，做青年运动的也必须结党了。”在这个论争影响下，许多青年学生纷纷表示应该干政入党。如1924年2月，北京张大师和徐州培心中学汝良，写信给杨贤江，表示要加入国民党，参加国民革命运动。他们说：“中国全国的青年学生们，应都加入与国民党合作，与国内的万恶军阀和外国帝国主义者决一死战，重兴中华民国！”这就是干政与入党论争的教育成果。

关于学生运动问题，杨贤江不只是提出干政与入党的两个问题，而且有一系列的指导理论。下面试就学生运动的性质、策略与具体办法谈谈。

在学生运动的性质上，杨贤江于《学生运动与青年运动》（1923年8月）一文中指出，学生运动是青年运动的先锋，它的目的，是在于打倒帝国主义及军阀。但是，必须把运动方向投向青年劳动群众。引起工农、学徒、士兵的青年群众运动。在《唐山大学生和开滦煤矿工》（1923年1月）一文中，指出学生与工人都是在帝国主义和军阀压迫之下，应该联合在一起来反抗他们。在1926年9月《答李涵函》中，明确地说，中国国民革命的主力军为工人农民。所以他号召学生运动，要深入到工农中去。

在学生运动的策略上，杨贤江首先注意的是要把学生运动开展为广泛的运动，而不应局限于一部分活动分子身上。其次是学生运动要齐一步骤、统一目标、团结一致。关于前一问题，他认为以往一般学生运动的缺点，是“上层学生领袖运动，他们只取得各级学生会的职员，并未能使学生团体的组织坚实壮大，而有号召或指挥大多数学生群众的力量；在地域上又只限于大都会，并未能普遍到各县市乡村；因此对于民族解放运动既难有持久不懈之努力，而对于反动势力的压迫也不能为。有力的反抵抗，反而瓦解或归于消灭”。如何开展为广泛的学生运动呢？他说：“不管各个学生对于主义及信仰有如何的差异，但只要是个觉悟的中国学生，终会感到我们原有些共同的敌害要削除，原有些共同的事业可努力。譬如在这种半殖民地内过被压迫生活的中国人，谁也应当参加国民革命；在腐败学校里受不良教育的学生，谁也应当主张改进；其他如要求集会言论自由，要求增添图书设备，要求减轻或免收学费等。所以从事学生运动活动青年应从学生群众许多不同的要求中，尽量提出大家适用的口号以号召群众。”（《学生生活改造论》，1926年8—10月）关于后一个问题，杨贤江认为提出大家适用的口号以号召群众，开展广泛的学生运动，并不等于各自为政，只是各顾自己狭小的地方性的利益。他提出“局部为了全体，局部活动应该从全国着眼”和“坚持民主集中制”的口号，号召全国学生运动应该拥护全国学生总会的领导，依据学生总会的决议而行，这样才能“集中力量于一个显明的正确的目标之下，为统一的、有系统的、有计划的活动”（《学生生活改造论》，1926年8—10月；《全国学生应拥护全国学生总会》，1923年9月）。

当时中国用以集中学生力量、号召学生群众的共同要求是什么呢？杨贤江提出“学生群众斗争的任务”如下：（1）要扩大反对帝国主义运动；（2）要反对国内军阀战争；（3）要力争思想言论、出版研究、集会结社的自由；（4）要力争增加教育经费；（5）要力争参加校务选择教师的自由（当时有反对牺牲学生利益、滥用私人及反动教师的择师运动）；（6）要力图扩大平民教育，提高一般工农的文化水平线。在反动统治之下，这些任务是很明确有号召力的。

在学生运动的具体做法上，杨贤江也提出许多重要的意见。诸如指示学生青年接近民众的办法："要根据本乡的实际情形来共同商定实际运动的办法。要顺从他们的心理，研究他们的需要，用一种在当地通行的语言及行为（如服装不要新奇，动作不要轻佻），使他们全无畏惧我们、惊奇我们的感觉；必须这样做的缘故，是为了先得他们的同情和好感，为后来指导他们，教育他们的根据。所以最好的办法，是他们肯亲近我们之后，能自行提出问题来请我们解答，提出要求来请我们帮助，于是我们乘机宣传并实行互助。……最忌的几件事情要留心：一是太心急地令他们破除迷信，一是很气急地对他们宣传革命。"（《暑假中的乡村运动》，1924 年 6 月）曾有一群学生，跑到资兴乡间去做宣传工作，向民众讲演、演剧，民众不欢迎，他们很灰心，说群众"低能"，问杨贤江怎么办。杨贤江答复他们说："你们不好怪他们，你们只有益加奋勉，竭力求其通俗，采用当地适当的办法。第一步办法终得使他们欢喜看，欢喜听，所以乡民的心理你们应该是了解的。"（《答四川袁水榕》，1926 年 10 月）这类指导意见，在 1923 至 1926 年间，提得很多很具体，对于当时的学生运动起了很大的指导作用。

五、结语

在大革命前和大革命期间，杨贤江主要是通过《学生杂志》和其他方面发表有关青年学习、生活、运动种种的论文。这些论文精悍有力，在当时青年学生间起着很广泛与深刻的作用。尤其是通过《学生杂志》的通讯栏所发的指导意见，具体地解决了青年们各种问题。在他主编《学生杂志》期间，该杂志的销行额激增，各地青年们纷纷写信来请求指教。《学生杂志》上每期发表的通讯不下几十篇。如 1924 年 4 月份，解答问题的函件共 53 封，问题 156 条，绝大多数是由杨贤江作答的。又有许多青年给他写很热切的信。如西安高崇民的信说："自从民六读《学生杂志》以来，每卷只要有你的作品，没有不先看的，这是情感的自趋不足怪奇的；你在上海，我在西安，中间隔关山河川，不知几千里，谁见过谁，但我相信情感上已是认识很久了。"

大革命失败后，杨贤江离开《学生杂志》，写作教育论文。对于马克思主义有更多钻研，因而理论也更深刻。《教育史 ABC》和《新教育大纲》这两本辉煌的著作和许多重要的教育论文都在此时写成。在教育史上，他首先从社会发展史来叙述教育的发展史；首先把社会主义教育思想在西欧的发展和劳动者的教育斗争作为教育史的正宗来处理。在《新教育大纲》中，他根据马克思主义创造性地解决了教育本质、教育效能等基本问题；直接介绍马克思《共产党宣言》《哥达纲领批判》和列宁、克鲁普斯卡娅等的教育方面的理论；批判揭露了所谓职业教育、国民教育的实质，也批判揭露了以美国为代表的帝国主义教育的庸俗与丑恶；介绍苏联的教育组织和实际以作为中国教育努力的方向。这样系统地做马克思主义教育理论的工作，在中国当推杨贤江为第一人。

杨贤江的教育理论，在当时和后来影响都是很大的。在《新教育大纲》的序论中，他很有信心地说："这儿，至少有些未经中国人道过的新说，未经中国人指过的事实；你若已在或有志于在教育阵地上工作的青年，你便可以在这儿得到一点新武器；即使你并不一定是志愿在教育阵地上工作的青年，你也可以由此得到不少的新见解。"这个预言是经过证实了的。他的著作，受到了青年教育工作者热烈的欢迎。如《教育史 ABC》1929 年 5 月初版，至 1931 年 2 月已经第四版；《新教育大纲》1930 年 2 月初版，同年再版。后来在反动派禁止之下，他的著作不能流行，但有许多青年还是设法去寻找它。如夏衍同志说有人在香港登报征求李浩吾书，他寄之书，这位读者回信说：要是没有这本书的启发，他是不可能下决心献身于教育事业的。足见其影响之大，感人之深。

杨贤江教育著作的某些地方，不可否认，也有不够之处。诸如在大革命前，他多少还受杜威教育理论的影响，没有辨清楚杜威的"教育即生活"和"教学做合一"的实质与马克思主义教育理论是毫无共同之处的，某些文章尚引用之。大革命后，他已不再引用杜威理论了，但对资产阶级某些教育理论的批判还不够明确，如他反对智力测验，尚只从智力测验不能普及应用去反对它，未能驳斥智力测验的非科学性；在个性发展的问题上，也还有多少看法不完全，如认为班级制度妨碍个性发展，不能指出班级制度乃是在什么条件之下才妨碍个性发展，对于马克思主义个性发展的理论还不明确。此外，如上所述，关于社会的构造、科学的阶级性，尚不够透彻。但是，这些都是受了时代的限制，即受了社会科学发展高度和教育理论与经验发展高度的限制。因为当时苏联在哲学、科学上尚有一些问题未彻底解决；在教育上，也还未能彻底清除资产阶级的教育思想影响。从一定历史时代去评价杨贤江的教育思想，足以称之为中国早期马克思主义教育思想的传播者。他的著作，我同意周予同先生的说法：是中国教育思想史上划时代的著作。中国近代教育思想上，应该有其显著的地位。

附言：杨贤江的言论与著作，是在没有言论出版自由的反动军阀政府和国民党政府统治下发表的，为了通过检查，某些地方不得不提得隐约。如叙述资本主义教育的没落，以日本“左”倾教授河上肇的话“东方红了”作结束，隐示革命的前途；叙述社会主义教育兴起，则以“该是东方红了以后的话”开头；在提出学生运动方向时，只以“只有这样的日益‘左’倾日益革命化的学生群众的斗争”来表示方向。同时，讨论当时具体情况问题，多用古代及外国的例子。如论教师的组织和任务时，原封不动地把苏联教师组织与教育劳动者国际组织的任务及决议照抄，以隐示中国的教师组织和任务也应当是这样的。即使如此，也不能完全避免反动统治者的迫害。因此杨贤江所用的笔名很多，有些已经被发现，有些尚待调查。杨贤江的教育思想在中国教育思想史上有其显著的地位，搜集、整理、研究，是一项重要的任务。我在编讲中国近代教育史中，虽曾阅读了他的两本著作、180 篇在《学生杂志》与《教育杂志》上发表过的论文和几百封通讯，但是尚不足以窥其全貌。诸如 1927 年他在总政治部工作时所发表的作品，就未见到。同时，由于我自己水平的限制，论述必有不妥之处，亟盼先进者的指示。

本文草成，蒙杜佐周、周予同、陈汝惠、王贯三诸先生，惠告资料或提出宝贵意见，顺此致谢。

马克思主义教育理论家杨贤江①

马克思主义教育理论家杨贤江同志（1895—1931），是中国共产党党员，老一辈的无产阶级革命家。在他短促的一生中，不仅为传播马克思主义教育理论、奠定中国新兴教育科学有突出的贡献，而且为革命事业鞠躬尽瘁，成为文化教育战线上一名坚定的共产主义战士、杰出的青年运动领导人。

新中国成立后，《人民日报》《光明日报》和《解放日报》都曾为纪念杨贤江同志出过专刊；各师范院校的教育史教材，都为研究杨贤江教育思想列出专章。1981 年，是杨贤江同志逝世 50 周年，为此教育部和共青团中央联合召开纪念大会，号召全国教育工作者和青年学习杨贤江的革命精神和教育思想。这篇论文，是笔者 20 年前②研究杨贤江教育思想和近来重新编辑《杨贤江教育文集》的一些体会，借以纪念这位马克思主义教育理论的先驱。

一、杨贤江生平及其思想发展过程

杨贤江，字英父（英甫），又名李浩吾，笔名有曲它、姚应夫、李谊、叶公朴、李洪康、李膺扬、柳岛生等③。1895 年4 月11 日（阴历3 月17 日）生

---

① 原载《厦门大学学报》，1961 年第 2 期。作者：潘懋元。本文为纪念杨贤江逝世 30 周年而作，1981 年 8 月重新修改。

② 编者注：此指 1961 年。

③ 当时因避免军阀和反动派迫害，杨贤江所用笔名甚多。据笔者已发现的有：直夫、英夫、英江、江一、天一、雁江、牛犇、Y. K. 、健夫等，恐未发现者尚多。

于浙江省余姚县一个贫苦的成衣匠家庭。1906 年进溪山初级小学堂读书；1911 年在诚意高等小学毕业后，1912 年留任该校教师；同年秋考进杭州市的浙江第一师范学校。浙江第一师范学校，当时有不少知名学者任教，如经亨颐（校长）、李叔同（弘一法师）、夏丏尊、陈望道等。杨贤江除认真学习正课、各门课程均取得优异成绩外，还遍读中西书籍，对宋明理学尤潜心研究。在校学习期间，他经常参加各种学术活动、社会活动和写作教育论文。1917 年毕业后，杨贤江到南京高等师范学校任斋务助理、教育科助理等职，除随班旁听教育、心理方面的课程外，同时参加商务印书馆附设函授部英文科学习，并开始翻译国外教育论文，发表于浙江《教育潮》等杂志。

1919 年，杨贤江经邓中夏介绍，参加少年中国学会。同年 11 月，南京的会员组成南京分会，他被选为分会书记和分会会刊《少年世界》编辑，负责编辑《学术世界》《劳动世界》等栏，还参加南京高等师范学校学生所办的杂志《少年社会》的编辑工作。1920 年 7 月，杨贤江同李大钊、恽代英等七人被选为领导少年中国学会的评议员。

1919 年 7 月，少年中国学会在南京召开大会，围绕着学会要不要有共产主义和会员的政治活动等问题，共产主义者同国家主义者展开了激烈的争论。这场争论对杨贤江思想的发展起了促进作用，他认为学会应该“是个向着光明方面进行，同时是个反抗国内恶势力的团体”，所以，“当然是应当从事革命”，“做改造的事业”。后来，他又和邓中夏、恽代英等人共同努力，为学会制定了反对帝国主义，打倒军阀，肃清政局，提倡国民自决主义，反对教会教育及文化侵略政策等纲领。

1920 年 9 月，杨贤江到广东省高要县，拟就任该县国民师范补习所教务主任。但该所因粤桂军阀战争终未能开办。杨贤江在高要被困达 50 天，深切地体会到军阀的残暴和人民的疾苦。

1921—1926 年，杨贤江在上海负责《学生杂志》的实际主编工作。① 他经常为刊物撰写短评，揭露帝国主义文化侵略本质，抨击封建军阀黑暗统治，

① 《学生杂志》由商务印书馆出版，主编挂名朱赤民（天民），1921—1926 年间，实际上由杨贤江负责主编工作。

剖析旧中国半封建半殖民地社会性质，回答学生的思想、学习、生活各方面问题，引导学生参加政治运动。他的短评立论新颖、简要生动、揭露深刻、批判尖锐，深为广大青年学生所喜爱。同时，杨贤江还发表了许多教育专论，也深受读者欢迎。

1923年，恽代英到上海开展共青团工作。杨贤江在他的积极影响下，努力学习马克思主义，参加革命斗争，阶级觉悟有了很大提高，世界观发生了根本的变化，加入了中国共产党，并帮助恽代英编辑《中国青年》。

从1923年到1926年这四年间，杨贤江在党的领导下，努力从事文化教育战线上的革命工作，除主编《学生杂志》和参加《中国青年》编辑工作外，还在《教育杂志》《新女性》《民铎》《觉悟》等刊物上发表论文。但是，他的主要阵地仍是《学生杂志》。这个时期的《学生杂志》，内容充实，战斗性强。杨贤江所写的短评，已经具有初步的马克思主义观点，能够配合党的宣传方针。例如，为支持唐山大学生援助开滦矿工罢工运动，他写了短评《唐山大学生和开滦矿工》，指出学生运动应与工人运动相结合；在《五月可纪念的》《列宁与中国青年》等短评中，他称颂“马克思是有组织的群众运动的先驱”，是“为被压迫阶级鸣不平的伟人”，列宁“是俄国无产阶级的革命领袖，他也是全世界被压迫阶级的革命领袖”。为鼓励青年学习马克思主义，讨论革命问题，他在《学生杂志》上介绍马克思主义著作、苏联革命书籍以及《响导》《前峰》《中国青年》等进步刊物，还组织各种青年问题的书面讨论，并开辟了《通讯》《答问》等专栏①，发表全国各地青年来信与编辑部复函，答复青年们所提出的问题。根据青年们的通讯并加以分析综合，杨贤江还写了许多理论联系实际的有关教育问题和青年问题的论文，如《中国学生运动与青年运动》《中等教育与青年问题》《中学训育问题的研究》《学生生活改造论》等文章，对学生运动的目的、组织、策略、方法和青年的学习、生活等方面的问题，发表了很多精辟的见解。他所写的短评、通讯、论

① 《通讯》栏自1923年开始，每期发表的通讯数封至数十封不等；《答问》栏自1924年开始，每期所答复的问题往往达100多则。其中大部分由杨贤江亲自执笔。计自1923年8月至1925年10月，他所写的通讯有160余封；自1924年4月至1926年12月，他所答复的问题有1 400多则。

文等，对于宣传马克思主义和党的政策，引导青年走上革命道路，起了积极作用。因此，杨贤江在当时知识青年间享有很高的威信，受到他们的尊敬和爱戴，许多青年把他引为知心朋友①。同时，也就受到军阀、学阀等反动势力的敌视和迫害②。

这个时期，杨贤江参加了许多实际的革命活动。他时常同商务印书馆工人讨论革命问题；到郊区农村向农民宣传革命道理，协助他们组织农会；在上海学生运动中担负领导责任；经常在党的会议上和瞿秋白、恽代英等同志研究宣传工作。1924年他被选为中共上海地方兼上海区执行委员会候补委员和所属“国民运动委员会”委员③，分工负责学生方面的工作，担任了当时国民党改组后的上海市党部青年部长。他利用公开职务和场合，给青年学生演讲革命道理，到杭州、宁波等地进行党的组织活动。此外，他曾在上海大学附属中学兼课，兼任上虞春晖中学教务主任，每周来往于上海、上虞之间，都与当时的革命活动有关。

1925年五卅运动爆发，杨贤江和沈雁冰、侯绍裘等同志组织教职员救国同志会，参加讲演团，向学生、工人、店员做《五卅运动与民族革命》《民众的力量》等专题演讲。五卅运动后，他被选为国民党左派所组织的上海特别党部委员，继续领导学生运动，坚持斗争。

1926年底，北伐军逼近上海，上海工人运动、学生运动蓬勃开展。杨贤江的工作更加忙碌，不得不离开《学生杂志》，全力以赴投身到当时的革命斗争中去。他参加了上海工人起义组织工作并亲临斗争现场。1927年春，北伐

---

① 例如西安青年高崇民给杨贤江的信中说：“自从民六读《学生杂志》以来，每卷只要有你的作品，没有不先看的，这是情感之自趋不足怪奇的。你在上海，我在西安，中间隔关山河川，不知几千里，谁见过谁，但我相信情感上已是认识很久了。”又如曹州青年崔万秋给杨贤江的信中说：“我从《学生杂志》里认识你，不过两年，但是我总觉得你是我们青年界最可爱的朋友。”

② 例如当时上海学阀曹慕管，因杨贤江发表《国故毒》一文（载《学生杂志》第8卷第2期）揭露其所主持的澄衷中学提倡复古、束缚青年思想，即大兴问罪之师，对《学生杂志》施加压力，迫使挂名主编朱赤民向其道歉，此后曹慕管还在各种场合不断攻击杨贤江。

③ 国民运动委员会委员长为沈雁冰，委员有林伯渠、张太雷、杨贤江、董亦湘等人。

军攻克杭州后，他曾到杭州担任过短期的《国民日报》编辑。蒋介石发动“四一二”反革命政变后，在上海、浙江等地通缉杨贤江，党于是把他调到武汉北伐军总政治部工作，担任《革命军日报》社长。“七一五”武汉汪精卫又叛变革命，杨贤江于1927年秋经江西辗转回上海，转入地下活动。在这段艰难岁月里，杨贤江对革命事业仍抱着镇静、乐观的态度，由于白色恐怖日甚，他被迫于年底流亡到日本。

在日本流亡的一年多时间里，杨贤江一刻也没有停止革命工作。由于形势和环境的改变，不可能继续活动，他就积极从事研究和翻译工作。他搜集了大量的日本教育资料，分析研究资本主义社会教育情况，撰写、编写和翻译了许多社会科学和教育论文、专著。《教育史ABC》就是在这个时期写成的。

1929年5月，由于日本警察的监视和迫害，生活也很困难，杨贤江回到上海。他深深感到革命理论建设的重要性，主动向党提出承担新兴教育科学研究任务。在党组织的支持下，他以惊人的毅力在生命的最后两年中，继续写作和翻译教育论著，完成了《新教育大纲》这部辉煌的教育著作。同时，他继续参加革命活动，和彭康、吴亮平、杜国庠、冯乃超等同志参加文委领导工作并同其他同志一起发起组织成立了社会科学家联盟。

由于工作繁重、生活困难，杨贤江积劳成疾，患上了肾脏结核症，复至日本就医，不治，不幸于1931年8月9日在长崎逝世，终年36岁。其骨灰由李一氓同志运回上海，葬于上海永安公墓。

杨贤江在短促的一生中，除了参加革命活动之外，译著甚丰。笔者已搜集到或查明的，就有论文380多篇，译文30多篇。译著有《家族、私有财产及国家之起源》（德国恩格斯著）、《世界史纲》（日本山下德治著）、《青年期的心理和教育》（美国荷尔著）、《苏维埃共和国新教育》（苏联平克维支原著）、《新兴俄国之教育》（日本上田茂树著）等，并编写《今日之世界》一书，教育专著有《教育史ABC》和《新教育大纲》。

从上述论文、专著以及平时的书信和当时战友于他身后所写的忆念文章中，可以见到杨贤江的一生，是由一个富有正义感的知识青年成长为一个具有马克思主义世界观和无产阶级立场的革命者的一生。在他短促的一生中，其思想发展大体可以分为两个阶段，每个阶段又可分为前后两个时期。从他所发表的论著中，可以很清楚地看到其思想发展的线索与阶段。

第一个阶段是在1922年以前，这个阶段的特点是：杨贤江虽然看到军阀统治下中国社会的种种黑暗现象，要求变革社会，但对于马克思主义还知道得很少，还不可能认识到社会问题的本质，也不可能找到变革社会的正确途径。他的哲学观点，是徘徊于唯心、唯物之间的；他的教育观点，基本上还是属于“教育万能论”的。

这个阶段前后约十年。前期数年，即1919年以前，杨贤江在杭州第一师范学校学习和在南京高等师范学校任职期间，就博览中外的哲理和教育书籍，深受宋明理学、欧洲人文主义以及康德思想的影响。他一方面有唯心主义观点，如认为人的本质意义在于有“人格”，“人格”包括道德与理性，人有绝对价值与自由意志，其特色有四，为自我意识、自我活动、自我发展、自我牺牲；① 甚至认为人生的幸与不幸“多生自各人之心，非皆左右于外界之事情，故吾人欲灭不幸，惟有以善意存之”②；认为“理想不受制限于历史，历史为理想之产物”③。但在另一方面，他又有唯物主义的倾向，如认为“欲明事理，不能外事物而他求”④；“一时代之思潮，决非偶然而生，必其前有所承，其后有所归”⑤。同时，他吸取了宋明理学家重视实践的精神，吸取人文主义者重视人权的思想，而扬弃了独善其身、个人主义的思想，反对“莫管思想”，提倡兼善，提倡互助合群，认为“莫管思想”是自私自利的开端，青年必须为集体的利益而修养德性。⑥ 在教育思想上，他提倡学生要“集会”“自治”，这只是为了“互相提携，共策进行”，以启发合群思想，增进知识经验，⑦ 而不是政治上、革命意义上的组织。他重视有秩序的生活、学习上的自动，广泛参加各种社会活动，特别强调体育、德育、智育的并重，认为

① 杨贤江．说人［J］．学生杂志，1916，3（11）．
② 杨贤江．说善意［J］．学生杂志，1917，6（7）．
③ 杨贤江．理想之势力［J］．学生杂志，1919，6（6）．
④ 杨贤江．新学年学生之注意［J］．学生杂志，1918，5（9）．
⑤ 杨贤江．学生与新思潮［J］．学生杂志，1919，6（10）．
⑥ 杨贤江．学生之兼善思想［J］．学生杂志，1918，5（2）．
⑦

“若培养己材，而偏于体育，贲获而已；偏于德育，程朱而已；偏于智育，仪秦而已；必兼三育，融合精彻，始能成为完人”①。

1919年的五四运动，对于青年知识分子的思想影响很大。杨贤江于当年参加了少年中国学会，接受了反封建的民主主义思想，也开始接触到一些马克思主义思想。接着，他从南京到广东，从广东到上海，看到军阀统治的黑暗、帝国主义侵略的残暴、社会上贫富的悬殊、人民生活的痛苦，这些深深地激发了他的爱国热忱和正义感，使他更多地面向现实，考虑社会变革的问题。1921年以后，又由于他负责编辑《学生杂志》，广泛地接触到青年学生的各种问题，且必须研究这些问题的发生原因与解决方法。因此，第一阶段的后期，即从1919年到1922年这三四年之间，他从书本到现实，从学校到社会，思想上起了一些显著的变化，主要是对于社会问题有了比较深入的认识，唯物主义的倾向也比较明显。但是从整个思想体系来说，他还只是一个民主主义者而不是一个马克思主义者。

下面就他的哲学观点和对社会问题的认识，举例说明杨贤江这个时期的思想发展。

在哲学观点上，杨贤江虽更多地倾向于唯物主义，但仍不能摆脱唯心主义的影响。他在1921年所写的《论思想》和《美育的价值》两文中，便清楚地代表着两种哲学观点。在《论思想》一文中，他正确地指出：“一种思想的发生，决不是凭空而起，一定有它的背景。”“时代改了，环境变了，自有相应的思想要发生出来。即发生之后，又自然要增长扩大不容人力去阻遏的。”②在《美育的价值》一文中，他则认为美育的价值“就在使我们能脱离现实社会的束缚，另在一个理想的境地得诸喜悦，以扩大人生的活动”③。在《文艺与人生》一文中，他一方面揭露了社会的黑暗和罪恶，另一方面却认为社会欠缺“感情的醇化”，因而要借文艺来弥补，因为文艺是“超出‘俗界’，直接与‘自然’同化的”④。一般来说，在面对社会现实时，他比较能够从唯物

① 杨贤江．我之学校生活［J］．学生杂志，1915，2（8）．
② 杨贤江．论思想［J］．学生杂志，1921，8（3）．
③ 杨贤江．美育的价值［J］．学生杂志，1921，8（5）．
④ 杨贤江．文艺与人生［J］．学生杂志，1921，8（8）．

主义的观点来看问题；而在理解“美”“道德”这些抽象概念时，中国的“良知”，欧洲的“理性”，康德以至蔡元培的唯心主义哲学、美学观点却还不是他在这个时期所能摆脱得了的。同样，对于社会的现实问题，他已有了比较深入的认识，而对于解决社会问题的途径的认识却还是唯心的。如他所说的“一切的社会改造运动，如政治的、经济的，都不及教育的有根据、能永久。因为教育的改造，是改造人的思想的。人的思想是足以支配政治及经济的”①。所以说，这时候他基本上还是一个“教育万能论”者。

在对社会问题的认识上，他深切感受到受封建主义、帝国主义和军阀压迫的政治痛苦，指出“腐败的官僚，野蛮的军官，刻薄的资本家，都是要剥削人民的劳动利益，才能享受他们豪奢放纵的生活”。也认识到私有财产制度的不合理：“现在劳动的未必能得到满足的生活，而不劳动的，靠着资本势力，享受比劳动的人多快乐多适意的生活的，反是很多。这实在是社会组织不合理的结果，我们得设法改造。”② 然而，循着他的民主主义思想，他的社会改造思想就是欧洲式的“解放”与“改造”运动。这种“解放”与“改造”运动，乃是诉之天赋的“良能”，是人类的“理性”的要求，其趋势为“人本主义”的精神，从而把社会的改造，归结为个人的改造。③ 他把五四运动的精神看成是“自我实现”的精神④，要求学生、青年把“小我”改造成“社会我”，即唤起学生、青年的“社会我的觉醒”⑤，要求学生、青年立志成为为社会谋幸福的“完人”。正因为对五四运动的真正的革命精神及其深刻意义认识不足，所以在1922年五四运动三周年纪念时，他只看到所谓“五四精神”在小资产阶级青年身上的“近于消灭乌有”⑥，无限感慨，而没有看到真正的五四精神在革命运动中的发扬与发展。找到正确的革命道路之前的杨贤江，这个时期是彷徨苦闷的。他只能大声疾呼，抗议社会对青年的毒害，呼

---

① 杨贤江．思想的革命［J］．学生杂志，1922，9（1）．

②⑤ 杨贤江．论个人改造［J］．学生杂志，1920，7（5）．

③ 杨贤江．学生与新思潮［J］．学生杂志，1919，6（10）．

④ 杨贤江．新教训［J］．学生杂志，1919，6（7）．

⑥ 杨贤江．复活五四的精神［J］．学生杂志，1922，9（5）．

吁“不是仅仅做到读书运动所能完事，我们是该当提倡‘生命运动’”①，希望青年不要受社会的坏影响，应立志改革社会。但是，对于如何改革却没有找到正确的途径。后来，他找到俄国知识分子“到民间去”的口号，便宣传起来。② 1922 年底，他和一些追求进步的青年组织了青年问题讨论会，第一次讨论“青年学生在寒假期中应该做的”，已经认识到“我们身上的血肉，就是无数农工的血肉所构成的……我们得要把我们的血肉点点滴滴还与农夫工人，才算清我们一身的债”。但其所提出的办法，却是“用我们的血肉，竭力使他们受教育，使他们有高明的理想”③。他的社会改造的途径，只能是“同情贫穷的人”，自上而下地去“教育”他们，“帮助”他们。换言之，他只是看到工农的痛苦而还未能看到他们的力量，因而以为变革社会的力量只是有觉悟的知识青年。

在进步思想的启发下，在现实问题的教训中，杨贤江对于社会的本质和变革社会的道路的认识逐渐深入。1922 年他所写的《从救国运动到社会运动》一文中，就已经认识到资产阶级旧民主革命的道路是行不通的。他指出：“三年来的经验（指五四运动以来），能使我们更有新的觉悟么？救国！救国！无论是空谈或实行，都可以说是‘徒劳而无功’的。老实说吧，倘若现代的社会组织不根本改造过，无论你怎样热心地救国，都是枉然的啊！试问你为什么要救国？不是为了保护在这块国土内的人民的福利么？但是照现代的社会组织，就是在那号称最富最强的美国、英国地方居住的人民，还是不能够得到一种普遍的公平的福利。从这看来，我们盲目地讲救国救国，只可以说是上了国家主义论者的当。纵使救国运动成功了，还不是一个‘强凌弱，富劫贫’的世界么？”④ 但是，杨贤江思想真正的转变，还是从 1923 年开始的。这时候他大量地阅读马克思主义的著作和介绍苏联革命的书籍，参加党的会议和各种活动，研究党的政策、指示，特别是受了恽代英同志的影响。他同恽代英同志，远在五四运动之前已有来往，并接受了他的影响。如 1918 年杨

① 杨贤江．学生们底一个重大的觉悟［J］．学生杂志，1922，9（2）．
② 杨贤江．青年！向那里走［J］．学生杂志，1922，9（4）．
③ 杨贤江．“青年问题讨论会”［J］．学生杂志，1923，10（1）．
④ 杨贤江．从救国运动到社会运动［J］．学生杂志，1922，9（6）．

贤江在日记中写道："恽代英来信于吾，'自助助人'一语，多所纠正。吾之夙意，注重先求己身之完备，无形之中感化于人，人自潜移默化，由今思之，终觉得看己太重，孤立寡行，亦未见得独然有成……"① 其后，一起参加少年中国学会；至此，又一起进行革命活动，结成亲密的战友关系，所受影响也更深了。

1923 年前后，可以视为杨贤江思想发展过程中前后两个阶段的分水岭。如果说，在 1922 年以前，杨贤江的哲学思想还徘徊于唯心主义与唯物主义之间，则 1923 年以后，他坚决地倾向于唯物主义，不断地自我批评以往所受唯心主义的影响；如果说，1922 年以前，他深受"先哲"的思想影响，对他们十分敬仰，则 1923 年以后，他以批判的态度来重新估价这些"先哲"的思想，并且认识到只有马克思、列宁所指引的方向才是革命的道路；如果说，1922 年以前，他还只是一个民主主义者，则 1923 年以后，他认识到只有被压迫者起来反抗压迫者，以工人农民为主力军，改变私有财产制度，才能彻底改变社会制度，从而才能够解决一切社会的问题。在对待教育与政治的关系、学生参加政治活动的问题上，更加突出地反映了他的思想转变。1922 年，他虽主张学生要参加社会运动，做宣传工作，但却劝告学生不要参加政治活动②；他虽同情学生闹"学潮"，但却认为青年应以研究学问、锻炼身体为主，"多闹不如少闹"③。而在 1923 年，他以极大的热情写了《唐山大学生和开滦煤矿工》这篇短评，积极地支持唐山大学生援助开滦矿工罢工的运动，歌颂唐山大学生援助矿工"是学生运动中新发生的，最切实的，极有重大意义的一件事了"④。接着，他又写了短评《祝学生联合会复活》，提出学生联合会应"拿出'改革内政'四个大字做我们努力的目标"⑤。

从 1923 年到 1926 年，在大革命的怒潮中，杨贤江主要的革命任务是领导青年运动，所以这时期他大量地发表指导青年学生参加革命运动的论文、

① 姜枝先．杨贤江同志事略．

② 杨贤江．告毕业生［J］．学生杂志，1922，9（6）．

③ 杨贤江．从现代我国学生生活所见的心理现象［J］．学生杂志，1922，9（7）．

④ 杨贤江．唐山大学生和开滦煤矿工［J］．学生杂志，1923，10（1）．

⑤ 杨贤江．祝学生联合会复活［J］．学生杂志，1923，10（2）．

短评和通讯。杨贤江第二阶段前期的思想发展，主要也是从他对青年运动的指导思想上反映出来：

杨贤江分析学生生活在当时的不良制度与教育影响之下，有许多不良的倾向：有的糊里糊涂混分数；有的还沉醉在斯文拘谨谈国故中；有的目光短浅，除个人之外不知有其他。因此，他认为对于青年学生来说，首先应解决两个问题：(1) 我们为什么要求学？(2) 我们和社会、国家有什么关系？他认为求学的目的在于为国家、为社会服务。当国家需要进行革命运动时，青年学生便应当参加革命工作。① 他说："不管教育最后的目的怎样，但就目前讲，只有革命的教育，才是中国需要的教育；只有革命的教育者，才是中国需要的教育者。"② 当时"中国所需要的人才，也不是西洋那种专门的人才，而是能研究中国现状然后对症下药的人才"③。他主张学校里应当以"唯物的社会观"教育学生，应当开设"社会运动指导"课程，在正课中加入"帝国主义侵略中国及不平等条约的研究"，应当组织革命团体，组织学生参加革命实践。

这是就在校学生而言的。但在当时的中国社会，青年多数失学。对于失学青年，杨贤江提出"无产者不必要入学校读书"的号召。他写出《勖自学者》《再勖自学者》《青年求学问题》等文章，介绍自学方法，替自学者解决许多实际困难，特别是鼓励青年要像列宁那样为革命需要而研究学问，对于不能入学校读书的青年，给予了极大的鼓舞。

更重要的是，对于在学青年或失学青年，杨贤江指出，所有改良课程、选择良师、提倡自学等，都只是治标的办法。欲从根本上解决不合理的教育制度，解决失业失学问题，以至于解决婚姻问题、家庭问题，就不能零零碎碎地解决，而只有一个办法，即"政治经济问题的总解决""推翻现存社会制度"。他宣称："我们要知道军阀的本性是要掠夺的，在被压迫者与压迫者中间是无情义可讲的；对付这种掠夺成性的军阀，只有用民众的实力去抵抗才会得胜；所以我们诚要恢复求学的权利，只有准备自己的实力，和掠夺者勇

① 杨贤江. 读书与救国 [J]. 学生杂志，1924，11 (4).

② 杨贤江. 教育者与政治 [J]. 教育杂志，1923，10 (2).

③ 杨贤江. 学问与装饰品 [J]. 学生杂志，1924，11 (8).

猛奋斗。”①“在现在这个私产制度方面，青年能享受美满生活的，实在只有少数富家子弟罢了。……有志青年为自身阶级的利益起见，便有起来改造这个不良的社会制度的天职。……你想做一个科学家，或者是一个音乐家，或者真是想做做新诗、谈谈恋爱，那么请你先做一个战卒吧。”②杨贤江就是这样引导青年们走上条条通向革命大道的道路的。

要推翻旧的社会制度，就必须干预政治，参加国民革命运动。要参加国民革命运动，就必须参加政党，才能够集中意志和力量。但是当时社会上对于学生干预政治的意义认识很不够，对于学生参加政党活动尤多反对。杨贤江于1923—1924年间，在《学生杂志》上发起了一个学生“干政与入党”的书面讨论，全国青年学生发表意见的很多，一时震动了整个教育界。杨贤江配合着这个讨论，亲自写了《教育者与政治》《学生与政治》《再论学生与政治》《中国学生运动与青年运动》等文章，宣传教师与学生应当关心政治的观点，批判教育可以脱离政治的错误思想。他还特地约请恽代英、刘敦等为青年学生解答入党问题，既批判了不关心政治或虽关心政治但只站在局外旁观的错误态度，也批判了以为干革命工作只要凭个人的良心血气，慷慨激昂喊几声“干、干、干”，轰轰烈烈地丢几颗炸弹的想法。恽代英当时指出：“革命决不是消极的打倒这个，打倒那个，所能成功的；它必须有积极的，改造政治经济主张。所以，必须有伟大的党，以拥护且监督革命的领袖，以求主张的实现。”“必须有纪律能服从团体的革命党员，像军队一样的强固而整齐，才打得倒那些恶霸。”“我以为没有伟大的党，挟着积极的具体的主张在后面，炸弹主义是没有用的事。安重根的一炸，自然可以使他的名字震动世界；然而朝鲜仍旧亡了。”③杨贤江也这样说：“团体纪律应该看得比个人的自由更重要。”因为“要做革命的事业，试问须靠团体的力量呢？还是单靠个人的力量”？“一定要有极坚固的组织、极严明的纪律，来范围团员、指挥团员，做团员的就应绝对服从，即使有时须牺牲个人的自由也只好安于牺牲。”④又说：

① 杨贤江．中学毕业生升学问题［J］．学生杂志，1926，13（6）．

② 杨贤江．现在中国青年的生活态度［J］．学生杂志，1924，11（3）．

③ 恽代英答华少峰、若兰两人的公开信［J］．学生杂志，1924，11（5）．

④ 杨贤江．团体纪律与个人自由［J］．学生杂志，1923，10（8）．

“要知他们已成为一个阶级，我们要推翻他们，也必须是我们的阶级力量，可决不是个人的力量。所以做政治革命的必须结党，做社会革命的也必须结党；以此类推，做青年运动的自然也必须结党了。”① 在“干政与入党”的讨论影响之下，许多青年学生写信给杨贤江，表示要参加政党和国民革命运动。

杨贤江对于学生运动的目的、性质、策略与方法，提出一系列的理论指导。他认为学生运动的目的、性质与策略，首先决定于中国革命的形势。1924 年，他正确地分析军阀战争说：“这一次江浙间及奉直间所谓国内战争——实则宁可说国际战争。”因为国内军阀战争，“其主因却在外力的侵略”，帝国主义者为什么要帮助军阀进行战争？“乃利用军人互相争乱，使中国实业不能发达，他们的商品得以畅销；更因借款售械，取得操纵中国政局的权柄，使中国永远为他们的殖民地。”由此得出结论：我们要解决一切问题，“自当从消灭军阀开始。但要消除军阀的根本，先要打倒军阀所赖以生存的帝国主义”。② 他还分析当时国际和国内的“两种阵势：一种是各强国及军阀们的，一种是各被压迫的弱小的民族与平民的”。“压迫我们民众做救国事业做解放运动的，不但有帝国主义者，并且有本国的军阀；参加或赞助这种救国事业解放运动的，不但有本国的学生工人及一般市民，并且有国外的知识阶级与劳动阶级。所以谁是我们民众的敌人，谁是我们民众的好友，我们都不难看个清楚”。③ 当时革命的对象是帝国主义及其走狗军阀。学生运动的目的，不是只为了换换校长或教员、改改课程或管理而已，而是“以打倒利用军阀侵略中国的列强及勾结列强压迫国民的军阀为目标”④。而要打倒帝国主义和军阀，单靠学生运动是不够的，因此他指出必须把学生运动扩充到青年运动。因为学生有知识，接触革命的道理较早，所以学生运动可以成为青年运动的先锋，有它的特殊地位和价值。但中国还有广大的青年工人、青年农民、青年学徒、青年兵士，“中国国民革命运动的主力军为工人、农民”⑤。

① 杨贤江．到青年中间去的先驱者［J］．学生杂志，1924，11（2）．

② 杨贤江．我们所得于时局的教训［J］．学生杂志，1924，11（12）．

③ 杨贤江．又是一年过去了［J］．学生杂志，1925，12（12）．

④③ 杨贤江．中国学生运动与青年运动［J］．学生杂志，1923，10（8）．

⑤ 杨贤江．答李涵信［J］．学生杂志，1926，13（9）．

“青年学生就有一种责任。这责任便在努力唤醒劳动青年的阶级觉悟”，“最好我们能投身到工人队里、士兵中间和乡村里去实地做青年运动”。③

在学生运动的策略上，杨贤江注意的首先是学生运动的群众性、广泛性，不应只局限于一部分活动分子身上；其次是学生运动要全国统一步骤、统一目标、团结一致。关于前一问题，他指出以往一般学生运动的缺点，是“上层学生领袖运动。他们只取得各级学生会的职员，并未能使学生团体的组织坚实壮大，而有号召指挥大多数学生群众的力量；在地域上又只限于大都会，并未能普遍到各县市乡村，因此对于民族解放运动既难有持久不懈的努力，而对于反动势力的压迫也不能为有力的反抗，反而瓦解或归于消灭”④。如何开展广泛的学生运动呢？他说：“不管各个学生对于主义及信仰有如何的差异，但只要是个觉悟的中国学生，终会感觉到我们原有些共同的敌害要削除，原有些共同的事业可努力。譬如在这种半殖民地过被压迫生活的中国人，谁也应当参加国民革命；在腐败学校里受不良教育的学生谁也应当主张改进；其他如要求集会言论自由，要求增添图书设备，要求减轻或免收学费等等。无论哪一派学生都可有一致的主张与一致的行动。所以从事学生运动的活动青年应从学生群众许多不同的要求中，尽量提出大家适用的口号以号召群众。”⑤ 关于后一问题，杨贤江认为提出大家适用的口号以号召群众，是为了有利于开展广泛的学生运动，并不等于各自为政，各顾自己狭小的、地方性的利益。他提出了“局部为了全体，局部活动应该从全国着眼”和“坚持民主集中制”的口号，号召全国学生运动应该拥护全国学生总会的领导，依据学生总会的决议而行。这样才能“集中我们的力量于一个显明的正确的目标之下，为统一的、有系统的、有计划的活动”⑥。总之，当时杨贤江努力于搞好学生运动的统一战线。

在学生运动的方法上，杨贤江也提出了许多重要的指导性意见。例如：如何团结组织学生群众，如何掌握学生自治会，如何同反动力量进行斗争，如何做宣传工作，等等。学生运动必须扩展到工农群众中去，因此，如何接

---

④⑤　杨贤江．学生生活改造论［J］．学生杂志，1926，13（8）．

⑥　杨贤江．全国学生应拥护全国学生总会［J］．学生杂志，1923，10（9）．

近群众、根据群众的需要和认识来进行工作，就是一个突出的问题。有许多青年学生，抱着一股热情到乡间办学校，进行宣传活动，但是缺乏经验，碰了钉子，就灰心泄气，甚至抱怨群众“低能”。杨贤江对于这些学生，总是给予耐心的、诚恳的指导。1925—1926 年间，他给青年们所写的通讯，很多是为了解决这个问题，指导他们应当根据实际情况来订出实际运动办法。他认为，宣传工作要了解群众的心理、研究群众的需要，不要太心急地搞破除迷信，也不要太心急地宣传革命道理，应当先和群众亲近，获得群众的同情和好感，在群众中扎根。为什么杨贤江能够这样正确细致地指导学生、青年呢？他一方面是根据党的正确的政策；另一方面是结合自己丰富的经验，他自己就是亲身在工人、学生群众中长期做实际工作的。

杨贤江对于青年问题的研究和指导，除了学生运动、青年运动之外，还全面关心青年的思想、学习、生活、健康各个方面。他反对“第一不从学生本身着想，第二不从社会环境着想”的旧训育方法，认为研究青年问题、对青年进行指导，必须调查青年所处的社会环境，了解青年的生理、心理特点。他分析在当时社会环境和不良教育影响下，知识青年中存在种种不健康的思想倾向。要解决这些问题，关键在于使青年树立革命的人生观，鼓励青年立志改造社会，为群众谋幸福。所以，树立革命人生观是杨贤江对青年教育的中心问题。同时，他主张对青年进行“全人生的指导”，帮助青年过“正常生活”。杨贤江所指的“全人生的指导”，具有广泛的含义：凡是青年的求学、择业、交友、恋爱、家庭、健康以及为人处世、生活习惯、兴趣爱好，都应予以全面关心和指导。他说：“向来学校教育，大都偏于知识的传授，而对于良好习惯的培养，青年问题的探索，未尝加以留意；换句话，就是未能为全人生的指导；于书本的教室的课业以外，对于如何过日常生活，如何交友，如何消闲，如何处世，如何发现并解决本身各个问题，如何满足并发现学生所喜欢做的活动，都在所不问，试问这种教育怎能完成他的指导人生的职责呢？”① 他认为就青年人的生理与心理特征来说，是好动的、向上的、可塑的。青年的“正常生活”，应当具有活动性、奋斗性、多趣性、认真性。杨贤江编

① 杨贤江．中学训育问题的研究［J］．教育杂志，1925，17（8）．

辑《学生杂志》的指导思想，除了引导学生参加革命外，可以说就是贯穿着“全人生的指导”。总之，他对于青年问题的研究，是比较科学的；对于青年的指导，有许多丰富的经验与精辟的见解。

这个时期，杨贤江除了根据马克思主义理论和党的方针政策发表了许多对青年运动的指导理论之外，对于哲学问题、社会问题和教育问题，也有所涉及。只是由于时间较短，革命斗争紧张，还来不及对许多重要的理论问题做深入的研究和系统的论述。1927 年大革命失败之后，国内形势发生变化，革命活动暂时较少，他就利用这段时间努力学习马克思主义，积极从事理论工作。

从 1928 年到 1930 年短暂的三年，是杨贤江的思想发展深化的时期，也即他的思想发展第二阶段的后期。他翻译和撰写了许多重要的论文和专著。其中最重要的两本专著就是《教育史 ABC》和《新教育大纲》。正是这两本专著和其他一些论文，奠定了他在中国教育史上作为早期马克思主义教育理论家的光辉地位，对革命的教育理论工作做出了突出的贡献。

《教育史 ABC》是我国第一本运用唯物史观研究教育史，根据社会发展形态来论述教育发展过程的著作。过去的教育史，只是站在统治阶级的立场上，叙述统治阶级的教育政策、制度及其代表人物的教育思想，没有叙述或只偶尔涉及被统治阶级的教育活动。杨贤江指出“这样的书就常不免为曲解、偏颇，且带有欺蒙的作用”[①]。因此，他为教育史的研究提出了三个任务：“（甲）教育之意义与目的怎样变迁？（乙）教育思想变迁的真义与教育制度变迁的根据何在？（丙）支配阶级与被支配阶级在教育上之关系何如？”[②] 这三个任务，正是教育史的科学任务，也是从教育的发生发展来探讨教育本质的任务。杨贤江把奴隶社会以来的教育史看成阶级斗争史在教育领域上的反映。他叙述统治阶级的教育，也叙述被统治阶级的教育。由于史料的限制，他对被统治阶级的教育虽然叙述得不够详细，但是，他通过对这两方面的教育及其斗争过程的论述，深刻地揭示了教育的历史性与阶级性。

① 杨贤江. 教育史 ABC［M］. 上海：世界书局，1929：2 – 3.

② 杨贤江. 教育史 ABC［M］. 上海：世界书局，1929：2.

《新教育大纲》是杨贤江最主要的著作，也是我国第一部系统地用马克思主义观点来阐述教育原理的著作。这本著作阐述了教育的本质和作用，教育和政治、经济的关系；批判了教育超阶级、超政治的观点，批判了教育万能论和教育救国论；叙述了教育领域中阶级斗争的历史和两个社会的教育的对比。它集中地反映了杨贤江第二阶段后期的教育思想，也是他一生的教育思想的全面总结。

二、杨贤江教育思想简介

《新教育大纲》于1930年2月由上海南强书局作为“新兴社会科学丛书”之一出版。这本书其中有些部分，1928—1930年间已陆续在《教育杂志》上发表过。① 因此这本书大致写于1928—1929年间。这个时期的旧中国社会，仍然是半殖民地半封建的性质，在教育上，帝国主义加紧对中国进行文化侵略，推行其奴化教育政策；军阀连年混战，官僚买办重重压榨，农村破产，民不聊生，文盲占全国青壮年80%以上，知识青年失学失业，彷徨苦闷。而当时国民党政府则把教育作为蒙骗人民、压制革命的手段，推行所谓“党化教育”的专制愚民政策。同时，资产阶级学者和教育家幻想通过教育来改良政治，拯救中国。他们空喊“普及教育”“教育救国”，鼓吹改良主义教育主张。许多教师和学生，则迷信教育是“超轶政治”的“清高”事业，埋头教书、读书，不过问政治。面对这些复杂情况，杨贤江认为必须运用马克思主

① 《新教育大纲》各节在《教育杂志》上发表过的，计有：

第二节“教育的本质及其变质”，1930年4月，篇名同，笔名李谊。

第三节“对于教育的几种曲解”，1929年12月，篇名“教育迷信论”，笔名李谊。

第四节“教育的效能”。其中大部分是1928年8月发表的《现代新教育的特征——病征》一文的内容，小部分是1928年9月发表的《教育者之政治使命》一文的内容；笔名均为叶公朴。

第十一节“教师”，其中一部分是《教育者之政治使命》一文的内容。

第十三节“劳动阶级的教育运动”，其中大部分是1929年10月发表的《世界成年劳动者教育之实施鸟瞰》一文的内容，笔名叶公朴。

第十四节“教育劳动者的国际组织”，1920年4月，篇名《“教育劳动者国际”之勃兴及其发展》，笔名叶公朴。

义理论，联系中国当时实际，“解释教育的本质，说明教育的作用，并辟除对教育的迷信，纠正对教育的误解”①，分清理论是非，使一般青年学生对当时的教育性质有所认识，使有志于社会变革的教师和青年，掌握理论武器，以之指导革命实践。他对于帝国主义和国民党政府反动的教育政策，给予彻底的暴露、坚决的打击；对于资产阶级改良主义的各种错误观点与主张，列举事实，分析批驳。他指出教师和学生的革命责任，指明社会主义教育的方向与前景。他力图通过传播马克思主义教育思想，建立中国新兴的教育科学理论。这就是杨贤江当时从事教育理论研究的战斗任务。这一战斗任务，充分体现了一个文化教育战线上的革命者的远见卓识。

由于这部著作当时的战斗任务是介绍马克思主义关于教育的本质、作用等基本原理，揭露帝国主义国家和旧中国教育的真实面目，批驳改良主义的教育观点，因此它侧重于教育原理的阐述，对于德、智、体的理论与方法以及学校行政等方面，则很少或没有涉及。所以，它是一本关于教育原理的著作。

全书共分为三章十六节：

第一章，教育的本质。这是全书的主要部分。这一章阐述了马克思主义关于教育本质和作用的基本原理，批驳了各种对于教育的本质和作用的误解、曲解的理论。第二章与第三章可以看作这一章的展开。

第二章，教育的进化。叙述原始共产社会、封建社会、资本主义社会和社会主义社会的教育。这一章是在《教育史 ABC》的基础上写成的。但《教育史 ABC》采用的是历史的写法，而这一章则是经过了逻辑的概括，突出了教育发展史的特征，与《教育史 ABC》并不重复却可以相互对照。其中“资本主义社会的教育”一节，批驳了所谓“新教育”的五个特征的虚伪性，揭露了资本主义社会教育的两大特征与三大矛盾。

第三章，教育的概念。可以分为两部分：从第九节至第十二节，即“教育与经济”“教育与政治”“教师”“学生”，可以视为第一章所阐述的教育的本质和作用的展开，先论述教育与经济、政治的关系，以明确教育的革命作

---

① 杨贤江. 新教育大纲［M］. 北京：人民教育出版社，1961：序言1.

用，进而提出教师与学生的革命任务。从第十三节至第十六节，分别介绍“劳动阶级的教育运动”“教育劳动者的国际组织”“美国的教育”“苏联的教育”，则可视为教育的历史发展的补充。杨贤江以美国的教育和苏联的教育殿全书之后，是有特别用意的。美国的教育是现代资本主义社会进入帝国主义阶段的教育的“标本”，又为当时旧中国教育界“所竭力摹拟崇拜的标本”，解剖与批判它对读者有很大的教育意义；而最后介绍十月革命后的苏联教育，则预示革命胜利后的教育。同时，把两个社会的两种教育摆在一起，又提出“试比较美国教育和苏维埃教育的不同”的问题，“会给读者以一种新感想的”。

杨贤江在《新教育大纲》一书中所阐述的理论，可以归纳为下列四个方面：

（一）教育的本质，教育的发生与发展

杨贤江认为教育是“观念形态的劳动领域之一”，即社会的上层建筑之一。要认识教育的本质，必须弄清唯物史观关于经济基础与上层建筑的关系的基本原理。所以该书第一节“教育是什么”的开端，就介绍了马克思主义关于上层建筑对经济基础的依存关系的理论，并强调说这是理解教育性质的“基本概念”；第九节“教育与经济”又进一步指出上层建筑对于经济基础也有影响作用。

根据这一原理，首先，杨贤江认为教育“是与社会的生活过程、物质的生产关系有密切联系的；而且是以这种现实的社会经济生活为基础的，只要是现实的经济关系变了，它是必然地跟着变的”①。其次，他认为教育也能影响经济，如在资本主义社会中，科学的发展、教育的发达，也能够“支配生产的行为，改进技术的效用，而达到资本增殖的目的”②。同时，他根据马克思在《资本论》中的提示，即生产劳动需要教育，因为教育能使一定劳动部门获得发展的和特殊的劳动力，对教育下这样的定义：教育“是社会所需要的劳动领域之一，是给予社会的劳动力以一种特殊的资格的”③。

① 杨贤江．新教育大纲［M］．北京：人民教育出版社，1961：6.
② 杨贤江．新教育大纲［M］．北京：人民教育出版社，1961：115.
③ 杨贤江．新教育大纲［M］．北京：人民教育出版社，1961：7.

杨贤江认为教育是由于生产劳动的需要而产生，并且在劳动过程中发生和发展起来的。“自有人生，便有教育。”原始社会的教育，“就只根于当时当地的人民实际生活的需要；它是帮助人营社会生活的一种手段”①，所以它虽然很简单贫乏，但却既是同生产劳动紧密结合，又是为社会全体成员所共同享有的。自从社会出现了阶级，统治阶级垄断了教育，把教育作为维护阶级统治的工具。从此，原来为“生产需要”、共同享有的教育，便变成“阶级统治”的、与生产劳动相脱离的教育。

在阶级社会中，教育更多的是直接受制约于政治。它们之间的关系如何，这是了解教育的本质必须解决的另一基本问题。杨贤江根据列宁的“政治是经济的集中表现”这一原理，指出教育“不仅由生产过程所决定，也由政治过程所决定”。他认为“在阶级社会中，政治支配一般社会的精神生活过程；教育当然不在例外。教育意义的变迁，便为在社会阶级关系的历史变动期中所表现的形态；自有历史，就没有脱离过政治关系的教育。无论哪一种的教育制度，终只是由支配阶级掌握，且是为支配阶级服务的”②。同时，他也指出教育有影响政治的作用。首先是文化斗争（包括教育运动在内）服从与服务于政治斗争；其次，在政治斗争中，文化斗争、教育运动也有重要的作用。所以，“文化的斗争要与革命的一般的斗争同时进行”③。

这样，杨贤江在我国第一次阐述了教育具有作为生产斗争和阶级斗争工具的两种职能。

杨贤江进而分析了阶级社会的教育有五大特征：第一，教育与劳动分家，读书人变成远离生产事业的人，做工的人只好从生到死、从早到晚，为养活坐食者而从事生产劳动。第二，教育权跟着所有权走，“你有所有权，你便有教育权”。受教育程度的高低，与家庭财产的多少成正比。“有产阶级成为有识阶级，无产阶级成为无识阶级。”“穷人的子弟，连义务教育也可以‘奉旨’免除就学义务（!）”第三，教育专为支配阶级的利益服务。国民教育是被当作“政治的支配手段和经济的榨取手段”；道德教育是为了维护阶级社会

① 杨贤江．新教育大纲［M］．北京：人民教育出版社，1961：7.
② 杨贤江．新教育大纲［M］．北京：人民教育出版社，1961：118－119.
③ 杨贤江．新教育大纲［M］．北京：人民教育出版社，1961：130.

的统治秩序；知识技能的教育则是为了提高劳动生产率从而增加剩余价值的榨取；高等教育，为了培养支配阶级的统治者和服从支配阶级的“中间阶级”，也为了发展生产所必需的学术技艺的研究。第四，两重教育权的对立，即支配阶级有组织有制度的教育（如学校教育），与劳动人民在劳动过程中所受的“行动的教育”的对立。第五，男女教育的不平等。

这些特征，都是由于阶级分化，统治阶级把教育作为统治工具所出现的。杨贤江论述教育的发展史，整个地贯穿了阶级观点与发展观点。他运用中外古今的史实，有力地论证了这五个特征，加强了他的理论的说服力与战斗性。

杨贤江在充分地论证了教育的本质与阶级教育的特征之后，就用这个理论武器来批判当时流行的对教育的种种曲解与迷信——教育神圣说、教育清高说、教育中正说和教育独立说等。他举出许多历史的和当代的事实，对这些曲解与迷信一一加以批判，最后指出，这些曲解与迷信是相互联系的，而其实质都是认为教育可以超政治、超阶级，这是受统治阶级的欺骗利用而产生的。他尖锐地揭露资本主义社会所谓“义务教育”“强迫教育”“普及教育”等种种迷惑人民的教育主张的实质。他认为资本主义时代的经济基础是大工场生产，在大工场生产中，不识字的人同略会读写的人，其劳动效率是不同的。记住机器名字、搬运货物，以至于当汽车司机、做伙房工作，都非识一些字不可。“由此可见资本主义的社会经济本身，是要求文字的。资本主义国家要施行义务的强迫的教育的理由，决非为了国民自身的幸福，而是为使国民的劳动力可以适应于它的经济组织。”① 所以，资本家所给予劳动人民的教育，只不过是从事生产劳动所要求的最低限度的文字读写，“就是想一方面给予教育的最低限度，而在别方面榨取劳动的最大限度”②。他认为“有些人道主义者不究底细，竟说‘普及教育’为人类的福音，即使不是故作宣传，也毕竟是愚昧可嗤了。……一言以蔽之，国民义务教育的本身，其结局只替资本主义制度的主人公（资产阶级）服务而已”③。他引证列宁的名言，即资产阶级认为学校可以不问政治而为整个社会服务是撒谎的话。这种摆事实、

① 杨贤江. 新教育大纲［M］. 北京：人民教育出版社，1961：39.
② 杨贤江. 新教育大纲［M］. 北京：人民教育出版社，1961：85.
③ 杨贤江. 新教育大纲［M］. 北京：人民教育出版社，1961：39.

讲道理的批判，对于当时对资产阶级教育存在迷信思想的知识青年，确有启发作用。值得指出的是，今天①，资本主义社会对于劳动者的教育，已经不限于最低限度的读写算，普及教育有所延长，许多劳动人民的子女也可以进大学，还提倡“继续教育”“终身教育”等。这是由于适应资本主义生产发展、科学技术提高的需要，他们需要更多的熟练工人和技术人员，需要科学家和管理人才，归根结底，仍然是使教育服务于资本家的利益，而不是为了劳动人民的福利。资本主义社会的教育要求、教育水平必然要随着生产的发展而提高，但资产阶级教育的阶级属性仍然不变，并不像有的人所说的，资本主义社会的教育已经不是上层建筑，没有阶级属性了。杨贤江所分析的阶级社会教育五大特征，只要不拘泥于某些具体内容，对于我们认识资本主义社会教育的本质，仍然是有参考价值的。

（二）教育的效能，教育与革命的关系

杨贤江根据教育是上层建筑以及它和经济、政治的关系，论述了教育的效能。首先，他指出教育受制约于经济与政治，“所以就教育上的各种设施以及教学内容而言，都是和当时的经济及政治状态相适应的”②。“仅靠教育事业上想法，在教育范围内活动，那么无论怎样巧妙的教育方法都是枉然的”③。其次，他认为“教育也有率先领导或者促进的功用”，“决不像是专做‘尾巴’的”。④

从来，非马克思主义的教育家，对于教育的作用，不是估计得过高，就是估计得过低，而且往往把教育和社会对立起来，形而上学地来看待教育的作用问题。在当时，这两种错误的观点都存在，但主要的是不恰当地夸大教育作用，认为单凭教育可以改造社会，可以救国，这种观点对于革命事业是不利的。杨贤江针对这种情况，在《新教育大纲》中着重批判夸大教育作用的观点，即“教育万能说”“教育救国说”和“先教育后革命说”三种当时流行的错误的教育效能观。他指出，“教育绝对不会也不能超越了时代与环境

---

① 编者注：此处指20世纪80年代。

② 杨贤江．新教育大纲［M］．北京：人民教育出版社，1961：58.

③ 杨贤江．新教育大纲［M］．北京：人民教育出版社，1961：62.

④ 杨贤江．新教育大纲［M］．北京：人民教育出版社，1961：57.

而有特别新颖可喜的内容和方法，仿佛从天上降下来的。……人绝不能在客观上所不可能的范围内创造什么；人只能在客观上所可能的范围内有所推进利导。教育的可能性自然也有这个限度”①。

“教育救国说”和“先教育后革命说”都是由“教育万能说”所派生的。“教育救国”或“教育建国”论者，主张以道德教育、爱国教育或职业教育来“救国”“建国”。杨贤江认为道德、爱国，必须有一定的物质基础，如果人民被榨取得没有生计，空谈道德、爱国有什么用？当时中国工商业不发达，人民失业，这是帝国主义经济侵略的结果，中国如不能摆脱半殖民地的地位，“靠职业能救国，简直是笑话！”至于“先教育后革命说”，表面上尚不忘革命，但主张把人民教育好了才来革命。杨贤江认为：“教育只是支配阶级的，是为支配阶级的利益的。不能在这种阶级教育中来推翻支配阶级的教育，以实施革命的教育，普遍地养成革命的人才。”② 资产阶级的文化，可以在封建社会的内部成熟，因为当时资产阶级已是经济生活的支配者。而无产阶级“如要有自己的文化的成熟，只有在过渡期，只有在它获得了国家权力之后，只有靠破坏了教育之布尔乔亚的独占而支配了全般的学问，只有在伟大的建设事业之经验上，以改造自己的天性，成为新人类社会的组织者”③。因此，杨贤江驳斥这种“先教育后革命说”不仅是“后革命”，简直是不要革命、放弃革命。

一切夸大教育作用的改良主义思想，在革命斗争关键时期，不管主观意图如何，都将转移革命群众视线，分化革命力量，对革命事业起着消极阻碍的作用。杨贤江明确地指出不能用教育代替革命，要改变中国被侵略、被压迫、贫穷落后的半封建半殖民地的地位，要改变不合理的社会制度，只有进行革命。而在革命中，教育应该作为“革命武器之一”，“在革命的总纲领总任务之下，尽它一方面的作用”。④

那么，如何正确地发挥教育的革命作用呢？杨贤江认为应当把教育作为

① 杨贤江. 新教育大纲［M］. 北京：人民教育出版社，1961：58.
② 杨贤江. 新教育大纲［M］. 北京：人民教育出版社，1961：64.
③ 杨贤江. 新教育大纲［M］. 北京：人民教育出版社，1961：65.
④ 杨贤江. 新教育大纲［M］. 北京：人民教育出版社，1961：66.

斗争的武器。在革命群众获取政权之前，它可以起破坏、煽动、宣传的作用，把统治阶级的罪恶尽量揭发，把革命政纲尽量散播，以激起被压迫民众的革命情绪和培养革命工作者。因此，在革命中，教育不能离开革命，要为革命而教育。教育工作者应当和革命战士、革命群众互通声气，统一步骤，协力以谋革命总纲领的实现。在革命群众已经获得政权之后，教育的责任就在于教育群众拥护自己所建立的政权，保证执行它所制定的一切方针政策，“是保卫政权并促进政权的一种机能”。①

（三）教师的政治使命和学生运动

教育既是革命武器之一，在社会变革时期，教师就负有重大的政治使命，有尽一部分革命责任的可能与必要。杨贤江分析当时教师的社会地位，认为一般教师也和其他劳动者一样，是属于被支配阶级。尤其是小学教师中出身社会贫困阶层者较多，他们的生活条件不比一般民众生活条件好，为了保障自己的利益，也必须参加革命工作。“帮助受苦难的民众，谋苦难之解决，实际也就为自己谋解除苦难。”② 他们的教育对象中，被压迫阶级的子女较多，因此革命教育的实施也较为有效。

教师要担当起革命的政治使命，首先自己必须对革命有所认识，了解教育与革命事业的关系。“教育者自身要受他们所不可不生活的事情的教育。”③其次，要以革命道理教育学生，引导学生去接触社会实际，参加革命工作，培养他们对革命的认识。再次，还“应从讲坛上解放，向着社会民众走去，参加甚或领导社会民众运动”④。学校不应当仅仅是儿童的学校，而应当成为当地文化的中心点、民众集合的大会场。教师应当成为宣传者。

但是教育者要尽这个责任，决不是单独的分散的力量所能做到的。所以杨贤江认为必须把教师们“这一集团的力量完全积聚起来，形成为一种社会势力”⑤，也就是必须从事结社运动。

早在1925年，杨贤江就在上海发起组织教职员救国同志会。大革命失败后，国民党反动派的伪立法院所起草的《工会法》，不许教育机关依《工会

① 杨贤江. 新教育大纲［M］. 北京：人民教育出版社，1961：66.

②③⑤ 杨贤江. 新教育大纲［M］. 北京：人民教育出版社，1961：133.

④ 杨贤江. 新教育大纲［M］. 北京：人民教育出版社，1961：132.

法》组织工会。杨贤江列举大量事实，并从理论上批驳这种错误的规定。他认为教师的结社运动和工会组织运动性质相近。因为教育者的生活和一般劳动者的生活相接近，他们同样是被支配阶级而不是支配阶级，同样是出卖劳动力的劳动者。“他们中谁也没有生产手段，除单靠出卖劳动力维持生活外，别无法想。”① 杨贤江根据教师的经济地位，不占有生产手段，靠出卖劳动力为生，确定教师是雇佣劳动者，是工人阶级的一部分。所不同者，在于教师是以学校为工场、以知识为产品的精神劳动者。他们不是附属于什么阶级，更不是属于劳动人民之上的剥削者。他们是革命的依靠力量，不是革命的对象。

杨贤江认为，教师结社运动的积极意义是从经济斗争转为政治斗争，应当以争取彻底的民主主义为斗争目标，在思想上彻底扫除封建的、改良主义的思想，在政治上争取自由，在经济上保证生活的安定。在新民主主义革命时期，以此作为团结广大教师进行斗争的纲领，基本上是正确的。

杨贤江也分析了教师结社运动的困难，主要是由于教师思想意识上的问题。他们的出身是中农、小商人、小职员等小资产阶级家庭，以安分守己为生活信条。他们所受的教育，又是以为做“人师”的必得循规蹈矩，温文尔雅，以及中了封建社会“不在其位，不谋其政”的“清高”之毒。他对这些思想做了分析批判，从而号召教师们认识自己的社会任务，把握社会的发展前途，树立起革命的信心，并贡献自己的力量。

如前所述，杨贤江更多的注意力是用于对青年学生运动的指导上。在大革命时期，他是青年学生中有威信的领导人，发表了许多文章，指导青年学生的学习、生活和革命工作。大革命失败之后，他又根据新的形势，对学生运动的形势做了新的分析，提出了新的意见。他认为1927年之后，学生运动的确经过了一个暂时消沉的时期，但从1929年起，已逐渐向深入发展，新兴社会科学的学习和研究，为社会变革做好了思想上的准备。那种认为学生的革命作用已经消失，不再做学生运动的错误观点，应该受到严厉的批判。他指出青年学生们不应消极屈服，而要继续进行斗争。只是由于当时学生内部

---

① 杨贤江．新教育大纲［M］．北京：人民教育出版社，1961：137.

已起了分化，所以他指出，“不要幻想做统一的学生运动。社会各阶层的冲突，已引起学生群众中间的阶级分化。……今后学生运动的任务，是应站于广大学生群众的利益上以发展学生群众的斗争，不应从各种政党派别分立的学生群众中去谋学生组织的统一”①。

在新的形势下，杨贤江提出了六点新的学生运动纲领：扩大反帝国主义运动；反对国内军阀战争；力争思想言论、出版研究、集会结社的自由；力争增加教育经费；力争参加校务选择教师的自由；力图扩大平民教育，提高工农的文化水平。在当时，这个斗争纲领基本上也是正确的。

（四）批判封建社会、资本主义社会的教育和论述社会主义社会的教育

杨贤江在《教育史 ABC》和《新教育大纲》两书中，对于封建社会和资本主义社会的教育做了深刻的批判，指出“封建制度建筑于农业经济的基础之上。贵族与领主所要求于农民者是努力生产，安分守己，却并不需要什么知识，故尽可以限制教育的机会”②。而统治阶级的教育，则是为了培养“士大夫”或“僧侣”“武士”阶级，因为这些受教育者是不从事劳动的，所以教育内容重礼乐而轻视实际的社会劳动。

杨贤江驳斥那些把中国封建社会的教育加以美化的牵强附会的说法，如所谓周初即注重“普及教育”，周代的教育是以“养成完全人格”为目的的教育，等等。他更驳斥那些认为中国农村当时已经没有封建残余、没有封建剥削的谬说，正确地指出“如今封建制度的残余，依然到处存在——因到处有地主豪绅军阀，国际帝国主义又与封建势力勾结，故农民所受剥削为尤甚”③。中国的革命，还不能不把肃清封建势力作为革命任务之一。他从而指出“从事革命的教育工作者应该参加扫除封建制度的斗争——自然要联系到反帝国主义的斗争”④。

杨贤江认为，资本主义初期的教育比封建社会的教育有所进步，主要是因为封建社会对庶民不施教育，而资本主义社会要对国民实施义务教育；封

① 杨贤江．新教育大纲［M］．北京：人民教育出版社，1961：149.
② 杨贤江．教育史 ABC［M］．上海：世界书局，1929：26.
③ 杨贤江．新教育大纲［M］．北京：人民教育出版社，1961：70.
④ 杨贤江．新教育大纲［M］．北京：人民教育出版社，1961：80.

建社会差不多只有道德教育，资本主义社会却增加了知识技能的教育。其所以如此，如前所述，杨贤江做了明确的历史唯物主义的解释。尽管资产阶级重视义务教育和知识技能的教育，但是资本主义社会的教育仍然是压迫、剥削劳动人民的工具，并且“依然不脱教育与劳动相分离的立场。因为这种分离是榨取的必要条件”①。

正因为资本主义社会的教育相对于封建社会的教育来说，有一些进步的现象，因此出现了许多对资本主义教育的错误颂扬。比如所谓“劳动化、生活化”“科学化”“平民化、社会化”“中立化”“公平化”“国际化、和平化”等这些颂词，披着美丽的外衣，布下虚伪的假象，颇足以迷惑人心，害处很大。杨贤江在《新教育大纲》中，对此逐一加以揭露批判。他指出：资本主义社会的教育，仍然存在上述阶级教育的五个特征。此外，还加上两个特征：一是“商品化”，如大量生产、迅速制造、学术专利、用钱计值与所谓“公平交易”等；一是进入垄断资本主义时期的“独占化”，他列举了美国教育受财团所独占的事实，揭露在“独占化”的教育中那些专制、黑暗、卑鄙的内幕，指出不应盲目崇拜美国的教育。

杨贤江根据社会发展规律，深信历史的发展继资本主义社会而起的必将是社会主义社会。但是达到这个社会之前，必须经过一个无产阶级专政时期。无产阶级专政时期的教育，也是有阶级性的。“所不同者，这时期的教育权跟政权一起不在资本家手中，而在普罗列塔利亚（无产阶级）手中。资本主义社会的教育，以养成资本家的忠实的奴仆为目的；在普罗列塔利亚专政下的教育，以养成无产阶级的忠实斗士，且由此以准备将来无阶级社会为目的。”②无产阶级掌握教育这武器，是为了“提高普罗列塔利亚之阶级的意识”，这种教育的任务，既要破坏作为资产阶级工具的资产阶级学校，又要创设无产阶级自己的学校。他认为这个时期教育必须为无产阶级政治服务，学校必须进行改革。“其目的便在准备社会主义社会的建设”，“是利用教育来促进建设社会主义社会的任务的”。③

---

① 杨贤江．新教育大纲［M］．北京：人民教育出版社，1961：85.

② 杨贤江．新教育大纲［M］．北京：人民教育出版社，1961：109.

③ 杨贤江．新教育大纲［M］．北京：人民教育出版社，1961：130－131.

在杨贤江所处的时代，当然还不可能对社会主义教育有全面的认识或成熟的经验。但是，杨贤江认为不能像空想社会主义者那样仅仅空想未来的光明，而无科学的根据。所以，他尽当时所能了解的，一方面传播马克思在《共产党宣言》《哥达纲领批判》等书中所提出的共产主义教育理想；另一方面介绍当时苏联的教育政策和措施。除了在《新教育大纲》中专节介绍之外，他还翻译了《苏维埃共和国新教育》和《新兴俄国之教育》两书。① 他在介绍《共产党宣言》和《哥达纲领批判》中有关教育的理想时，特别强调脑力劳动和体力劳动的对立消灭，劳动成为生活的第一要求，使劳动与教育相结合的意义；对一切儿童施以免费的公共教育；结合工业与生产教育，设立理论与实际结合的技术专门学校；等等。他认为这些是马克思关于共产主义社会的教育理想的根本问题。对于苏联的教育，他认为苏联是劳动阶级当政的国家，它的教育，也就是劳动阶级的教育。"美国的教育是为了少数资本家的利益；而苏联的教育却为了95%的工农大众的利益，那才是民主主义的，是为了全体的启蒙而准备着的"。② 当然，由于历史的限制，他所能介绍的，只是20世纪20年代苏联革命时期的教育。而且对于这个时期的教育，他也不可能做出正确的评价。《新教育大纲》的最后两节中，杨贤江分别介绍了美国和苏联的教育的概况，以便让读者有所对比，并要求读者"试比较美国教育和苏维埃教育之不同"③。在《新教育大纲》一书结束时，他暗示苏联革命的道路和所取得的成就，就是中国革命应走的道路和胜利的前景。

以上，就是杨贤江的《新教育大纲》一书的基本内容与主要论点，也是杨贤江教育思想的总结。

杨贤江的《新教育大纲》以及他的其他教育论著，具有如下特点：

第一，理论紧密结合实际。杨贤江传播马克思主义教育思想，并不是简单地转述或注解马克思主义经典著作中有关教育的理论，而是运用马克思主义的立场、观点、方法，特别是运用马克思主义的历史观点和教育观点来分析当时中国和世界的教育实际。他不但搜集了大量中国的教育材料，而且由

① 即平克维支的《苏维埃共和国新教育》和上田茂树的《新兴俄国之教育》。

② 杨贤江. 新教育大纲［M］. 上海：南强书局，1930：453.

③ 杨贤江. 新教育大纲［M］. 上海：南强书局，1930：489.

于他通晓英文、日文，积累了大量资本主义国家特别是美、日等国的教育材料，因而能从分析实际情况出发，提出问题，并用丰富的实际材料来论证论点，解决问题，在解决实际问题中表述马克思主义教育理论，建立中国式的新兴教育科学。

第二，解放思想，突破框框，敢于创新。在《新教育大纲》“序言”中，杨贤江就明白表示：“这儿，至少有些未经中国人道过的新说，未经中国人指摘过的事实。”确是如此，当时的一般教育书总是从教育词义开始，引经据典，综述各家各派对于教育的定义、宗旨的理论，很少甚至全不拿出自己的见解。《新教育大纲》打破这种体例，没有陈词滥调，主张什么、批判什么态度明朗，立论新颖，加以说理明晰、感情充沛，所以具有强烈的感染力与说服力，战斗性很强。

但是，由于杨贤江的论著是在没有言论自由的军阀和国民党反动派统治下发表的，为了通过检查，某些地方不得不提得很隐晦，不能畅所欲言。如叙述资本主义社会教育之没落，以日本河上肇教授的话“东方红了”作结束，隐示革命的前途；叙述社会主义社会教育的兴起则以“该是东方红了以后的话”作开头。讨论某些当时的具体问题，不得不多用外国的甚至是古代的例子来类比，如论教师的组织和任务，就把苏联教师的组织和教育劳动者国际组织的材料照抄，以隐示中国也应当有这样的教师组织。对于国民党反动派的反动教育政策与措施，只能从侧面暗示其反动性。即使如此，也不能避免反动统治者的迫害，因而他不得不用很多笔名来发表论文。《新教育大纲》一书，在国民党统治区是被列为禁书的。

三、有关评价杨贤江教育思想的几个问题

杨贤江的教育思想，在当时和后来所产生的影响都是很大的。五四运动以后，以马克思主义武装起来的新文化生力军，在社会科学领域和文学艺术领域中，向帝国主义文化和封建主义文化展开猛烈进攻，在教育理论方面也是如此。而杨贤江的教育思想，就是这支生力军在教育理论方面的先驱。它像一发威力巨大的炮弹，轰击着旧中国反动派统治下的教育；像一把锐利的

解剖刀，剖析了改良主义的教育理论；也像一把火炬，照亮了教育的革命方向与前进的道路。许多教育工作者和知识青年在杨贤江著作的启发与影响下，分清了是非，提高了觉悟，走上了革命的大道。因此，杨贤江所编的刊物和所写的著作，为国民党反动派所深恶痛绝，为资产阶级教育家所嫉妒，而受广大进步的教育工作者和知识青年所喜爱。《学生杂志》本来是一般性的刊物，在他主编期间成为“最普遍而又最富于革新精神”的杂志，为广大的青年学生所热爱，销量激增，对全国各地青年产生了广泛的影响。《教育史ABC》一书，1929 年 5 月初版，到 1931 年已经发行了第四版，这种情况在当时是不多见的；《新教育大纲》于 1930 年 2 月初版，同年 9 月就再版，以后因被禁而无法重版，但当 1937 年禁令稍松时，又发行了第三版。《新教育大纲》虽在反动派禁售之下，但许多青年还是千方百计地寻找他的这本著作，一些进步的学校也把它作为教育参考书。杨贤江的理论，对于倾向进步的学者也有很大的影响，如张栗原的《教育哲学》① 一书，其中“教育本质论”部分，主要论点便是直接采自《新教育大纲》的，在苏区以及后来的抗日根据地和解放区，《新教育大纲》是师范学校和教育工作者的重要读物。因为无法买到书本，许多章节便被刻成油印讲义流传。新中国成立前夕，还有人在香港《文汇报》刊登启事，征求杨贤江的《新教育大纲》，并说：“要是没有这本书的启发，我是无法献身于教育事业的。”②

杨贤江的教育思想，不仅在一定历史时期发挥了战斗作用，在今天仍具有一定的现实意义。他所阐述的许多重要的马克思主义教育基本原理，如教育本质与效能，教育与生产劳动、经济、政治的关系，教育的历史性与阶级性，现在无疑已是教育学的基本知识了。但是，在 50 多年前的 20 世纪 20 年代，人们所接触的教育理论，从封建主义的“忠君尊孔”到实用主义的“经验改造”，从改良主义的“教育救国”到国家主义的“军国民教育”，从帝国主义的“奴化教育”到国民党的“党化教育”，他们所标榜的是所谓的“公民道德”“高尚人格”“人类文化的传递”“科学技术的昌明”。杨贤江第一个系统地传播马克思主义教育思想，第一次使教育理论成为历史唯物主义的社

① 张栗原．教育哲学［M］．上海：生活·读书·新知上海联合发行所，1949.

② 夏衍．追念与告慰［N］．解放日报，1949-08-09.

会科学，在当时确是振聋发聩、使人耳目一新的。他提出的教育理论问题，有些还有待于我们深入领会；他对于青年教育的精辟见解，尤其值得我们认真学习；他所批判的各种对教育的曲解和谬论，在今天也还有一定的残余，而为我们所必须继续批判加以肃清的；他所揭露的帝国主义和封建主义教育实质、资本主义教育的特征，对于我们分清不同社会的教育、认识资本主义教育性质、坚持社会主义教育方向是有帮助的。

杨贤江教育思想的进步意义、战斗作用及其在中国现代教育史上的重要地位，是大家所一致肯定的。当然应当指出，作为中国早期的马克思主义者的杨贤江，他的教育理论，现在看来，有些认识是不够全面的，有些见解是不够成熟的，对有些问题的提法也是不尽恰当的。这主要是由于当时的历史条件，即哲学、社会科学和教育理论的发展水平，以及社会主义教育实践经验不足的限制。这些局限性和缺点是完全可以理解的。

但是，对于杨贤江教育思想的某些批评，却也未必恰当。下面就几个有争论的理论问题，谈谈个人的看法。

（一）关于教育是否属于上层建筑及其与生产力的关系问题

这是当前教育理论界有所争论的问题，也正是杨贤江在《新教育大纲》中所阐述的根本性问题。首先，他明确地肯定了教育是观念形态的劳动领域之一，即社会的上层建筑之一。但他认为各种上层建筑具有各自的特点。教育这种上层建筑的特点是传授各种科学知识，“使单纯的劳动力转变到特殊的劳动力”，以之满足“社会所需要的各种熟练劳动力”①；而产业教育的发达，可以“支配生产的行为，改进技术的效用，而达到资本增殖的目的”②，同时，也要灌输“支配阶级”的思想，来为“支配阶级”服务。所以，“无论哪一种的教育制度，终只是由支配阶级掌握，且是为支配阶级服务的”③。也就是说，不论是为巩固政权的思想政治教育还是为生产需要的知识教育，在以往的阶级社会中，归根结底，都是为统治阶级的利益服务的。

从杨贤江所阐明的这种上层建筑的特点，可以看出为经济基础服务的上层建筑并非只具有阶级性，因而不能作为生产斗争的必要条件。有人把上层

① 杨贤江．新教育大纲［M］．北京：人民教育出版社，1961：6.

② 杨贤江．新教育大纲［M］．北京：人民教育出版社，1961：115.

③ 杨贤江．新教育大纲［M］．北京：人民教育出版社，1961：119.

建筑简单地归结为就是阶级性，就是阶级斗争的工具，从而认为杨贤江既说教育是上层建筑，又说教育是“赋予劳动力以特殊资格”，是“理论上的混乱”。还有的认为，杨贤江的论点实际上就是主张教育具有“二重性”，即一部分属于上层建筑（灌输“支配阶级”思想），另一部分属于生产力（使单纯的劳动力转变为特殊的劳动力）。这些同志，把杨贤江对于教育本质的说明和对于教育所下的定义分割开来，对立起来，把作为上层建筑的教育和作为劳动力再生产的必要条件的教育也分割开来，对立起来。这种解释，未必符合杨贤江教育思想的本意。

教育是否属于上层建筑，是否就是一般意义的物质生产力，这是至今尚在争论，有待做出结论的问题。不管将来能否做出结论，结论如何，但就杨贤江所阐述的“上层建筑”和“赋予劳动力以特殊资格”来说，他的论点是一贯的。在杨贤江的教育理论中，上层建筑和劳动力再生产的必要条件是相互衔接的，是一致的，并无理论上的混乱。众所周知，上层建筑并非只是指阶级性或只能服务于阶级斗争而不能作为生产斗争的必要条件。否则，原始共产主义社会和共产主义社会，便无所谓上层建筑了。教育既是阶级斗争的工具，也是生产斗争的工具，它是劳动力再生产的必要条件。它不能直接地参加到物质生产过程中，而是要通过劳动力的再生产才能间接地参加到物质生产过程中。马克思认为科学技术是“一般的社会生产力”或“生产的精神潜力”。教育就是把这种“生产的精神潜力”转化为物质生产力的必要条件，也就是杨贤江所说的“观念形态的劳动领域之一”。教育可以通过经济基础为中介而作用于物质生产过程，成为估价整个社会的生产力的重要因素，也就是马克思所说的“一般的社会生产力”，或杨贤江所说的“社会所需要的劳动领域之一”。所以，作为上层建筑与“赋予劳动力以特殊资格”并不是截然不同的两码事，更不是相互对立的两码事。

如果说杨贤江在这个问题的论述上有某些不恰当之处，不在于“上层建筑”与“生产力”的问题上，而在于他认为教育只是一种动作、一种技巧，以传授哲学、科学、艺术为内容，所以不成为一门独立的科学。这样就把教学活动和教育科学两个不同的概念混淆起来，从而否定了教育学作为一门探索教育规律的社会科学的独立地位。

（二）关于原始社会的教育目的问题

杨贤江在《教育史 ABC》和《新教育大纲》两书中，都曾提到原始社会的教育目的，除了所谓“种族保存”的生物学目的之外，另外无其他目的。因此，有人把杨贤江这种提法，与教育生物化的论点相提并论，认为杨贤江把原始社会的教育看作只是像其他动物一样，为适应环境、发展本能的活动，忽视教育是社会现象，是人类生产劳动过程的产物。

杨贤江强调“种族保存”的生物学目的，在提法上确有不妥之处，容易使人产生误解。但若从他所论述的原始社会教育来看，或者从上下文来看，他对于原始社会的教育目的的理解，却还是正确的。如认为：

“至于他们的教育，无待言，自不外于所谓‘种族保存’之生物学的目的，即是适应实际生活需要的目的。在氏族制度时代，除由这一代向下一代传授社会的遗产之外，别无何种意味；即除‘种族保存’（‘个体保存’包括在内）之目的以外，更无他种教育目的。当代的人一面利用由前代所传下的精神的及物质的遗产，一面更加上新经验与发明，以传授给后一代。所以这不是个人的事情，而是社会的事情。这又不是支配的事情，而是平等的事情。”①

杨贤江所谓“种族保存”，指的是“适应生活需要”“传授社会遗产”“加上新经验与发明”等。显然，这不是把教育看作生物的自然生长与本能的发展那种教育生物化的观点，而是正确地把教育作为社会现象，作为人类生产劳动的特殊的活动。所以他又说：“自有人生，便有教育。”“教育本来任务的‘种族保存’，即全社会的生产需要。”②“教育的发生就只根于当时当地的人民实际生活的需要；它是帮助人营社会生活的一种手段。”③

有人虽也认为杨贤江所提的“种族保存”的生物学目的，并不就是生物化观点，但认为杨贤江仅提出教育是帮助人获得社会生活的一种手段，未能得出教育发生于生产劳动过程这一马克思主义的结论。也就是说，杨贤江仅一般地指出教育是社会现象，而未能科学地表述教育与生产实践的关系。这

① 杨贤江．新教育大纲［M］．上海：南强书局，1930：13.
② 杨贤江．新教育大纲［M］．上海：南强书局，1930：27.
③ 杨贤江．新教育大纲［M］．北京：人民教育出版社，1961：6.

个批评也未必恰当。首先，杨贤江在《教育史 ABC》和《新教育大纲》中，都以相当多的篇幅来叙述原始社会的教育是如何为生产需要和在生产劳动过程中发生与发展的。《新教育大纲》第五节“原始共产主义社会的教育”整整一节，就是根据摩尔根《古代社会》和恩格斯《家庭、私有财产及国家的起源》等书的材料来论证原始社会的教育如何与生产劳动结合，为全社会的利益而非为阶级统治的工具。《教育史 ABC》中，在对原始社会的教育做了历史的考察之后，他得出这样的结论：

“故氏族社会中的教育，就内容言，一定专属获得每日生活资料（猎兽捕鱼）所需的本领与保护氏族安全所需的资格（如尽力劳动，听从长老）。就方法言，在平时是从实际生活中的模仿与由习俗以学习。”①

可见，杨贤江是把教育的发生放在人类社会的生产劳动过程中来考察的：（1）教育是为了生产劳动与维持氏族生产关系的需要的（猎兽捕鱼、尽力劳动、听从长老）。（2）教育是在社会生活过程中，首先是在生产劳动过程中发生发展的（在平时从实际生活中的模仿与由习俗以学习）。他之所以简单地提出教育是帮助人获得社会生活的一种手段，他自己也申明这只是通俗的说法：“教育的本质……是社会所需要的劳动领域之一，是给予劳动力以一种特殊的资格的；换句通俗的话，教育便是帮助人营社会生活的一种手段。”② 由此可见，帮助人获得社会生活的教育，按杨贤江的原意，即社会生产劳动的教育而不是一般的生活教育。

（三）关于教育的“本质”和“变质”问题

杨贤江将与生产劳动过程密切结合，为生产所需要，为全社会所共享的教育，称为教育的“本质”。“但是这样一种起于人类实际生活需要的教育，并不是终古如斯的；它的意义和它的内容是常常变的”③。到了阶级社会，教育的性质起了变化。他说：“到了社会分成阶级，于是教育也带上阶级的色彩。在支配阶级方面，有俨然的教育制度，有厘然的教育规则，有专供本阶级适用的教育材料，至于被支配阶级，不是全被摒在这种教育制度之外，便

---

① 杨贤江. 教育史 ABC［M］. 上海：世界书局，1929：17.

②③ 杨贤江. 新教育大纲［M］. 北京：人民教育出版社，1961：12.

被施以欺瞒的教育。”[①] 教育的“本质”原来是为生产所需要，为全人类所共同享有的，而到了阶级社会却变成支配阶级的统治工具，与生产实际相脱离。杨贤江称之为教育的“变质”。这就是杨贤江所指的教育的“本质”与“变质”的意义。如果我们以马克思主义的“异化”理论来解释杨贤江的教育“本质”与“变质”的观点，是不难理解的。所谓“变质”也就是教育的“异化”现象。

有人认为原始社会并不是理想的社会，原始社会的教育是落后的、贫乏的。从奴隶社会开始，生产力发达了，教育才有很大的进步。而杨贤江把原始社会的教育作为“本质”的教育，是把原始社会理想化了，“隐然要教育返回自然，返回原始状态”。把自奴隶社会开始的阶级社会教育，作为“变质”的教育，是无视于从奴隶社会、封建社会到资本主义社会，每个社会的教育都比以往的教育进步。因此，认为这种观点是违反历史的辩证发展的规律的。这个批评是不恰当的。

杨贤江所指的教育的“本质”，是限定于“教育为全人类所共享，与生产劳动相结合”的本来的性质；所谓教育的“变质”，也是限定于阶级对立之后，教育成为统治阶级的统治工具，教育与生产劳动的相脱离的特殊性质而言。他说：“阶级的和对立的教育，是人类有文明期历史以来的教育的特质；这在教育的本质上言，却是变质。”[②]

杨贤江并不认为原始社会的教育是理想化的。在其著作中，的确比较着重叙述原始社会那种没有阶级压迫与剥削，共同劳动，共同享受，以及教育为整个社会的生产劳动的需要，在生产劳动过程中进行的情况。但这仅仅是如实地反映了当时教育的简单与贫乏的情况。杨贤江为什么要着重介绍这些情况？显然是与其当时著书的任务——突出阶级观点、发挥战斗作用有关的。问题在于这些情况是不是事实，如果事实是这样，着重铺叙这些事实，并不等于就认为当时的教育是理想化的教育，更谈不上所谓“隐然要教育返回自然，返回原始状态”的意思。杨贤江对于未来的共产主义社会是向往的，但

① 杨贤江. 新教育大纲［M］. 北京：人民教育出版社，1961：12.

② 杨贤江. 新教育大纲［M］. 北京：人民教育出版社，1961：13.

却从不认为只要简单地返回原始社会，而是认为未来的社会是“古代氏族的自由、平等及友爱在一个较高形态的复活”①。

其次，杨贤江并不否认从原始社会进入奴隶社会有其进步的东西。他指出：“我们不否认是有它（指奴隶社会的教育）的进步的方面。希腊的那样光辉灿烂的文明，可以说是全靠奴隶造成的。”② 他更肯定了资本主义初期的教育比封建社会的教育有五项进步：（1）关于教育之进步。从僧侣之手夺回教育，渐委之于俗人之手，又从教会分离教育，渐移之于国家。（2）关于学者之进步。从原来只是僧侣才能享受教育，到资产阶级享有教育，以至于有教育普及的舆论，要使劳动者也受一点教育。（3）关于教材之进步。从以宗教及超自然的教材到注重自然及生活的教材。（4）关于教授法的进步。从注重暗记、重接受，不许深究和鞭挞等到注重自由的、理解的、研究事实以谋发达智力的教授法。（5）关于教育目的的进步。从作为来生准备、贱视现世生活、忽略肉体的教育，到竭力利用现世，以谋实践个人的、家庭的、社会的、政治的义务，以得个人的最高发展为目的。③ 当然，杨贤江在说阶级社会的教育进步时，也指出不应把建立在千万奴隶的压迫榨取以供养奴隶主，使之能专心于文化艺术及其他一切文雅事业这回事，看成是合理的事情；还指出，资本主义社会教育比之中世纪教育的进步，并不是为全社会全人类的利益，而是为某种特殊阶级的利益。

杨贤江所谓教育的“本质”与“变质”，本没有包含进步与退步的意义。如果一定要说成进步与退步，那么，在教育内容、教育方法与教育组织上，有其进步的方面，而从阶级观点来说，却是退步的。因为从生产力发达，从而文化科学得到发展这一点来说，阶级社会比原始社会进步，谁也不否认，但从社会的平等、合作、共享来说，却是退步。恩格斯在《家庭、私有制和

① 杨贤江. 教育史 ABC［M］. 上海：世界书局，1929：154. 引用摩尔根“古代社会”的话做全书的结束语：“……政治上的民主主义，社会上的友爱，权利义务的平等，以及教育的普及，即为经验、理智及知识所不断地倾向着的下一较高阶段的社会之前兆。它将是古氏族的自由、平等及友爱在一个较高形态的复活。”

② 杨贤江. 新教育大纲［M］. 北京：人民教育出版社，1961：20.

③ 杨贤江. 教育史 ABC［M］. 上海：世界书局，1929：115－116.

国家的起源》中说："由于文明时代的基础是一个阶级对另一个阶级的剥削，所以它的全部发展都是在经常的矛盾中进行的。生产的每一进步，同时也就是被压迫阶级即大多数人生活状况的一个退步。对一些人是好事的，对另一些人必然是坏事，一个阶级的任何新的解放，必然是对另一个阶级的新的压迫。"① 杨贤江用阶级观点来分析教育的性质，指出阶级社会中教育对立，揭露统治阶级如何把教育变成压迫、剥削人民的统治工具，对于当时旧中国的教育界来说，是必要的，是具有进步性与革命性的。如果离开了当时具体的革命任务，离开了阶级立场，只强调奴隶社会、封建社会、资本主义社会教育的"进步性"而完全忽视其反动性，用进化的观点来代替革命的观点，那也是片面的。

那么，是不是应当称原始社会的教育为"本质"，而称阶级社会的教育为"变质"呢？教育是"上层建筑"，教育的本质是指反映经济基础并为经济基础服务的性质。经济基础变了，教育的社会本质也就变了。教育是社会现象，也是历史范畴。在原始社会中，教育为全体社会成员所共享，与生产劳动过程相结合，是原始社会教育的社会本质；在阶级社会中，教育的阶级性也是阶级社会教育的社会本质。悬着一个永恒不变的社会"本质"概念，是不恰当的。虽然在杨贤江的著作中，对于教育随经济基础的变化而变化的观点是明确的，他所指的"本质"与"变质"的意义，也仅仅在于表述教育本来具有怎样的性质，后来又变成了怎样的性质，但"本质"与"变质"在提法上还是容易模糊与使人误解的。

（四）关于实用主义教育思想对杨贤江教育思想的影响问题

杨贤江的教育思想体系是马克思主义的，同主观唯心主义的、实用主义的教育思想在本质上是对立的。这是基本点。但是，由于杨贤江早年接触了大量的资产阶级教育理论，特别是流行于旧中国的杜威的实用主义教育理论与教学理论，受其影响是可以理解的。当他掌握了马克思主义之后，在基本观点上，不但否定了并且初步批判了实用主义。只是在某些具体的教育问题，尤其是在教学问题上，还存在某些资产阶级理论的影响，以及实用主义教育理

① 马克思恩格斯选集：第 4 卷［M］. 北京：人民出版社，1995：173.

论的影响。但却不能像某些评论文章那样笼统地说他受实用主义的教育理论的影响不小，或说他有实用主义的教育观点。

有人认为，杨贤江强调教育的实用性，说教育只是一件“日用品”，就是实用主义者所强调的“实用”。这是误解。杨贤江所指的教育的实用性，如前所述，就是指“教育与社会生活过程，物质生产关系有密切联系”，指“赋予劳动力以特殊的资格”，指“生产需要”，等等。他说：“说到教育起源由于实用这样的话，有人或许要视为轻视了教育，甚至侮蔑了教育。其实大大地不然。一切科学——无论是自然科学或是社会科学——没有一种是不由实用而产生，不跟着实用以进步的。……所以科学这样东西，最初是当作生产力进步的结果以发生，其后直接地或间接地伴着生产力的进步以进步。换言之，科学的内容，是以该社会之技术的阶段即经济的阶段为基础的。”“教育这件事业，本是以传达各种科学的内容为职责，它之不能离开实用，自是当然的事”。①

显然，杨贤江所指的教育的实用性，正如他自己所说的，是“根据唯物史观”的。而其所以强调实用性，是为了反对“为学问而学问”的错误论调，反对“把本来人人能解的接近实际生活的教育，变成为了不得的精深，了不得的高贵，仿佛惟有哲人才可从事似的”②。而实用主义的所谓“实用”，却是根据主观唯心论，认为对于个人主观有用的东西才有价值，才是真理。杨贤江为引导青年分辨教育的实用性与实用主义的不同，特别对读者提出了这样的问题：“教育的实用性和所谓实用主义的教育或职业教育是不同的。你能说出它们的不同处吗?”③ 足见杨贤江在当时已是自觉地站在实用主义的对立面来批判实用主义了。

那么，在杨贤江的著作中，有哪些实用主义教育思想的影响呢？他曾引用杜威的“行以求知”（learning by doing）的原则来论证学生参加政治工作的必要，可见他对杜威的“行以求知”的错误实质还缺乏认识，把它和辩证唯物主义的认识论的知行关系原则混淆起来。他对“教育即生活论”的批判，只是指出这些理论实际上并不能使学校教育与社会生活打成一片，而未能揭

① 杨贤江. 新教育大纲［M］. 北京：人民教育出版社，1961：7－8.

② 杨贤江. 新教育大纲［M］. 北京：人民教育出版社，1961：9.

③ 杨贤江. 新教育大纲［M］. 北京：人民教育出版社，1961：11.

露把教育与生产等同起来的错误实质。至于他所介绍的一些学习方法中，尚羼入不少资产阶级心理学唯心的、庸俗的理论。在个性发展的问题上，也存在一些不全面的看法，如一概地否定班级制度的作用，认为班级制度妨碍个性发展，不能指出班级制度只是在什么条件之下妨碍个性发展。这说明他受资产阶级个性自由发展理论的影响，而对于马克思主义关于个性发展的理论还不够明确。这些缺点的产生，主要是受当时历史条件的限制。同时，作为一个早期的马克思主义教育思想的传播者，对于马克思主义理论的某些方面掌握得不够深透，对于资产阶级理论某些方面批判得不够彻底，也是可以理解的。我们今天学习杨贤江的教育著作，主要的是学习其正确的理论，学习他革命的、战斗的精神；但也必须辨别他在某些理论上的缺点。指出这些缺点，丝毫不减损我们对于这位杰出的马克思主义教育家和革命先驱的崇敬。

杰出的青年运动领导人杨贤江[①]

坚定的共产主义战士杨贤江同志（1895—1931），是我国马克思主义教育理论家，也是杰出的青年运动领导人之一。他不但为马克思主义教育思想在中国的传播进行了系统的理论研究，写出《教育史 ABC》《新教育大纲》等重要著作，而且对青年运动和革命事业做出了卓越的贡献。

一

杨贤江出生于浙江省余姚县一个贫苦手工业工人的家庭。他自幼刻苦好学，但因家境困难，17 岁才进入可以免交学费的浙江省第一师范学校学习。由于他目睹列强侵略、军阀横行的种种黑暗现象，亲受其苦，因此对当时的广大群众，特别是知识青年所遭受的痛苦，深为同情。他在师范学校学习期间，就经常参加社会活动，注意考察青年所关心的各种问题，写作有关青年学习、生活的论文。

1919 年，杨贤江同李大钊、毛泽东、邓中夏、张闻天、恽代英等同志，参加了少年中国学会，被推选为南京分会书记。1920 年 7 月，又同李大钊、恽代英等七人被选为领导少年中国学会的评议员。

1921—1926 年间，杨贤江在上海负责主编《学生杂志》，经常在该刊发表短评，揭露帝国主义的文化侵略本质，抨击军阀专制统治，解答学生思想、

① 原载《人民教育》，1981 年第 8 期。作者：潘懋元，王增炳。

学习、生活等方面的问题。

1923年，恽代英同志到上海开展中国共产主义青年团的工作，主办《中国青年》。杨贤江参加了该刊的编辑工作。在恽代英等同志的影响下，杨贤江接受党的教育，努力学习马克思主义，提高阶级觉悟，光荣地加入了中国共产党。这时，他除了主编《学生杂志》和参加《中国青年》的编辑工作，并继续为其他刊物撰稿外，还参加了许多实际的革命活动。

1925年，五卅运动爆发，杨贤江和沈雁冰、侯绍裘等同志组织教职员救国同志会，参加讲演团，向学生、工人、店员演讲革命道理。五卅运动后，杨贤江担任上海学生会会长，继续领导学生运动，坚持斗争。

1926年底，北伐军逼近上海，上海的工人运动、学生运动蓬勃开展。杨贤江积极参加了上海工人起义，同时继续领导着学生运动。

1927年，蒋介石背叛革命，中国革命暂时处于低潮，白色恐怖笼罩全国。有些参加过革命的知识分子消极、动摇，杨贤江则一如既往，对革命事业抱着镇静、乐观的态度，坚持对党的信仰和忠贞，继续关心、探讨革命和教育问题，通过各种方式指导青年们正确分析形势，明确方向，坚持斗争，坚持进步。他对青年的指导工作，不因环境的恶劣、工作的繁忙、疾病的缠扰而有所放松，他为青年的幸福和进步，坚持不懈地工作，直到生命的最后一息。

二

杨贤江为什么能这样高度重视青年问题，成功地做好青年指导工作呢？最根本的一点，就是他坚持以历史唯物主义的观点来看待青年，分析青年问题，对于形成青年问题的社会的、心理的因素，有着深刻的认识。

第一，他不是孤立地去看待青年问题，而是善于从社会的角度去考察青年问题，把青年问题摆在整个社会问题中来研究，把它看作是社会问题的重要组成部分，是社会问题的集中反映。从而把教育青年、解决青年问题与改造社会制度紧密联系起来，并将此看成是革命者的社会责任。

杨贤江认为，不论是对于青年的思想品德教育，还是解决青年失学、失业以及恋爱、婚姻、家庭等问题，都不能“就事论事”，零零碎碎地解决，必须从改造社会入手，求“政治经济问题的总解决”。而要改造社会，就必须参加革命，革命不是个人力所能及的，必须组织起来。所以，他于1923—1924年间在《学生杂志》上，组织了一次规模宏大、连续数月的学生“干政”与“入党”问题的讨论，轰动一时，影响很大，使许多学生明白了积极干预政治、参加革命政党的重要性，为发展党团组织，做了充分的思想准备工作。

第二，他不是抽象、静止地看待青年问题，而是善于从青年身心发展的特征去分析青年问题。青年问题，涉及青年人生理上、心理上发展到特定阶段所产生的问题。他认为必须正视青年人的思想意识、感情、求知欲望以及生理的需要，按照青年自身发展的客观规律，正确引导与妥善解决青年人的各种问题。他极力反对那种“第一不从学生本身着想，第二不从社会环境着想”的旧训育方法。

三

杨贤江指导青年时所提出的要求，至今也是值得我们重视的。

第一，必须教育青年树立革命的人生观，立志于改造社会。杨贤江同志根据革命事业的需要，总结自己长期从事青年工作的经验，认为对于青年，应抓住“人生目的”的教育，使其树立革命人生观。他分析了当时青年学生的状况，指出在不良的社会环境与教育的影响下，学生生活存在许多不良的倾向：有的糊里糊涂混分数；有的还沉醉在斯文拘谨的谈国故中；有的目光短浅，除个人之外不知有其他。还有不少青年，有的悲观消极，企图遁世隐居，甚至想自杀；有的旨趣卑鄙，随波逐流；还有的虽有朦胧的改造社会的要求，但缺乏革命的信心与勇气。因此，他认为不论从社会改造或个人改造来说，关键都在于使青年树立革命的人生观，立志改造社会。

为了教育青年树立革命的人生观，立志改造社会，他鼓励青年学习新兴社会科学，学习马克思主义，关心时事，关心政治。他主张学校里应当以“唯物社会观”教育学生，应当开设“社会运动指导”课程，在正课中加入“帝国主义侵略中国及不平等条约的研究”。

第二，必须教育青年德、智、体三育并重，不应偏于知识的传授，应当全面关心青年的生活，对青年进行“全人生的指导”，帮助青年过“正常生活”。他认为，所谓青年问题，就是在青年的生活上所发生的困难，青年的求学、职业、社交、道德、恋爱、婚姻、家庭、经济与政治、生活态度、生理卫生、人生观、常识等问题，都是青年指导者所应该尽力帮助解决的问题。

杨贤江编辑《学生杂志》的指导思想，除了引导青年立志改造社会之外，可以说，就是贯穿着“全人生的指导”思想。《学生杂志》既突出思想政治教育，也兼顾青年各方面的问题与需要。除刊载自然科学，尤其是社会科学各科知识和学习方法的文章之外，对于青年生活的各个方面，如生理现象、体育锻炼、道德品格，以及恋爱、职业等问题，文化、消闲、谋生等方面，都占相当篇幅，并经常组织某个生活问题的专题，借以指导青年过健康、正常的生活。他认为，一个革命的青年，应该是一个过健康、正常生活的青年。指导青年立志改造社会和指导青年过“正常生活”是一致的，而杨贤江同志自身，就是一个将革命与生活结合得很好的典范。从当时许多同志所写的回忆文章可以看到，杨贤江同志既是一位身负重任、坚忍不拔的革命者，也是一位善于处理政治与业务、学习与健康、工作与生活的，严肃、热诚、身体健康、朝气蓬勃的青年人。

四

杨贤江指导青年，在方法上也有很多可贵之处，值得我们学习。

第一，重视调查研究，有针对性地解决问题，指导意见合情合理，有说服力。

杨贤江平时同青年有广泛的联系，又重视搜集整理全国各地青年所反映的材料，对于青年的生活背景、思想感情洞察精微。他所写的青年指导文章，不作空泛的议论，如《中国的学生运动与青年运动》《中学训育问题研究》《中等教育与青年问题》《中国青年恋爱问题》《学生生活改造论》等有关青年问题的重要论文，都是根据全国青年所反映的实际情况与问题，加以分析综合所写成的。这些论文有事实，有分析，有独到见解，有说服力。

对于不同处境、不同思想状态的学生青年，他往往提出不同的指导意见；

对于愤激情绪、思想消沉的青年，他鼓励他们要正视现实，关心时事，树立正确的人生观；对于慷慨激昂、夸夸其谈的青年，他劝导他们要做对群众、对社会切实有益的工作；对于满腔热情，愿意为宣传群众、改造社会贡献自己力量的青年，他指导他们要团结同志，参加组织，深入群众，讲究工作方法；对于家境富裕、重视学业的在学学生，他希望他们除了学习正课，学习自然科学之外，还要学点社会科学，参加一些课外活动与社会活动；对于家境贫困、无力求学的青年，他提出“无产者不必定要入学校读书”的口号，举出许多科学家、思想家通过刻苦自学，为人民、为社会做出贡献的事例，并且为他们开列自学书单，指导他们掌握自学方法，鼓励他们走自学的途径，提高他们为人民服务的信心。

第二，热情耐心，具体细致。

杨贤江在短促的一生中，写了300多篇论文与短评，公开发表的通讯200多篇，答问近千则。其中绝大部分都是教育青年的言论，回答青年学生所提的问题。所涉及的范围，大至国家前途、天下大事、革命事业、社会发展，以及人生意义、教育制度等问题，小至兴趣爱好、起居生活，以至如何组织旅行参观、如何记日记，以及各种生活常识，他一概认真作答。有的通讯、答问，一句话就解决；有的则花上几个月的准备，写了洋洋洒洒数万言。不论是长篇论文，或是寥寥数言的短评，都充满了他对青年们的严肃的态度、真挚的感情、不厌其烦的耐心，体现了一位教育家高度的责任心和循循善诱、诲人不倦的精神。正是由于他的精辟见解和热情耐心，青年们对他十分敬仰，把他引为良师和知心朋友，向他倾吐内心的思想感情。

杨贤江同志逝世到今天，虽已50年了，但他关心、指导青年的言行，至今仍闪耀着革命的光辉，洋溢着对青年的无限关怀和期望，凝聚着革命先驱对后来人的热切企盼。他对青年指导的思想与言论、著述，是杨贤江教育思想的重要组成部分。他指导青年的生动事例，为我们留下了宝贵的资料与经验。在我们为建设现代化的、高度民主的、高度文明的社会主义强国而努力奋斗的今天，认真学习杨贤江对青年指导的宝贵理论与经验，将会对我们做新时期的青年教育工作有所帮助。

杨贤江青年教育理论的现实意义[①]

——关于“全人生指导”的简介

杨贤江同志是我国早期的马克思主义教育理论家，大革命时期杰出的青年运动领导人。人们往往以为他的理论与贡献，只有教育史和青年运动史上的意义。去年[②] 10 月，在天津召开的杨贤江教育思想研究会上，与会同志联系当时教育改革的实际，对杨贤江的青年教育理论进行了深入的探讨。一致认为，他的思想与实践，在半个多世纪后的今天，在深化教育改革的过程中，仍然具有重大的现实意义。这种意义，不仅是他所阐发的马克思主义教育原理，还有他所总结的青年教育经验，特别是他所提出的以革命人生观为核心的“全人生指导”的理论与实践经验，在教育今天青年一代身上仍然具有现实的指导意义。

什么是“全人生指导”？概括地说，就是把青年人作为一个发展中的整体，在现实社会中统观整个人生，根据社会发展需要与个人发展需要统一的价值观，对他们进行全方位的教育，包括德育、智育、体育、美育、群育和劳动职业教育，发展他们的知、情、意、行，使之成为一个“完成的人”。因此，教育的途径与方法，不能仅凭传授知识的教学工作，或灌输道德观念的训育工作，不应把教育的各个组成部分分割开来，各自孤立地进行教育，而要关心青年现实生活中所面临的各种问题，进行全面的人生指导。

---

① 原载《天津教育》，1988 年第 2 期。作者：潘懋元。

② 编者注：此处指 1987 年。

杨贤江认为，一个“完成的人”（有时也称“完人”“现代人”），必须是内在的优良素质在现代生活中得到充分发展，能对社会发展起积极作用的现代人，应当“有强健的身体及精神，有工作的智识及技能，有服务人群的理想与才干，有丰富生活的好尚与习惯”。他把现代人的正常生活内容分为四类：健康生活、劳动生活、公民生活、文化生活。“健康生活是个人活动的资本，生活的根源”，“劳动生活或称为职业生活，是维持生活促进文明的要素”，“公民生活就是社会生活，是完成人类生活圆满人生关系的基础”，“文化生活就是学艺生活，可以使人生有趣，使社会进步，如文艺、科学、语言、游历都是”。针对四类生活内容，对青年的“全人生指导”就应当包括体育锻炼和卫生健康指导、劳动生活和职业指导、社交生活与恋爱婚姻指导、求学与文化生活指导。每类生活都有丰富的内容、众多的问题，因而，每一方面的指导都要根据社会的现实情况和青年的身心特点，进行灵活多样、切实有效的指导。例如，对于求学与文化生活的指导，首先，要针对当时青年存在的不得求学、不愿求学与不能求学等问题。对于在学青年，指导他们求学不应以个人荣耀为目的，要用所学的知识服务社会，促进社会的进化；而对于贫苦无力入学的青年，则提出“无产者不必定要入学校读书”的口号，指出求学与升学不是同概念，不升学也能求学，可以通过自学成才。他热情地向青年介绍自学的方法和中外名人自学成才的事例。在他的鼓励下，不少失学的贫苦青年振作起来，走上自学道路。其次，他还指出青年除求学之外，应当有丰富多彩的业余文化生活。在他所编的《学生杂志》中，大量介绍各种文化活动，如研究会、讨论会、演讲会、同乐会与旅行、郊叙、展览以及游戏、戏曲、音乐、美术、文学等。他认为，教育者要指导青年会消闲，会娱乐，会追求美、享受美，使青年有朝气，养成高雅的美感与高尚的情操。他的指导意见，总是受到青年的热烈欢迎。

“全人生指导”最重要的原则是提倡自动与自律，培养青年的主动精神，让青年做自己的主人。杨贤江认为，教育者只能居于指导地位，不应包办或强制。因为学生是他们自己生活的主人，如何达到“完成的人”，最终只能依靠青年自己去开拓，自己去深化，自己去完成。他说：“要做完人，必须经过自觉、自动、自会等几步功夫才能实现。这种实现的可能正是人类真正的特色。”任何教育工作离开了受教育者的主动都不可能有积极的效果。强迫的方法不能造就人才，只能造就奴隶。只有帮助学生发展内力，让他们自己教育自己，树立起主动进取精神，才能造就有用的人才。主动进取精神是青年健康成长的重要标志，有了这种精神，生活就会有明确的目标，并且能克服种种困难，顽强地朝目标前进。

杨贤江“全人生指导”的理论与实践，无疑是受中国和西方教育思想的影响。如“完人”“个人和谐发展”“健全的个人”等，更是受日本近代教育家小原国芳的“全人教育”理论所启发。“全人教育”的大意是，使受教育者在真、善、美、圣、健、富六个方面达到和谐的发展。教育的途径是，以学问教育求真，以道德教育求善，以艺术教育求美，以宗教教育求圣，以身体教育求健，以生活教育求富。杨贤江从中国社会的现实和青年生活的实际出发，将“全人教育”中的积极因素吸收、改造，成为他的“全人生指导”理论并付诸实践。更重要的是，他以革命的人生观取代了“全人教育”中的“圣”，以马克思主义的思想教育取代了宗教教育，并使其独立于四类生活指导之上，而又贯穿于每项生活指导之中，作为“全人生指导”的核心与方向。这一改造与发展，就使得“全人生指导”同“全人教育”从本质上区别开来。可以说，这是无产阶级教育对资产阶级教育以至封建社会教育批判继承的一个典型范例。

杨贤江同志的青年教育理论与实践内容十分丰富，学习与研究他的青年教育思想有重要的理论意义和现实意义。

第一，杨贤江把青年作为一个发展着的人生，从整体性与综合性上去揭示青年教育与社会发展的外部关系以及德、智、体、美、群、劳诸育的内部联系，以整体性和综合性的观点来研究教育问题，对今天深化教育改革，全面提高教育质量，具有方法论上的指导意义。

第二，他对待历史的、外国的教育理论，既不排斥，也不全盘照搬，而是以马克思主义为指导，根据理论联系实际的原则，加以吸收、改造与提高。这对于我们在开放改革中，如何正确对待传统的与外国的教育思想、经验，是一个很好的范例。

第三，他对青年的指导，既强调要确立明确的目标——革命人生观（在当时就是引导青年树立革命理想，走革命道路），又从青年的生活实际出发，具体地指导他们如何解决切身的各种生活问题。这种既不是教条主义的抽象说教，又不会在错综复杂的实际问题中迷失方向的教育方法，在改善我们的思想政治教育工作中是值得学习的。

第四，他对当时青年中所存在的社会的、心理的问题，进行了大量的调查，做了有一定科学性的分析。今天，社会条件不同了，青年心理也不同了，但在某些方面也和当时有惊人的相似之处。因此，他所论述的青年问题，有不少还是今天的青年走向社会、走向生活所要面临的问题。他对青年问题的科学分析和深邃见解，仍然可以作为我们进行青年指导的参考。

素质教育思想的先驱
——杨贤江的“全人生指导”思想[①]

杨贤江是马克思主义教育理论家。马克思主义是随着时代的前进而发展的，在革命时代是无产阶级革命的指导思想，在社会主义现代化建设时期，是现代化建设的指导思想。杨贤江的教育思想，在革命时代是新民主主义——社会主义革命教育的灯塔，在社会主义现代化建设时期，指导我们如何培养社会主义现代化建设者和接班人。正是在这个意义上，研究杨贤江教育思想，不但有历史意义，而且有重要的现实意义。

对社会主义现代化的建设者和接班人，必须进行全面素质教育，这是20世纪90年代以来，我们所提倡、所研究、所实施的教育思想。而素质教育思想和杨贤江的“全人生指导”思想，其基本内涵是一致的。

一、素质教育的提出

众所周知，素质教育的提出最初是针对应试教育的弊端。“全人生指导”的提出，也是为反对以升学为中学教育唯一目标的。素质教育是一种教育思想，它不反对中学生升学，也不反对考试。它所反对的是应试教育思想，即以应试为基础教育唯一目标而不顾学生的全面发展。素质教育在刚开始提倡时，曾使人产生一种误解，以为提倡素质教育，就应取消考试，不要为升学

① 原载《河北师范大学学报》，2001年第3期。作者：潘懋元。

做准备了。如果当时我们学习了“全人生指导”理论，就不会产生误解。杨贤江在《中学训育问题的研究》中就提出：“中学教育的目标，不特须使学生将来能升学，也须使学生将来会做事。”可见他所反对的是只求升学，不会做事。他在《青年求学的目的是什么》一文中，更明确提出：“我们求学的目的，乃在学习了做人的基本条件，好叫我们做一个有用的人。”这一思想，与当前世界所提倡的新理念，也就是素质教育所要达到的目标是一致的，即学习不是为了应试，而是要“学会学习”“学会做人”。

二、素质教育的内涵

一般认为，素质教育的内涵应包含思想道德素质、文化科学素质、心理素质、身体素质。杨贤江的“全人生指导”，包括强健身体及精神、工作的知识及技能、服务人群的理想与才干、丰富生活的风尚与习惯，“必须对这四个方面有相当的具备，才算是正常的人生。否则，无论怎样有所专长，毕竟是偏颇的畸形的发展”①。提法虽有不同，但实质却是一致的。

三、心理素质的教育

在素质教育中，过去所忽略的是心理素质的教育，包括情感教育。而青年人所发生的种种问题，大多不是思想道德问题，更不是政治思想问题，而是心理障碍问题、情感失衡问题。心理素质包括情感、意志、品格等，尤其体现于心理承受力与自我意识上。过去把这些都归之于政治思想问题是不当的。现在开始注意心理咨询、心理卫生指导的作用，但在大多数学校教育中，还将其视为可有可无。而杨贤江虽致力于对青年进行革命教育，却早就专门研究青年学生的心理问题。他认为“中等学生与青年期是最有关系的。中等教育者对于青年的心理以及青年问题，都应研究明白而且负责解决”②。他所

① 杨贤江．学生生活改造论［J］．学生杂志，1926，13（8）．
② 杨贤江．中等教育与青年问题［J］．学生杂志，1925（9）．

写的有关青年教育问题的论文中，青年心理的研究与指导是其主要的内容。他还节译了美国著名青年心理学家斯坦利·霍尔的巨著《青年期》，出版了20万字的《青年期的心理与教育》译著，翻译了另一位心理学家惠普尔的《青年期的心理与卫生》等论文。更为重要的是，他同中学生的许多“通讯”和“答问”，实际上就是心理咨询、心理指导工作，其中有许多至今仍是很精辟的见解。

四、如何实施素质教育

这是教师感到困难的问题。现在一般的做法是开设文化素质课程，减少课业负担以增加课外活动，但似乎收效甚微。杨贤江在他的文章和“通讯”中，有一系列有关“全人生指导”的原则、内容和方法的论述，并亲自在实践中应用，对全国中学生和社会青年产生了积极的影响，使许多学生端正了学习与生活的态度，引导了大批青年树立为民众服务的决心，走上革命的道路。许多成功的范例，对我们今天实施素质教育，无疑有着重要的参考价值。

总之，在杨贤江“全人生指导”的思想宝库中，有许多重要的理论与经验有待于我们去发掘。这里不可能一一列举。但在学习杨贤江“全人生指导”以指导我们今天实施素质教育时，有两点是必须明确的：

第一，时代不同了，教育青年的目标有所不同。在当年，杨贤江的“全人生指导”最终的目标是引导青年学生参加革命；在当前，我们进行素质教育是引导青年学生参加社会主义现代化建设。目标虽不同，但其实质却是相同的，都是为了培养学生为民众、为人群服务的思想。

这里有必要提出一个问题：研究杨贤江教育思想的，都知道他所提出的“全人生指导”，是受日本教育家小原国芳的“全人教育”理论所影响。有些内容和方法，直接引自《全人教育论》等著作。那么，溯源于日本教育家的这一教育思想，能否作为我们社会主义的素质教育的先驱？应当承认，杨贤江的“全人生指导”同小原国芳的“全人教育”理论有继承关系，但这是批判继承关系，是改造了的继承关系。小原国芳的“全人教育”理论及其在玉川学园的实践经验，有许多精华的内容与方法值得我们实施素质教育借鉴，如他认为学校教育应以培养“完美和谐的人”为目的，学问、道德、艺术、身体、生活的教育应当和谐发展，不应单纯强调智育或德育或体育。他坚决反对日本所盛行的考试竞争。应该说都是很有见地的主张。但他所提倡的真、善、美、圣、健、富六育并进，是以圣育（宗教教育）为核心的；而杨贤江的“全人生指导”则是以为民众服务、为人群服务的革命的人生观为核心的。“全人生指导”正是以革命人生观为核心，使之与“全人教育”从本质上区别开来而与社会主义素质教育在本质上相一致。

第二，素质教育是一种教育思想而不是一种教育模式。一种教育模式可以照着做；一种教育思想、观念如何实现，却必须自己去研究、去创造。甲校的素质教育的做法和经验，乙校可以借鉴，却不能照搬。杨贤江的“全人生指导”的理论和经验，是在20世纪20年代所形成、所实施的。当时的历史条件同今天的现实相去甚远。有些内容和方法，仍然值得学习、借鉴；有些特殊的内容和方法，则不能照搬。所以，今天我们学习杨贤江的“全人生指导”，应该着重学习他的精神实质，结合今天的现实，创造和积累自己的经验。

王亚南教授是如何以研究的态度来进行教学的①

在案头，一本虫蛀斑驳的课堂笔记把我引向30多年前的岁月。1945年，王亚南同志到山城长汀来当厦门大学的客座教授。那时，我是厦门大学教育系学生，以经济系为副系，已经修满副系规定的32个学分，正在开始写毕业论文。但我还是挤出时间，选修了他所开的两门课程之一——“高等经济学——中国经济问题与经济原理”。讲授内容，是王亚南同志运用马克思主义政治经济学原理研究中国半封建半殖民地经济现状的科研成果。我们在当时最大的一间可容纳约200人的教室上课。教室里每堂课都坐满了学生和助教，窗子外面还有许多人搬来扶手椅旁听。也就是说，全校文、法、商、理、工五个学院有四分之一的学生选修或者旁听这门课。绝大多数青年是为了渴求真理而来学习的，也有一些人抱着怀疑的态度来听听“非正统”的经济理论是些什么东西，还有个别人是负有“特殊”任务而来的。

第一堂课，王亚南同志在讲本门课程的目的、意义与内容之前，先提出一个问题：应当用什么态度来学习这门课程——“研究的态度”。他讲了三点：第一点，“学习者的态度，不必强求与讲授者的意见一致，但应当与自己的意见一致”。他说：“研究经济学的目的，在于探求经济的法则，发现真理，真理不是讲授者说了就算数，你们对我的意见，只可以当做一种启发而已，应当有你们自己的见解，不可人云亦云。”第二点，“自由的研究，应当有合理的抉择”。就是说，不应当把多种不同的意见，不加判断地兼收并蓄，如何

① 原载《厦门大学学报（哲学社会科学版）》，1979年第1期。作者：潘懋元。

抉择，就要自己分析判断。第三点，“应当做理论研究的主人而不应当做其奴隶”。即不应死背硬记原理原则，而应“役用”原理原则来解决实际问题。王亚南所提出的“研究的态度”，对于当时那些抱残守缺、专断无知的学阀们，是勇敢挑战；对于追求真理的青年们，是开启心灵的钥匙。我记得，上完第一堂课之后，学生们高兴地议论开了，而有些人却恨恨地咒骂：“简直是异端邪说。”

王亚南同志就是以这种“研究的态度”来讲学的。他经常表示大家不一定要同意他的意见，鼓励大家提出疑问或不同意见。期末开卷考试时，有一道题就是请学生对他所讲的内容提问题。然后他又上最后一堂课，回答大家所提的问题。

王亚南同志当时讲课，并没有现成的讲义。他总是先提出问题，然后逐步推论，重重剥茧，逻辑严谨。在论证中，既讲一般经济规律，又分析中国经济的特殊问题，把理论与实际紧密地结合起来。当时学生在课堂上是学不到马克思主义政治经济学的，但通过这门课，学习了政治经济学的基本理论，懂得了中国半封建半殖民地经济的问题。在当时，许多道理是不能直接说的，但学习了这门课之后，半封建半殖民地经济的现象与本质、官僚资本的反动性、经济发展的总趋势、革命胜利的必然性，已经是逻辑推断的必然结论了。

王亚南同志以“研究的态度”来进行教学，不但在当时具有重大的意义，在今天也是值得我们学习的；不但对于高年级的选修课程，特别是讲授自己的科研成果的课程是很好的教学法，对于讲授基础课程也具有参考价值。它启发学生积极思维，深入理解教学内容，同时也培养了学生分析解决问题的能力。

回忆王亚南校长[①]

在欢庆厦门大学建校六十周年的时候，我们十分怀念已故的王亚南校长。王亚南同志是新中国成立后厦门大学的第一任校长。他在担任校长的 20 年间，为厦门大学的改革和发展不辞辛劳、殚精竭虑，做出了重要的贡献。

王亚南同志不仅是我国著名的经济学家，而且是著名的教育家。他有明确、系统的教育思想，如在关于现代教育的本质和功能方面，在关于如何办好综合性大学方面，以及人才观、教学论等方面，都有自己深刻、独到的看法。这在最近由福建教育出版社出版的《王亚南与教育》一书中，已有专文论述。

王亚南同志在日常的教育工作中，有很多值得我们学习的地方。我认识王亚南同志是在 1944 年，到他逝世以前的 25 年间，修过他所开的课，在他的领导下工作过。

王亚南同志是一位“双肩挑”校长。他担任校长职务之后，仍然坚持教学与科研。他不但写论文、出专著、指导研究生、为青年教师讲课，而且亲自为全校学生上政治经济学大课。

王亚南同志兼任政治经济学教研室主任，同中青年教师一起研究教材和教学法，还经常深入各系各教研室听课，讨论教学与科研问题。20 世纪 50 年代初期，大学进行教学改革，他经常同教改委员会的干部在一起，研究一个系一个系的教学情况与问题，有时直到深夜。在一般情况下，他凌晨学习，

① 原载《福建日报》，1981 年 4 月 10 日。作者：潘懋元。

上午办公，下午备课或写论文。没有开会的上午，他往往先到教室听一两节课再去办公室。有一天，他开了三个会：上午，主持政治经济学教研室例会；下午，出席生物系二年级教学检查会；晚上，参加教育系传达会。他不但在每个会上倾听意见，做出指示，而且写了一篇《一天参加三个会所得的教育和启示》，有体会，有自我批评，有解决问题的意见。他注意深入群众，深入教学第一线倾听群众意见，发扬教学民主，使教学工作不断得到改进和提高。

王亚南同志在教学工作中，还极力提倡以研究的态度进行教学。记得1945年厦门大学迁往长汀时，我选修了他所开的两门课程之一“高等经济学——中国经济问题与经济原理”。讲授内容，是王亚南教授运用马克思主义政治经济学原理研究中国半封建半殖民地经济现状的科学研究成果。

第一堂课上，王亚南同志在讲本门课程的目的、意义与内容之前，先提出一个问题：应当用什么态度来学习这门课程？——研究的态度。他讲了三点：第一，“学习者的态度，不必强求与讲授者的意见一致”。第二，“自由的研究，应当有合理的抉择”。就是说不应当把多种不同的意见不加判断地兼收并蓄，如何抉择，就要自己分析判断。第三，“应当作理论研究的主人而不应当作其奴隶”。即不应死背硬记原理原则，而应“役用”原理原则来解决实际问题。王亚南同志所提出的“研究的态度”，对于当时那些抱残守缺、专断无知的学阀们，是勇敢无畏的挑战；对于追求真理的青年们，是开启心灵的钥匙。他经常表示大家不一定要同意他的意见，鼓励大家提出疑问或不同意见。这对发扬学术民主、形成良好学风起了积极的推动作用。

王亚南同志还很关心抓思想政治教育，不仅抓学生的思想教育工作，而且深入细致地做教师、干部的思想工作。

记得1954年，教育系将调整离开厦门大学，组织决定我留下来继续搞教务行政工作。一个以当教师为终生志愿的人，将离开教学和学生；一个大学教师，将难以再搞研究工作。对我来说，是一个痛苦的时刻。在教育系，虽然也搞行政工作，但我还可以教我所感兴趣的教育学和中国教育史等课程，研究我所喜爱的中国近代教育史课题，并且还能与有志于当教师的学生切磋学问。离开了教育系，也就意味着要离开这些值得留恋的事和人。就在这个时候，王亚南同志把我找去，进行了一次使我终生难忘的谈话。他针对我怕做行政工作与教学、科研会发生矛盾的思想，谈了他自己在教学、科研和行政工作中遇到的矛盾，以及处理这个矛盾的原则与方法，并启发我设计一个方案：在高等学校行政工作中积累经验，研究高等学校的教育问题，以高等教育为对象开教育学课程，把行政、教学、研究三件事统一起来。同时，他还为我考虑如何安排时间与工作，允许给予我一定时间从事教学和研究工作。二十多年来，除了一段时间之外，我实践了王亚南同志所启发设计的方案，坚持进行高等教育科学研究并做出了一定的成果。

王亚南同志虽然与世长辞了，但他对教育问题的精辟见解、丰富的办学经验，以及忠于人民教育事业的高贵品质，永远值得我们学习。我们要在党的领导下，团结努力，进一步办好厦门大学，为多出人才、多出成果、多出经验而不懈地战斗！

王亚南的教育思想[①]

王亚南同志是我国著名的经济学家，也是令人钦仰的教育家。他毕生致力于马克思主义经济理论的研究工作，也毕生从事高等学校的教学与领导工作。在宏观方面，他的教育思想具有高瞻远瞩的战略眼光，深刻理解教育与经济的发展、教育与科技的发展、自然科学教育与社会科学教育的内在关系；在微观方面，他懂得人才的价值，善于按教育规律培养人才，为我们树立了一个高大的师表形象。他的教育思想是丰富而精湛的。在这篇短文里，不可能全面系统地论述王亚南的教育思想及其教育实践，只就宏观与微观两个方面，有针对性地谈谈个人学习与研究王亚南教育思想的一些体会。

一、在宏观教育方面，王亚南高瞻远瞩地论述了教育与经济基础的关系、科学与社会进步的关系

王亚南作为一位经济学家来办教育，他的教育思想，不局限于教育自身，首先从宏观方面来考察教育在经济发展、社会进步中的意义与作用。他认为："我们平素研究教育或讨论教育问题，都是在几本习用的教育原理的书上，看到一些极零碎、极细微末节的教学方法和教学技术的说明，而根本不理解教育的社会关系，其社会本质及其作用。每种社会形态，都有与其相配合相适应的教育体制。教育体制或教育思想，可能落在社会经济变革的后面，而为

① 原载《厦门大学学报（哲学社会科学版）》，1987 年第 2 期。作者：潘懋元。

其障碍。如中国传统的教育思想之多方障碍我们社会经济变革是；那亦可能走在社会经济变革的前面，而为其向导，如中国输入现代各种社会意识之促进我们社会经济变革是。”① 又说：“我们如果展开了社会经济的基本变革，一切传统的教育思想，都将变为无力的挣扎；我们如果不允许社会经济的基本变革，舶来的崭新的教育思想②，亦只能表示一些不易在社会上生根的空想。这就是说，教育是要在它发生作用的社会条件或社会倾向，至少在某种程度形成了的场合，它才能发挥极大的社会功能。”③ 应该指出，40 多年前王亚南同志对于经济变革与教育体制变革关系的基本论点，仍然是我们今天教育体制改革的理论依据所在。

王亚南同志在探索社会经济变革与教育的关系上，着重研究科学教育与社会进步的关系这个问题。他对这个问题所做的精辟论述，概括起来，有三个层次：

第一，尊重科学，是社会进步的标志。他说：“惟进步的社会，斯能尊重科学。”“由科学的盛衰，可以证之一个社会是前进抑或是后退……是在发展过程中抑是在衰落过程中。”“科学不受到尊重的社会，研究科学的自由，也横遭限制与剥夺的社会，乃表示它在衰落式微中，在向后发展中。”④

第二，作为推动社会进步的科学，是自然科学与社会科学的整体。他认为“科学是一体的”，自然科学与社会科学是“相依为命，相互影响”的。他总结了世界历史，尤其是中国近百年的历史经验，指出：“建设当利用自然科学，更当依靠社会科学。”“一个社会如其真的提倡社会科学，它就没有理由妨碍自然科学；反之，如其他认真提倡自然科学，也没有理由限制社会科学”；“片面强调自然科学，一定无法达到预期的目的”。因为要搞社会建设，就必须认识社会问题。而一切社会问题的认识，“都需要我们把握社会科学的结论和提示，予以详细的辩解。把这些关键弄明白了，从实践上将各种传统的社会障碍解消了，我们在建设上多利用一分自然科学的研究成果，就多收

① 王亚南．社会科学论纲［M］．永安：东南出版社，1945：74.
② 指马克思主义教育思想。
③ 王亚南．社会科学论纲［M］．永安：东南出版社，1945：31 －32.
④ 王亚南．社会科学论纲［M］．永安：东南出版社，1945：40.

得一分实效，否则我们在自然科学上的任何努力，就难免成为徒劳”。所以，“自然科学在其发展过程中，必须有社会科学帮同作清道的启蒙的工作”。如果只抓自然科学，而对于社会问题则“以常识，以成见来代替社会科学”，那是无法把社会建设好，也无法使自然科学的研究发挥其“社会功能”的。①根据这一原理，他认为高等学校培养文理科人才应有合理的比例，而且随着我国经济建设的开展，“文法科的人才的需要，定然会一同增大”。他大声疾呼：“切莫重理轻文，破坏高等教育合乎规律的成比例的发展。”

第三，科学要发展，学术要争鸣。他认为“任何光辉而正确的学说，只是在诸多相反学说的论难、质疑甚至攻击中，才能使它从每一视野、每一角度，都阐发出真理的光芒来”。他有一句名言：“从反对者获取自由，予反对者以自由。”显示了一位胸怀开阔的学者的气概，在国民党的专制统治下，他不畏钳制迫害，宣传马克思主义的真理。他说：“德国一位大哲学家（指黑格尔）告诉我们：‘理性与自由是社会进步的原动力’，我服膺斯言，我并愿在科学的研究上以斯言勉励国人!”② 在新中国成立后，他衷心拥护党所提出的“百家争鸣”方针。同时，他坚持“百家争鸣”要在马克思列宁主义指导下，反对资产阶级自由化。

综上所述，我们不难得出这样的结论：王亚南同志是一位具有高瞻远瞩的战略眼光的学者、教育家。他深刻地理解现代社会的建设必须依靠科学；不但要依靠自然科学，也要依靠社会科学；而科学要发展，必须有学术争鸣。这是历史的逻辑。可惜在“左”的思想影响下，王亚南同志的远见卓识得不到重视，甚至被作为“白旗”拔掉了。只是到了改革开放之后，人们才对此有所认识。因此，认真地学习与研究王亚南同志关于科学、教育与社会进步的关系这一精辟的论述，我认为是有现实意义的。

---

① 王亚南．社会科学论纲［M］．永安：东南出版社，1945：41.

② 王亚南．留给中山大学经济学系学生的公开信.

二、在微观教育方面，王亚南同志懂得人才的价值，提出了培养人才的原则

大学，是国家培养高层次人才的学校。人才观，是高等教育思想的基本观点。如何培养人才，是高等学校办学的核心问题。正如徐迟在《哥德巴赫猜想》这篇有名的报告文学中所评价的，王亚南"懂得人的价值"。正是由于王亚南同志具有正确的人才的价值观与为国育才的信心，他毕生的教育实践，都是为如何更好地扶植和培养人才而殚精竭思、鞠躬尽瘁的。

王亚南同志关于培养人才的原则，可以概括为两个方面：

第一，要在博而专的基础上，培养创造能力。他对青年说，"必须随时不断扩大自己的眼界，才能不断地提高"，"对于与本学科有关的各种知识，更要力求学得广泛与深入"。① 他认为"任何一门专门的学科，都是以一般知识作基础，没有广阔坚实的基础，很难学得专，学得深"。② 他把那些基础知识狭窄的人，比作陷身于象牙塔，关在小天地中，自我丧失学术上的自由，必将无所作为。王亚南同志自己就是一个具有深厚基础与广博知识的典范。众所周知，他有经济学的深厚基础，而又博学群书。他在大学时，读了一主二辅三个系，即教育系、中文系与外文系。他对哲学、历史学、政治学、社会学以及文学艺术都有广泛的知识和浓厚的兴趣。不要以为一位专家就是一天到晚只钻所专的"窄门"。有一次我陪同他到青岛开会，他所带的不是政治经济学书籍，而是德文小说，早晚都在看，有时还朗读出声。当他总结自己一生的学习经验时，对于早年所学那些门类繁多的知识，深有体会地说："在今天看起来，这些还是很有用。现在用的东西很多是第一个十年学到的东西，这就说明打基础很重要。"③ 这些体会，我想，对于今天一些误信什么大学所学的知识过几年就"老化"了，没用了，因而轻视打好坚实的基础的知识青年而言，应当是语重心长的箴言。

---

①② 王亚南．社会科学论纲［M］．永安：东南出版社，1945：217－218.

③ 王亚南．跟青年教师谈谈怎样治学［J］．厦门大学学报（哲学社会科学版），1978，6（C1）：196－198.

但是，博了还要专。王亚南同志说："基础知识必须通过专门学科的学习与运用，加以巩固和提高，必须通过专门学科来表现，否则，漫谈则劳而无功，基础打得再好也只是基础而已。"①

在成才的道路上，向广博与专精发展是一个矛盾统一的运动过程。王亚南同志说："打好基础，再学专门学科，这是一般学习的程序，但不等于专了就不必回过头去学习一般的知识，必须随时不断扩大自己的眼界，才能不断地提高。专了还要通过博来达到精。"② 如果说，王亚南同志在当年就深感专了还得不断学习一般知识，以扩大眼界；那么，在科技迅猛发展，新学科、新知识如潮涌现的今天，作为已有所长的学者，更不能抱残守缺，应当不断充实自己的知识，反博求精，否则将成为时代的落伍者。

王亚南同志不仅要求青年学生在知识上要博而专，更要重视培养学生的学习方法与创造能力。他说，"学问，方法论很重要。一个人学术上有所见解，跟他的自学方法很有关系"，"要善于把一般原则性的知识应用去研究具体问题，找出具体的答案。不可以满足于一般规律，不可以人云亦云"。应当能"自己找到门径，自己去探索"。他认为青年学生要富有"时代感"与"现实感"，"科学工作者，要能用自己的思想，自己的文句，自己的写作方法，建立起自己的理论体系"③。也就是说，一个有成就的人才，应当是一个有创造能力的人才。

第二，重视非智力因素在成才过程中的作用。知识与智能，是成才的必要条件，但并非充分条件。一个知识贫乏、智能低劣的人，固然难望成才；而一个知识丰富、智能聪慧的人，也未必能够成才。王亚南同志深知意志、信心、理想、人生观等非智力因素在成才过程中的重要作用。他对青年治学的指导，既重视治学方法的指导，更重视治学精神的培养。他不要求学生死读教师所指定的书本、死守教师所规定的方法，因为他认为"每个人迟早总可以发现他自己认为有效的研究方法"。而人才的成长，更重要的是要充分激发其精神力量。在一次报告中，他说："由特定专业部门的基本训练到独立思

①②③　王亚南．跟青年教师谈谈怎样治学［J］．厦门大学学报（哲学社会科学版），1978，6（C1）：196－198.

想工作，再达到创造性的发挥和发现，是需要坚持的毅力和顽强的战斗精神的。但应当明了，这样的毅力和精神，并不是天生的，而是在学习和研究过程中逐渐养成的。”① 他经常引用马克思的话：“在科学上没有平坦的大道，只有不畏劳苦沿着陡峭山路攀登的人，才有希望达到光辉的顶点。”以之鼓励青年科学工作者。他也引用马克思引用过的但丁《神曲》中的诗句：“科学的入口处，正像地狱的入口处一样，必须提出这样的要求，‘这里必须根绝一切犹豫，这里任何怯懦都无济于事’。”以此来激励青年科学工作者。

意志力量来源于信心、理想、人生观。王亚南同志指出：“关键是要不懈地跟个人生活上的自由主义作斗争，树立远大的理想与崇高的生活目的。”他认为，“作为一个科学工作者，他不能也不愿做没有社会意义的事。国家的要求、社会的重视、时代的召唤，是时刻鼓舞他、督促他孜孜不倦地进行研究工作的强大动力”。王亚南同志，也就是这样的一位科学工作者。他的一生，就是以顽强的意志、坚定的信心、崇高的理想，为共产主义真理奋斗终生的人生。他在科学事业上做出了贡献，并为我们树立起为人师表的高大形象。

王亚南同志的教育思想是精湛的，他的教育经验是丰富的。发掘与整理王亚南同志的教育思想与实践经验，不但对我们办好厦门大学、树立优良学风有重大意义，而且对我国正在进行的高等教育改革和培养社会主义建设人才，也有积极的现实意义。

① 王亚南．现阶段综合大学需要开展的科学研究工作．

广阔的视野　严谨的学风

——《王亚南文集》第五卷读后①

王亚南是我国当代著名的经济学家、教育家。《王亚南文集》第五卷《文化与教育》一书的出版，为进一步研究王亚南教育思想，从中汲取如何办好社会主义大学，搞好教书育才的理论与经验，提供了很好的资料。该书收录了王亚南关于文化、科学和教育、治学的论文、报告40篇，分为文化、教育两大部分。其文化部分，大多辑自他在新中国成立前所写的文化科学论著；教育部分，大多辑自他于新中国成立后办学的经验。当前出版这个集子，不只是为了纪念这位卓越的教育家，而且具有重要的现实意义。

首先，王亚南的文化、科学、教育理论，是坚持和捍卫马克思主义原则立场的典范之作。新中国成立前，他所写的有关文化、科学的论文，如《论文化与经济》《论中国传统思想之取得与丧失存在的问题》，以及四篇论“战争与社会进步”的论文、三篇论“东西文化与中西经济”的论文，都是运用马克思主义的历史唯物主义观点，批判当时充斥于学术论坛和大学讲坛的形形色色的唯心主义、形而上学以及市侩哲学的文化观、历史观，通过学术争鸣以传播马克思主义。新中国成立后，他所写的论文，如《关于现代教育的本质和功能》《以正确的立场、观点、方法分析问题》和《大学里必须加强政治思想教育》，以及三篇论“百家争鸣”等文章，则是从正面阐述马克思主义的原理，有针对性地解决教师和青年学生中存在的思想认识问题。

① 原载《光明日报》，1990年2月9日。作者：潘懋元。

其次，王亚南关于文化、教育的理论，是从广阔的视野出发，抓住问题的本质，提出精辟的见解。例如：“精神的贫困，是定然会带来或加重物质贫困”；“现代学术思想向中国输入，和现代商品的输入是平行的。即使我们把国际资本的文化侵略意图抛开不讲，我们从国外输入的社会意识形态，也显然只能是流行于各资本主义国家思想界学术界那一些属于末期的，一味掩饰现实或歪曲现实的东西”；“建设当利用自然科学，更当依据社会科学”以及“教育是要在它发生作用的社会条件或社会倾向，至少已在某种程度形成了的场合，它才能发挥极大的社会功能”等论述，对于今天的认识与决策，仍是值得我们深思的。

最后，王亚南的许多文章不仅具有理论价值，还有方法论上的意义。王亚南在指导青年学者治学时，一再强调“方法论很重要”。在这本论文集中，每篇论文，都贯穿着他严谨的治学精神和马克思主义的方法论。他认为，不论自然科学或社会科学，都必须具备三种属性，即规律性、系统性和实在性。他的每一部论著，都严格遵循这“三性”原则，从事实出发，抓住实质性的问题，运用辩证法，进行严密的分析，层层论证，逐步推进，因而所得结论具有强大的理论说服力。比如，论文集中论述自然科学与社会科学的关系、传统文化的扬弃与继承的关系、马克思主义指导思想与百家争鸣的统一，以及红与专、博与精的关系，都是娴熟地运用唯物辩证法的典范。

蔡元培教育思想[①]

蔡元培是近现代中国著名的资产阶级民主革命家和教育家。他的一生，为建立中国的资产阶级教育体制，发展中国文化教育事业，尤其是为改革与发展中国高等教育，曾经做出历史的贡献。对于一位在历史上有广泛影响的人物，应当摆在一定的历史背景下做出恰当的评价，不予充分肯定是不对的，为尊者讳也是不必要的。

一、政治活动和教育活动

蔡元培（1868—1940），字鹤卿，号孑民，浙江绍兴人。出身商人家庭，实为书香子弟。少年时期，在叔父清举人蔡铭恩指导下，饱读经史，专治小学，崇拜宋儒，笃守孝道。青年时期，连续捷乡试，成进士，点翰林，授编修，被翁同龢誉为“隽才”。在仕途上，可以说是青云直上。甲午战争失败，激发了他的爱国心，开始涉猎译书，学习日文，为探讨积弱原因，向西方寻求真理。戊戌维新失败，他深感清廷“无可希望”，断然出京南旋。他认为“康党所以失败，由于不先培养革新之人才，而欲以少数人弋取政权，排斥顽旧，不能不情见势绌”。因此，他回到南方之后，即从事教育工作。这是蔡元培走向民主革命的开始，也是他教育救国思想的萌芽。他先后担任过绍兴中

① 原载《厦门大学学报》，1955 年第 4 期。作者：潘懋元。修改稿载于《辽宁高等教育研究》，1982 年第 1 期。

西学堂监督、剡山书院院长、南洋公学教习；发起中国教育会，任会长；创立爱国学社与爱国女学，任总理；出版《俄事警闻》（后改为《警钟》），任编译；成立光复会，任会长；还参加同盟会、秘密小组、义勇队等组织，受军训，造炸弹，投身暴力革命活动中。这样，他的思想与行动，就逐步从康梁的改良主义路线走向孙中山的资产阶级民主革命路线。他甚至“觉得革命只有两途：一是暴动，一是暗杀”，“成立爱国学社是播下暴动的种子，成立爱国女学则是预备暗杀的种子”。这个时期，他的主要活动虽然在教育方面，但由于革命形势逼人，他的教育救国思想虽萌芽却暂未成长。蔡元培以清室京官而参与暴力革命，兴办革命教育，对于辛亥革命所起的作用颇大。

民国初年（1912），蔡元培先后就任教育总长和北京大学校长，积极提倡西欧资本主义教育思想，力图效法欧美教育制度，借以改革当时在中国教育上尚占优势的封建主义教育思想和制度。虽然由于他反对封建主义思想不彻底，使得种种改革存在很大的局限性，但就这个局限内来说，他的改革主张起了积极的作用，对于后来的教育发展，也有重大影响。有些主张，不但当时是先进的，而且今天仍有值得借鉴之处。然而，在政治上，则反映了中国资产阶级辛亥革命的不彻底性，他错误地认为革命的目的已经达到，对于革命的看法，也就发生了改变。如果说辛亥革命前他主张过暴力革命，则辛亥革命后他所写的《自由与放纵》就反对法国大革命的“过度之激烈”，认为“由放纵而流于残忍矣”。辛亥革命前他办报兴学，对青年灌输革命精神，在他的引导与影响下，许多青年走上民主革命的道路；辛亥革命后，他则认为学生“不应有何等政治的组织”。辛亥革命前他办爱国女学“自以革命为精神，并不取贤妻良母主义”；辛亥革命后则认为“至民国成立，改革之目的已达……其精神不在提倡革命，而在养成完全之人格”。这正反映了中国资产阶级革命的不彻底性并由此而得出他对于辛亥革命的错误估计。

但是，蔡元培是爱国主义者，对于军阀政府的腐败无能是嫉愤的。因此，五四运动，北京大学学生游行示威，他暗中支持；为营救被捕学生，他四处奔走。蔡元培以学者名流而有这种态度与行为，无疑对五四运动起了积极支持的作用。但由于他之支持学生运动仅仅出于爱国心，他之同情学生多半出于爱护青年，而对于学生运动的革命意义认识不足。因此当学生运动超出了资产阶级爱国、民主要求时，他就反对学生参加政治运动，提倡读书救国。这在他后来自述的《我在北京大学的经历》[①] 一文中，可以概见：

> 我对于学生运动，素有一种成见，以为学生在学校里面，应以求学为最大目的，不应有何等政治的组织……所以民国七年夏间，北京各校学生，曾为外交问题，结队游行，向总统府请愿；当北大学生出发时，我曾力阻他们，他们一定要参与；我因此引咎辞职。经慰留而罢。到八年五月四日，学生又有不签字于巴黎和约与罢免亲日派曹、陆、章的主张，仍以结队游行为表示，我也就不去阻止他们了……但被拘的虽已保释，而学生尚抱再接再厉的决心，政府亦且持不做不休的态度。都中喧传政府将明令免我职而以马其昶君任北大校长，我恐若目此增加学生对于政府的纠纷，我个人且将有运动学生保持地位的嫌疑，不可以不速去。乃一面呈政府，引咎辞职，一面秘密出京。时为五月九日。

五四之后，军阀政府迫于全国运动形势，不得不拒签巴黎和约，罢免曹、陆、章。蔡元培就认为“五四运动之目的完全达到了”，在他公开发表的《告北大学生暨全国学生书》中和回任的欢迎会上演说时，就大声疾呼，宣传读书救国。他说学生运动只是对同胞“一时之唤醒，技止此矣，无以复加。若令为永久之觉醒，则非有以扩充其知识，高尚其志趣，纯洁其品性，必难幸致”，而“力学报国，勤勤恳恳，实获我心”。一年之后，他总结五四运动的经验，更认为“实在是损失的分量突过功效”，“是万不得已而为之”，要引为“前车之鉴”。[②] 他劝学生“以前的成效不要引以为功，以前的损失也不要作无益的愧悔”，要“打定主意，无论何等问题，决不再用自杀的罢课政策。专心增进学业，修养德性，锻炼身体”，[③] 认为“学生救国，重在专研学术，

---

① 蔡元培选集［M］. 北京：中华书局，1959：292.

② 蔡元培．说青年运动［M］//孙常炜．蔡元培先生全集．台北：台湾商务印书馆，1977：646.

③ 蔡元培．去年五月四日以来的回顾与今后的希望［M］//蔡元培选集．北京：中华书局，1959：111.

不可常为救国而牺牲”[①]。

蔡元培这种读书救国、教育救国的议论，于五四之后，全面抗战之前，在校内校外反复宣传。他并且认为五四之后，学生“最可宝贵”的“觉悟”是“自己觉得学问不足，所以自动的用功”；“觉得教育不普及的痛苦，所以尽力于平民教育”；学生要“竭力而行”的“重要”事情只是“广集赎回胶济路的股款，自动的用功，扩充平民教育”[②] 三件事。蔡元培看不到五四运动之后学生最可宝贵的觉悟是阶级斗争和民族斗争的觉悟，是反对帝国主义侵略和封建买办的压迫，是许多进步青年走向革命和抗日救亡的道路，却把它说成是读书救国、教育救国的“觉悟”，从而反对学生运动，显然是错误的，对当时的革命运动起了消极的作用。

蔡元培在北京大学期间，最突出的是主张思想自由、学术自由，对新旧各派“兼容并包”。这对于当时正在萌芽中的新思潮，起着保护作用，为马克思主义的传播提供了有利条件。在新文化运动中，他确实佑袒民主与科学的新思想，反对封建专制的旧思想，支持了新文化运动。这是蔡元培一生政治活动与教育活动中特别应予肯定的地方，也是最值得我们借鉴的思想遗产（指他的民主与科学的精神，而不是指他的资产阶级性）。但就蔡元培的思想实际看，在新文化运动中，也表现出资产阶级的局限性与妥协性。举例说：他与林琴南的笔战，是他的得意之作，也是时人所称颂的。蔡元培在《答林琴南君函》中，以确凿的事实、犀利的笔调、雄辩的逻辑，把顽固派林琴南的歪曲诬蔑、陈词滥调驳得体无完肤，为新文化运动扫除障碍、打气撑腰。但若细加分析，则其申辩多于抗争，委婉解释多于慷慨陈词。他指出林琴南函中所言种种是听于谣诼而非事实，申明北京大学并无“覆孔孟，铲伦常”之事，也无“尽废古文而专用白话”，革新派的“过激言论”与校无涉，学校不能负责，等等。而对于孔孟之不当、文言之缺点，竟无一字涉及。又如：蔡元培脱离清室，参加革命；反对北洋军阀，痛斥军阀为食人的猛兽；参加

① 蔡元培．我在北京大学的经历［M］//蔡元培选集．北京：中华书局，1959：293.

② 蔡元培．五四运动最重要的纪念［M］//蔡元培选集．北京：中华书局，1959：195－196.

国民党改组，响应国民军北伐，态度是很坚决的。但在大革命紧要关头，他却参与蒋介石的“清党”运动，发表所谓“护党救国”通电，又在蒋介石当权的国民党和国民政府中任要职，做了许多为国民党内外折冲樽俎的事，以及他害怕阶级斗争，害怕“过激主义”等，都是资产阶级的软弱性、妥协性的表现。

“九一八”事变以后，民族矛盾上升，具有强烈爱国心和富于人道主义精神的蔡元培，对于祖国的危急、统治集团的蔑视人权，不能不感到痛心。这就反映在他晚年一些具有进步意义的活动上：脱离国民党中的“昏庸老朽集团”，参加保障人权运动，提倡研究马克思主义，以及积极宣传抗日、促成国共两党合作。这些活动，无疑应当予以充分肯定。特别是蔡元培以“党国要人”的身份参加中国民权保障同盟，不顾国民党内部顽固派的公开抨击与特务的威吓，并与胡适（曾任中国民权保障同盟北平分会主席）做斗争以至开除其会籍，对蒋介石政权是个沉重的打击，对革命运动的发展起了一定程度的保护与支持作用。但他对人权保障的看法，却只是从人道主义出发。他要保障的人权，是无党派成见、无国家界限的“普遍人权”。这种看法，与当时该同盟主要负责人明确提出的“本同盟之目的，在于援助为结社自由，集会自由，出版自由之民权努力之一切奋斗”，“本同盟所欲致力者，在援助充满各监狱之无名无告及不为人知之大多数政治犯”等主张，是有很大距离的。他晚年敢于公开宣传马克思之伟大，认为研究马克思主义是“当务之急”，比较昔年反对马克思阶级斗争学说，是有进步的。但他只是把马克思主义作为一种学理来研究，未能在实际行动上向前跨进一步。他虽希望“改变现在经济组织，实行那各尽所能各取所需的公则”，而所选择的道路却是“渐进的”。“从现代过渡到社会主义时代……一定是渐进的，必先做一番预备工夫，使大多数人民的知识、道德、习惯和组织，都合乎一种更高的社会经济的生活。”①此外他还想通过工人教育调和阶级矛盾，走和平改良道路，这些显然也是受他的阶级立场所限制。

① 蔡元培．克卡朴氏社会主义序［M］//孙常炜．蔡元培先生全集．台北：台湾商务印书馆，1977：952.

纵观蔡元培一生的活动，他同北洋军阀、蒋介石统治集团有重重矛盾，也有不断妥协。因此，不论是在北洋军阀政府时期，抑或南京“国民政府”时期，他都是有高位而少实权。有高位，因为统治集团要利用他；少实权，因为他与统治集团中间存在着矛盾。他的主张与活动，对于统治集团虽有不利，究无大碍，而且由于他的社会地位与国内外影响，使统治集团对之有所顾虑。所以，北洋军阀虽痛恨他而仍挽留他，蒋介石虽逐渐削弱其权势而终究容忍他。对于革命运动，由于他具有革命与妥协的二重性，在不同时期，所起的作用是不同的。如果从戊戌维新失败算起，他一生的进步活动，三起两落：从康梁的改良主义路线，走向孙中山的资产阶级民主革命路线；辛亥革命后，动摇于革命与妥协之间；五四运动，在支持新文化运动上有积极的贡献；五四运动之后，由妥协而向右转；“九一八”事变后，不屈服于蒋介石统治集团的压力，援救青年，疾呼抗日救亡，促进国共两党合作，晚节是好的。蔡元培生于动荡剧变的时代，走过艰难曲折的道路。他一生的活动，虽然复杂多样、充满矛盾，却正是一个具有爱国民主思想的资产阶级高级知识分子在新中国成立前所走的、具有典型性的路程。从主流看，蔡元培对于中国的民族民主革命和教育事业的发展是有贡献的。对于他的进步作用方面，周总理所撰写的挽词，给予了充分的肯定：“从排满到抗日战争，先生之志在民族革命；从‘五四’到人权同盟，先生之行在民主自由。”

二、基本思想及其根源

蔡元培对近现代中国产生深刻影响的，不仅是他的政治活动与教育活动，更重要的是他的哲学的、社会的、教育的思想。

蔡元培在《对于教育方针的意见》和《世界观与人生观》两文中，阐述了他的唯心主义世界观。他将世界割裂为“现象的”与“实体的”（或称“本体的”）两方面。他认为这两方面如一纸之表里：现象世界是相对的，它受因果律所制约，与空间、时间有不可离的关系，是可以经验的，它属于政治范围，以造成现世幸福为鹄的；实体世界是绝对的，既不受因果律所制约，又无时间、空间之可言，离开经验而全凭直观，它是超物质、超政治的，以摆脱现世幸福为作用。这种实体世界，是不可名言的，若强为之名，则或谓之“道”，或谓之“太极”，或谓之“神”，或谓之“黑暗之意识”“无识之意志”“盲瞽之意志”等等。总之，就是那种超乎物质世界的绝对精神、唯心论的“最高理念”一类的东西。

这种唯心主义的世界观，显然是直接抄自德国古典哲学，特别是康德的“在原则上把物体的现象从其本质上分离开来”的观点。在蔡元培所编著的《哲学大纲》一书中，论述了这种世界观的根源：

斯拉玛海（Schiejermacher）当反对宗教论盛行之时，独以哲学求宗教之真谛，而为之抗议。其大意谓人类心灵之作用有二：一隶于感觉世界，一隶于感觉以上之世界。感觉世界者，知见之世界也。一切循知见之律贯，以为秩序。感觉以上之世界也。人类以其固有之性灵，与超绝感觉之本体相接引，而所借以表示其系属之情感为宗教。此承康德之说，而以二元论之式诠解之者也。

这个“承康德之说”的斯拉玛海的观点，也正是蔡元培的观点。

但是，若只据此就说蔡元培的哲学思想是德国古典哲学思想，那是不全面的。必须从他一生的重要著作，全面地探究他的思想根源。蔡元培出身科举，博览中国经史典籍，在41岁第一次出国游学以前，系统地接受西洋文化尚较少，而中国儒家学说对其的影响却已根深蒂固，形成了他的重要思想根源。蔡元培受德国古典哲学思想的影响，论者甚多，本文不拟重述；而受儒家思想的影响，论者尚少，或语焉不详，有必要试为阐述。

蔡元培于第一次游学期间所著的《中国伦理学史》一书，言简意赅，可视为他受儒家思想影响的自白。他说：

魏晋以还，佛教输入，哲学界颇受其影响，而不足以震撼伦理学：近二十年间，斯宾塞尔的进化论，卢骚之天赋人权论，尼采之主人道德论，输入我国学界。青年社会，以新奇之嗜好欢迎之，颇若有新旧学说互相冲突之状态。然此等学说，不特深研而发挥之者尚无其人，即斯、卢诸氏之著作，亦尚未有完全迻译者。所谓新旧冲突云云，仅为伦理学至小之变象，而于伦理学说无与也。

所以蔡元培认为“我国以儒家为伦理学之大宗”，而“孔子也，是为儒家言，足以代表我民族之根本理想者也”。

但是儒家学说是相当驳杂的。蔡元培站在他所处的时代背景与阶级立场上，突出地接受了儒家学说中的民主思想与中庸思想。

民主思想是中国儒家学说中的可贵因素。这种思想的存在，是有一定历史背景的：中国阶级社会的初期，土地是通过集体的形式占有的。原始公社形式并未遭到彻底破坏。即使到了封建社会初期，这种土地的占有形式也还是某种限度地局部地保留着。既然如此，在集体内部，被奴役的劳动者与统治者之间便保留着一定程度的，即或是形式上的民主关系。这一情况反映在儒家学说中，就有“天聪明自吾民聪明，天明畏自吾民明威”；“民维邦本，本固邦宁”，等等。汉唐以后，由于专制统治的加强，这种儒家学说中的可贵因素，才逐渐泯灭。曾经说出“民为贵，社稷次之，君为轻”的孟子，竟被摒出圣庙。其后，所保存并宣扬的是盲目的、绝对的忠君思想。到了明清之际，由于中国资本主义生产方式的萌芽，进步的思想家如王夫之、黄梨洲等，在新的历史基础上，重新发掘并发展了儒家的民主思想。蔡元培处在清末民初的资产阶级民主革命时期，儒家的民主思想给予他的启发特别深刻。他解释古代“天子”的意义说：“古人号曰天子，本有以天统君之义。而天之聪明威，皆托于民，即武王所谓天视自我民视，天听自我民听者也。故获罪于民者，即获罪于天。”① 他把天与民结合起来，以之解释儒家的民主思想。他在《中国伦理学史》中，特别撷取儒家学说中的平等论加以整理，发挥戴东原、黄梨洲、俞理初诸人的民主思想。戴、黄二氏的思想，前人已多有阐述，而俞氏的独立人格、男女平等的思想，却是蔡元培着重阐发的。② 辛亥革命之前，许多人合“排满”与革命为一谈，有的尤持“杀尽胡人”的褊狭见解。蔡元培特作《释仇满》一文，指出所仇者非种族的满人，而是反对少数人压制多数人的政略。较之时人的见解高出一筹，也与他的民主思想有关。

蔡元培把中国儒家学说中的民主思想，附会于西方资产阶级民主思想。

① 蔡元培．中国伦理学史［M］//孙常炜．蔡元培先生全集．台北：台湾商务印书馆，1977：8.

② 蔡元培．俞理初先生年谱跋［M］//蔡元培选集．北京：中华书局，1959：296.

最典型的例子就是，他把西方资产阶级民主革命时期所提倡的“自由、平等、博爱”的资产阶级道德观念，诠释为儒家学说的“义、恕、仁”的封建主义道德观念：

> 何谓公民道德？曰，法兰西之革命也，所标揭者，曰自由、平等、亲爱。道德之要旨，尽于是矣。孔子曰，匹夫不可夺志。孟子曰，大丈夫者富贵不能淫，贫贱不能移，威武不能屈。自由之谓也。古者盖谓之义。孔子曰，己所不欲，勿施于人。子贡曰，我不欲人之加诸我也，吾亦欲毋加诸人。礼大学记曰，所恶于前，毋以先后；所恶于后，毋以从前；所恶于右，毋以交于左；所恶于左，毋以交于右。平等之谓也。古者盖谓之恕。……孟子曰，鳏寡孤独，天下之穷民而无告者也。张子曰，凡天下疲癃残疾茕独鳏寡，皆吾兄弟之颠连而无告者也。禹思天下有溺者，由己溺之。稷思天下有饥者，由己饥之。伊尹思天下之人，匹夫匹妇有不与被尧舜之泽者，若己推而纳之沟中。孔子曰，己欲立而立人，己欲达而达人。亲爱之谓也。古者盖谓之仁。三者诚一切道德之根源，而公民道德教育之所有事者也。①

“自由、平等、博爱”同“义、恕、仁”，是不同社会基础上的意识形态。按其原来意义，本质上是不同的。资产阶级正是以“自由、平等、博爱”作为和封建主义战斗的精神武器。而蔡元培却以他特有的调和方式，把两者糅合在一起，而且“言之成理”。一方面，这说明他善于从资产阶级的立场、观点来发掘儒家学说中对之有用的东西，以之作为他宣扬资产阶级思想的理论根据；另一方面也正足以证明他受儒家学说的影响之深。

正如他的民主思想是把资产阶级与封建主义的意识形态糅合在一起，他的空想社会主义思想也是把西欧的空想社会主义思想、无政府主义思想和中国小农经济的“平均主义”“大同世界”的思想糅合在一起。他读了不少空想社会主义者以及巴枯宁、克鲁泡特金的著作，并津津乐道，和无政府主义者张静江、李石曾、吴稚晖等关系密切，远在爱国女学时就宣传俄国虚无主

① 蔡元培．对于教育方针之意见［M］//蔡元培选集．北京：中华书局，1959：9.

义。但其所具有的空想社会主义的主要构成因素，却还是中国的“井田制”与“大同世界”。他在《卡克朴氏社会主义序》中就说，“我们中国要有一种社会主义的学说”，而“西洋的社会主义，20 年前，才输入中国”。又说：“照孟子所说与纪元二世纪的历史家所记的，中国自公元前 23 世纪到前 4 世纪，都是行平均地权的制度……后来四世纪的许行，就主张君主要与民并耕，不得自居劳心的阶级，空受人豢养，那其余的更不待言了。就是孔子也说：‘不患寡而患不均，不患贫而患不安。’又说：‘货恶其弃于地也，不必藏于己；力恶其不出于身也，不必为己。’总之，均劳逸，均产业，是中国古今的普通思想。”所以，蔡元培所宣传的，实质上是儒家学说中的中国式的“社会主义”。

蔡元培主张“兼容并包”。他的思想具有折中、调和的特点，是受儒家学说中的“中庸之道”所影响。

如前所述，儒家学说是驳杂的。其所以能兼收并蓄，并行不悖，就靠它具有折中、调和的特点，即所谓“中庸之道”。蔡元培对于这种“中庸之道”是极为称颂并且身体力行的。他说：

> 惟儒家之言，本周公遗意，而兼采唐虞夏商之古义以调燮之。理论实践，无不而用折衷主义。推本性道，以励志士，先制恒产，乃教凡民，此折衷于动机论与功利论之间者也。以礼节奢，以乐易俗，此折衷于文质之间者也。子为父隐，而吏不挠法，此折衷于公德私德之间者也。人民之道德，禀承于政府，而政府之变置，则又标准于民心，此折衷于政府人民之间者也。敬恭祭祀而不言神怪，此折衷于人鬼之间者也。……然周之季世，吾族承唐虞以来二千多年之进化，而凝结以为社会之心理者，实以此种观念为大多数。此其学说所以虽小挫于秦，而自汉以后，卒为吾族伦理界不祧之宗，以至于今日也。①

又说：

① 蔡元培．中国伦理学史［M］//孙常炜．蔡元培先生全集．台北：台湾商务印书馆，1977：45.

独我中华民族，凡持极端说的，一经试验，辄失败；而惟中庸之道，常为多数人所赞同，而且较为持久。……在儒家成立的时代，与他同时并立的，有极右派的法家，断言性恶，取极端干涉论；又有极左派的道家，崇尚自然，取极端放任论。但法家的政策，试于秦而秦灭；道家的风习，试于晋而晋亡。在汉初，文帝试用道家，及其子景帝，即改用法家，及景帝之子武帝，即罢黜百家，专尊孔子，直沿用至清季。可见极右派与极左派，均与中华民族性不适宜，只有儒家的中庸之道，最为契合，所以沿用至二千年。①

蔡元培认为孙中山的三民主义，就是“以中庸之道为标准”。它的特点就是“中和性”。“中和的意义就是‘执其两端用其中’，就是不选任何一极端而选取两端之长处，使互相调和。”②

中庸之道，折中调和，于蔡元培一生的政治主张、治学方法以及为人处世，除个别场合外，可以说一以贯之。

就政治主张说，蔡元培认为“持国家主义的往往反对大同，持世界主义的，又往往蔑视国界”，只有民族主义“为国家主义与世界主义的折中”；“尊民权的或不愿有强有力的政府，强有力的政府又往往蹂躏民权”，只有民权主义“为人民与政府权能的折中”；“持资本主义的，不免压迫劳动，主张劳动阶级专政的，又不免虐待资本家”，只有民生主义“是劳资间的中庸之道”。正如一切具有软弱性、妥协性的资产阶级民主主义者一样，蔡元培在政治上往往采取折中调和的态度，摇摆于左右之间。他对社会改革持改良主义，在阶级斗争中走中间道路，主张“不是突然地把私有财产没收，而是渐渐地化私为公；不是共现在的产，而是共将来的产”③。以此来调和资本主义同社会主义两条道路的斗争。在阶级矛盾中，他主张的是“互助论”，要资本家和

① 蔡元培．中华民族与中庸之道［M］//孙常炜．蔡元培先生全集．台北：台湾商务印书馆，1977：850.

② 蔡元培．三民主义的中和性［M］//孙常炜．蔡元培先生全集．台北：台湾商务印书馆，1977：849.

③ 蔡元培．三民主义的中和性［M］//孙常炜．蔡元培先生全集．台北：台湾商务印书馆，1977：651.

劳工互助；对于社会上的恶势力，他主张的是“不合作主义”，以消极的“不合作”来对抗恶势力。蔡元培在政治上主张“中庸之道”，不但有其阶级的必然性，也有其思想的继承性。

蔡元培的为人处世也是如此。在两种对立矛盾的意见中，他往往持“不偏不倚”的态度，至少在表面上持“不偏不倚”的态度；当矛盾激化，无法调和时，就辞职出走，以之回避矛盾。

就治学方法来说，蔡元培也往往采取折中调和方式。例如他在处理认识论上的经验论与唯理论的矛盾时，就是采取经验论与唯理论的调和方式，认为经验论与理论演绎无冲突，便是正确。他说：

> 普遍认识之标准如何，经验及思索之调和也。使其所主张者，于思想界有自相矛盾之点，或其所借以证明者，于经验界有违反事实之迹，则不得不斥为谬说。使其根据经验界之公例，而推用于经验界以上，以超绝经验之元素，组织为理论，由其理论而演绎之，又足以证明一切经验界之原理，而无所冲突，则可以赞成之说也。①

蔡元培著《中国伦理学史》，编《哲学大纲》，译德国泡尔生的《伦理学大纲》，都自认是采取折中调和、少下断语的态度。

在论述教育方针时，蔡元培为了调和“社会主义”理想与军国民教育方针的矛盾，竟杜撰了一个举国皆兵才能使军阀不能成为特殊阶级的无稽理由。他反对宗教教育，可以说是很坚决了，但是，他的唯心主义的世界观，决定了他只能反对“最幼稚之宗教祈长生求福利者”而已。玄学上的神，宗教上的“最后的原主”，却是他的世界观的最高主宰者。据他自己说，这个最高主宰者是从复杂的宗教教义中抽象出来的，“我曾经把复杂的宗教分析过，求得他最后的原主，不过一种信仰心，就是各人对于一种哲学主义的信仰心”②。“宗教之根本思想，为信仰心。吾人果能举信仰心而绝对排斥之乎。反对宗教之主义，非即其信仰心之所属乎。……然则最后之宗教，其所含者，仅有玄

① 蔡元培．哲学大纲［M］//孙常炜．蔡元培先生全集．台北：台湾商务印书馆，1977：120.

② 蔡元培．非宗教运动［M］//蔡元培选集．北京：中华书局，1959：193.

学中最高之主旨，所谓超生死而绝经验者，其研究一方面，谓之玄学；其信仰一方面，则谓之宗教云尔。”① 他赞赏德国科培氏的《哲学要领》一书，“非特唯物，唯心两派之折衷而已，其所言神秘状态，实有见于哲学、宗教同源之故”。

不仅如此，如上所述，蔡元培把世界分割为现象世界与实体世界，既反对政治家之仅以造成现世幸福为鹄的，也反对宗教家之摆脱现世幸福为作用。他认为教育必须立于现象世界而有恃于实体世界，以现象世界之幸福为其达于实体世界观念之作用。这正是他对当时流行的教育从属于政府与教育超轶乎政治两种主张的折中调和的理论，也是他思想上存在着的两种矛盾观点的表现及其唯心论的解决方式。

这种思想上的矛盾及其唯心论的解决方式的理论根据，是直接从德国古典哲学中得来的。德国古典哲学就认为现实世界是被理性或绝对精神所统御，艺术是绝对精神由感性上的直觉而认识自己的。但是，我们还必须探讨这一思想的背景。德国古典哲学是由于对封建主义斗争不彻底而产生的资产阶级精神产物。一方面，它依靠着较高的科学发展水平（相对于十七八世纪法国的唯物论来说）；另一方面，它却处于落后的德国与封建势力妥协的政治环境中。最突出的反映就在科学与宗教的二重性上。对于持“中庸之道”的资产阶级学者来说，接受这种思想是很自然的事。

蔡元培从儒家学说中吸取了两个重要的思想，即民主思想和中庸之道。这成为他基本思想的重要组成部分。他那有名的“兼容并包”主张，可以说是这两个思想的集中表现。当然，他也不仅仅是受儒家学说的影响。他把来自西方的资产阶级哲学思想和中国儒家学说糅合在一起，其基本思想本身就是调和两种不同思想源流的产物。蔡元培就是处在他所处的民主革命时代，站在他所代表的资产阶级立场，来接受西方的资产阶级哲学思想和中国儒家学说的。追本溯源，蔡元培庞杂的思想内容，似可理出一个端倪来。

---

① 蔡元培．哲学大纲［M］//孙常炜．蔡元培先生全集．台北：台湾商务印书馆，1977：138.

三、教育思想体系

蔡元培的唯心主义世界观、民主思想与中庸之道，形成了他的教育思想的核心，即人道主义—世界主义的教育目的论。他认为人类不应以小己之意识为目的，因为那只是局限于一时；也不应以社会之意识为目的，因为社会之意识也终归有消灭的时期。“于是进而为人道主义鹄的……夫人道主义，既为全世界共同之关系，则所以达此鹄的者，不能不合世界而共同经验之。”①这一人道主义—世界主义的教育目的论，具体说，就是于现象世界培养“完全的人格”（或称“健全的人格”），进而于实体世界达到超政治、超物质、无差别、无始终的“自由意志”的最高精神境界。这就是蔡元培所提出的以道德教育为中心，以美感教育为津梁，以世界观教育为终极的教育思想体系。

1912年蔡元培就任教育总长之后，发表了《对于教育方针的意见》，系统地阐述了他的教育思想体系。如上所述，他把世界分化为“现象世界”与“实体世界”两个方面。与之相对应，他把教育也分为“隶属于政治”与“超轶乎政治”两大类。“隶属于政治”的有军国民教育、实利主义教育和道德教育三者，“超轶乎政治”则是世界观教育和美育。他认为二类五种教育均不可偏废。

对于这二类五种教育，蔡元培根据当时的时代需要，按照他的哲学思想，一一论列。

蔡元培认为军国民教育并不是理想社会的教育，但当时“强邻交逼，亟图自卫，而历年丧失之国权，非凭借武力，势难恢复”，不得不采用这种教育；而强兵必须富国，富国才能强兵，“我国地宝不发，实业界之组织尚幼稚，人民失业者至多，而国甚贫”，实利主义教育，也为当务之急；但是，“兵可强也，然或溢而为私斗，为侵略，则奈何？国可富也，然或不免知欺愚，强欺弱，而演成贫富悬绝，资本家与劳动家血战之惨剧，则奈何？曰教

① 蔡元培．哲学大纲［M］//孙常炜．蔡元培先生全集．台北：台湾商务印书馆，1977：137.

之以公民道德”。可见，蔡元培的公民道德教育，其社会目的，是在于调和阶级矛盾，消弭阶级斗争。

但是，公民道德，还不是最终的目的。按照蔡元培的唯心主义世界观，现象世界之上还有实体世界，隶属于政治范围的教育之上，就应当还有超轶乎政治的教育，也就是他所称的“世界观教育”。这就是说蔡元培不但把教育区分为两大类，而且把教育目的分为两重：适应现象世界的教育目的是培养现实社会的完全的人格；而追求实体世界的教育目的是通过世界观教育，使人达到最高精神境界。

所谓世界观教育，是“消极方面，使对于现象世界，无厌弃而亦无执着；积极方面，使对于实体世界，非常渴慕而渐进于领悟。循思想自由言论自由之公例，不以一流派之哲学一宗门之教义梏其心，而惟时时悬一无方体无始终之世界观以为鹄的。如是之教育，吾无以名之，名之曰世界观教育”。进行这种教育，蔡元培认为有两重意义：其一是人生之终极目的，在于追求实体世界的最高精神境界，即所谓“以实体世界之观念为其究竟之大目的”。这同宗教家、唯心主义哲学家所追求的人生目的是一致的。其二是“非有出世间之思想者，不能善处世间事”。意即只有站在超于现象世界的高度，才能判定现象世界的价值与处理现象世界的问题。

为什么“非有出世间之思想者，不能善处世间事”？蔡元培认为“现世之幸福，临死而消灭。人而仅仅以临死消灭之幸福为鹄的，则所谓人生者有何等价值乎”？人生如以现世幸福为目的，则杀身成仁，舍生取义，舍己为群，都没有意义；人生而无“一生死破利害之观念”，也就无冒险精神，无远大计划，必致急功好利、失节堕行，如此等等。如果说，蔡元培指的是人生不应以个人幸福为终极目的，应该具有舍己为群、为人民服务的崇高人生目的、正确的人生观，才能有远大的志向。这是对的，也是积极的。但他推而广之，认为不但不应以个人幸福为终极目的，也不应“以最大多数的最大幸福”为终极目的。因为“最大多数者，积最少数之一人而成者也”。即使达到“世界大同”的“大道为公”，“社会主义”的“未来之黄金时代”，也只是现世幸福而不是实体世界的观念。这样，就走上了消极的、“出世”的、唯心主义世界观的歧途。他的错误，在于把个人幸福与社会、国家、民族、人类的前途利益混为一谈，把个人与社会、国家、民族的群体看成只有量的累积，而没有质的区别。他的推论就陷入了诡辩论的泥坑。我们说，应当站在社会、国家、民族、人类的利益上来看待个人的幸福。必要时，要为社会、国家、民族、人类的前途利益牺牲个人的幸福直至献出自己的生命，这就是人生的最高价值，也就是教育的最高目的。因此，也只有立足于世间，才能“善处世间事”。消极的“出世间”，虽不执着于个人幸福，而也不执着于绝大多数的最大幸福，还有什么“善处世间事”可言？还有什么人生的价值可言？由于他陷入诡辩论的泥坑而不能自拔，就只好求助于“出世间”的最高精神境界作为人生的终极目的。从而也把教育的终极目的寄托于超现实的实体世界观念。当然，蔡元培的理论错误，不仅仅是个推论上的谬误，而有其更根本的资产阶级立场与唯心主义世界观的根源。

蔡元培虽然以到达超现实的“实体世界”的最高精神境界作为他教育思想体系的终极目的，却不同于一般宗教家撇开现实世界的价值只追求“天堂”“来世”以及诸如此类的“出世间”的“实体世界”的价值。他认为“实体世界”存在于“现象世界”之中，必须“立于现象世界”，才能“有恃于实体世界”。这是他唯心主义的教育思想体系中积极的唯物的因素，也正是同宗教思想有所区别之处。

“实体世界”虽然存在于“现象世界”之中，但要从“现象世界”进入“实体世界”，有两种意识障碍必须扫除，就是所谓“人我之差别”与“幸福之营求”。“有人我，则于现象中有种种之界画，而于实体违。有营求，则当其未遂，为无已之苦痛。及其既遂，为过量之要索。循环于现象之中，而与实体隔。”所以，“现象世界”的教育，包括军国民教育、实利主义教育和道德教育，应当努力于“泯营求而忘人我”，扫除人们进入“实体世界”的障碍。

但只靠扫除障碍还不够，还必须以美感教育作为从现象世界进入实体世界的津梁。因为现象世界与实体世界之间，是不能依靠经验、说理种种“枯槁单简”的言说来建立联系的，只能依靠浑然直觉的美感。他说：

> 在现象世界，凡人皆有爱恶惊惧喜怒悲乐之情，随离合生死祸福利害之现象而流转。至美术则即以此等现象为资料，而能使对之

者，自美感以外，一无杂念。例如采莲煮豆，饮食之事也，而一入诗歌，则别成兴趣。火山赤舌，大风破舟，可骇可怖之景也，而一入图画，则转堪展玩。是则对于现象世界，无厌弃而亦无执著也。人既脱离一切现象世界相对之感情，而为浑然之美感，则即所谓与造物为友，而已接触于实体世界之观念矣。故教育家欲由现象世界而引以到达实体世界之观念，不可不用美感之教育。①

蔡元培的这种观点，实际上也并不是什么创造，无非是美感经验的所谓“距离”或“超脱”的理论。他把这种理论应用到他的教育思想体系中，成为沟通现象世界与实体世界的津梁。美感，可使人对现象世界无厌弃、无执着而浑然地接触实体世界，所以蔡元培主张以美育代替宗教。他认为宗教、美感，都是属于实体世界范围的，都以追求实体世界的最高精神境界为目的，这是相同的一面。但两者在对待现象世界的态度上却有不同的一面：美感，既不执着于现象世界也不厌弃、排斥现象世界，力求从现象世界出发以进入实体世界；宗教，虽不执着于现象世界却厌弃、排斥现象世界，想撇开现象世界凭空追求实体世界。但“吾人之感觉，既托于现象世界，则所谓实者，即在现象之中，而非必灭乙而后生甲”。宗教把现象世界的文明，一概斥之为罪恶之源，予以排斥是不对的。至于宗教末流，纷争不已，更是流弊甚多。所以，“莫如舍宗教而易以纯粹之美育。纯粹之美育，所以陶养吾人之感情，使有高尚纯洁之习惯，而使人我之见，利已损人之思念，以渐消沮者也。盖以美为普遍性，决无人我差别之见参入其中”②。蔡元培反对宗教那种脱离现实的出世修养，坚持要从现实出发，无疑有其唯物主义的积极因素；但其最终目的，却和宗教家一样，还是要超轶乎政治而追求那永恒的最高精神境界。如果说他的出发点是唯物的，那么他的归宿处却是唯心的。

蔡元培不但主张以美育代替宗教，而且要用美育来替换文化运动的革命精神。他说文化运动只凭“个性的冲动，环境的刺激”，必将产生种种“流弊”，必须济之以美育，才能“超越利害之兴趣，融合一个划分人我之僻见，

① 蔡元培．对于教育方针之意见［M］//蔡元培选集．北京：中华书局，1959：12.

② 蔡元培．以美育代替宗教说［M］//蔡元培选集．北京：中华书局，1959：56.

保持一种永久平和的心境”。[①] 这种理论，对于革命运动，就只能起一种消极的作用了。

蔡元培的美育观点，也是从康德的美学观点来的。他自认以美感教育为现象世界与实体世界之间的津梁是“此为康德所创造”。他对康德的美感的超越性与普遍性的美学理论推崇备至，说康德在“美论上，说明美的快感是超脱的”，“官能上适与不适，实用上良与不良，道德上善与不善，都是用一个目的作标准。美感没有目的，所以超脱，因为超脱，与个人利害没有关系，所以普遍”。[②] 这正是蔡元培重视美育作用的理由。

蔡元培既把美育作为从现象世界过渡到实体世界的津梁，也把美育作为普通教育养成“健全的人格”的重要组成部分。在蔡元培教育思想体系中，科学教育与美育是并重的。他说：“美育者，与智育相辅而行，以图德育之完成者也。”[③] 又说：“所谓健全的人格，内分四育。（一）体育，（二）智育，（三）德育，（四）美育。这四育是一样重要，不可放松一项的。”[④] 美育与体、智、德并列为教育的四个重要组成部分，从而确定了美育的重要地位与作用，在我国，蔡元培确有倡导之功。

蔡元培对于美育的实施，也是非常重视的。他任北大校长，倡议设置美学和美术史课程，并亲自授课，还组织各种艺术研究会，让学生自由参加；任大学院长时，又开办音乐学院和艺术学院，自兼西湖艺术院（杭州艺术专科学校）院长。为了普及美育，他曾提出过一个全面实施美育的计划，主张从胎教开始，由国家设立胎教院供孕妇居住，风景和设备都力求优美；儿童出生之后，迁入公共育婴院，院内设备以及成人的言语动作都要合乎优美的要求，以作儿童模范；儿童满三岁入幼稚园，注重舞蹈、唱歌、手工，其他科目也要适合儿童美感，因为儿童不仅是被动地领受美，并且是自动地表示

---

① 蔡元培．文化运动不要忘了美育［M］//蔡元培选集．北京：中华书局，1959：106.

② 蔡元培．美学的进化［M］//蔡元培选集．北京：中华书局，1959：169.

③ 蔡元培．美育［M］//高平叔．蔡元培教育文选．北京：人民教育出版社，1980：195.

④ 蔡元培．普通教育和职业教育［M］//蔡元培选集．北京：中华书局，1959：150.

美；六岁入小学，有音乐、图画、运动、文学等美育课程；中学可选取复杂些的文学、美术，所有课程都应体现美育；专门教育，要开办音乐学校、戏剧学校、美术学校等，让爱好者入学学习；高等学校的建筑、陈列品都要合乎美育条件；社会上，要专设美育机关，如美术馆、美术展览馆、音乐会、剧院、影戏馆、博物馆等，要利用一切建筑物、公园、道路、古迹以至古坟的美化来进行美育。他所编绘的美化蓝图，虽然脱离当时实际，多未能实现；但在他的努力提倡和影响之下，美育在普通中小学受到一定的重视，艺术教育在高等教育中也占有了一定的地位。他不仅是美育的提倡者，也是美育的推行者。

美育，是不是全面发展教育的重要组成部分，是否应融合于德、智、体三育抑或与三育并列，这个问题还有不同意见。而重视美育并使美育体现于各门课程、各种教育活动之中，对于青少年的健康成长是必要的，对于青少年的知、情、意的培养是有利的。但是，必须指出，蔡元培所提倡的美育，是自然主义的美育，是超政治、超物质、超现实的美育。他所提倡的是与人们社会生活、意识情感保持距离的艺术观点。这种美育观点、艺术观点，否认艺术对于生产斗争与阶级斗争的积极作用，是唯心主义的。他还过分夸大了美育的作用，甚至设想只要通过美育就可以改造人性，从而改造社会，无疑是错误的。

蔡元培持人道主义—世界主义的教育目的论，必然使他在教育方法论上提倡自由主义的教育。他认为新旧教育之不同，在于旧教育是以成人的成见强加于儿童，阻碍儿童的个性自由发展；新教育是以儿童的个性为出发点，让儿童的个性自由发展。“教育者非以吾人教育儿童，而吾人受教于儿童”，“知教育者，与其学成法，毋宁尚自然；与其求划一，毋宁展个性”。[①] 所以他在教学方法上，反对注入式、说教式的教学，提倡学生自动、自学、自助，教师只要从旁引导，不应施加干涉或阻挠；学生学习遇到困难时，可以给予某些帮助，但不应代替学生的自学；要因材施教，不要强求一律。他是儿童

① 蔡元培．新教育与旧教育之歧点［M］//蔡元培选集．北京：中华书局，1959：58－59.

中心论或儿童本位主义的拥护者与宣传者。他不但推崇托尔斯泰的“自由学校”、蒙台梭利的儿童室，而且尽力宣传杜威的“即工即学主义”①。在大学里，他主张自由研究，自由发展，主张学生自治，教授治校，并在北大推行，影响很大，以至于有人称其为“自由主义教育家”。

众所周知，儿童中心论的理论基础是主观唯心主义，它贬低了教师的主导作用与有计划地培养学生、有系统地传授知识的作用，片面强调“自由发展”，必将流于放任自流。但是，蔡元培的自由主义教育思想及其种种方法，对反对封建主义的压抑个性、禁锢学术的文化专制，在发展个性、繁荣学术、保护新思想上，以及在教学方法上反对脱离实际、呆读死记，提倡发扬学生的自觉性、积极性，发展学生的能力，在当时是有它的积极意义的。它的某些合理的主张，至今也仍值得我们借鉴。

蔡元培的教育思想体系中，劳动教育与平民教育占有重要的地位。他提倡劳动教育的理由是：社会上的不平等，由于劳心劳力的对立；而劳心劳力的对立，由于教育的不平等。“所以要想救此弊端，非普及教育不可。”② 他在大学院所召集的全国教育会议上，提出三项教育方针，即科学教育、劳动教育与艺术教育。对于劳动教育，他认为可以“养成全国人民劳动的习惯，使劳心者亦出其力以分工农之劳，而劳力者亦可减少工作时间，而得研究学识机会，人人皆须致力于生产事业，人人皆得领略优美的文化”③。他又主张工与学结合，认为工是人生的天职，学是工的预备。他理想的“新生活”，是“每个人有一定的时间工作，也有一定时间求学”，对于一边读书一边做工、以工助读的“工学互助团”，寄以“解决世界最大的问题”的“大希望”。④ 蔡元培提倡普及劳动人民的教育，也认为劳心者应当参加工农劳动，这是一种良好的愿望。但是，在阶级对立的社会中，把社会的不平等说成是由于教

---

① 即“从做中学”。

② 蔡元培．中国新教育的趋势［M］//高平叔．蔡元培全集：第5卷．北京：中华书局，1984：172．原载王维驷．近代名人言论集［M］．中外学术研究社，1932．

③ 蔡元培．全国教育会议开会词［M］//高平叔．蔡元培教育文选．北京：人民教育出版社，1980：184．

④ 蔡元培．工学互助团的大希望［M］//高平叔．蔡元培教育文选．北京：人民教育出版社，1980：95．

育的不平等，这是倒果为因。由此而得出解决社会大问题不在于革命而在于推广劳动教育，就自觉地走向“教育万能论”的歧途了。

蔡元培努力提倡平民教育，也是从这一思想出发，把平民教育作为解决社会的大问题去提倡。他认为：“‘平民’的意思，是‘人人都是平等的’。”① 为使人人平等，就得普及平民教育，要使平民不但有进中小学的机会，也能到大学去受教育。他甚至认为人民之所以去当兵替军阀当炮灰，不是迫于生活，而是由于“没有受过教育罢了”。因此，他认为学生运动的主要任务，是“扩充平民教育”。他在法国办华工学校，是由于同情被招募到法国参加第一次世界大战后勤工作的华工在国外没有知识的痛苦；在北大办校役班和平民夜校，是因为看校役们“脑子饿”而心里难过，要使“大学中无论何人，都有受教育的权利”；他创办劳动大学，是为了“谋劳工教育的普及和提高”。他就任教育总长时，对教育部组织的重大改革就是增设社会教育司，以普及社会教育，从另一个方面来实现其“教育救国论”。

蔡元培提倡劳动教育、平民教育，在当时的情况下，客观上起了提高工人阶级觉悟，使知识青年接触工人阶级的积极作用。但就他的出发点来说，正如他打出“劳工神圣”的口号一样，既是从资产阶级的人道主义出发，为了改善劳动人民的精神生活，更是幻想通过普及教育来调和阶级矛盾，消弭阶级斗争。他认为：“要有良好的社会，必先有良好的个人，要有良好的个人，就要先有良好的教育。教育并不是专在学校。”② 普及平民教育，可以使“现在世界上最难解决的问题，一切都解决，成了最幸福的世界”③。所以，劳动教育、平民教育，是由他的人道主义—世界主义教育目的论所派生的，也是他的“教育万能论”“教育救国论”的组成部分。

---

① 蔡元培．在平民夜学校开学日的演说［M］//高平叔．蔡元培教育文选．北京：人民教育出版社，1980：100.

② 蔡元培．何谓文化［M］//蔡元培选集．北京：中华书局，1959：158.

③ 蔡元培．工学互助团的大希望［M］//蔡元培选集．北京：中华书局，1959：97.

四、关于高等教育的若干主张

“没有好大学，中学师资哪里来？没有好中学，小学师资哪里来？所以我们第一步，当先把大学整顿……我的兴趣，偏于高等教育，就在高等教育上多参加一点意见。”① 蔡元培的教育理论，着重在高等教育方面；蔡元培的教育实践，也以大学的经验最为丰富。他的主张不但在当时起了改革高等教育体制，促进高等教育事业发展的作用，有些精辟的见解至今仍值得我们借鉴。

（一）大学者，研究高深学问者也

蔡元培就任北京大学校长时的演说，提出了三件事：抱定宗旨、砥砺德行、敬爱师友。最重要的就是揭示他办大学的宗旨：

> 诸君来此求学，必有一定宗旨，欲求宗旨之正大与否，必先知大学之性质。今人肄业专门学校，学成任事，此固势所必然。而在大学则不然，大学者，研究高深学问者也。②

“大学者，研究高深学问者也。”这是蔡元培对于大学性质的概括。有人认为这是蔡元培主张教育超轶政治，为学术而学术的观点的反映。蔡元培的教育思想，确乎有超轶政治，为学术而学术的观点，但并不一定反映在这个概括上。这个概括，虽然不够全面，但这样明确地提出大学的性质，在当时既有振聋发聩的作用，又有值得后人深思寻味的地方。蔡元培就任校长前的北京大学，像一所官僚衙门，学生抱着科举时代做官发财的思想上大学，平时对学问毫无兴趣，过着“老爷式”的生活，校风非常腐败。蔡元培对此有一段很生动而至今仍能发人深省的描述：

> 北京大学所以著名腐败的缘故，因初办时（称京师大学堂）设仕学、师范等馆，所收的学生，都是京官。后来虽逐渐演变，而官僚的习气，不能洗尽。学生对于专任教员，不甚欢迎，较为认真的，

---

① 蔡元培．我在教育界的经验［M］//蔡元培选集．北京：中华书局，1959：332.

② 蔡元培．就任北京大学校长之演说［M］//蔡元培选集．北京：中华书局，1959：23.

且被反对。独于行政司法界兼任的，特别欢迎；虽时时请假，年年发旧讲义，也不讨厌，因有此师生关系，毕业后可为奥援。所以学生于讲堂上领受讲义，及当学期学年考试时要求题目范围特别预备外，对于学术，并没有何等兴会。讲堂以外，又没有高尚的娱乐与自动的组织，遂不得不于学校以外，竟为不正当的消遣。这就是著名腐败的总因。我于第一次对学生演说时，即揭破“大学学生，当以研究学术为天职，不当以大学为升官发财之阶梯”云云。①

当时为了整顿北大校风，蔡元培提出大学的性质任务在于研究高深学问，并制订一系列措施，认真推行，是有当时的改革意义的。同时，蔡元培提倡研究高深学问，还有他救国、强国的积极意义。

一个民族或国家要在世界立得住脚——而且要光荣地立住——是要以学术为基础的。尤其是在这竞争剧烈的20世纪更要依靠学术。所以学术昌明的国家，没有不强盛的。反之，学术幼稚和智识蒙昧的民族，没有不贫弱的。②

蔡元培虽然是从他的资产阶级立场出发提倡学术，说得也不够全面，但确有远见卓识。今天我们建设现代化的社会主义强国，就更要科学发达、学术昌明。

蔡元培确定了大学的性质是研究高深学问，大学生的天职在于研究学术，还提出了一系列的主张与办法。如提倡学术自由、聘请职员、改革大学体制、设置研究机构、改进教学方法、开展学术活动等，使北京大学在很短时间里，精神面貌有了很大改变，影响全国既广且深。

（二）学术自由，兼容并包

蔡元培深知要使学术繁荣昌盛，必须提倡学术自由，科学民主。聘请职员，要“以造诣为主”，“兼容并包”。他认为大学是“囊括大典，网罗众家之学府”。对于各种学派、各科教员，只要“言之成理，持之有故”，“虽彼

① 蔡元培．我在教育界的经验［M］//蔡元培选集．北京：中华书局，1959：333.

② 蔡元培．怎样才配做一个现代学生［M］//高平叔．蔡元培全集：第5卷．北京：中华书局，1984：477. 原载《现代学生》（创刊号），1930年第10期。

此相反，而悉听其自由发展”。在北大中，有尊孔，有反孔；有提倡白话文，有维护文言文；有复辟派，有革新派；有提倡唯物论，有宣扬唯心论。他让胡适和梁漱溟同在每星期六下午开哲学讲座，唱对台戏，“令学生有自由选择余地”①。他说：

> 大学教员所发表之思想，不但不受任何宗教或政党之拘束，亦不受任何著名学者之牵掣。苟其确有所见，而言之成理，则虽在一校中，两相反对之学说，不妨同时并行，而一任学生之比较而选择，此大学之所以为大也。②

在当时的具体情况下，这种指导思想与措施，众所周知，对于打破封建文化专制，支持新文化的发展，是起了积极作用的；对于马克思主义在中国传播，客观上也起了保护作用。而今天在坚持四项基本原则前提下，这种学术自由的精神（不是一切的具体措施），也仍然是值得我们重视的。

但必须指出，蔡元培的学术自由，并不是像有些人所理解的放任自流、“绝对自由”；蔡元培的“兼容并包”，也不是像有些人所理解的无所不容，无所不包。他主张“信仰自由”，“信教自由”，但不允许在课堂上宣讲教义；他兼容各派人物，但不容不称职的教员。当时国外大学，多设有神学一科，教会在国内所办学校，也多设有宗教课程，至于学校中举行宗教仪式，那就更为普遍。但蔡元培“绝对的不愿以宗教参入教育”③。因为“现今各种宗教，都是拘泥着陈腐主义，用诡诞的仪式、夸张的宣传，引起无知识人盲从的信仰，来维持传教人的生活。这完全是用外力侵入个人的精神界，可算是侵犯人权的”④。他规定：大学中不必设神学科；各学校中，均不得有宣传教义的课程，不得举行祈祷式；以传教为业的人，不必参与教育事业；对于滥竽充数的教员，不管是中国教员，或者有帝国主义势力支持的翻译教员，都不客气地辞退。由此可见，蔡元培的学术自由、“兼容并包”，是有原则的，

---

① 蔡元培. 我在北京大学的经历［M］//高平叔. 蔡元培教育文选. 北京：人民教育出版社，1980：222.

② 蔡元培. 大学教育［M］//高平叔. 蔡元培教育文选. 北京：人民教育出版社，1980：193.

③④ 蔡元培. 非宗教运动［M］//蔡元培选集. 北京：中华书局，1959：193.

也是有政治界限的。这个原则就是有利于学术的昌盛繁荣，这个界限就是不得超出资产阶级的利益范围。

为使中国科学技术繁荣昌盛，蔡元培很重视对外国科学技术的吸收消化。他认为“人类之消化作用，不惟在物质界，亦在精神界，一人然，民族亦然”①。中国古代的文明，欧洲今日之文明，都是吸收外族文化的结果。但吸收不能“浑沦而吞之”，“必择其可以消化者而始吸收之”。② 他认为，清末输入欧化之所以失败，在于只学枪炮、器物、医术、法制等，而没有认真学习纯粹科学；只知浑沦而吞之，甚且为其所同化，而不知将其“吸收而消化之，尽为‘我’之一部”。他告诫留学生说：“吾国游学他国者，不患其科学程度之不若人，患其模仿太过而消亡其特性。”希望“后之留学者，必须以我食而化之，而毋为彼所同化”。他向西方寻求真理，就是根据中国自己的需要，兼采各国之所长。他学习外国教育制度改革中国高等教育，就认为“我等须从原理上的观察，可行则行，不必有先我而为之者”③。例如：“分大学区与大学兼办中小学校的事，用法国制；大学可以包括各种专门学术……用美国制；大学兼任社会教育，用美国制；大学校长，由教授公举，用德国制；大学不设神科，学校不得宣传教义与教士不得参与教育，均用法国制；……抽教育税，用美国制。”④

蔡元培这种“消化不是同化”的论点，有选择地吸收各国所长，并且消化成为自己的东西的态度，是正确的。至于所吸收的东西，是否真是各国所长，符合我国的需要，并且能够消化成为自己的东西，发挥它的作用，则还有主观认识与客观条件种种限制。

（三）学与术分校，文与理通科

为了使大学能够更好地研究高深学问，蔡元培主张学与术分校、文与理通科。

①② 蔡元培．文明之消化［M］//蔡元培选集．北京：中华书局，1959：26.

③ 蔡元培．全国临时教育会议开会词［M］//高平叔．蔡元培教育文选．北京：人民教育出版社，1980：12.

④ 蔡元培．教育独立论［M］//高平叔．蔡元培教育文选．北京：人民教育出版社，1980：146－147.

学与术分校的根据是学理与应用有所区别。他说：

学为学理，术为应用。各国大学中所有科目：如工商，如法律，如医学，非但研求学理，并且讲求适用，都是术。纯粹的科学与哲学，就是学。学必借术以应用，术必以学为基本，两者并进始可。①

学与术虽关系至为密切，而习之者旨趣不同。文、理，学也。虽亦有间接之应用，而治此者以研究真理为的，终身以之。所兼营者，不过教授著述之业，不出学理范围。法、商、医、工，术也。直接应用，治此者虽亦可有永久研究之兴趣，而及一程度，不可不服务于社会；转以服务时之所经验，促其术之进步。与治学者之极深研几，不相侔也。鄙人初意以学为基本，术为枝干，不可不求其相应……治学者可谓之“大学”，治术者可谓之“高等专门学校”。两者有性质之别，而不必有年限与程度之差。在大学，则必择其以终身研究学问者为之师，而希望学生于研究学问以外，别无何等之目的。②

蔡元培学与术分校的主张，是仿自德、法等国高等教育的传统成例。而其指导思想，不一定囿于西欧的历史传统，而是认为学与术应有所区别，即基础理论与应用学科的区别。这个主张除了他在办北大时把工科并入北洋大学之外，并未能普遍实现。一般大学，仍是文、理、工、农、医、法、商分院并设，一院之中，也往往基础理论与应用学科分系并设。后来蔡元培对这一主张也有所修改，认为“大学可包括多种专门学术，不必如法德等国，分别设高等专门学校”。新中国成立，我国高等学校进行院系调整，仿苏联学制，才将文、理科与各专门学科分开，设置“综合性大学”，而苏联高等教育学制，也是溯源于欧洲的传统成例，并隐然有重学轻术之意。由于科学技术之发达，这种学与术分校，在欧洲已有逐渐打通的趋势，利弊如何，还是一个有待进一步研究的问题。而在当时，鉴于学生上学多抱“升官致富”的思

① 蔡元培．在爱丁堡中国学生会及学术研究会欢迎会演说词［M］//蔡元培选集．北京：中华书局，1959：184.

② 蔡元培．读周春岳君《大学改制之商榷》［J］．新青年，1935（5）.

想，学校设置法、商分院特多，社会风气重术轻学、重实用轻学理，蔡元培提倡大学生应当研究高深学问，学术“两者，并进始可”，是有针对性的。他认为“一国之中，练习技术之人虽多，研究科学的人很少，那技术也是无源之水，不能会通改进，发展终属有限。所以希望留学诸君，不可忽视学理”①。语重心长，确有远见。一个现代化的独立强国，基础理论的研究、基础学科人才的培养，是不可忽视的。当然，重学轻术、重学理轻实用，也是不对的。蔡元培提出“两者并进始可”，可说比当时西欧的囿于传统成见重学轻术，比国人的学习西洋文明仅及皮毛、重术轻学，均高出一筹。

蔡元培不但主张学与术分校，要将文理科与应用学科分别设置，而且进一步主张沟通文理科。他认为“大学是包含各种学问的机关”，研究学问“不可有专己守残之习”。学科之间，互有交错，治学者不可“局守一门”。他批评“治文学者恒蔑视科学，而不知近世文学，全以科学为基础”；“治自然科学者，局守一门，而不肯稍涉哲学，而不知哲学即科学的归宿”；“治哲学者以能读古书为足用，不耐烦于科学之实验，而不知哲学之基础不外科学”；“文科学生，视自然科学为无用，遂不免流于空疏；理科学生，视哲学为无用，而陷于机械的世界观”；“学自然科学者，倘毫无哲学上知识，其所见不免狭隘，其造就恐不易深邃。且研究科学，不可不知研究科学的方法，即不可不学伦理学”。他还列举各种学科，它们的研究对象和研究方法文理交错。如地理学“包有地质、社会等学理”，“人文方面，应属文科，地质、地文等方面属理科”；人类学“包有生物、心理、社会等学理”；心理学“素隶于哲学”，“而应用物理的仪器及方法”，“应列入理科”；“教育学与美学，也渐用实验方法”；“历史学自古以来，属文学，而推原于地质学的冰期与宇宙生成论，则属于理科”；如此等等。所以他“觉得文、理二科之划分，甚为勉强；一则科学中的地理、心理等等，兼涉文理；一则习文科者不可不兼习理科，习理科者不可不兼习文科”。现在，由于科学的发达，各种学科文理交错的情况远比蔡元培当时所举诸例更为复杂，而新的边缘学科，更不止地理、心理

① 蔡元培. 在爱丁堡中国学生会及学术研究会演说词［M］//蔡元培选集. 北京：中华书局，1959：185.

这几门。国外有些大学，已有文理渗透的主张和设置综合系科的做法，国内也有响应者，以为是外国先进经验，而不知早在60多年前，蔡元培已经大力提倡了。

蔡元培为沟通文理科，当时所采取的措施有三：废科设系，在北京大学取消文、理、法三科界限，全校编制为14系；以选科制代替年级制；鼓励学生于专精之余，旁涉种种有关学理；组织各种学术团体，开设各种学术讲座。这些措施，对于全国高等学校都有积极的影响。

（四）提倡“选科制”，实行“学分制”

蔡元培提出以“选科制”代替“年级制”，不只是为解决文、理科或“专精之余，旁及种种有关系之学理”的问题，也是作为实现个性自由发展的一项措施提出来的：

> 平等者，破除阶级而决非消灭个性。……既破坏阶级制度，则即当解放个人之束缚，而一任其自由发展。盖世界为有机的组织，有特长者不可强屈之以普通。世界有进化之原则，有天才者尤当利用之以为先导。此后新教育，必将渐改年级制而为选科制。①

同时，蔡元培也从教学法的角度提出改“年级制”为“选科制”的必要。他认为“把学生分为班次，要知这是不得已的办法”。“年级制之流弊，使锐进者无可见长，而留级者每因数科课程之不及格须全部复习，兴味毫无。”这些确是经验之谈。

提倡“选科制”，必须实行“学分制”，否则受年级的限制，选科很难彻底实现。中国的“学分制”自他在北大推行后，1922年正式公布全国大学的教学组织制度，通行全国。虽偶有由于过分自由而流于偏科缺点，但在适应个性发展，扩大学生知识面，培养学生研究能力，以及避免因少数课程不及格而留级重修全部课程的弊病，确有其优越性。后来我国学习苏联大学的班级授课制度，改“学分制”为“年级制”，不利于适应个别差异，快出人才。如今“学分制”虽又重提，但积习难移，阻力很大。蔡元培在60年前的主张

① 蔡元培．欧战后之教育问题［M］//高平叔．蔡元培教育文选．北京：人民教育出版社，1980：72.

与推行“学分制”的经验，值得重视。

（五）大学应当设置研究机构

大学的性质是研究高深学问，就必须具有培养人才与研究科学的双重任务。蔡元培指出：“所谓大学者，非仅为多数学生按时授课，造成一毕业生之资格而已，实以为共同研究学术之机关。”① 为了使这双重任务在组织上得到保证，他主张大学应设研究所，培养研究生。他列举大学应设研究所的理由有三：“使教员为进一步的探求；给大学毕业生以深造的机会；使未毕业的高级生有自由研究之机会。”② 他所主张的研究机构，兼顾教员、毕业生、本科高年级学生三方面的需要，是科学研究的机构，又是培养研究生的机构。

大学设研究机构，西欧各国已有先例。清末民初所颁布的学制系统，在大学本科之上也都列有通儒院、大学院名称等，但实际上并未实行。蔡元培于1918年在北大成立北京大学研究所，在我国是一种创举。在北大影响之下，清华大学、燕京大学、交通大学、厦门大学等也相继成立研究所。

北大当时的研究所，与后来的研究机构或研究生机构不尽相同。大学教员、毕业生、未毕业高年级学生都可入研究所；招收研究生，只问学力，不问资格；实行导师制；不必按时上课；既可随时聘请国内外学者做专门演讲，又可代请国内外专家指导研究；既可到所研究，也可通信研究；期限由研究生自定，可以随时延长，无所谓毕业，也不发给毕业证书。③ 完全体现了蔡元培所提倡的研究自由的主张。

蔡元培重视大学中的科学研究，要求把大学办成既是授课的学校，又是共同研究学术的机关，至今仍有现实意义。其所采取的培养研究生方法，虽未必完全恰当，也有可供参考之处。特别是他对国内培养研究生与出国留学的关系，更有值得重视的意见。他说：“苟我国大学，自立研究院，则凡毕业生有志深造者，或留母校，或转他校，均可为初步之专攻。俟成绩卓著，而偶有一种问题，非至某国之某某大学研究院参证者，为一度短期之留学，其

① 蔡元培．北京大学月刊发刊词［M］//蔡元培选集．北京：中华书局，1959：66.

② 蔡元培．论大学应设各科研究所之理由［M］//蔡元培选集．北京：中华书局，1959：308.

③ 蔡尚思．蔡元培学术思想传记［M］．上海：棠棣出版社，1950：235－236.

成效易睹，经费较省，而且以四千年文化自命之古国，亦稍减依赖之耻也。”①近年来，我国留学盛行，在文化交流、填补空白、繁荣学术、发展科学上，确收宏效，但也存在徒务虚名、不求实效，甚至滋长某些崇洋依外思想的情况。蔡元培60年前的这些意见，颇发人深思。

（六）有关教学法的一些见解

蔡元培对于办学，有许多经验之谈值得重视。举个具体例子：他认为“学校图书、仪器等设备费，至少须占全校经费百分之四十以上。薪水及行政费，不得超越全校经费百分之六十”。设备费多，则“大学富于发明学理之机会”；设备费太少，是“吾国高等教育之不振”的“最大原因”。② 不是深有办学经验者，是很难理解此中利益的。一所大学，如果机构臃肿、人员太多，行政经费开支太大，把图书仪器设备、教学科研经费挤掉，这样的大学很难办得好。

蔡元培有价值的经验见解，更多在于教学法方面：他重视启发式教学，提倡学生自动、自习、自己研究。他说：

> 我们教书，并不是像注水入瓶一样，注满了就算完事。最要是引起学生读书的兴味。做教员的，不可一句一句，或一字一字的，都讲给学生听。最好使学生自己去研究，教员竟不讲也可以。等到学生实在不能用自己的力量了解功课时，才去帮助他。③
>
> 不专叫学生在课堂上听讲，要留出多少时间，让他自己去研究。把课程表重新整理一番，把几种不要紧的功课，可以让学生自修的，减去了。④
>
> 在学校不能单靠教科书和教习，讲堂功课固然要紧；自动自习，

---

① 蔡元培．论大学应设各科研究所之理由［M］//蔡元培选集．北京：中华书局，1959：309.

② 蔡元培．对于筹办杭州大学之意见［M］//高平叔．蔡元培教育文选．北京：人民教育出版社，1980：182.

③ 蔡元培．普通教育与职业教育［M］//蔡元培选集．北京：中华书局，1959：151.

④ 蔡元培．北京大学第二十三年开学日演说词［M］//高平叔．蔡元培教育文选．北京：人民教育出版社，1980：108.

随时注意自己发见求学的门径和学问的兴趣，更为要紧。[①]

蔡元培热诚介绍湖南自修大学，给予很高的评价，就是认为这所大学“以学者自力研究为本旨，学术以外无他鹄的”[②]。“注重研究，注重图书馆、实验室，全与我的理想相合”[③]。

据蔡元培的学生回忆，他在南洋公学任教时，就是指定学生自己按门类读书，写札记呈交，手自批改。每夜招二三人谈论，或发问，或自述读书心得，或对时事感想。这对于培养学生的自觉能力，独立研究学问，是有好处的。[④]

蔡元培反对详尽的讲授，也反对大学讲义过于详尽。就任北大校长时，他就提出“改良讲义”和“添购书籍”两个计划，认为“研究高深学问，自与中学，高等[⑤]不同，不唯恃教员讲授，尤赖一己潜修。以后所印讲义，只列大纲，细微末节，以及精旨奥义，或讲师口授，或自己参考，以期学有心得，能俾实用”。添购书籍，就是为“供学生之参考”。[⑥]

蔡元培反对学生平时不认真读书，并要求教师于考试时指定范围。“每到学期，学年或毕业的考试，教员认真的，学生就拼命的连夜阅读讲义，只要把考试对付过去，就永远不再去翻一翻了。要是教员通融一点，学生就先期要求教员告知他要出的题目，至少要求表示一个出题的范围；教员为了避免学生的怀恨与顾全自身的体面起见，往往把题目或范围告诉他们了。”[⑦]

讲义只列纲要，学问有赖潜修，确是精辟见解；指定考试题目或范围，至今还是通病。这些主张，都是值得重视的。

蔡元培认为各科学理，在于交错。学生求学，应当多涉猎各种有关学理，

---

① 蔡元培．对于学生的希望［M］//蔡元培选集．北京：中华书局，1959：181.

②③ 蔡元培．湖南自修大学的介绍与说明［M］//高平叔．蔡元培教育文选．北京：人民教育出版社，1980：161－162.

④ 黄炎培．吾师蔡孑民先生哀悼辞［M］//孙常炜．蔡元培先生全集．台北：台湾商务印书馆，1977：1 496.

⑤ 指高等学堂，相当于大学预科。

⑥ 蔡元培．就任北京大学校长之演说［M］//蔡元培选集．北京：中华书局，1959：25.

⑦ 蔡元培．我在北京大学的经历［M］//蔡元培选集．北京：中华书局，1959：288.

“庶有以祛褊狭”。他要求学生多读参考书，不要只靠教师讲授或讲义，不要持一孔之论，守一师之言；要求学生参加各种学术团体；聘请国内外专家到校讲学。这些都是为了开阔学生视野，打下宽厚基础。他自己就是一个学识广博的学者。他对中国经史、文字，早已有相当根底，多次出国游学，通日、德、法、英、意几种文字和拉丁文，涉猎甚广。他所专的，是哲学、美学、教育学、文字学，而在政治、经济、历史、宗教、人类、社会、伦理、文学等学科范围，都有研究与著述，是当时中国的“学界泰斗”。

蔡元培是一个具有典型性的资产阶级民主主义知识分子。他有强烈的爱国民主思想，参加过资产阶级民族、民主革命，支持五四新文化运动，在保障人权、抗日救亡之中，做了一些有益于人民的事；在发展中国文化教育事业上，做出过重要的贡献。但由于受资产阶级立场、世界观的限制，更由于脱离工农革命群众，未能掌握先进思想武器，找不到拯救中国的正确道路，在无产阶级领导的新民主主义革命洪流中跟不上时代的步伐，一生历程，三起两落。分析他一生的政治活动与政治主张，可以更清楚地认识旧中国民主主义知识分子的特性。

蔡元培是一个“囊括大典，网罗众家”的“学界泰斗”。民主主义、自由主义、人道主义、空想社会主义以至无政府主义，都在他的思想中占有一定的地位，而对他影响最深的是中国儒家学说和德国古典哲学，形成了他的基本思想：唯心主义的世界观、民主思想、中庸之道，也形成了他的教育思想体系：人道主义—世界主义的教育目的论，以道德教育为中心，以美育为津梁，以“世界观教育”为终极。他相信科学万能、教育万能，提倡科学救国、教育救国，想通过教育调和阶级矛盾，消弭阶级斗争。他的改良主义道路没有走通，他的思想影响却很广泛，尤其对于近现代的知识界、教育界有深刻的影响。

蔡元培的教育活动，主要在高等教育方面，他的兴趣也偏于高等教育方面，对高等教育的改革与发展，有许许多多颇有价值的见解。但精华糟粕杂然并陈，有待于进一步整理。本文所提及的，只是若干值得借鉴的主张。

《蔡元培教育论集》读后[①]

研究中国教育问题，不能不探讨中国教育历史；研究中国教育历史，不能不探讨蔡元培的教育思想与实践。蔡元培的一生，横跨中国近、现代两个历史阶段，活动于清末王朝、北洋军阀当政和国民党统治三个社会中，历经中国从封建社会走向半封建半殖民地社会再到新社会微露曙光这一段复杂曲折的历史。他的经历：身为朝臣而参加辛亥革命，在北洋政府时期当教育总长、校长而支持五四运动，身居南京政府高位而伸张人权。他的学识：博及哲学、美学、史学、政治、教育、语言与文学诸多领域。他科举出身，多次出洋，饱读经史，学贯中西。他的思想：民主主义、自由主义、人道主义、空想社会主义，都有所反映，而对他影响最深的是中国儒家思想与德国古典哲学。对于资产阶级各种教育学说和教育制度，他多能根据当时需要，兼采所长，“食而化之”。也就是说，他的教育思想与实践，反映了19世纪末20世纪初中国这一历史时期艰难曲折的教育发展过程。这就是为什么任何一本中国教育史书都要有专门章节论述蔡元培的教育思想与实践的原因。

但是，蔡元培并未写出一本教育专著。他的教育言论，散见于他的论文、演讲、文件、序跋以及书信之中。这些言论，同他的教育实践紧密结合在一起，历经动荡，散失甚多，以致后人研究很难窥其全貌，更难深入探讨他的教育思想发展过程。20世纪50年代我曾下过一番功夫，做过一些搜集工作，写过一篇《蔡元培教育思想》的研究论文，但因限于资料，总觉意犹未尽，

① 原载《江苏高教》，1989年第2期。作者：潘懋元。

尤其是对于他的思想发展过程及其思想根源，脉络不够清楚。1980 年，承高平叔教授惠赠所编《蔡元培年谱》（中华书局版）和《蔡元培教育文选》（人民教育出版社版）各一册，并参考其他方面所得资料，修改论文，增补蔡元培的高等教育思想，并为大百科全书教育卷写了《蔡元培》词条释文。但还是由于资料不全，有些问题只能存疑。

值得庆幸的是，自从 1980 年以来，高平叔教授孜孜不懈，继续为搜集、整理蔡元培先生选作而付出辛勤劳动，倾注大量心血，终于从 1984 年起陆续出版了《蔡元培全集》8 卷中的 1～4 卷，并将继续出版 5～6 卷。在《蔡元培全集》的基础上，又按学科门类，编选教育、美育、史学、哲学、政治、语言文学、科学技术等选集七种，《蔡元培教育论集》（湖南教育出版社，1987 年）就是其中之一。

《蔡元培教育论集》系统地编辑蔡元培先生的教育言论 189 篇，从 1899 年至 1939 年凡 41 年，按月编排，全书 45 万字，628 页。比较 1980 年出版的《蔡元培教育文选》增加篇目两倍，篇幅、字数约一倍半，选文范围前后增加 15 年（《教育文选》仅 67 篇，其中重见 55 篇，从 1912 年至 1937 年，全书 19.7 万字，245 页）。这本论著，无疑为研究蔡元培教育思想和教育实践提供了比较系统详尽的资料。如果说，社会科学的研究工作，搜集资料要占一半以上的时间和精力，那么高平叔教授为后来的研究者节约了一半的时间与精力。当然，《蔡元培教育论集》仅是《蔡元培全集》的一部分，是七本选集之一。研究蔡元培教育思想及其教育实践，还必须浏览《蔡元培全集》，旁及其他选集。因为有些教育言论杂糅于哲学、政治、历史、美学等言论之中；更重要的是研究一个人的教育思想，显然不能不涉及他在其他领域的思想。

高平叔教授编辑的《蔡元培全集》、各种选集以及这本《蔡元培教育论集》所搜集的资料，大多是根据蔡元培的手稿原件或复印件、档案中的原始材料及最早刊载其著作的书刊等精心校订的。还有几篇，如《中国教育之发展》《处理退还庚款备忘录》《中国现代大学观念及教育趋向》及《中国教育的历史与现状》等重要资料，是从国外外文书刊中搜集翻译过来的。所以这本《蔡元培教育论集》的出版，就不只是为后来的研究者节约一半时间与精力的问题，而是为全面深入探讨蔡元培教育思想提供了难得的条件。而这项工作，又是非高平叔教授莫属的。

高平叔教授青年时期就同蔡元培先生交往，是蔡元培先生的得力助手。50 年前，蔡元培先生就曾嘱他代为编订《孑民文存》，他已将一部原著加以整理并经蔡元培先生亲自审阅。蔡元培先生逝世后不久，高平叔教授又编写了《蔡孑民先生传略》一书，由重庆商务印书馆出版。在那坎坷的岁月里，他为不能早日完成夙愿而嗟叹。粉碎“四人帮”后，他立即把自己已有精湛研究的“国际金融”专业暂搁一旁，全力以赴，重新开始搜集编辑蔡元培遗作。近十年来，他跑遍了京、津、宁、沪等地的图书馆、档案馆，走访了蔡元培先生的子女、亲友、故居，同海外以及中国台、港地区广泛联系，从而发掘出大量早已淹没的宝贵资料。在短短的十年间，完成了如此浩瀚的资料整理出版工作，撰写了几十篇有价值的考证文章。他的工作成果，为国内学术界所重视，为海外学术界所推崇。尽管高平叔教授年逾古稀，但他现在每天仍工作 10 小时以上。当我偕同我的研究生去拜访这位老友时，我们所得到的不只是写论文的资料，更重要的是高平叔教授的坚忍毅力与科学态度。

蔡元培与高平叔
——《蔡元培年谱长编》读后有感[①]

1996年，高平叔教授将他所撰写的又一部有关蔡元培先生思想言行的巨著——《蔡元培年谱长编》（上册）寄给我，并嘱咐我写点儿读后感。我复信说，不待嘱咐我必写。但我写的不只是蔡元培，要把您也写进去。蔡元培在中国近代教育史以及中国近代文化史上的重要地位及其深远影响，论者已众，中央也有定论："著名的民主革命家、教育家、科学家"。为蔡元培先生编年谱，它的意义自不待言。而"一诺六十年"，毕生殚精竭虑，为蔡元培先生整理编辑论着、书信、日记，撰写传记、评介，为后世保存一代学界泰斗宝贵的文化遗产，使后人得以全面深入地了解蔡元培的思想与生平，高平叔教授首当其功。蔡元培先生兼容并包、融合中西、海纳百川、宽宏大度的学术思想和对中华民族文化与教育的贡献，为当代所称颂，为后人所景仰。高平叔教授守诚执着、默默奉献的精神，同样是值得称颂景仰的。

1935年，年轻的高平叔受蔡元培先生委托，搜集并整理蔡元培先生发表于各报刊的文稿，拟编《孑民文存》和《孑民事略续稿》，并由商务印书馆约定出版，书名暂定为《蔡孑民先生的生平及其思想》。书未编完，抗战全面爆发。高平叔亲携书稿闯关跋涉，由上海经香港、越南、云贵川赴陕西，途中遭敌机轰炸，书稿损失殆尽。蔡元培先生也于1940年逝世。高平叔虽于

① 原载《人民政协报》，1997年10月30日。作者：潘懋元。近悉高平叔先生逝世，谨以此文表示哀悼！——作者

1943 年蔡元培三周年祭时在重庆商务印书馆协助下，出版了《蔡孑民先生传略》一书，但认为未能完满地完成千金重诺而感到“终天抱恨”。60 年来，高平叔教授历经坎坷，而念念不忘要“完成蔡先生 1935 年的嘱托”。只是先则烽火连天，后则运动迭起，高平叔的夙愿无法实现。

高平叔教授在大学学的是经济，新中国成立前曾在重庆从事经济研究工作，专研利用外资问题，写过这一课题的论文与专著；其后赴美国研究国际经济，主持纽约国际经济研究中心的日常工作；又曾在香港创办国际经济研究所，新中国成立后高平叔教授随同该所并入中央贸易部继续研究国际经济问题，是一位有成就的国际经济问题专家。“文化大革命”后，落实知识分子政策，高平叔教授退休居于天津。当时中国经济建设正在起步，国际交流急需人才，国际经济专业成为热门。京、津、沪、粤一些大学与科研机构，争邀高平叔教授前往从事国际经济的教学与科研工作。发挥专长重操旧业与集中精力完成嘱托，两种选择摆在年过花甲的高平叔教授面前。高平叔教授义无反顾地放弃炙手可热的国际经济研究，选择了完成嘱托的编撰工作。南开大学原拟请他担任该校国际经济的教学科研工作，他应南开大学之聘，却宁愿进历史研究所从事以蔡元培研究为主的中国近现代史研究，任兼职教授，培养研究蔡元培思想的研究生。

蔡元培这位学界泰斗，他在教育、美学、哲学、史学、语言与文学，以及科学技术诸多学术领域，都有宏论。但一生从事繁忙的教育行政和社会活动，除出国访学的短暂期间之外，没有时间撰写长篇论著。他的学术思想，只能散见于平时所发表的论文、演讲和书信、日记中。资料珍贵而搜集困难。高平叔教授在十余年间，编辑出版了七卷本的《蔡元培全集》，又按学科编辑教育、哲学、美育、政治、史学、语言及文学、科学与技术等论著专集，前后出版了九本。而花时间、精力最多的，恐怕是《蔡元培自写年谱》、《蔡元培书信选集》（上、中、下册）、《蔡元培日记》（上、下册）等六本。《蔡元培全集》和《蔡元培选集》刚杀青，又于 1989 年为我国台湾锦绣文化企业公司主编十四卷的注释本《蔡元培文集》，并分担其中六卷的注释工作。历年还发表了四十多篇有关蔡元培先生生平及其事业的专文。现在，又独立撰写 200 多万字的《蔡元培年谱长编》，分上、中、下Ⅰ、下Ⅱ四卷出版。

我认识高平叔教授是1981年春。当时，他在上海逐日到蔡元培故居抄录、校勘蔡元培先生日记，我应邀在华东师大高校干部进修班讲高等教育学，同住华东师大招待所。互通姓名，恍然故人。因为我早已耳闻有一位专门从事蔡元培研究的高平叔，他也读过我20世纪50年代所写的一篇《蔡元培教育思想》论文。当时我为他那舍热门坐冷板凳的重诺守诚的精神所感动。此后，我们就常有书信往还。我每到天津出差，必到子牙河桥葆节楼看望他，一方面是了解蔡元培全集、选集编辑出版工作的进展情况，更重要方面是从他身上汲取不计名利、重诺守诚的精神力量。我们一位研究生，以“蔡元培的大学教育思想研究”写学位论文，请他指导，数次造访，他不但细心指点，而且不惮麻烦，提供大量资料，使这位学生的学位论文有较高质量，且公开出版。

1997年4月底，我再一次踏进葆节楼看望高平叔教授。当他把刚出版的60万字的《蔡元培长编》（中册）递给我时，案头堆着盈尺的《蔡元培长编》（下Ⅰ、下Ⅱ册）原稿。那刚劲有力、一丝不苟的硬笔楷书，是他85岁高龄日以继夜所撰写抄誊的稿件。

事非经过不知难。60年来，尤其是近20年来，高平叔教授奔走于北京、天津、上海、南京、杭州、绍兴等地，从蔡元培先生故居、档案馆、藏书楼、图书馆，查遍几百种当年有关的杂志、报纸，几千件档案，手抄或复印数以千计的书信、文件和几十本日记。然后对所搜集到的资料，校勘错字、脱字、衍文、古字、异体字，考订写作时间，比较不同版本，统一格式，逐篇按规格改为简体字抄誊，成为可供排版的原稿。其总字数少说也在一千万字以上。没有过人的毅力与精力是做不到的。

最近出版的这部《蔡元培年谱长编》，按年撰写。每岁之首，列举当年国内外有关大事作为背景。然后逐月逐日摘录蔡元培先生的言行：有重要文章与演说，有手札、日记、文件，有学术活动与社会活动的记载，并旁征博引有关人士的文章、回忆录，新增了许多《蔡元培全集》《蔡元培文集》所未收入的史料。手此四卷，蔡元培先生一生的重要活动、重要文章，以及思想发展的历程，尽在其中。可说，这部《蔡元培年谱长编》，是高平叔教授数十年进行蔡元培研究的精华，具有重要的历史价值与学术价值。也反映出高平叔教授令人钦佩的诚信人格。用高平叔教授引蔡元培先生的话说，是“后死者之责，稍稍尽矣”；用历史学家陶英惠的话说，是“蔡先生何其有幸，在晚年获得这样一位知己”，“对于60年前的托付，可以说已作了完美无缺的交待，善尽了后死者的责任”。这部《蔡元培年谱长编》，既忠实详尽地记录了蔡元培辉煌的一生，还引人深思“什么是人生价值”这一永恒的哲学问题。

鲁迅的教育思想[①]

伟大的文学家、思想家鲁迅，在其思想宝库中，留下了卓越的、丰富的教育思想。鲁迅不仅以他的理论来表达他的教育思想，而且以他伟大的人格和革命斗争实践来表达他的教育思想，更以他的实际教育活动和对青年、儿童、劳动人民的深刻的爱来表达他的教育思想。

一、鲁迅思想发展的道路及其教育思想

什么是路？就是从没有路的地方践踏出来的，从只有荆棘的地方开辟出来的。以前早有路了，以后也该永远有路。

（《热风·生命的路》）

鲁迅思想发展的道路，是从进化论到阶级革命论，从朴素的唯物论到辩证的、历史的唯物论。在辛亥革命之前，他从一个爱国主义者和民主主义者的立场出发，吸收了生物进化论中具有进步性的内核，作为对封建主义和二重思想进攻的武器。在解释社会现象上，虽不免有唯心论的因素，但由于他坚定地反对封建统治的立场，反映了当时的革命现实，一开始他就是进步的，并且基本上是唯物论者。有人认为鲁迅是从唯心论走向唯物论，那是对鲁迅思想发展了解不全面。不过，从朴素唯物论跃进到辩证的、历史的唯物论，从进

① 原载《厦门大学学报》，1956 年 10 月。作者：潘懋元。本文定稿于鲁迅逝世 20 周年纪念日前一天。

步的爱国主义、民主主义者变为革命的共产主义者，鲁迅才完成了思想发展的历程，成为无产阶级的斗士、中国文化革命的主将。而这个历程标志着中华民族新文化的方向。

鲁迅在日本留学时，离开了医学专门学校，改学文艺，是因为“感觉到了医学并非最要紧的事，凡愚弱的国民，即使体格如何健全，如何茁壮，也只能做毫无意义的示众材料和看客，病死多少不必以为不幸。所以他认为第一要着，是在改变他们的精神，而善于改变精神的，他那时以为要首推文艺，于是他就想提倡文艺运动”（王士菁《鲁迅传》）。从这件事来看，鲁迅早年提倡文艺运动，一方面是离开了革命实践来估计文艺的作用，以为文艺可以“移转性情，改造社会”；但另一方面他自始就把文艺作为斗争的武器来看待。前一看法，当他所印行的《域外小说集》在东京仅售出二十册时，就产生了怀疑；后一看法，则始终是正确而为他所坚持的。到了大革命时期，他接触了马克思主义的著作，就完全正确地认识到文艺与社会、文艺与革命的关系：

> 社会停滞着，文艺决不能独自飞跃，若在这停滞的社会里居然滋长了，那倒是为这社会所容，已经离开革命，其结果，不过多买几本刊物。
>
> （《三闲集・文艺与革命》）

对于文艺的作用，他的估计也是正确的：

> 我是不相信文艺的旋乾转坤的力量的，但倘有人要在别方面应用他，我以为也可以。譬如“宣传”就是。……那么，用于革命，作为工具的一种，自然也可以的。
>
> （《三闲集・文艺与革命》）

文艺，就其作用而言，包括在广义的教育的概念之中。鲁迅对于文艺的看法，基本上可以说明他对于教育的看法。进化论时期的鲁迅，相信循着自然的规律，生命是向上发展的，后代超过前代。但由于人为的礼教之类的压制、束缚，使这种自然的发展规律受了阻碍。因此，必须打垮压制与束缚个性的礼教，解放个性。这就是鲁迅的进化论与个性解放的结合。教育是改造人的武器，正如文艺一样，在进化论的社会改造理想中，占着领导的地位。

但在北洋军阀统治之下，学校欠薪、官僚政客干涉教育，以及“女师大”事件等现实情况修正了进化论者的看法。鲁迅认识到“但若政治昏暗，好的人也不能做办事人员，学生在学校中，只是少听一些可厌的新闻，待到出了校门，和社会接触，仍然要苦痛，仍然要堕落”（《两地书》）。这样，鲁迅已经正确地否定了在反动统治下用教育来改变社会的改良主义思想。

身为革命者的鲁迅，自始就认为教育不能离开政治而独立。很早他就驳斥自古流行的教育清高论调。他说：

> 教育界的称为清高，本是粉饰之谈，其实和别的什么界都一样，人的气质不大容易改变，进几年大学是无甚效力的。况且又有这样的环境，正如人身的血液一坏，体中的一部分决不能独保健康一样，教育界也不会在这样的民国里特别清高的。
>
> （《两地书》）

其后，鲁迅在《牺牲谟》一文中，更尖刻地揭露了统治者提倡教育清高论的用心，即借清高之名，对智力劳动者进行残酷的剥削以自肥。鲁迅锐利的笔调，正像在《狂人日记》中的一样，活描出一副贪婪、卑鄙的统治者的面目与被剥削的智力劳动者的愚诶与可怜，令人触目惊心，对于迷醉于教育清高论者正是当头一棒。

鲁迅不仅否定夸大教育作用的论调，驳斥教育清高的论调，而且对未来社会的教育抱着希望。他预言将来会有这样的时候：教育能“适如其分，发展各人的个性”（《两地书》）。不过不是在反动统治之下的教育。在他接受了马克思主义理论之后，就更明确教育在一定时期所起的作用，以及教育与无产阶级革命结合的力量。这反映在他晚年努力于提倡文艺大众化，提倡大众语与拉丁新文字等有关劳动大众的教育工作，使教育服从革命的需要，把教育工作与革命工作结合起来。

二、对半封建半殖民地教育的批判

> 中学为体西学用，不薄今人爱古人。
>
> （《华盖集·论辩的灵魂》）

鲁迅处于半封建半殖民地的社会中，他的教育思想，首先表现在对封建主义、帝国主义的教育思想，对北洋军阀、国民党反动派的教育措施的揭露与批判上，并在批判这些反动教育思想与措施中，建立了他的进步的、革命的教育思想。

在批判旧教育上，鲁迅最大的贡献是集中地揭露了半封建半殖民地社会所产生的“二重思想”教育，揭露了“中学为体，西学为用”的实质和“尊孔”“读经”的阴谋。鲁迅对于这些“二重思想”教育分析的深刻性与说服力，不但是当时一把有力的“匕首”，而且对于今天我们整理近代中国教育思想史的启发也是很大的。

“中学为体，西学为用”，是封建官僚洋务派的教育思想。这些人和资本主义国家接触，晓得外国坚船利炮的可怕、轮船机器的有用，但他们对于中国的伦常道德、典章文物，却是绝对拥护。在这种旧传统与新事物的矛盾之下，他们提出了调和的方案，即“中学为体，西学为用”这种带有欺骗性与迷惑力的口号。中学，指圣教、伦常，儒家传统；西学，起初指的是轮船机器，后来也包括政治、财经等。“先入为主，讲西学必先通中学，乃不忘其祖也。”（张之洞《劝学篇·序》）“中学为内学，西学为外学，中学治身心，西学治世变，不必尽索之于经文，而必无悖于经义。”（张之洞《劝学篇·会通第十三》）不但洋务派持着这样的“二重思想”，维新运动的教育思想基本上也没有超出这种思想。在辛亥革命之后，这种思想还被反动的教育当局有意地用以蒙蔽人民。独有鲁迅以清醒的思考、敏锐的观察，早在清末（1907）就揭破洋务运动与维新运动者这些西学的主张不足以兴国利民，乃为少数人所自利。他说：

> 有新国林起于西，以其殊异之方术来向，一施吹拂，块然踣傹，人心始自危，而辁才小慧之徒，于是竞言武事。后有学于殊域者，近不知中国之情，远复不察中欧美之实，以所拾尘芥，罗列人前，谓钩爪锯牙，为国家首事，又引文明之语，用以自文，征印度波兰，作之前鉴。……虽兜牟深隐其面，威武若不可陵，而干禄之色，固灼然现于外矣！计其次者，乃后有制造商估立宪国会之说。……盖国若一日存，固足以假力图富强之名，博志士之誉；即有不幸，宗

社为墟，而广有金资，大能温饱，即使怙恃既失，或被虐杀如犹太遗黎，然善自退藏，或不至于身受；纵大祸垂及矣，而幸免者非无人，其人又适为己，则能得温饱又如故也。

这一段话，就已显出鲁迅早年洞察利弊的出众的见解，对那些错误的主张进行了无情的抨击。如果说那时他还仅从提倡者的个人动机角度来分析错误主张的产生原因，到五四运动之后，他就善于抓住这一典型的“二重思想”，给予透彻的解剖与根本性的致命打击：

古书里的弱水，竟是骗了我们：闻所未闻的外国人到了；交手几回，渐知道“子曰诗云”似乎无用，于是乎要维新。

维新以后，中国富强了，用这学来的新，打出外来的新，关上大门，再来守旧。

可惜维新单是皮毛，关门也不过一梦。外国的新事理，却愈来愈多，愈优胜，“子曰诗云”也愈挤愈苦，愈看愈无用。于是从那两样旧称呼以外，别想了一样新号：“西哲”，或曰“西儒”。

他们的称号虽然新了，我们的意见却照旧。因为“西哲”的本领虽然要学，“子曰诗云”也更要昌明。换几句话，便是学了外国本领，保存中国旧习。本领要新，思想要旧。要新本领旧思想的新人物，驼了旧本领旧思想的旧人物，请他发挥多年经验的老本领。一言以蔽之：前几年谓之“中学为体，西学为用”，这几年谓之“因时制宜，折衷至当”。

其实世界上决没有这样如意的事。即使一头牛，连生命都牺牲了，尚且祀了孔便不能耕田，吃了肉便不能榨乳。何况一个人先须自己活着，又要驼了前辈先生活着；活着的时候，又须恭听前辈先生的折衷：早上打拱，晚上握手；上午“声光化电”，下午“子曰诗云”呢？

社会上最迷信鬼神的人，尚且只能在赛会这一日抬一回神舆。不知那些学“声光化电”的“新进英贤”，能否驼着山野隐逸。海滨遗老，折衷一世？

（《热风·随感录四十八》）

鲁迅早年进过江南水师学堂，又从江南陆师学堂附设的矿路学堂毕业。这两个学堂，就是典型的“中学为体，西学为用”的学堂，因此他对于这种“二重思想”的教育感受很深。到了辛亥革命之后，招牌虽换，而他所见到的情形，仍是“既许信仰自由，却又特别尊孔；既自命‘胜朝遗老’，却又在民国拿钱；既说是应该革新，却又主张复古：四面八方几乎都是二三重以至多重的事物，每重又各各自相矛盾”（《热风・随感录五十四》）。他深刻地揭露了这种“二重思想”的本质，是“学了外国本领，保存中国旧习”！并不是如一般受骗者所梦想的“图富”“图强”。因此他主张“all or nothing”，说“要想进步，要想太平，总得连根的拔去了‘二重思想’。因为世界虽然不小，但仿佛的人种，是终究寻不出位置的”（《热风・随感录五十四》）。

“尊孔”“读经”，是“二重思想”的继续，符合反动统治者愚民御民政策的要求。所以封建统治者固然不遗余力地提倡，北洋军阀、国民党反动派以至帝国主义者也以此为幌子来蒙蔽人民，加上落伍的、无聊的“文化人”的吹嘘，人民颇有受其欺骗者。鲁迅后来对半封建半殖民地教育思想的批判，便集中在揭露“尊孔”与“读经”的本质及其阴谋毒辣的作用上。他说：“孔子圣之时者也”，“亦即圣之摩登者也”。（《且介亭杂文・不知肉味和不知水味》）“孔子之在中国，是权势者们捧起来的，是那些权势者或想做权势者们的圣人，和一般民众并无什么关系。”（《且介亭杂文二集・在现代中国的孔夫子》）他列举想做皇帝的袁世凯之恢复祭典、砍杀百姓的孙传芳之复兴投壶、占有无数金钱兵丁和姨太太的张宗昌之重刻十三经，用这些例子来警醒盲信尊孔者。不但中国统治者利用“尊孔”，帝国主义统治者也利用尊中国之孔来欺骗中国人：教会学校请腐儒教学生读四书；犹太学校偏请遗老做先生，要学生磕头拜寿；在英帝统治下的香港，恭祝孔夫子圣诞尤为热闹。鲁迅讽刺曰：

> 文宣王大成至圣先师孔夫子圣诞，香港恭祝，向称极盛。盖北方仅得东邻鼓吹，此地则有港督督率，事实求是，教导有方。……嗟夫！乘桴浮海，曾闻至圣之微言、崇正辟邪，幸有大英之德政。爱国劬古之士，当亦必额手遥庆，恨不得受一廛而为氓也。
>
> （《三闲集・述香港恭祝圣诞》）

"受一廛而为氓"，一针揭穿帝国主义者尊孔之用心。然而群众对孔子的认识如何呢？鲁迅说：

> 中国的一般民众，尤其是所谓愚民，虽称孔子为圣人，却不觉得他是圣人；对于他，是恭谨的，却不亲密。但我想，能像中国的愚民那样，懂得孔夫子的，恐怕世界上再也没有的了。
>
> （《且介亭杂文二集·在现代中国的孔夫子》）

"读经"问题，在北洋军阀和国民党反动派统治时期，教育界赞成与反对各有持者，一时讨论纷纷。反对者大抵只能就经论教，说明经籍内容不适合现代要求、经书文字深奥难读等等。鲁迅却用他锋利的匕首，剖开了"读经"主张的实质，一刀刺中要害：

> 我看不见读经之徒的良心怎样，但我觉得他们大抵是聪明人，而这聪明，就是从读经和古文得来的。我们这曾经文明过而后来奉迎过蒙古人满洲人大驾了的国度里，古书实在太多，倘不是笨牛，读一点就可以知道，怎样敷衍、偷生、献媚、弄权、自私，然而能够假借大义，窃取美名。……这一类主张读经者，是明知道读经不足以救国的，也不希望人们都读成自己那样的；但是，耍些把戏，将人们作笨牛看则有之，"读经"不过是这一回耍把戏偶尔用到的工具。……
>
> （《华盖集·十四年的"读经"》）
>
> 一个阔人说要读经，嗡的一阵一群狭人也说要读经。岂但"读"而已哉，据说还可以"救国"哩。"学而时习之，不亦说乎？"那也许是确凿的罢，然而甲午战败了，——为什么独独要说"甲午"呢，是因为其时还在开学校，废读经以前。
>
> （《华盖集·这个与那个》）

问题正是那样明白，犯不着"多文"地作书呆子式的"论议"。因为主张"读经"的，"大抵并不如反对者所想象的那么一回事"。

因为反对复古骗人的"尊孔""读经"，鲁迅在一定时期一定情况之下，反对青年人读古书，而宁可读外国书，这是"对于时弊的攻击"。如果像诬蔑者所得出的结论，说鲁迅不重视中国文化遗产，那是完全错误的。恰恰相反，鲁迅认为“要运用脑髓，放出眼光，自己来拿”中国的文化遗产或世界的有益文化。他批评下面这些人：

> 如果反对这宅子的旧主人，怕给他的东西染污了，徘徊不敢走进门，是孱头；勃然大怒，放一把火烧光，算是保存自己的清白，则是昏蛋。不过因为原是羡慕这宅子的旧主人的，而这回接受一切，欣欣然的蹩进卧室，大吸剩下的鸦片，那当然更是废物。
>
> （《且介亭杂文二集・拿来主义》）

鲁迅所主张的是“拿来主义”，认为“没有拿来的，人不能自成为新人，没有拿来的，文艺不能自成为新文艺”（《且介亭杂文二集・拿来主义》）。但是，时至今日，我们是否很好地体会了鲁迅这些话，我们是否还有“徘徊不敢走进门”，“放一把火烧光”和“大吸剩下的鸦片”的思想呢？学习鲁迅的教训，正足以使我们深刻地猛醒。

反动统治者的教育政策，一言以蔽之：愚民政策。愚民的方式很多，大要不外两方面：其一是使人民没有知识或仅有极少的知识；其二是使人民受一些循规蹈矩的教育。而这种种方式，对于文化的发展，都是反动的。鲁迅通过所谓“知识过剩”的问题，分析知识过剩的假象，是反动统治者所制造出来的。因为反动统治者怕人民知识太多，会“胡思乱想”或不肯为他们“下辣手”。所以放火烧毁会籍，把学生关进营房里去，以及用“严厉的会考制度”，把中学生也“刷回民间去”。“然而单是铲除还是不够的，必须予以适合实用之教育，第一，是命理学——要乐天知命，命虽然苦，但还应当乐；第二，是识相学——要‘识相点’，知道点近代武器的利害。”（《准风月谈・知识过剩》）

鲁迅对于反动统治下的教育，看得多，知得深，愤怒嫉恨也甚。他不愿对所谓教育当局提什么意见，因为他们不是来办“教育”，而是要做“当局”的。在《公民科歌》中，鲁迅用讽刺的笔调发泄了他极端的愤怒：

> 何键将军捏刀管教育，说道学校里边应该添什么。首先叫做“公民科”，不知道这科教的是什么。但愿诸公勿性急，让我来编教科书。做个公民实在不容易，大家切莫耶耶乎。第一着，要能受，

蛮如猪？力如牛，杀了能吃活就做，瘟死还好熬熬油。第二着，要磕头，先拜何大人，后拜孔阿丘，拜得不好就砍头。砍头之际莫讨命，要命便是反革命。大人有刀你有头，这点天职应该尽。第三着，莫讲恋爱自由结婚放洋屁，最好是做第十第二十姨太太，如果爹娘要钱花，几百几千可以买。正了风化又赚钱。这样好事还有吗？第四着，要听话，大人怎说你怎做。公民义务多得很，只有大人自己心里懂。但愿诸公切勿死守我的教科书，免得大人一不高兴便说阿拉是反动。

（《集外集拾遗·公民科歌》）

对于这样的“教育当局”，鲁迅坚决相信只有“火与剑”才能彻底解决问题了。

三、对儿童教育的主张

自己背着因袭的重担，肩住了黑暗的闸门，放他们到宽阔光明的道路去；此后幸福的度日，合理的做人。

（《坟·我们现在怎样做父亲》）

鲁迅在批判旧教育思想的同时，树立了他进化论的人道主义以至无产阶级的教育思想。

鲁迅的儿童教育观，在其初期，是建立在生物进化论的观点上的。他认为生命是要发展，要进化的。“所以后起的生命，总比以前的更有意义，更近完全，因此更有价值，更可宝贵。”（《坟·我们现在怎样做父亲》）进化必须有一种内在的努力，这种努力的动力就是动物的爱的天性。由于有了“爱”，所以前代会保护后代，甚至于牺牲自己，让新生命“去上那发展的长途”。人类的天性本来也是如此。但这种天性只存在于“未经过‘圣人之徒’作践过的人”之中，“例如一个村妇哺乳婴儿的时候，决不想到自己正在施恩；一个农夫娶妻的时候，也决不以为将要放债。只是有了子女，即天然相爱，愿他生存；更进一步，便还要愿他比自己更好，就是进化”。（《坟·我们现在怎样做父亲》）但是“圣人之徒”却作践了这种爱的天性，把亲子关系说成“施恩”，把抚养后代的义务看成放债，“只需‘父兮生我’一件事，幼者的全部，便应为长者所有”。“因此责望报偿，以为幼者的全部，理该做长者的牺牲”。鲁迅责之为这是由于“长者本位与利己思想，权利思想很重，义务思想和责任心却很轻”的缘故。从这种“恩”的思想出发，压制下代，摧残下代，与生物进化的规律相违背。

这是他早期的人道主义的出发点，也是他对于儿童深刻的“爱”的思想基础。以生物进化观点来解释社会发展与社会关系，把人类亲子之爱解释为动物的天性，是不全面的。但是，以进化论的“爱”，来反对封建主义的“恩”，正反映着当时的革命现实，起了巨大的冲击作用，有进步的意义。在鲁迅尚未接受马克思主义以前，他能够运用他所掌握的武器向旧社会进攻，发出“救救孩子”“完全解放我们的孩子”的呼吁和这样的宏愿——“自己背着因袭的重担，肩住了黑暗的闸门，放他们到宽阔光明的道路去”，却是值得我们重视与崇敬的。

从对儿童深刻的“爱”出发，鲁迅坚决地反对各种摧残下一代的封建的教育内容和教育方法。如他反对以迷信的“文昌帝君阴险文图说”“玉历传钞”等，以虚伪的“二十四孝图”及“三字经”“百家姓”“幼学琼林”等来毒害儿童，反对私塾中以戒尺、罚跪、背诵等方法来摧残儿童。他认为这些历代相承的教育内容与教育方法，“不许孩子愤怒、悲哀，也不许高兴”，使“孩子长大，不但失掉天真，还变成呆头呆脑”（《准风月谈・新秋杂识》）。

鲁迅也反对对于儿童放任不管或管束过严的教育偏向。他说：

> 中国中流的家庭，教孩子大抵只有两个方法：其一，是任其跋扈，一点也不管，骂人固可，打人亦无不可；在门内或门前，是暴主、是霸王，但到外面，便如失去了网的蜘蛛一般，立刻毫无能力。其二，是终日给以冷遇或呵斥，甚而至于打扑，使他们畏葸退缩，仿佛一个奴才，一个傀儡，然而父母却美其名曰“听话”，自以为教育的成功，待到放他到外面来，则如暂出樊笼的小禽，他决不会飞鸣，也不会跳跃。
>
> （《南腔北调集・上海的儿童》）

鲁迅提出了他对儿童教育的理想和方法。他认为孩子应当是健康、活泼、顽皮，“毫没有被压迫得瘟头瘟脑”（《且介亭杂文·从孩子的照相说起》）。应当“养成他们有耐劳作的体力，纯洁高尚的道德，广博自由能容纳新潮流的精神，也就是能在世界新潮流中游泳，不被淹没的力量”（《坟·我们现在怎样做父亲》）。这种教育，应当是“将天性的爱，更加扩张，更加醇化；用无我的爱，自己牺牲于后起新人”。教育儿童的方法，首先要“理解”，认为“倘不先行理解，一味蛮做，便大碍于孩子的发达”。其次要“指导”，绝不能用前人的“同一模型，无理嵌定。长者须是指导者协商者，却不该是命令者”。再次是“解放”，“交给他们自主的能力”，使他们“成一个独立的人”。鲁迅所提出的“理解”“指导”与“解放”，是一个值得我们深刻研究的教育过程：必须理解儿童才能指导儿童，指导儿童应当以解放儿童为目标，培养儿童的独立人格。

鲁迅特别重视教科书和儿童读物的教育作用。教科书和儿童读物都是儿童知识的重要源泉，也是儿童教育的重要工具。但是在半封建半殖民地社会中，书场间的教科书和儿童读物是什么？有一类是内容古旧，教学生开“倒车”，如“三字经”“百家姓”“幼学琼林”之类；有的夸着读书人的光荣，所谓“万般皆下品，惟有读书高”；有的教着古文的滥调，所谓“混沌初开，乾坤始奠”。这类教科书，是清末以前正统的儿童教科书，但辛亥革命后，甚至五四运动以后，仍在村塾里流行。而城市中新印出来的儿童书，依然是司马温公敲水缸，依然是岳武穆王脊梁上刺字；甚而至于“仙人下棋”，“山中方七日，世上已千年”；还有“龙文鞭影”里故事的“白话译”。鲁迅不禁对此提出质问：“这些故事的出世的时候，岂但儿童的父母还没有出世呢，连高祖父母也没有出世，那么，那‘有益’和‘有味’之处，也就可想而知了。”（《“表”译者的话》）另一类是粗制滥造，非常恶劣。例如他所举为例子的《看图识字》：

先是那色彩就多么恶浊，但这且不管他。图画又多么死板，这且也不管他。出版处虽然是上海，然而奇怪，图上有蜡烛，有洋灯，却没有电灯；有朝靴，有三镶云头鞋，却没有皮鞋。跪着放枪的，一脚拖地；站着射箭的，两臂不平，他们将永远不能达到目的，更坏的是连钓竿、风车、布机之类，也和实物有些不同。

（《且介亭杂文·看图识字》）

鲁迅非常不满作者、教育界、出版界和批评界对儿童读物不负责任的态度。那些作者，是将儿童看作“蠢才”，是在变本加厉地恶弄孩子。教育界则为了“时势所趋，只得施一点所谓教育”，于是认为“只要付给蠢才去教就足够。于是他们长大起来，就真的成了蠢才”。（《且介亭杂文·看图识字》）出版界因为“经济的凋敝”，“不肯印行大部的学术文艺书籍”，所以才印行恶劣的教科书、儿童书，“黄河决口似的向孩子们滚过去”。（《准风月谈·新秋杂志》）批评家呢？“那里面讲的是什么呢？要将我们的孩子们造成什么东西呢？却还没有看见战斗的批评家论及，似乎已经不大有人注意将来了。”（《准风月谈·新秋杂志》）

鲁迅对于儿童读物的编写，提出了这样的条件：必须理解儿童，深入儿童世界中；还必须有丰富的实际知识。鲁迅是很理解儿童世界的。儿童们并不以成人的知识与逻辑来思想，他们“想到月亮怎么会跟着人走，星星究竟是怎么嵌在天空中”。“他常常想到星月以上的境界，想到地面下的情形，想到花卉的用处，想到昆虫的言语；他想飞上天空，他想潜入蚁穴……所以给儿童看的图书就必须十分慎重，做起来十分烦难。即如看图识字这两本小书，就天文、地理、人事、物情无所不有。其实是，倘不是对于上至宇宙之大，下至苍蝇之微，都有些切实的知识的画家，决难胜任的。”（《且介亭杂文·看图识字》）

鲁迅为了儿童的精神食粮，做了不少工作。他不但大声疾呼，要求作者、教育界、出版界及批评家严肃地对待教科书和儿童读物，提出编写儿童读物的条件，而且亲自做了许多儿童读物的编译工作。如他译出的《爱罗先珂童话集》《桃色的云》《小约翰》《表》，校订的《小彼得》等，都是优秀的儿童读物。

鲁迅这样伟大的文学家，亲自对儿童读物做了这么多的工作，是因为儿童读物并非微小的事情。然而，有许多自诩为大文学家者，却不屑于搭理孩子们的书，难道这些文学家们比鲁迅更“伟大”吗？任何大人，如果他忽视儿童的教育问题，他就比小孩还更“小”。

四、对青年教育的主张

横眉冷对千夫指，俯首甘为孺子牛。

（《集外集》）

鲁迅对于儿童的教育，提出了重要的主张并做了不少工作，但其一生的教育主张和教育活动，主要还是对青年的教育。他所发表的论著，大多与青年教育有关。他所接触最多的是青年。他通过文艺团体和刊物、学校讲台，直接进行青年教育工作，以至亲自加入了青年革命斗争的行列。

鲁迅热爱青年的思想基础，不仅在于他的人道主义，而且在于他改革社会的伟大理想。他认为，中国过去只有“想做好奴隶而不得的时代”与“暂时做稳了奴隶的时代”，“而创造这中国历史上未曾有过的第三样时代，则是现在的青年的使命”！现代文明在安排“人肉筵宴”，中国是安排“人肉筵宴”的“厨房”，要“扫荡这些食人者，掀掉这筵席，毁坏这厨房，则是现在的青年的使命”！（《坟·灯下漫笔》）由于对青年一代的期望这样殷切，他要求“老的让开道，催促着，奖励着，让他们走上去。路上有深渊，便用那个死填平了，让他们走上去”（《热风·随感录四十九》）。鲁迅一生，便是用自己的血挤出乳，催促着、奖励着青年的前进，以至牺牲自己的生命来填平青年向前走的大路。他在厦门大学的时候，写给景宋的信说：“我先前在北京为文学青年打杂，耗去生命不少，自己是知道的。但到这里，又有几个学生办了一种月刊，叫做‘波艇’，我却仍然去打杂。”（《两地书》）为什么既知道打杂耗去生命不少，却仍然愿意去做呢？如果不是从鲁迅对于青年一代深刻的爱与殷切的期望去理解，那么这就是不可解的。

鲁迅对于青年的教导，从道德思想到学习方法，内容甚为丰富，在他的遗著和他人的回忆中，处处可见。但他给予青年们最根本的教育，是他自己的伟大人格。也就是说，鲁迅爱憎分明，刚强不屈，彻底的、韧性的战斗精神为千千万万当时的和以后的青年树立了榜样；鲁迅以他最清醒的现实主义理智和火热而深蕴的感情，不倦地探求真理、深刻地观察与解剖社会、不断地自我斗争的性格来教育千千万万当时的和以后的青年。还有什么教育比这样的教育作用更大呢!

鲁迅所希望的青年人，是“敢笑、敢怒、敢骂、敢打”，有勇气面对现实，斗争下去的。他所希望的青年人，也是脚踏实地、沉着肯干的青年人。“能做事的做事，能发声的发声。有一分热，发一分光，就会萤火一般，也可以在黑暗里发一点光，不必等候火炬。”（《热风 · 随感录四十一》）但是青年人，尤其是小资产阶级意识的青年知识分子，热情且很易激动，却往往容易灰心，或只顾向敌人拼命，不能沉着地应付敌人的阴谋诡计。鲁迅为了革命事业，也为了保护青年人，不倦地叮嘱青年要有韧性的战斗精神：

> 在青年，须是有不平而不悲观，常抗战而亦自卫，倘荆棘非践不可，固然不得不践，但若无须必践，即不必随便去践，这就是我之所以主张“壕堑战”的原因，其实也无非想多留下几个战士，以得更多的战绩。
>
> （《两地书》）
>
> 可是要缓而韧，不要急而猛。中国青年中，有些很有太“急”的毛病……因此，就难于耐久（因为开首太猛，易将力气用完），也容易碰钉子，吃亏而发脾气……亦自己所曾经实验者也。
>
> （《两地书》）

根据鲁迅自己的经验，在当时的战斗中，“正无需乎震骇一时的牺牲，不如深沉的韧性的战斗”（《坟 · 娜拉走后怎样》）。即在今天，坚定沉着，也是刚毅勇敢的道德品格中不可缺少的因素。

针对青年知识分子理论脱离实际、无的放矢的缺点，鲁迅又强调斗争必须了解革命实际情况，革命者必须和实际的社会斗争结合，认为如果不明白革命实际情况和不与实际的社会斗争接触，“左”的便很容易变成右的。这个指示，不但对于当时的革命青年是重要的，对于今天的青年教育也是同样重要的。理论与实践结合，是道德教育的重要原则。

鲁迅热爱青年，对于消极地限制青年、摧残青年的教育，极感愤怒。在《坚壁清野主义》一文中，他痛斥教育当局不从解放人性、普及教育思想的方面来引导青年，却用种种不合理的办法来严防青年女子。他指出“收起来却是管牢监的禁卒哥哥的专门”。“教育上的坚壁清野法”，所待的“只有一件事：死”。在《北京通讯》中，他指出不应把青年像关在监狱中那样保护着，而要给青年自由，宁愿冒一点危险。鲁迅又揭露了“寡妇或拟寡妇所办的学校里”，要使学生“失去了青春的本来面目，成为精神上的‘未字先寡’的人物”。他痛斥这些教育家们“在酒杯间谋杀学生”。

鲁迅热爱青年，对于青年的幼稚，尽力给予理解，对于青年某些缺点，也尽量谅解。如他反对某大学教授对青年作文的一点小错误所采取的讽刺打击。他在给“一八艺社习作展览会”写的小引中说：“自然，这，是很幼小的。但是，惟其幼小，所以希望就正在这一面。”（《二心集·一八艺社习作展览会小引》）他经常认真辛苦地修改青年人幼稚的作品，并设法使它发表出来，以鼓励年轻的作家。但是，如果青年人甘居幼稚，不求上进，则他是不肯原谅的：“新做文章的人，在我所编的报上，也比较易于登出……但若做得稍久，该有更进步之成绩，而偏又偷懒，有敷衍之意，则我要加以猛烈之打击。”逐步培养，逐渐地提高要求，这完全符合教育的原则。

在青年学习问题上，鲁迅提出青年为学要有广博的基础，并应独立思考；反对青年只抱住书本，主张青年应多留心世事。他认为青年“对于一切科学，都要随时留心。学甲科者，对于乙科书籍，也可稍稍涉猎；学乙科者，对于甲科书籍，也可稍加研究，但自然以不碍正课为限”①。因为只有这样，才能“对于别人，别事，可以有更深的了解”，即能更广阔更深刻地去认识世界，而不至于抱残守缺。他又认为读书要“多翻”和“比较”，要“自己思索”。他说：“看别的书也一样，仍要自己思索，自己观察。倘只看书，便变成书橱，即使自己觉得有趣，而那趣味其实已在逐渐硬化，逐渐死去。”（《而已集·读书杂谈》）今天许多学生，抱住一本讲义或笔记，以为一切学问留于斯，生吞硬剥，笔记搬家，不善于独立思考，这种学习方法和鲁迅的读书指导不符，也是与学习原则相违背的。

鲁迅不但以身作则和从理论上来教导青年，而且参加青年的革命行列，以实际行动来教育青年。早在辛亥革命时，鲁迅任绍兴师范学校校长，便组织了“武装演说队”，上街游行，把绍兴的官僚们吓跑了。在“女师大”事

① 《厦大周刊》所刊鲁迅演说词记录，转引自《鲁迅在厦门》。

件中，他坚定地站在争自由争人权的学生一边，支持学生的斗争，给黑暗反动势力与帮凶者无情的打击，使得他们丑态毕露。在鲁迅的支持下，引起社会舆论的压迫，教育总长章士钊不得不辞职，女师大的学生获得胜利。不久，“三一八”事变发生，段祺瑞枪杀爱国学生，帮凶者还无耻地出来替他们的主子说话，说青年们“自蹈死地”，是“受人利用”。鲁迅愤怒至极，在他所写的《无花的蔷薇之二》和《记念刘和珍君》中提出正义的控诉：“墨写的谎话，决掩不住血写的事实。血债必须用同物偿还。拖欠愈久，就要付更大的利息！”并预言着：“苟活者在淡红的血色中，会依稀看见微茫的希望；真的猛士，将更奋然而前行。”但是，反动统治者对于爱国青年的迫害，却是越来越残酷。“九一八”事变之后，国民党反动派对外不抵抗，却专来对付手无寸铁的学生；贵阳教育厅厅长谭星阁，竟至用多辆汽车向“九一八”事变纪念游行的小学生行列冲击，死伤40余人。鲁迅写《逃的辩护》《冲》等杂文，描绘善于以刺刀枪柄“碰”青年和以汽车“冲”小学生的“克敌的英雄”的无耻嘴脸与残酷原形，起了有力的宣传作用。

伟大的青年导师鲁迅，就是这样以人格、理论、行动来教育青年的。

五、对劳动人民教育的主张

> 中国人要在这世界上生存，那些识得十三经的名目的学者，“灯红”会对“酒绿”的文人，并无用处，却全靠大家的切实的智力，是明明白白的。
>
> （《且介亭杂文·中国语文的新生》）

革命的思想家，必然重视劳动大众的教育问题。鲁迅接受了无产阶级思想之后，认识到劳动人民力量的伟大，对于劳动大众的文化教育问题，十分重视。他不止一次地为中国工人农民得不到教育而提出抗议：“我们的劳苦大众历来只被最剧烈的压迫和榨取，连识字教育的布施也得不到，惟有默默地身受着宰割和灭亡。”（《二心集·中国无产阶级革命文学和前驱的血》）

鲁迅分析中国劳动人民为什么得不到文化教育的主要原因是“中国的工农，被压榨到救死尚且不暇，怎能谈到教育”（《集外集拾遗·译本高尔基

〈一月九日〉小引》)。同时，也由于反动统治者害怕人民受了教育，不易愚弄统治，所以“为了自己的太平，宁可中国有百分之八十的文盲”(《且介亭杂文·门外文谈》)。还有一个原因，就是中国文字本身的缺点，即方块字难学。所以鲁迅极力提倡大众语和拉丁化新文字。他认为为了劳动大众容易学，有用，最好是应用拉丁化新文字，因为方块字固然不必说，是“中国劳动大众身上的结核”，是阻碍劳动大众受教育的“高门槛”。即使是注音字母和罗马字拼法，也还是“麻烦的，不合实用，也没有前途的文字”。只有“这回的新文字却简易得远了，又是根据于现实生活的，容易学，有用；可以用这对大家说话，听大家的话，明白道理，学得技艺，这才是劳苦大众自己的东西，首先的唯一的活路”(《且介亭杂文·关于新文字》)。可见鲁迅主张用拉丁化新文字拼音方案，主要着眼点在于劳动人民普及教育的需要。拉丁化新文字拼音方案虽有某些缺点，如鲁迅当时就已指出，太简单不够周密，但鲁迅所提示的这个原则是正确的。

鲁迅也指出，单是依靠文字改革，是不能解决劳动人民识字问题的。他断言：“在弥漫着白色恐怖的地方，这新文字一定要受摧残的。”所以“普及拉丁化，要在大众自掌教育的时候”。(《且介亭杂文·答曹聚仁先生的信》)历史证实了鲁迅预见正确，只有在人民掌握政权的今天，文字改革才能够顺利地进行。

鲁迅对于如何普及劳动大众的教育，提出了种种重要的见解。他认为大众读的东西，首先必须看得懂，“但要启蒙，即必须能懂”(《且介亭杂文·连环图画琐谈》)。所以他认为连环图画画法简单，读者易于理解，是启蒙的一种利器。他以导引连环图画使之为大众所易懂的东西，为前进中的艺术家的正确的任务。其次，虽要易懂，但不应庸俗，所以他坚持反对把大众语文庸俗化的新国粹派主张：

> 读书人常常看轻别人，以为较新，较难的字句，自己能懂，大众却不能懂，所以为大众计，是必须彻底扫荡的；说话作文，越俗，就越好。这意见发展开来，他就要不自觉的成为新国粹派。或则希图大众语文在大众中推行得快，主张什么都要配大众的胃口，甚至于说要“迎合大众”，故意多骂几句，以博大众的欢心。这当然自有

他的苦心孤诣，但这样下去，可要成为大众的新帮闲的。

说起大众来，界限宽泛得很，其中包括着各式各样的人，但即使“目不识丁”的文盲，由我看来，其实也并不如读书人所推想的那么愚蠢。他们是要智识，要新的智识，要学习，能摄取的。当然，如果满口新语法，新名词，他们是什么也不懂；但逐渐的检必要的灌输进去，他们却会接受；那消化的力量，也许还赛过成见更多的读书人。……所以，新国粹派的主张，虽好像为大众设想，实际上倒尽了拖住的任务。

（《且介亭杂文·门外文谈》）

鲁迅这个分析意见是极正确的。第一，必须通俗易懂，但不应当是庸俗的，因为大众并不是愚蠢的；第二，新语法，新名词，新智识，必须循序渐进。新国粹派们，把庸俗代替通俗，实际却是看不起劳动大众，想保持其新国粹。

鲁迅也指出知识分子在普及教育上的责任。他认为普及教育和开创工作，应由有觉悟的知识分子来做，反对那种“大众的事情，要大众自己来做”的不合实际的高调。知识分子应该成为“始创者与经常的帮手”。但这些智识者，却必须有研究，能思索，有决断，而且有毅力。“他也用权，却不是骗人，他利导，却并非迎合。他不看轻自己，以为是大家的戏子，也不看轻别人，当自己的喽罗。他只是大众中的一个人，我想，这才可以做大众的事业。”（《且介亭杂文·门外文谈》）

鲁迅并没有写过系统的教育专著，他的教育思想，保存在他的杂文与创作中，也保存在他的伟大人格、革命实践、教育实际活动中以及对儿童、青年、劳动人民深刻的爱中。整理与发扬鲁迅的教育思想，以丰富中国的教育理论就越显得迫切需要。

上述寻章摘句之作，不足以言论述，仅为参考资料而已。

从中国现代教育史的角度看《倪焕之》①

一、《倪焕之》是一部现实而生动的中国现代教育史资料

“我的小说，如果还有人要看的话，我希望读者预先存这么样一种想法：这是中国社会二三十年来一鳞一爪的写照，是浮面的写照，同时掺杂些作者的粗浅的主观见解，把它当文艺作品看，还不如把它当资料看适当些。”② 这是叶圣陶在其《叶圣陶选集》“自序”中一段谦虚而朴素的自白。如果说这段自序对于他的短篇小说来说是有道理的，那么对于他这部成功的长篇小说《倪焕之》就具有更实在的意义。当然，《倪焕之》和作者的许多短篇小说，首先还是应当作为文艺作品看待；其次，也可以当作有价值的现代史料看待，尤其是作为现代教育史料看待。

《倪焕之》通过小说主人公倪焕之一生的生活历程和思想变化，反映了从五四前后到大革命前后这个历史时期的时代变化和某些知识分子的精神面貌。这部小说以学校生活为主要背景，以当时教育界的实际情况和教育思想为主要题材，生动而深刻地反映了这个历史时期中国教育上的矛盾斗争。茅盾说：“也许有人因此误会此书专谈教育的。”（茅盾《读〈倪焕之〉》）我完全同意这个看法，《倪焕之》虽然是以教育为主要题材，写的是教师倪焕之的思想和

① 原载《厦门大学学报（哲学社会科学版）》，1963 年第 1 期。作者：潘懋元。

② 叶圣陶．自序［M］//叶圣陶选集．上海：开明书店，1952：8 -9.

生活，但其意义远超于“专谈教育”之上。不过，它毕竟是以教育为其主要题材，通过教育界的实际情况和教育思想的发展变化来反映那个历史时期的时代变化和某些知识分子所走的道路。从中国现代教育史的角度来分析研究它，仍然有它的意义——只要不把它的全部意义局限于教育上。

《倪焕之》的时代意义和艺术价值，已有许多阐述与评定的文章。那些阐述与评定，我多半是同意的，虽然个别地方也有若干不同看法，但那是无关紧要的，因而犯不着多费笔墨；但把它作为现代中国教育史的一页来阐述与评价，从而引起研究或学习教育史者的重视，却还是有意义的事。因为，从五四运动前后到大革命前后这个历史时期，中国教育界在革命意识的激荡下，新旧变化、矛盾斗争是激烈的，对于其后的教育发展影响也极大。这部小说恰恰反映了这个时期的教育。并且，这部小说出版后，又以它自身参加到教育思想斗争的行列中，起了积极的作用。

从五四运动前到大革命前后，中国教育界的情况是这样的：辛亥革命没有完成资产阶级民主革命的任务，一度出现的脆弱的资产阶级民主政治，经不起强大的封建主义和帝国主义的压力而失败。反映在教育领域上，便是具有资产阶级民主思想的教育体系和教育制度昙花一现而凋谢。在中国广大的内地，封建文化教育实际上原封未动，若干地区已经有所改革的“新教育”也为封建复古的逆流所淹没。如民国元年所颁布的具有资产阶级思想的教育宗旨，为袁世凯所重新颁布的“法孔孟、戒贪争、戒躁进”等七项封建的教育宗旨所代替；具有资产阶级教育思想特点的《壬子癸丑学制》也为崇奉圣贤、抑制民主的《整理教育方案》《特定教育纲要》所破坏。中小学恢复读经、女子教育标示“育成贤妻良母”、祀天祭地尊孔等等典礼一一保存下来；甚至各地纷纷成立孔教会，尊孔子为“通天教主”，教育领域上空笼罩着一片封建复辟的乌云。直到五四运动，掀起了“打倒孔家店”的反封建文化教育浪潮，反动复古的文化教育才遭到严重的打击。在“拥护民主”“拥护科学”的口号下，资产阶级民主教育的思潮从西欧和日本涌进中国来，对于打击封建文化教育来说，起了一定的积极作用。但是，一方面封建主义的文化教育并未因此被彻底摧毁，读经、尊孔，保存国粹、遵守礼教仍垂死挣扎，几番反复，尤其是广大的农村中的文化教育，实际上仍为封建主义所支配，迷信落后、窳败简陋；另一方面，在引进资产阶级民主教育思想和教育方法的同时，帝国主义的奴化教育思想也混了进来，尤其是实用主义教育理论，打着“民本主义”（或“平民主义”）的旗号，混进中国之后，严重地影响了中国的教育，阻挠了中国的革命。稍后，又有吹嘘“教育救国”的国家主义派教育主张，也起着毒化中国教育、破坏中国革命的作用。而资产阶级和小资产阶级的教育家，他们既传播改良主义教育思想，又不能辨认帝国主义奴化教育的危害，对于这些反动教育，往往随声附和。这样，帝国主义的奴化教育、资产阶级的改良主义教育、封建复古的教育，构成了半封建半殖民地的错综复杂的教育图案。

五四时期，马克思列宁主义开始在中国传播，无产阶级教育思想也开始出现。这种思想一经出现，便展开了两条战线的斗争：既猛烈地抨击封建复古的教育，又尖锐地揭露实用主义、国家主义等反动教育思想的实质，批判资产阶级改良主义教育思想的错误。从五四运动到大革命这个时期，许多杰出的无产阶级革命战士如李大钊、恽代英、萧楚女、杨贤江等，在这方面进行了重要的工作，打击或批判了上述种种封建的、帝国主义的、资产阶级的教育思想，启发了广大的知识青年和教育工作者的觉悟，指出了教育必须与革命相结合的唯一正确的道路。

《倪焕之》的作者叶圣陶，从辛亥革命那一年开始，就当了小学教师，到大革命失败后写作这部小说时，已经从事了十几年的教育工作，有了长期的学校生活经验，对当时教育界的各个方面和各种内部情形，特别是对小学教育相当熟悉。对于流行于当时的“外来的教育理论同方法”，他不但从书本上学习过，而且曾“拿来施行”，企图影响那些“不知振作的同业”[①]。其后，他接触了一些进步的朋友和革命的理论，对于马克思主义教育理论有了一般的认识，从而对原来所学习的教育理论起了怀疑，有所批判。所以，他在1928 年写这部小说时，能够从他所熟悉的学校教育的角度，来反映当时半封建半殖民地社会错综复杂的教育情况及其矛盾斗争。在一定程度上，对封建主义教育和资产阶级改良主义教育思想进行了有力抨击与批判，并且一般地

① 叶圣陶．过去随谈［M］//叶圣陶选集．上海：开明书店，1952：413.

陈述了教育与革命的正确关系，隐约地指出革命的知识青年应当走的道路，从而在反对封建主义、帝国主义以及资产阶级教育思想上起了积极的作用。由于作者当时认识和实践的局限性，这部作品在揭露与批判错误教育思想的实质方面，还不够深刻；在阐述教育如何与革命相结合，如何动员与组织教育领域中的群众力量来从事革命工作方面，还不够具体明确。但是，这部小说的基本教育思想还是正确的，应当肯定的。

不仅如此，众所周知，叶圣陶的写作态度是严肃的，创作方法是现实主义的。如他自己所说："我似乎没有写什么自己不怎么清楚的事情。换句话说，空想的东西我写不来，倒不是硬要戒绝空想。我在城市里住，我在乡镇里住，看见一些事情，我就写那些。我当教师，接触一些教育界的情形，我就写那些，中国革命逐渐发展，我粗浅的见到一些，我就写那些。"[①] 其实，作者在《倪焕之》中，不但把所看见的一些事情写进去，甚至在某些方面把自己也写了进去。根据某些有关材料看，倪焕之这个人物的思想以至某些活动，在相当程度上是作者自己某个时期的内心思想和一些活动。至于蒋冰如似有其人，某乡镇的高级小学似有其校，则近于不很必要的考据了。[②]

由于作者的生活经验和创作方法，加上严谨深湛的艺术构思，细致入微的表现技巧，简洁朴素、生动灵活的文字修辞，就使得《倪焕之》这部作品，不但具有其"时代性"，而且具有其"社会性"；（茅盾《读〈倪焕之〉》）不但具有教育史所叙述这一历史时期的教育情况和教育思想的一般特点，而且具有形象地揭露半封建半殖民地的教育动态和反映新旧教育思想斗争的艺术特点；不但使读者获得"理性认识"，而且让读者形成"感性认识"。[③] 从文艺观点上评价它，是一部"扛鼎"之作；从教育观点上评价之，也可作为一部有价值的教育史资料看待。这样一部教育史资料，因为它本身是文学作品，所以当然不能代替"正史"；但正因为它是文学作品，所以能够补"正史"之不足。

---

① 叶圣陶．自序［M］//叶圣陶选集．上海：开明书店，1952：8.

② 顾颉刚．序［M］//叶绍钧．隔膜创作集．上海：商务印书馆，1924：1－17.

③ 叶圣陶．自序［M］//叶圣陶选集．上海：开明书店，1952：9.

二、《倪焕之》所反映的时代与社会教育情况

《倪焕之》全部共三十章[①]，其所反映的时代与社会是很广泛的。从教育史的角度看，除了第一章是“楔子”或“序幕”之外，其余的可以分为三部分：第一部分包括第二、第三章，用倒叙法反映辛亥革命后的教育情况，地点在上海、南京附近的中等城市[②]；第二部分从第四章至第二十一章，反映五四运动前后的教育情况，地点是城市附近的乡镇[③]，这是全书的主要部分；第三部分场景移至大革命的中心上海（第二十六章除外），其所反映的不只是教育情况，而是更广阔的革命天地了。

让我们先看看第一部分所描绘的教育情况的轮廓：

辛亥革命之前，中国已经开办了新学堂，但在大部分地区的城乡，仍然是以私塾为主要教育场所，以科举为主要教育目的。所以倪焕之的父亲“把焕之交给一个笔下很好，颇有声望的塾师去启蒙”，企望他应科举，“由寒素而不多时便飞黄腾达”。私塾里所教的，仍然是“开笔作文”，“作经义作策论”。这种情形在当时是很普遍的，作者在《马铃瓜》[④] 中叙述自己便有这样的亲身经历。但是不久科举被废止了，清廷仍以科举功名来奖励学堂学生，所以倪焕之的父亲“闻说”（学堂）与科举异途而同归，便教焕之去考中学堂。这时的学堂，虽有体操、唱歌、动植物、英文、西洋史等课程，却仍然以古文诗篇为主要教材，所以倪焕之喜欢吟诗、刻图章、访旧书摊。

辛亥革命爆发，革命的浪潮震荡着平静的学校生活，留学日本的校长宣传革命的道理，学生中流传着秘密的书报，“种族的仇恨、平毁的思想”，燃烧着青年的心。青年学生倪焕之“仿佛有一种新鲜强烈的力量袭进了身体，遍布到四肢百骸……眼见立刻要跨进希望的境界”。但是，辛亥革命的失败，

① 中华人民共和国成立后，1953 年文学出版社重版时删去第 19 章和第 24 章下各章，1958 年又恢复了原来的 30 章，内容有所修订。本文所引均据开明书店 1934 年版。

② 大概是苏州。

③ 假定为苏州附近的直乡。

④ 叶绍钧．马铃瓜［M］//叶绍钧．线下．上海：商务印书馆，1925.

也立刻反映到学校生活中来。“这个城，也挂了白旗，光复了。他的发辫，也同校长一样剪掉了。此外就不见有什么与以前不同的。”所变的，就只有校长当了都督府代表，参加了南京临时大总统的选举。学校仍然是老样子，学生仍然是苦闷无出路。辛亥革命的失败，学校教育的死寂如故，作者通过这个城市中一所中学和倪焕之心情的变化，用淡淡的几笔就形象地勾勒出来。在小学中，情形就更糟糕，私塾改成学校，招牌改变了，课程也改些新名称，而教材内容仍是旧东西；教学方法、学生管理，也仍是旧的一套，“他们教课是扯起喉咙直喊的……喊的大半是问句……问以外，大部分的功夫就是唱。一课国文讲罢了，一种算术歌诀教过了，教师开始独唱，继而学生跟着教师合唱，继而各个学生独唱，继而全体学生合唱。……这是一校的‘校粹’，它自有它的命脉；新加入的教师同学生一开口唱就落在它的范围里，都没有力量左右它”①。对于学生的管理，不是放任他们打架吵闹，就是把教鞭扬起来乱抽一顿。在这种学校中的教师，不是学店老板式的人物，就是幽灵一般的肺病患者。这就是当时的小学教育。像这样私塾式、学店式的小学，不但五四前有，五四后也有，在叶圣陶所写的小说中，比比皆是。像《饭》② 里的所谓“乡立第二国民学校”，就比《倪焕之》中所描述的学校更为阴森悲惨。正如作者所说：“不幸得很，用我的尺度去看小学教育界，满意的事情实在太少了。”③ 其实，不是作者的“尺度”特殊，而是只要不是封建保守者，其“尺度”便不能不如此。下面是五四运动时北京大学平民教育讲演团团员李荟棠所写的《丰台讲演报告》：

七里庄……有国民学校一所，教室就是厨房，书案就是菜床，气味龌龊，鼠洞一般的黑暗。每个学生都有一本《千字文》、《三字经》、上下《论语》……

大井村……南苑第十二日新学校设在此地，这是个国民小学，门外墙上贴了一篇黄纸，大书特书的是“新旧兼授，加讲经论策

---

① 叶绍钧．倪焕之［M］．上海：开明书店，1934：30－31．

② 叶绍钧．饭［M］//叶绍钧．火灾．上海：商务印书馆，1923．

③ 叶绍钧．随便谈谈我的写小说［M］//叶绍钧．未厌居习作．上海：开明书店，1947：143．

论”。里边教书先生有三长：辫子长、烟袋长、戒尺长。……这位先生也说道：“我们私塾改良过来呀，不过学堂不叫我们学那些花草，所以我们就仍旧复了原了。”

难怪报告者感叹说：“不料丰台一个大镇，离北京城才几十里路，教育一途就糟糕到这步田地，其他的地方就可想而知了。”①

但是，五四运动前后，资本主义的“新教育”毕竟进一步涌入了中国，激发了青年的热情，为他们描绘出美妙的理想，在冲击封建主义教育上，也起了一定的作用。然而在半封建半殖民地的中国，它又是那样的虚幻与软弱。这就是《倪焕之》第二部分所着重描述的教育。

在第二部分里，作者选择了一个不太偏僻但也不太繁华的乡镇作为背景。在这里，一方面封建势力仍很顽强，另一方面人们受资本主义文化教育的影响也较快。这是一个新旧思想斗争激烈的地方。倪焕之和他的朋友蒋冰如在这里开展了他们的理想教育活动。

首先，作者在这个乡镇的高等小学内外，安排了代表各个阶级和阶层，对教育抱有不同观点的人物，这里有抱着理想与热情的小资产阶级知识青年倪焕之，满怀改革教育的理想，对于历史与社会却一无所知；有开明士绅蒋冰如，怀着空想的“教育救国论”，拾摭了实用主义的教育方法，跃跃欲试；这是一方面。另一方面，学校里则有把知识当商品、守旧落后的国文教师徐佑甫，自私自利、头脑简单的体育教师陆三复，师范出身而把教育工作弃如敝屣的理科教师李毅公，老于世故、搬弄是非的英文教师刘慰亭。这些人，对于教育既无热情，更乏理想，只是为了吃饭而当“教书匠”，对于教育改革，自然毫无兴趣，冷眼旁观，冷嘲热讽，客观上成为改革工作的阻碍者。在乡镇上、茶馆里，则是迷信落后的习惯势力，或则兴波作浪，或则随声附和，形成一道无形的战线，紧紧包围着孤军作战而又软弱无力的所谓“教育改革”，胜负之势已经判然。所以，当作为封建势力集中的代表者、土豪恶霸蒋士镳挥棒一击，“教育改革”便垮败下来。这样，作者明白地宣告，依靠资产阶级的教育理想，依靠教育的自身，要在强大的封建压力面前来改革教育

① 近代史资料，1955（5）：139－141.

是行不通的。

《倪焕之》中的这些人物、这类斗争，在当时是有典型性的。所以，在叶圣陶一些短篇小说中，也经常出现：蒋冰如正如《校长》[①] 中的叔雅、《搭班子》[②] 中的泽如；倪焕之是《城中》[③] 的丁雨生、《英文教授》[④] 中的董无垢；而蒋士镳则是《城中》的方紫老、陆仲芳、高菊翁、王埙伯一群人物；徐佑甫、刘慰亭不过是《搭班子》中的钱松如，《校长》中的佟、陈、华三先生。他们之间的斗争，也往往以改革者对封建力量的妥协为结局。如《校长》中的校长叔雅，接任某高等小学，颇想把学校办得好一点，却连辞退三个坏教员都下不了决心；《搭班子》中的校长泽如，很想搭一个理想的班子，但是在县参议员、教育局局长这些"一丘之貉"的包围下，班子竟无法搭成；斗争比较激烈的是《城中》，一批"倪焕之"式的青年，想在古城中办一所新式的学校，却遭受到遗老、官僚联合起来的破坏，从造谣、警告、欺骗，到派警察荷枪实弹如临大敌的镇压，凶恶卑鄙。这些斗争情形，是这一历史时期封建教育与资产阶级教育斗争的写照。而其结局，也是符合半封建半殖民地社会的实际情况的。

在《倪焕之》中，作为资产阶级改革的中心事件，是蒋冰如和倪焕之所开展的、为金佩璋所拥护的办农场、工场、演剧等一套实用主义的教育方法。五四运动前后，由于杜威、胡适等在中国宣传实用主义哲学和教育学，资产阶级教育家又随声附和，影响颇大。许多城市甚至乡镇的小学，教学内容和方法起了变化。根据杜威的"教育即生活、学校即社会"的理想，为了在学校中帮助儿童学会适应现成的社会生活和资本主义的社会秩序，学校中布置起模拟社会生活方式的环境，如开办商店、消费合作社、银行、农场、医院、慈善团体、报社……甚至组织"市政府"（或"乡政府"）、"警察局"、"法庭"等等。凡是社会上所有的组织，都具体而微地搬到学校中来，形形色色，应有尽有。学生自任市长、警察、法官、店员、记者……这样，学生也就自

① 叶绍钧．校长［M］//叶绍钧．线下．上海：商务印书馆，1925.
② 叶绍钧．搭班子［M］//叶绍钧．城中．上海：商务印书馆，1934.
③ 叶绍钧．城中［M］//叶绍钧．城中．上海：商务印书馆，1934.
④ 叶绍钧．英文教授［M］//叶绍钧．四三集．上海：良友图书印刷公司，1936.

小习惯于阶级统治、阶级压迫的那一套秩序了。多数学校只在课外搞搞，有些学校则进一步根据杜威的“从做中学”的原则和这一派的设计教学法的主张，打破科目界限，取消课程逻辑体系，改变教学方法，实行所谓“单元”教学：根据儿童心理及其所模拟的社会生活，制订各种“单元”，由学生自己学习，自己活动，教师只居于指导或辅导地位。这些，就是《倪焕之》中蒋冰如和倪焕之所提倡的那一套“学校社会化”的方案。不过，从《倪焕之》所反映的情况来看，他们还仅仅在课外搞“社会化”活动，还没有搞设计教学法。同时，他们所搞的那一套，也不是陶行知的“生活教育”。蒋、倪的方案没有打破科目界限和课程体系，也不是打开学校大门到生活中受教育或到社会中办学校。这是因为设计教学法不仅改变课外活动，而且改变教学内容和方法，比之一般的“学校社会化”复杂得多，当时除城市中若干学校试行之外，实际上流行范围并不如前者之广，而“生活教育”之提倡又稍迟。所以，忠实于时代现实的《倪焕之》，没有把这些内容包容进去。虽然当叶圣陶写《倪焕之》时，“生活教育”已开始出现了，但有人认为《倪焕之》所反映的是“生活教育”的观点是不正确的。

中国的教育历史证明，实用主义教育学说及其那一套做法，是行不通的。曾经盛极一时的“学校社会化”和“设计教学法”等等，不久即纷纷失败，只保留在师范学校的教科书中骗骗师范学生而已。《倪焕之》的历史价值，正是成功地反映了实用主义教育学说及其方法在中国推行的命运，从而在一定程度上揭露其错误的实质。

从表面上看，《倪焕之》中的“学校社会化”这套“改革”，阻力是来自封建保守势力的。首先是社会上的非议：

> 为要实现他这些理论，学校里将陆续增添种种设备：图书馆，疗病院，商店，报社，工场，农场，乐院，舞台。照他这样做，学校简直是一个世界的雏形，有趣倒怪有趣的。不过我不懂得，这些事情里，有的连有学问的大人也不一定弄得好的，他叫一班高小的学生怎么弄得来！而且功课里边有理科，有手工，有音乐，还不够么？要什么工场，农场，乐院，舞台！难道要同做手艺的种田的唱

戏的争夺饭碗么！①

家长把子弟送进学校，所为何事？无非要他们读书上进；得一点学问，将来可以占好些的地位。假若单想种种田做做工的，老实说，他们就用不到进什么学校。……那末，把孩子送进你们的学校，犹如供给你们玩弄玩弄一样，老实说是吃亏。凑巧我的小儿就在你们学校里；“理想教育”果真实行起来，吃亏就有我的份，这倒不能马马虎虎的。……简直叫小孩子胡闹着玩，一句说，就只不要念书！②

这些社会上的非议，虽然对“改革”方案有所阻碍，但还不是不可宣传解释的，所以蒋、倪的“改革方案”仍能继续进行。只是到了封建势力的代表者蒋士镳对于学校所办农场给予致命一击，才使得蒋冰如不得不在封建压力之前犹豫妥协，倪焕之不得不在现实之前“含羞忍辱”。如果故事仅仅是到此为止，那么，还只能说明资产阶级教育与封建主义的斗争及其失败妥协的结局，还不能揭露与批判资产阶级教育思想的阶级实质及其“教育改革”的根本错误，也不能更深一步阐明封建思想与资产阶级思想的矛盾与妥协的关系。《倪焕之》的成功之处，还在于全面地指出，资产阶级的“教育改革”和封建主义教育，虽有矛盾冲突的一面，却还有相互妥协的另一面。对于资产阶级教育改革来说，在一定程度上，封建势力是能够容忍它的，因为归根到底，对于封建势力，尚无大害。所以当蒋冰如以妥协的方式向蒋士镳低头“疏通”，蒋士镳达到了打下蒋冰如威风的目的之后，还是“慷慨地”点头答应。“镇上一般的反对声浪渐渐平息下来，学校里的农场总算弄成功了。”但是，更本质的问题还在于这种资产阶级“教育改革”本身就是错误的。因此，农场开垦不久，“在他的成功的喜悦里，近来浮上了一片黑影；虽然只是淡淡的，又不曾遮掩了喜悦的全部，但黑影终于是‘黑的’影啊！现在他颓丧地面对着这一片黑影了”③。黑影是什么呢？倪焕之苦苦地探索，暂时只能得出

① 叶绍钧．倪焕之［M］．上海：开明书店，1934：106.
② 叶绍钧．倪焕之［M］．上海：开明书店，1934：115－118.
③ 叶绍钧．倪焕之［M］．上海：开明书店，1934：191.

“倦怠与玩忽”，或“期望超过了可能的限度”等等心理原因，还“相信原则上没有错的”，想以“无条件地愉快”“简单地惟知乐观”来“努力振作自己”。这种主观的努力虽曾为他“增加不少兴奋和信念”，但失败终是不可避免。这是因为还有比“倦怠与玩忽”更根本的时代与社会的原因。当倪焕之一旦明白了这个更根本的原因时，“理想教育”的美梦才完全破灭了。

《倪焕之》还反映了当时教材改革的问题。

上面已经指出，《倪焕之》的“教育改革”，在课程教材方面，还不是设计教学法那一套。它所反映的教材改革，是五四新文化运动民主、科学的要求，以及为达到民主、科学要求而提倡的新文化和白话文。

辛亥革命前后，“新学校”中虽然已经设置了历史、地理、博物、理化以及图画、手工、音乐、体操等科目，但主要的仍是读古文、经义，仍是以王法纲常、封建伦理为思想内容，以陈腐、迂晦、雕琢、阿谀的文章为教材。1914 年北洋军阀政府的教育部就曾颁布“中小学修身及国文教科书采取经训，务以孔子之言为旨归”的饬令，而博物、理化等科，也只是点缀热闹、脱离实际的东西。从蒋冰如对于理科教材的意见和倪焕之、金佩璋商量自编国文教材中，反映了对于旧教材的不满和对于新教材的要求。蒋冰如认为教理科“张开眼来就是材料，真所谓‘俯拾即是’。用得到文字的地方，至多是研究观察的记录同报告”①。倪焕之不满于“雪景的文章要教南方的学生研摩，乡村的教室里却大讲其电话、电车”，不满于“隐遁鸣高与生存竞争、封建观念与民治思想等等混和在同一的书里”，不满于把“苏东坡《赤壁赋》的‘逝者如斯，而未尝往也；盈虚者彼如，而卒莫消长也’”捧为千古妙文。他们更反对把教科书当作牟利的商品。

那么，他们所主张的教材改革包括哪些内容呢?

（1）必须去掉颓唐的、出世的思想，如《桃花源记》《赤壁赋》就是这种不健康的东西。因为“教育同出世精神根本不相容”。

（2）必须切合实用。如倪焕之对乡村教材大讲电话、电车，蒋冰如认为理科教材俯拾即是，文字只是作为研究观察的记录同报告而已。

① 叶绍钧．倪焕之［M］．上海：开明书店，1934：66.

（3）必须适合学生的接受能力，如倪焕之反对用“孤高”“奇肆”的东西为教材，金佩璋主张去掉“近于哲理”“不可捉摸”、像孟子论心性的文章，因为“不是高小学生所相宜的东西”。

（4）必须改良文学和改用白话。因为“自来所谓大家的文章，除掉街道的门面话，抄摹拟相而来的虚浮话，还剩些什么东西？无论诗词散文，好久好久已堕入虚矫做作浅薄无聊的陷阱”，而“我们嘴里说的是白话，脑子里想的凝成固定的形式时也近于白话，为什么写下来却要翻译成文言呢？写白话，达意来得真切，传神来得肖妙，真切肖妙是文学所需求的；不该用白话来作文学的工具么？”再从教学法的效果说，“教国文，最是事倍功半的事；一课一课地教下去……无非注释讲解的工夫。如果改用白话，一切功课就减少了文字上的障碍”①。

从资产阶级教育思想出发，所提出的这些改革教材的要求，基本上是合理的，符合五四新文化运动的进步要求。但其中也夹杂着某些实用主义思想的影响，如过分强调感性的、实有的东西，认为学生没有接触到的东西就没有意义。这些改革者的思想看法，也正符合当时的实际。

《倪焕之》还通过金佩璋和上海的女子中学密司殷等所受的教育，反映当时女子教育的变化发展。

女子教育，从辛亥革命之前，就已受西欧教育的影响，列入学校制度之中。当时只有女子小学和女子初级师范，而且对于女教“防患”甚严。辛亥革命后，在资产阶级教育思想影响下，女子教育有所发展。城市中还增设了女子中学、女子职业学校。但封建复古者也多方阻挠它的发展。如袁世凯的教育总长范源濂，竟提出许多女子教育的禁令，有不准剪发、不准自由结婚、学生不得过十四岁等等。尽管如此，对于女子教育的发展还是限制不了，像《倪焕之》中那样的乡镇，就有一所女子高小，城市里还有女子师范。金佩璋就在城市里的女子师范受教育。这是完全资产阶级式的，以培养“贤妻良母”为目的的女子教育。作者通过金佩璋所受的教育，生动而细致地描述这种“贤妻良母”教育对于一个女子的性格与理想起着如何深刻的影响：

---

① 叶绍钧．倪焕之［M］．上海：开明书店，1934：199－200.

> 金小姐是初次接触儿童，因为她成绩好，被派去试教最难教的低年级。一些术语，一些方法，一些原理，时刻在她脑子里打转；这并不使她烦乱，却使她像深具素养的艺术家一样，用欣赏的体会的态度来对待儿童。附属小学的收费比普通小学贵一点。这无异一种甄别，结果是衣衫过分褴褛冠履甚至不周全的孩子就很少了。金小姐看着白里泛红的那些小面孔，说话说不清楚的那种娇憨模样，只觉所有赞颂儿童的话全不是说谎；儿童真是人类的鲜花！她教他们唱歌，编造简单而有趣的故事讲给他们听；……正课以外，她总是牵着几个尤其心爱的儿童在校园里运动场里游散；坐下来时，儿童便爬上她的肩头，弄着她的头发。她的同学见这样，玩戏地向她说，“我们的金姊姊天生是一位好母亲”，她的回答当然是羞涩地轻轻地一声啐，但心里不免浮起一层骄傲：“但愿永远做这样一位好母亲，教这班可爱的孩子！”……①

这种教育的结果，就只能培养出金佩璋式的女子。归根到底，还是“学的是师范，做的是妻子”。

但到了五四运动前后，倪焕之所任教的女子中学，在革命浪潮激荡之下，就有了明显的变化。首先是“课程中间有特异的‘社会问题’一目”，女学生已经“剥除了那些女性的可厌娇柔”。她们关心国家，参加运动，也同男生一样参加了罢课、示威、街头演讲，甚至于“担任了守卫的职务”，已经冲破了“贤妻良母”的牢笼。作者是这样歌颂一个完全新型的女子的形象的：

> 她站在马路中间，截短的头发淋得尽是滴水，青衫助黑裙亮亮地反射着水光，高举两臂，仰首向天，像一个勇武的女神。②

在这里，作者所批判的“贤妻良母”女子教育与其所歌颂的革命的女子教育生动地跃然纸上。

① 叶绍钧．倪焕之［M］．上海：开明书店，1934：232－233.

② 叶绍钧．倪焕之［M］．上海：开明书店，1934：311.

三、《倪焕之》所批判的资产阶级改良主义教育思想

《倪焕之》这部小说在现代教育史上的深刻意义，还在于它借助生动而现实的艺术形象，有力地批判了资产阶级改良主义教育思想的错误，从而教育了千千万万的青年和教育工作者，至今也仍然有它的教育意义。

从五四前后到大革命时期，中国的教育界出现了种种曲解教育的错误论调。如杨贤江在其《新教育大纲》中所分析：关于教育性质方面，有教育神圣说、教育清高说、教育中正说、教育独立说；关于教育作用方面，有教育万能论、教育救国论以及先教育后革命论。这些论调的唱和者来自两方面：一是资产阶级改良主义的教育家，一是帝国主义及其帮凶如国家主义派等。这两类人的主观动机有所不同，但在这些论调的唱和上却是一致的。《倪焕之》所批判的对象主要是前一种人的教育思想。这些人之所以高唱上述论调，其错误的关键在于对教育与社会、教育与革命的关系的错误认识。他们视教育为离开社会的、超阶级超政治的东西，从而认为不是社会制约教育，而是教育改革社会。既然教育能够改革社会，把它的作用引申出来，则是只要提倡教育，不要革命就可以拯救中国。换言之，他们从教育万能论引申出教育救国论来。《倪焕之》这部小说，正是抓住教育与社会、教育与革命的关系这个关键问题，给予理论上和事实上的分析，从根本上批驳了教育万能论、教育救国论以及其他种种论调。

倪焕之是一位具有爱国热情和改造社会宏图的青年（蒋冰如在一定程度上也如此）。辛亥革命失败后，当他在苦闷挣扎的时候，遇到了一位“值得感服的同事”。这位教师对于儿童教育所用的是泛爱主义的观点和启发感化的方法，换言之，是用资产阶级的教育观点和教育方法。这对于封建主义教育来说，是新鲜的东西。作者在这里安排了这位“值得感服的同事”的出现，是有双重意义的：他既是倪焕之对于教育认识的第一次转变点，也是标志着旧中国教育从封建主义教育向资产阶级教育转变的象征。此后，倪焕之抓住了教育这根“救命稻草”，通过和蒋冰如的合作，就认定“教育总是一个民族最

切要的东西”，把“一切的希望悬于教育”，并且着手绘制他们的“仙山楼阁图”①。作者用温和的讽刺笔调描写倪焕之的幻想：

> 焕之依着冰如所指的方向凝望，仿佛已经看见无忧又无邪的男女，往来于绿阴之下；池荡里亭亭地立着荷叶，彩色的水鸟在叶底嬉游；草地上奔逐打滚的，都是自己的学生……心头默诵着“一切的希望悬于教育”，脚步又提得高高地，像走在康庄大路上。②

这幅“仙山楼阁图”的主要内容是：

（1）超阶级的教育：倪焕之认为理想的教育，应该是充满着“爱”和“美”，“在学校里，犹如在那些思想家描摹的极乐国土大同世界里一样，应该无所谓贵贱贫富的差别的”。相处之间，每个人应当是“自己尊重”与“尊重人家”，应当以“帮助人家，给人家服务”作为“最愉快的事情，最高尚的品行”。“只消看看受你帮助的人的满足的脸色，就有什么都比不上的高兴了”。③

（2）儿童本位的教育：倪焕之认为“我们不能把什么东西给与儿童；只能替儿童布置一种适宜的境界，让他们自己去寻求，去长养，我们至多从旁给他们一点儿帮助……儿童是到学校里来生活的……”④。“理想的教育应该是‘开源的’；源头开通了，流往东，流往西，自然无所不宜。现在的教育却不是这样，只是‘传授的’；教师说这应该怎么做，学生照样学会了怎么做；完了，没有事了！但是天下的事物何等多，一个人须应付的情势变化而无穷；教师能一一给学生预先教会了么？不能，当然不能。那末何不从根本上培养他们处理事物应付情势的一种能力呢？这种能力培养好了，便入繁复变化的境界，也能独往独来，不逢挫失；这是开源的教育的效果”⑤。

（3）学校社会化的教育。上面已经引述了。

倪焕之以及蒋冰如的这些教育理论，在个别的教育方法或教学方法上，

---

① “仙山楼阁图”系徐佑甫讽刺蒋、倪《教育改革方案》的譬喻。

② 叶绍钧．倪焕之［M］．上海：开明书店，1934：70.

③ 叶绍钧．倪焕之［M］．上海：开明书店，1934：99.

④ 叶绍钧．倪焕之［M］．上海：开明书店，1934：65.

⑤ 叶绍钧．倪焕之［M］．上海：开明书店，1934：188－189.

有其合理的东西。如教育儿童帮助别人、开源启发的方法等等。但是，从其整个教育思想来说，却是杜威的实用主义。因此，作者最后轻轻地点出：这些主张和杜威的主张“英雄所见略同”。当然，蒋冰如、倪焕之的动机不同于杜威、胡适，因而，他们的“仙山楼阁图”还只能说是改良主义的。

作者对于这种改良主义的教育理论，首先从事实上把它粉碎了：倪焕之认为学校应该无所谓贵贱贫富的差别，事实上却是就在“学生之间存着一种门第的观念”，“富绅人家的子弟常常处于领袖的地位，不论游戏，上课，仿佛全是他们专有的权利，惟有他们可以发号令，出主张。其他的学生，一部分是袖手缄默，表示怕同有权威的同学们争竞。又一部分则显出顺从的态度，以求分享有权威的同学们的便宜与快乐；这种顺从态度几乎可说是先天的……”①。倪焕之面对着这种事实，主观地想把它当作一种可由教育方法医治的“疵病”。不幸的是，这种“疵病”正是社会的反映，正是“先天的”，不是“后天的”方法所能医治的。当他应用那位“值得感服的同事”和某些教育书籍所指示的教育方法，来医治这种“疵病”时，表面上看来，那个凭借父亲势力欺压贫苦儿童、桀骜不驯、敢于反抗教师的蒋华，在倪焕之“柔和的声气”和委婉的劝说下俯首认错了。在这里，作者却根据他丰富的教育经验，给予恰到好处的讽刺：“蒋华见天色几乎黑了，心里颇点慌乱；听听这学校里是从未经历过的寂静，仿佛陷落在荒山里一样；就不问怎样照办了。”②当主张严厉处理的陆三复满腹气愤与妒忌，而倪焕之正在满意其成功时，作者又借助冷眼旁观的徐佑甫，无情地道出了这种“感化派”的教育效果：“大半是他受了那孩子的骗，那孩子未必便受他的感化。”陆三复的严厉处理，徐佑甫“用锤子炼成铁块”的办法，当然都是错误的。但是，徐佑甫的讽刺，却道中了天真的教育者的悲哀！

儿童本位教育论者，认为教育的本身就是生活，而不是生活的准备，主张对儿童教育只能开源启发，甚至否定一切传授的必要。这与徐佑甫等所主张的死读书，硬用锤子炼铁，是两种极端的错误。正确的道路是从实际出发

① 叶绍钧．倪焕之［M］．上海：开明书店，1934：90－91.

② 叶绍钧．倪焕之［M］．上海：开明书店，1934：101.

来达到预定的社会目的，考虑当前生活而准备未来的需要，既启发又传授。因此，由倪焕之从头教起，很少袭用旧法教的那一些学生，“最近毕业了，平心精思估量他们，与以前的或其他学校的毕业生并没有显著的差异”。至于学校社会化的那一套做法，更笼罩着一片阴影：“热烈的兴致衰退了，切至的期望松懈了”，农场成为虚应故事，演剧终归平平淡淡，一切流于“怠倦与玩忽”。

总之，改良主义的“仙山楼阁图”在现实的面前悲哀地幻灭了。作者通过倪焕之的苦闷烦恼，在读者面前提出了这样一个问题：“理想中以为效果应当十分圆满的，为什么实际却含着缺陷的因子？”

然后，作者通过倪焕之和王乐山的讨论，进行理论上的分析：“要知道社会是一个有组织的东西，而你们教给学生的只是比较好看的枝节；拿了这少些，就要希望他们有所表见，不能说不是一种奢望。”“要转移社会，要改造社会，非得有组织地干去不可！”① 寥寥数语，对于小说来说，未免抽象了些。但是，应当承认，作者基本上已抓住了问题的关键：教育与社会的关系。教育，是能够改造人的；但是改造人的教育，却必须建立在变革了的社会基础上。如果不是有组织地变革社会，仅仅依靠教育来改造社会，本末倒置，那么，不是学校同化了社会，而是社会同化了学校；所谓改造也者，就只能作为“隐逸生活中一种新鲜的把戏”了。

接着，作者进一步探索下去：“教育该有更深的根据吧？单单培养学生处理事物应付情势的一种能力，未必便是根据。那末，根据到底是什么呢？”“为教育而教育，只是毫无意义的玄语；目前的教育应该从革命出发。教育者如不知革命，一切努力全是徒劳……”② 至此，作者对于改良主义教育思想的批判，基本上抓住了问题的核心：教育与社会的关系，在半封建半殖民地的社会中也就是教育与革命的关系。

这样，层层内剥，作者对于改良主义教育思想的批判，可以整理为如下的线索：（1）改良主义的教育理想，在实践的考验中完全失败了；（2）失败

① 叶绍钧．倪焕之［M］．上海：开明书店，1934：303－304．
② 叶绍钧．倪焕之［M］．上海：开明书店，1934：315－316．

的原因在于单靠教育的力量，不可能与有组织的社会对抗；（3）从而指出要发挥教育的作用，必须变革社会；要变革社会，必须有组织地进行革命。最后，得出这样的结论："要求得到一点实在的成绩，从今起做一个革命的教育者吧！"

作为一部小说来说，下半部的理论分析不够形象有力，而且由于当时环境的限制，也不能畅所欲言。但是，作者的基本论点是明确的，对于当时彷徨苦闷的青年和教育工作者也有其教育意义。

只是，从当时的教育思想分析批判来说，还是有缺点的。当时唱和各种错误教育论调的，如前所述，来自两方面。对于资产阶级的改良主义教育思想，作者进行了比较具体深入的批判；而对于实用主义教育、国家主义教育等的实质，并没有批判、抨击，甚至对于杜威的教育理论错误，只有当倪焕之指出他们的做法和杜威的意思暗合时，才轻描淡写地说："你们的方法太琐碎了，这也要学，那也要学，到底要教学生成为怎样的东西呢！"① 从教育史的要求来说，未免美中不足。

四、《倪焕之》所分析的三种类型的知识青年及其所走的历史道路

人们对于《倪焕之》的评论，往往只注意分析主人公倪焕之这一类型的小资产阶级知识青年的精神面貌及其所走的道路。这是不够的，虽然倪焕之这一类型无疑是这部小说所描述的主要典型。在《倪焕之》中，作者分析了受五四运动所影响的、要求进步、追求理想的三种类型的知识青年及其所走的道路，并且从他们的相互对照中反映了在这个历史时期知识青年精神面貌的复杂性及其所走的道路的多样性。正因这样，才更显示出这部作品的时代性和教育意义。

五四运动以前的倪焕之，如前所述，是一个爱国、热情，抱有改革教育、改造社会的宏图，而对于历史、社会又一无所知的小资产阶级知识青年。五四运动，对于千千万万青年是一个启蒙运动，也是对追求理想、追求进步的

① 叶绍钧．倪焕之［M］．上海：开明书店，1934：302.

倪焕之教育思想的启蒙运动。在运动中，“焕之发见了新道路似地那样兴奋”。他开始看到社会，看到群众，看到学校和社会的关系：

> 真个是有志的人，就应该把眼光放宽大来。单看见一个学校，几许学生，不济事，还得睁着眼睛看社会大众。怎样把社会大众提携起来，与怎样把学办来好，学生教来完善，同样是重要的任务。社会大众是已经担负了社会的责任的，学生是预备将来去担任。如果放弃了前一边，你就把学生教到无论怎样好，将来总会被拖累，一同陷在泥淖里完结。我现在相信，实际情形是这样子。①
>
> 因此，他发出了新的宏愿：“从今以后，我们要把社会看得同学校一样重，我们不但教学生，并且要教社会！”②

尽管倪焕之所理解的社会、群众还是抽象的，他那“并且要教社会”的宏愿也是空洞的。但是，这是一个可喜的开端，一个与蒋冰如、金佩璋这类型的知识青年分途的开端。正是由于这个开端，《倪焕之》这部小说的第三部分，五四运动之后，就逻辑地从学校教育的场景转入社会的教育和革命的斗争场景。如果说围绕着倪焕之的思想转变，这部小说的第一、第二部分是反映学校的教育，则第三部分就是反映社会的教育和学生运动了。

五四运动后，倪焕之从家庭和学校跨进了社会，从为教育而教育到渐渐注意政治问题。在进步青年王乐山的启发下，他对资产阶级改良主义的教育理论产生了怀疑：

> 王乐山的“组织说”时时在他心头闪现。望着农场里的花木蔬果，对着戏台上的童话表演，他总想到隐士生涯梦幻境界等等案语。就靠这一些，要去同有组织的社会抵抗，与单枪匹马欲想冲入严整敌阵，有什么两样?③

接着，他探索了革命、政党等种种问题，最后得出“教育应该从革命出

① 叶绍钧．倪焕之［M］．上海：开明书店，1934：276.

② 叶绍钧．倪焕之［M］．上海：开明书店，1934：280.

③ 叶绍钧．倪焕之［M］．上海：开明书店，1934：315.

发”这一正确的结论，并立下“从今起做一个革命的教育者”的志愿。对于一个追求进步的青年来说，这在认识上是跨进了一个新的领域。作者对于倪焕之这种认识，一方面予以肯定，另一方面进一步指出他的欠缺。作者通过王乐山给倪焕之的回信来指出这一点：“所述革命与教育的关系，也颇有理由。用到‘也’字，就同上峰的批语用‘尚’字相仿，有未见十分完善的意思。”① 究竟“也”字的背后蕴藏着什么意思，虽然作者并未直接说明，但从王乐山劝倪焕之“到外面转转”，显然是指倪焕之所欠缺的是实际斗争的锻炼。对于一个小资产阶级出身的追求进步的青年来说，从对革命事业有所认识到立志走革命的道路，甚至开始走革命的道路，固然是可贵的，但是，还不是太大的困难。如果要成为一个坚强的革命者，对于小资产阶级知识分子来说，还要经过长期的、艰苦的实际斗争的锻炼。倪焕之悲剧性的收场，其不幸的原因也正是由于有抽象的认识，有充沛的热情，而欠缺实际斗争的锻炼，经不起波折。这是作者对于倪焕之这种类型的小资产阶级知识青年所揭露的第一个特点。

作者所揭露的第二个特点是：一个追求进步的知识青年，当他接受进步思想、参加了一定的革命活动之后，对于革命与群众的关系、工农群众是革命的主要力量等等，在理论上是有所认识的，在感情上也会有所感受。有些评论者简单地认为倪焕之的悲剧是个人主义、没有认识到群众的力量等等。这种评论未必确切。倪焕之在五四运动时，就认识到“究竟同样是国民，国民的义愤大家都有”，对于以往认为“这个镇上的人未必能注重国家大事”的想法做了自我批评。在五卅运动中，他更狂热地沉醉于群众的浪涛中，热切地“讲到群众的力量”，真挚地歌颂“青年的短衫露着胸，苍黯的肤色标记”的出卖劳力者，感到他“眼睛里放射出英雄的光芒”，虔敬地默祝着：“露胸的朋友，你伟大，你刚强！……你是具有解放的优先权的！”② 当他要去参加一个群众集会时，他兴奋地“意想着正要去会见的青布短服的朋友，以及散在各处田野间的农人，只觉得他们非常的伟大”。他感到“得从他们学习”认

① 叶绍钧．倪焕之［M］．上海：开明书店，1934：317.

② 叶绍钧．倪焕之［M］．上海：开明书店，1934：308.

为“由他们的眼界看世界”，“可以证明路向没有错，更增前进的勇气”。“他设想自己是一尾鱼，沉没在‘他们’的海水中间，彻头彻尾地沾着‘他们’的气氛”；这种感觉使他“只觉一种变动已经发生在身体的微妙的部分，虽然身体依旧是从前的身体”。于是，当他到达工人集合的地方，就如“一个久客的游子望见了自家的屋标”①。由此可见，如果简单地认为倪焕之没有认识到群众的力量，就既不符合《倪焕之》这部小说所描述的事实，也不符合倪焕之这种类型的知识青年思想发展的逻辑。

问题在于倪焕之对于群众的力量的认识是抽象的，对于知识分子如何和群众结合的认识也是模糊的。叶圣陶在另一篇小说《在民间》② 中，对于这个问题进行了深刻的剖析。《在民间》写了两个青年学生，怀着近乎虔敬的心情去会见罢工的工人，她们把一切想象得那么美妙：“新鲜的世界，理想的生活，马上要展开于眼前了。”她们还把自己和工人群众想象为“我们是一伙儿”。然而，她们对于工人的认识是那样少，几乎一无所知。她们和工人之间的生活、思想、感情的距离是那样大，结果“完全不是这么一回事”。人是到了工人群众之中，但却“像个独游的骚客”。倪焕之的悲剧，也正在于此。他参加革命，并不真正和群众在一起，革命遭受挫折，他也就只有独个儿消极苦闷，而不能从群众中吸取真正的力量来支持自己的革命意志，也就看不见革命的前途。像倪焕之这样对于革命、对于群众，只有理论上的认识和冲动的热情，缺乏实际斗争的经验和彻底的改造，正是革命高潮中相当大量的小资产阶级知识青年的反映。然而，倪焕之的形象及其所走的道路，不但忠实地反映着历史，而且对于我们今天同样有其深刻意义：理论必须和实践结合，知识分子必须和工农群众结合，思想转变有待于实际斗争的锻炼与考验。

当然，在那个历史时期，并不是所有要求进步的知识青年都走着倪焕之这样的道路。在《倪焕之》中，塑造了三种类型的知识青年：倪焕之、蒋冰如和王乐山。他们都有知识、有热情，甚至可以说，在生活的起点上有某种程度的相似。但是，他们所走的道路是多么不同！

---

① 叶绍钧．倪焕之［M］．上海：开明书店，1934：329－331．

② 叶绍钧．在民间［M］//叶绍钧．城中．上海：商务印书馆，1934．

蒋冰如，当了高等小学校长之后，对于教育事业也颇想有一番作为。他对于教育改革是那样热心，几乎有点近于狂热，和倪焕之简直是一对。但是，蒋冰如改革教育的动机，正如金树伯所点破的："他没有做……田，有账房管着；店，有当手管着；外面去跑，嫌得跋涉；闷坐在家里，等着成胃病；倒不如当个校长，把小孩子弄着玩。"而且"还有一点儿私心……他有两个儿子，他要把他们教得非常之好。别人办的学校不中他的意；自己当了校长，一切可以如意排布，两个儿子就便宜了"①。建立在这样的动机上的教育改革，自然是碰到一点困难也就意兴阑珊了。在五四运动之后，比较激烈的斗争摆在面前时，蒋冰如在思想上、行动上就和倪焕之分道扬镳了，最后竟以"方便于转移社会"为借口而出任乡董。当他和倪焕之在上海重逢时，已经是两个时代的人物了，他不但已经是时代的落伍者，而且成为下一代的绊脚石，急于把他的两个儿子接回家乡去，不让他们参加运动。像蒋冰如这种知识青年也是有代表性的：他们曾经有过热情，却没有正确的认识，更谈不到革命的意志，于是在斗争中落伍了，像一粒尘埃那样被遗弃在路旁，随风飘荡，"未老先衰"。其甚者，背叛人民，投靠敌人，甘当统治阶级的爪牙。

和蒋冰如可以说基本上属同一类型的还有女知识青年金佩璋。她为了个人前途，害怕"女子嫁人就是依靠人，依靠人只有苦趣，难得快乐"，也表示"要做一番事业"，"要靠事业独立"，因此敢于从乡间到城市来读书。这也代表了五四时期在新思想影响下某些知识女子的思想与性格。在女子师范中，她接受了资产阶级的教育思想，也如蒋冰如、倪焕之那样向往于所谓"新教育，新生活"。但是她的教育，没有超出"贤妻良母"的范围，何况在她身上还遗留着封建统治对女子长期毒害的遗毒，如既不敢坦率地对倪焕之表白自己的爱情，又固执于结婚时的仪式；一旦结了婚，怀孕生子，就完全改变了她所曾经虚拟的理想。在《倪焕之》中作者特地对她做了一个精辟的分析：

> 这样，佩璋已变更得非常之厉害，在焕之看来几乎同以前是两个人。但若从她整个的生命看，却还是一贯的。她赋有女性的传统的性格；环境的刺激与观感，引起了她自立的意志，服务的兴味，

① 叶绍钧．倪焕之［M］．上海：开明书店，1934：9－10．

这当然是十分绚烂，但究竟非由内发，坚牢的程度是很差的；所以仅止生理的变化，就使她放了手，显现本来的面目。假如没有升学习师范的一个段落，那末她有这些话语同态度，就不觉得她是变更了。①

蒋冰如、金佩璋，一男一女；一个办了教育，一个还只读书；一个混进“社会”，一个缩回家庭。他们的处境性格都很不相同，但是却有如下的共同点：（1）他们都受过资产阶级的教育，具有资产阶级的教育思想。蒋要办一番事业，金要独立生活。他们的行动，在一定程度上都有反对封建的作用。（2）他们都是个人主义者，他们的办事业、谋独立的动机都“非由内发”。（3）因此，他们都在封建势力、传统习惯的面前低头了，妥协了。在《倪焕之》第二十四章，作者特意安排了这样一个场面：金佩璋来信规劝倪焕之“非能计其必赢，万勿轻于投资”；而蒋冰如赶到上海把孩子接回乡间去。

还有一种类型的知识青年，作者以王乐山为代表。王乐山“家里开着酱园，还有一些田，很过得去”。在中学读书，好运动，好捣乱，“喜欢看一些子书，以及排满复汉的秘密刊物”。但是，他参加了学生运动，参加了进步青年所组织的勤工俭学学习。在党的教育下，在实际斗争的锻炼中成长，走了完全正确的道路，成为坚强勇敢的革命者。虽然由于作者认识的局限性和生活体验不够，对革命青年王乐山的形象塑造比较模糊浮浅，但是，王乐山那坚定的革命意志和沉着的革命头脑，仍然为我们标示了一个崇高的形象。

从倪焕之、蒋冰如、王乐山这三种类型的知识青年身上，我们看到了在革命斗争中知识青年的分化。这深刻地教育我们：革命是熔炉，是试金石。只有口头的理论，只有抽象的认识是不够的，必须在党的领导下，在实际斗争中去接受锻炼与考验。因此，《倪焕之》中所分析的这三类青年及其所走的道路，对于今天的青年仍有深刻的教育意义。

《倪焕之》，从中国现代教育史的角度来看，它不但现实地反映了从五四运动前后到大革命时期的教育情况，而且生动地描绘了当时的教育活动，形象地刻画了当时的教育思想斗争。所以，这部作品应当在中国现代教育史上

① 叶绍钧．倪焕之［M］．上海：开明书店，1934：263．

有一席地位。在今天，让青年学生在学习中国现代教育史的时候阅读这部作品，不但有助于他们具体地掌握那个历史时期的教育情况，而且有现实的思想教育意义。所以，这部作品应当作为中国现代教育史这门课程的一部有价值的参考书。

引入堂奥，沐浴光辉

——《周恩来教育思想研究》评介[①]

周恩来同志，是深受中国人民爱戴的好总理，世界人民景仰的杰出政治家。他不仅为中国人民革命事业和建设事业立下了不朽的功勋，以其高尚的人格在人民心中树立起崇高的形象；而且在长期领导党和国家的实践中，对社会主义建设的各个领域，留下许多精辟的言论、重要的理论，在促进马克思主义在中国的发展，在建设中国特色社会主义理论上，具有历史的、现实的意义和极其重要的价值。周恩来的教育言论与理论，就是其中的重要组成部分。

周恩来同志从中国社会主义建设的战略出发，在新中国成立初期，就高瞻远瞩地意识到提高劳动者素质和培养人才在整个社会主义建设事业中的重要地位，因而特别关心并坚持不懈地推动教育事业的改革与发展。由于他的言论、思想散见于有关的讲话、报告、谈话、批示、指示及由他亲自主持或审批的法令、法规中，卷帙浩繁，因此对他的教育思想的整理研究工作进展较为缓慢。除公开出版的《周恩来教育文选》外，报刊上也常发表一些相关的研究论文。这些论文，大多是从某一个方面论述周恩来的主张。如知识分子问题与知识分子政策、人才及人才培养问题、青少年思想政治教育问题、理科教学和基础理论教学问题等等。其中虽不乏精深的研究，但缺少对周恩来教育思想全面系统研究的专著。

① 原载《教育研究》，1996 年第 10 期。作者：潘懋元。

中央教育科学研究所，从《教育研究》创刊号开始，就以研究、宣传周恩来教育思想为主要任务。他们经过多年积累资料，精心分析核实，在编辑出版《周恩来教育文选》的基础上，于1993年向国家教委教育科学规划领导小组申报了“八五”重点课题“周恩来教育思想研究”，经批准立项，并在短短的两年时间里，完成了专题研究报告和两份基本资料。《周恩来教育思想研究》① 一书，就是该课题的研究成果。

全书的主体部分即“专题研究报告”。除“前言”外，共分十章。从第一章至第九章分类论述周恩来的教育言论与理论，包括：教育的战略地位和作用；教育发展战略及各级各类教育（基础教育、师范教育、高中等专业教育、成人教育）；教育改革；青少年学生的思想品德及其成才基础；知识分子问题；科学技术与教育；端正思想路线，反对错误倾向；以及周恩来教育思想的哲学基础等，比较完整地反映了周恩来教育思想的重要方面。卷首的“前言”对研究周恩来教育思想的意义、周恩来教育思想的特点及其理论依据，做了简明的提示。第十章“周恩来教育思想研究评述”，简介党的十一届三中全会以来我国开展周恩来教育思想研究的进展情况、取得的成果和有待开拓深化的领域。除主体部分外，还附录“研究周恩来教育思想基本资料”共三编：“周恩来关于教育论述的专题摘编”；“周恩来与新中国教育大事年表（1949—1976）”；“研究周恩来教育思想的参考文献、专著、论文及其他资料目录”。编纂基本资料的用意，是为了给研究者提供一些客观的、基本的材料。作者认为它“虽然不是本书的主体，却更有意义，更有参考价值”。

《周恩来教育思想研究》一书，据我所知，是我国第一部公开出版的比较系统地论述新中国成立以后周恩来教育思想和实践的专著。它除了阐述周恩来教育思想的重要内容之外，还论证了其思想形成的历史条件、现实依据、理论意义和哲学基础；联系当前教育改革和发展的实际，指出其思想的现实意义与长远的指导意义；为教育工作者和研究人员提供了重要、翔实的文献资料。这本专著有如下几个特点。

① 赵德强，高宝立，韦禾．周恩来教育思想研究［M］．福州：福建教育出版社，1996.

一、把握周恩来教育思想的整体，引导读者进入周恩来教育思想宝库的堂奥

一般论述周恩来教育思想的文章，往往只从局部上或平面上阐述或评论周恩来有关教育的言论，读者难以从中窥其全貌，从源与流中掌握其实质。《周恩来教育思想研究》，除全面系统地论述周恩来有关教育的重要言论与理论外，着重引导读者从整体上把握周恩来教育思想的实质：一方面，探究形成周恩来教育思想的历史背景、现实依据、理论基础、哲学基础；另一方面，紧密联系周恩来领导与关心教育事业的实际活动，把周恩来的教育言论与教育实践紧密结合起来，融成整体。这样，摆在读者面前的周恩来教育思想就不是平面的，而是立体的。

在探讨周恩来教育思想的源流上，作者认为，周恩来一系列教育主张的客观依据是：新中国成立之初，我国面临前所未有的建设规模带来的巨大的人才需求和当时人才奇缺、劳动力素质低的矛盾，紧迫的现实促使这位肩负国家建设重任的总理高度重视人才的培养和劳动力素质的提高。由此而引申出周恩来特别关注教育事业的一系列言论与实践。作者进而论证周恩来教育思想的理论依据是马克思主义关于人的学说和生产力理论的结合，即人是生产力中最重要、最活跃的因素，人的因素在建设新社会中起决定性的作用。把生产力的发展和教育的发展在国家建设战略上联系起来，并由此引申出一系列尊重人才、重视教育的言论与实践。

在论述周恩来教育言论时，作者总是紧密联系周恩来关心教育的实际活动，并认为周恩来教育思想的一个鲜明的特点就是既高瞻远瞩又实事求是，把远见卓识和务实精神结合起来；坚持言行一致，理论与实践统一，不仅提出自己的主张，而且躬行践履，身体力行，做出表率。大者如亲自制定教育法规、知识分子政策，小者如亲自过问减轻师生负担、解决教师粮油供应。作者着力于把周恩来的教育思想和教育实践结合起来，引导读者充分认识周恩来教育思想的全貌。

这本专著，正是从周恩来教育思想的源流和教育思想与教育实践相结合

两个方面下功夫，使呈现于书中的周恩来教育思想内容丰满、形象鲜明，引导读者深入堂奥，沐浴一代巨人的光辉。

二、深入揭示周恩来教育思想的历史意义、现实意义与未来意义

周恩来长期任国务院总理，他的教育言论与教育实践在新中国成立初期所起的作用不难理解。但对于当前的教育改革、21 世纪的教育发展，是否还有指导意义？这一点，一般研究文章虽有所涉及，但不具体鲜明。《周恩来教育思想研究》一书，从两个方面论证周恩来教育思想的现实意义与未来意义。其一，是举出当前许多有关教育改革的重大决策实际上是周恩来所首先提出或预见到的。例如，关于四个现代化的建设战略，包括科技现代化的地位作用，是周恩来在 1963 年首先提出，以后又多次重申的；中国知识分子的绝大多数已是工人阶级的一部分，也是他在新中国成立初期就提出来，其后又在 60 年代反复申说并据以制定某些知识分子政策的，只是由于受到“左”的干扰，当时未能充分实现，党的十届三中全会之后才得到较好的贯彻。再如，“一主二从三结合”的理论，即大学应以教育为主，以科研、生产为辅，把教育、科研、生产结合起来，也是周恩来首先提出的；发挥学校自主办学的积极性，小学教育是整个教育建设的基础，发展成人教育与职业技术教育的重要性，要允许以至鼓励私人办学等，都是周恩来当年所主张而当前所推行的。至于当前教育上存在的一些突出问题，如改革教育体制、多渠道集资发展教育事业、提高教师工资待遇、减轻中小学生的负担等等，周恩来当年都曾经提过中肯而今天仍须贯彻的意见。其二，是把周恩来教育思想与邓小平教育思想贯穿起来，明确后者对前者的继承与发展，从邓小平教育思想的时代意义与战略意义上一定程度地体现了研究周恩来教育思想的现实意义与未来意义。例如，教育优先，宁愿牺牲一点速度，也要把教育搞上去的思想，在 50 年代，周恩来曾说过相似的话，“我们对教育事业的投资要超过任何一个工业部门”，“有些项目宁可少搞，不十分急的宁可推迟，也要把校舍搞上去，多办一些学校”，以及以经济建设为中心发展教育事业、“尊重知识，尊重人才”、“科技是生产力”等等，都可以见到两代领导人教育思想传承的轨迹。

当然，邓小平教育思想，在新的历史时期，有其重要的创新与发展。但从重要见解的一脉相传，似乎可以得出如下看法：首先，以辩证唯物主义为指导，实事求是地考察教育，得到“所见略同”的认识；其次，体现了战略家高瞻远瞩的眼光。可见，不论是周恩来教育思想，还是邓小平教育思想，都是我们研究 21 世纪教育发展战略的宝贵财富与有力武器。

三、另一个特点是文风方面的

某些所谓思想评介或研究的文章、专著，往往仅是材料的堆叠，大量摘引原始资料，述而不作或只做注解工作，以致结构松散，难以卒读。《周恩来教育思想研究》这本专著的主体部分引文很少。作者吃透思想实质，抓住要义，进行探索，有所发挥，并融入作者对当前一些教育问题的看法或建议。至于周恩来关于教育论述的原文，则分专题摘编附于书后，查阅也甚方便。因而全书文笔流畅，结构严谨，可读性强。

由于教育问题往往是综合、交叉的，很难决然分类，更由于课题的研究成果多数曾独立成篇，为求完整，内容重复在所难免。至于本书最后一章所提出的当前周恩来教育思想研究的不足之处，如早期教育思想研究不足、对老一辈革命家教育思想的比较研究不足，同样存在于本书中。还有一些研究领域，如周恩来论述科学技术与社会主义建设的关系、发展科学技术与人才培养的关系、继承中华民族优秀文化传统、在教育发展上正规教育与非正规教育两条腿走路的方针、广开学路的主张等言论与理论，还有待于进一步研究。希望“周恩来教育思想研究”课题组的同志，不以此书的出版为研究工作的终结，而是把它作为进一步深入和拓展研究的开端。

邓小平教育战略思想的形成逻辑及其超前意识①

邓小平同志在提出建设中国特色社会主义理论、制定经济与社会发展总战略的同时，也为教育发展指明了方向。人们所熟知的科学技术是第一生产力，教育是基础，把教育摆在优先发展的战略地位，教育改革与发展要坚持三个面向、要培养四有人才等等，都是高瞻远瞩的教育发展战略指导思想。这些思想的精义，论者已多，无须重复。本文所要探讨的是邓小平教育发展战略的形成逻辑及其所蕴涵的超前意识。

一、形成逻辑

毛泽东思想、邓小平理论都发展了马克思主义。而邓小平理论又发展了毛泽东思想。发展有两层含义：首先是继承，其次是创新。说邓小平教育理论发展了毛泽东教育思想，就意味着两者既有共性，又各具不同特点。毛泽东和邓小平都是以马克思主义的立场、观点、方法考察教育问题的；都把教育同社会发展联系起来，认为教育作为社会的一个领域，受社会发展所制约并为社会发展服务；都主张教育与生产劳动相结合，使学生德智体全面发展；都认为必须建立中国特色社会主义教育体制，反对照搬外国的教育模式。这些具有共性的基本观点，在他们各自的文章中，都有着充分的、深刻的体现。

---

①　原载《求是》，1999 年第 3 期。作者：潘懋元。

但是，毛泽东、邓小平的教育思想也有不同的特点。毛泽东教育思想形成于新民主主义革命时期和新中国成立初期，夺取政权、巩固政权是当时的中心任务，教育为无产阶级政治服务是当时的基本方针。邓小平教育思想主要是在社会主义现代化建设时期形成和发展起来的，提高生产力、发展国民经济是改革开放以来的中心任务，教育为社会主义现代化建设服务是这个时期教育的基本方针。而社会主义现代化建设的中心是经济建设，一切工作，包括教育工作，都应围绕这一中心而展开，为经济发展服务。

当然，思想的形成要受到个人主观因素的影响。由于毛泽东晚年对形势的错误估计，导致他未能按照党的“八大”的决议，及时领导全党全国进行工作重点的战略转移。这一伟大的战略转移任务，历史性地落在邓小平的肩上。为完成这一伟大的战略转移，邓小平提出了建设中国特色社会主义的理论。教育发展战略思想，就是这一宏大理论的重要组成部分。

邓小平教育战略思想的形成逻辑可以概括为：社会主义初级阶段的任务是社会主义现代化建设；社会主义现代化建设，经济建设是中心；经济的发展主要决定于生产力的发展水平；科学技术是第一生产力，现代生产力的发展水平，主要决定于科学技术的先进性，所以现代化建设，科技是关键；提高科技水平，发展科技事业，必须尊重知识、尊重人才；知识是依靠教育来传递与创新的，人才是通过教育来培养与提高的，教育是基础；社会主义现代化建设，必须把教育摆在优先发展的战略地位；教育的改革与发展，必须面向现代化、面向世界、面向未来，培养有理想、有道德、有文化、有纪律的社会主义新人。

应当指出，毛泽东、邓小平都认为，培养社会主义事业的接班人，应当把坚定正确的政治方向摆在首位。邓小平指出：“社会主义现代化建设是我们当前最大的政治，因为它代表着人民的最大的利益，最根本的利益”；“经济工作是当前最大的政治，经济问题是压倒一切的政治问题”。因此，“整个教育事业必须同国民经济发展的要求相适应”；“教育事业的计划”应该“成为国民经济计划的一个重要组成部分”；各级领导“要像抓好经济工作那样，抓好教育工作”。

历史已经证明，邓小平的教育战略思想是正确的、成功的。

二、超前意识

教育是长期性、长效性的社会事业。有人说："生产是今天，科技是明天，教育是后天。"也就是说，教育是面向未来的事业。今天所培养的学生，是21世纪的人才；今天所传递与创新的知识，是知识经济时代的经济基础。当我国开始进行社会主义现代化建设时，邓小平同志不但指出教育是基础，而且提出教育要面向现代化、面向世界、面向未来。三个"面向"，是邓小平教育战略思想的核心。

发展战略，就其本义来说，是指向未来的全局性谋划。但实际上，人们在制定一个地区、一所高校的发展战略时，往往只是根据历史背景、现实条件与当前需求，缺乏对未来的高瞻远瞩。也就是说，不是面向未来，而只是面向历史与当前。例如，一所高校在制定全校性的发展战略时，在学科专业建设上，往往只是根据当前人才市场的信息，增设若干"热门"专业，并且匆忙上马。至于这一专业是否可持续发展，心中无数。以致"热门"专业一哄而上，不但质量很难保证，而且会带来学科比例失调的后果。当"热门"专业成为"冷门"时，就陷于被动。因此，制定发展战略不但要根据历史背景、当前需求，而且要考虑到未来的可持续发展。如果从发展观来说，就是要把当前流行的急功近利的发展观，转变为可持续发展的发展观。在邓小平论著中虽未曾直接论及可持续发展的观点，但他所提出的"面向未来"已经蕴涵了可持续发展的思想。他说："我们不但要看到近期的需要，而且必须预见到远期的需要；不但要依据生产建设发展的要求，而且必须充分估计到现代科学技术的发展趋势。"

早在现代化建设启动初期，邓小平同志就预见到，经济发展初期主要靠政策，其后就得靠科技、靠人才、靠教育。而当时许多领导干部对于发展科技、发展教育的必要性认识不足，缺乏紧迫感。邓小平同志针对这一情况，要求各级党委和政府"要把教育工作认真抓起来"。他指出："我们国家，国力的强弱，经济发展后劲的大小，越来越取决于劳动者的素质，取决于知识分子的数量和质量。"他这里所说的经济发展的后劲，就是指经济的可持续发展。而决定这种发展后劲的，主要是科技、人才与教育的强弱。

有一个战略定位的问题必须辨明。人们往往把教育优先发展战略当作教育发展战略，由教育部门去实施。这种理解是不准确的。教育优先发展战略，是经济和社会可持续发展战略的重要组成部分。所谓优先，是同社会其他部门的发展相比较而言，就教育部门自身来说，不存在优先与否的问题。而对经济与社会来说，不把教育摆在优先发展的战略地位，只顾在物质生产层面上增加投入，提高产值，这种急功近利的发展方式，在工业经济时代已经显示出后劲不足的弊端，到了知识经济时代就更加要不得了。因此，实施教育优先发展战略，是邓小平同志对各级党委和政府提出的要求，对全党全国发出的号召。当邓小平同志提出要把教育摆在优先发展的地位，并批评“忽视教育的领导者，是缺乏远见的、不成熟的领导者，就领导不了现代化建设”的时候，知识经济的概念尚未提出，而邓小平教育思想的前瞻性已经蕴涵其中了。

邓小平教育战略思想的超前意识，还更深刻地蕴涵于他所提出的“科学技术是第一生产力”这一论断中。如何正确理解“科学技术是生产力”和“科学技术是第一生产力”呢？马克思曾说过，“生产力中也包括科学”，并且将科学与直接生产力并列称之为“一般社会生产力”。但在政治经济学教科书中，生产力要素是指劳动力、以生产工具为主的劳动资料、劳动对象三者，科学技术不是生产力的独立要素，而是影响生产力的外部因素，只有转化为劳动力或物化为生产工具才能在生产过程中起作用。因此我们对“科学技术是生产力”一向只能理解为“潜在的生产力”或“间接的生产力”。也就是说，它作为知识形态存在于“一般社会生产力”之中，并非独立地存在于具体的生产过程之中。如果说，在工业经济时代，这样的理解尚无不可，那么，到知识经济时代，如何理解知识、科技被纳入生产函数之中，成为生产函数的内在部分，是生产力提高和经济增长的内在动力呢？从工业经济到知识经济，知识、科技的作用越来越重要，这是无疑的；但从外部因素转变为内部因素，从外部影响转变为内在动力，这就不仅是重要程度的提高而是性质的变化。是不是可以这样说，以知识为基础的经济，知识本身就能增值，而不必转化为劳动力或生产工具。例如在一些高科技产业中、在信息产业中，以及在工程设计、咨询服务行业中，知识、科技就是作为独立的要素而被纳入生产函数之内的。这是当前经济学所要研究的新问题。然而，早在知识经济时代尚未露端倪的1988年，邓小平同志就以其洞察力和超前意识明确地提出“科学技术是第一生产力”的命题了。

邓小平教育战略思想的超前意识，产生于他对经济建设规律、科学技术发展态势的准确把握，与他所一贯坚持的解放思想、实事求是的思想路线密切相连。马克思说：“劳动生产力是随着科学技术不断进步而不断发展的。”随着生产力的发展，反映生产力的概念也要发展。但只有解放思想，才有打破传统观念、思维定式理论的勇气；只有实事求是，才能面对新情况，研究新问题，提出新的理论根据。

教育事业是面向未来的事业，学习研究邓小平教育思想所蕴涵的超前意识，不仅有助于我们制定面向未来的教育发展战略，更有助于我们遵循解放思想、实事求是的思想路线，培养适应知识经济时代需要的具有创新精神与创新能力的社会主义现代化新人。

邓小平恢复高考的战略意义①

1977年7月，党的十届三中全会召开，恢复并确立了邓小平同志的领导地位。邓小平同志复出后，自告奋勇抓教育，特别是着重整顿高等教育。这不仅因为高等教育是“文化大革命”期间的“重灾户”，更因为高等教育在社会主义现代化战略中具有不可代替的重要地位。然而当时高等教育秩序混乱、问题成堆。在千头万绪中，该从哪儿抓起？邓小平同志将恢复高考作为突破口。

当时我正在一所大学主管招生与考试工作，亲历这场拨乱反正的变革，感触至深。正是在这场变革中，我加深了对邓小平理论的理解以及对邓小平英明果断的魄力的崇敬。

在党的十届三中全会召开的同时，教育部已经在太原开了整整一个月的招生工作会议。8月初，拟出了《1977年高等学校招生工作意见（草案）》（以下简称《意见》）。虽在招生的具体做法上有些改进，但基本上仍沿袭着“文化大革命”中所形成的思想路线和基本方式。许多人感到不满，但秋季开学在即，时间紧迫，也无可奈何。邓小平同志得悉这一情况，亲自召开会议，制止《意见》出台，决定停止所谓“群众推荐”，恢复高考，宁可推迟招生，也要当年即行改正。于是，教育部重新在北京召开第二次招生工作会议。虽然停止推荐，恢复高考，废止只要初中文化程度就可上大学的规定，改为从高中毕业生中选拔大学生，这些前提已经确定，但许多重大的政策性问题，

① 原载《湖北招生考试》，2004年8月号。作者：潘懋元。

如高等学校培养目标是有社会主义觉悟、有文化的工人、农民还是高级专门人才，家庭出身与政审问题，择优录取与照顾工农子女问题，等等，争论仍很激烈。争论的实质是如何理解与对待毛泽东同志有关教育问题的谈话，如“春节指示”“五七指示”“七二一指示”等。为此，邓小平同志再次亲自过问高考招生问题。从否定“两个凡是”和“两个估计”的基本前提出发，对争论的问题一一做了明确的指示。同时，特别解决了限制上山下乡知识青年参加高考的超龄与已婚问题，使大批文化基础较好、经过实践锻炼的大龄知青获得参加高考的机会，从而实现了高考的择优选择，提高了高校新生的水平。实践证明，这些决定是英明的、成功的。至今人们都承认，1977 级、1978 级两级学生整体质量相对较高，毕业后对社会所做的贡献也较显著。他们中出了许多突出人才，正是当年所谓的“老三届”在其中起着中坚作用。

这里有必要说明，“文化大革命”期间，由于停止招生，普通高校在校生锐减。虽经 1971—1972 年陆续“复课闹革命”，以推荐方式重新招生，但在校生仍少于“文化大革命”前。“文化大革命”前的 1965 年在校生有 67. 4 万人，到 1976 年在校生只有 56. 5 万人，减少了 16%。而且这些“工农兵学员”的文化程度参差不齐，不少只有初中程度甚至小学程度，还有“白卷英雄”也混迹其间。与高校在校生减少相反，这期间中等学校在校生非正常地激增，从 1965 年的 1 431. 8 万人猛增至 1976 年的 5 905. 5 万人，增加了 3 倍多，其中普通高中生从 130. 8 万人猛增至 1 483. 6 万人，增加了 10 倍多。只从这一非正常的增幅，就可以反映出当年中学生，尤其高中生的知识水平如何。实际上，当时许多中学生只是挂名上学而很少学知识，要从这些高中毕业生中选拔合格的大学新生是很难的。如果了解当时的实际情况，就可以较好地理解邓小平同志为什么坚持取消一切限制，让广大上山下乡知青，尤其是让许多大龄已婚的“老三届”知青参加高考的意义。我国高校 1977 年、1978 年两年共招生 148. 1 万人，其中半数以上是历届上山下乡的知青，大大提高了大学的生源质量。

昔日的上山下乡知青，今天的高级专门人才，包括众多在事业上的成功者，应该怀着感激的心情，感谢邓小平同志为他们开辟了上大学的通道，感谢邓小平同志爱惜人才、爱护青年的苦心，但这还不是邓小平同志当年抓高考的全部意义。邓小平同志恢复高考的深刻意义是为了社会主义现代化建设，这同他的整个教育战略思想是一致的。

关于邓小平的教育战略思想，我曾在《邓小平教育战略思想的形成逻辑及其超前意识》一文中概括为：“社会主义初级阶段的任务是社会主义现代化建设；社会主义现代化建设，经济建设是中心；经济的发展，主要决定于生产力的发展水平；科学技术是第一生产力，现代生产力的发展水平，主要决定于科学技术的先进性，所以现代化建设，科技是关键；提高科技水平，发展科技事业，必须尊重知识、尊重人才；知识是依靠教育来传递与创新的，人才是通过教育来培养与提高的，教育是基础；社会主义现代化建设，必须把教育摆在优先发展的战略地位。”邓小平关于教育，尤其是关于高等教育的许多论点、决策、措施，都要摆在他的整个教育思想中来解读。对于他当年恢复高考，力排众议，坚持正确的改革方针，形成果断的决策，采取有力的措施，都要从整个教育战略的高度来解读，才能比较完整地理解其深刻意义。

刘佛年教授与高等教育学科建设①

悼念刘佛年教授，除了对他的学术造诣无限景仰之外，我更多的是怀着感激的深情，感激他在中国高等教育学科初创时期的倡导、指导与支持。

早在20世纪50年代初，刘佛年教授刚从国外留学归来，我就读过他的文章，为他精辟的教育理论所折服，学习他如何运用马克思主义的教育观点来分析、评价以往的形形色色的教育理论。他是我当时所景仰的教育理论家之一，而我以无缘做他的及门弟子为憾。

直到1964年初，我应邀参加一个教育理论研究班子（刘佛年教授是这个班子的组长），才有机会认识这位教育界的泰斗，聆听他的高论，与他交流思想观点，建立起亦师亦友的感情。这种感情是浓郁而非功利性的，在那个“逢人且说三分话”的年代，即使在“文化大革命”后期，我们也交往不断。我每到上海，必定悄悄地去看望他。或在他那狭窄的寓所（他已从比较宽敞的校长楼搬出来），或在附近的小馆子里（在所谓“反击右倾翻案风”的1975—1976年），我们都能不存顾虑地“抛心”。

这些陈年旧事，现在年轻一代已难理解，也无必要理解，不提也罢。只是我对刘佛年教授的感激深情，还有重提的必要，因为这不是纯粹个人之间的私情。

“文化大革命”后，我重新提倡研究高等教育理论，在中国建立高等教育

① 原载《常在明月追思中——著名教育家刘佛年先生纪念文集》，江西教育出版社，2004年。作者：潘懋元。

学新学科。这一倡议，高等教育实际工作者赞同者多，他们亟想有高等教育理论来指导办学实践。而教育理论工作者则颇多非议。他们有的认为教育学就是教育学，教育理论适用于各级各类教育，何必标新立异，另建学科；有的则认为教中小学生才需要教育理论与教学方法，教大学生只要有专门知识、学术水平就行了，世界上没有一所专门培养大学教授的师范院校。当然，也有不少教育理论工作者持赞同与支持的态度，刘佛年教授就是其中最热心的提倡与支持者。

1979 年 10 月，由华东师范大学（当时是尚未复名的上海师范大学）、厦门大学、北京师范大学、南京大学、兰州大学、清华大学、上海交通大学和上海高教研究会八个单位发起组织的中国高教学会第一次筹备会在上海华东师范大学举行，会议就由时任华东师范大学（上海师范大学）校长的刘佛年教授主持。这次会议，讨论了成立全国性高等教育研究组织的必要性与可能性，统一了认识，通过了《全国高等教育学会章程（讨论稿）》和《成立全国高等教育学会倡议书》，发给全国许多大学并在报刊上发表。这次筹备会在推进全国高等教育研究的组织上，起了重要的、广泛的作用。在中国高等教育研究史上有重要的历史意义。① 这同刘佛年教授的支持与带头是分不开的。

20 世纪 80 年代初，为培养高等教育学科的研究人员和师资，我同刘佛年教授商议招收高等教育学研究生，也得到他的大力支持。当年学校培养硕士研究生，不是先授权、后招生，而是先招生，有三届研究生培养经验之后，才可申请授权成为正式的硕士点。因而各校只要具备一定条件，就可以自主招收硕士生。但当时厦门大学只有一个规模很小的高等教育科学研究室，只有一位教授，无力开出全部硕士课程。而华东师范大学的教育学科师资力量雄厚，但教授们所研究的都是普通学校教育学，缺乏高等教育理论的指导力量。因此我们决定分别招生，合作培养。两校所招的学生一起先在华东师范大学学习教育专业的基础课程一年半，再到厦门大学学习高等教育理论和撰写高等教育学位论文一年半。中国第一批（1982、1983 两个年级）高等教育

① 李均．中国教育史上的创举：中国高等教育学会的发起、筹备和成立［J］．高等教育研究，2003（4）．

学科7名硕士，就是通过合作培养出来的。其后厦门大学师资力量成长起来，华东师范大学也有了专门研究高等教育学科的教授，才分别全程培养。这在中国高等学科的发展史上，也是一件体现创业维艰的史实。

刘佛年教授对高等教育学这门新兴学科的倡导、支持是一贯的。上面只是记下两件里程碑式的事例。在20世纪80年代，无论是在学位委员会的学科目录制订上、在教育学科评审组的评审上，还是在有关高等教育研究的历次学术会议上，他对高等教育学科建设都表现了高度的热诚，并且做了多次有关高等教育问题的学术报告。

高等教育学科初创时期，正是因为有这么一位德高望重、高瞻远瞩的教育学术权威的倡导、指导、支持，高等教育学科的建设才能顺利地、健康地发展。如今中国高等教育学已经形成一个庞大的二级学科体系，在中国高等教育事业的发展中做出了贡献；攻读高等教育学和高等教育管理专业硕士、博士学位的学生数以千计，可以告慰于刘佛年教授。

黄炎培职业教育思想对当前高等职业教育的启示①

在中国职业教育的发展史上，有两次特殊的机遇。第一次是在民国初年，民族资本经济快速发展，故对初级职业技术人才的需求日益强烈。许多教育家和实业家应时代需要，大力提倡职业教育，黄炎培即是其中的典型代表。他创立了中华职业教育社和中华职业学校，在实践中发展出一套较为系统和全面的职业教育思想，成为这一时期职业教育的先锋和模范。在他的影响下，全国各地纷纷开办职业技术学校。据统计，到1927年，各类职业教育机构达1 695所，其中设有职业专修科之大学及专门学校超过百所。② 职业教育可谓盛极一时。

从20世纪90年代末至今，生产力水平的提高和经济的快速发展需要大量中高级职业技术人才，我国职业教育迎来了发展的第二次大好时机。这一时期，高等职业教育进入决策者的视野，成为经济发展战略的重要组成部分。虽然今天的社会背景与黄炎培所处的时代已经有了很大的不同，人们对职业人才的需求层次也提高了，但是，黄炎培早期的职业教育思想对当前高等职业教育发展仍有积极的启发意义。

① 原载《教育研究》，2007年第1期。作者：潘懋元。

② 中国近代教育史资料汇编：实业教育·师范教育［M］. 上海：上海教育出版社，1994：552.

一、我国高等职业教育发展的当代背景：机遇与挑战并存，战略与战术矛盾

从1999年至今，我国高等职业教育的发展，可以概括为两句话：机遇与挑战并存，战略与战术矛盾。前者是指当前高等职业教育发展的形势非常好，但需要我们克服的困难很多，阻力也很大；后者是指我国发展高等职业教育的战略目标是正确的，但由于发展高等职业教育的战术措施与之不配套，二者间存在许多矛盾之处，因此，困难重重。

（一）机遇与挑战并存

我国高等职业教育近年来发展相当迅速，据《中国教育统计资料（2005）》载，2005年，全国高职高专有1 091所，在校生713万人，分别占到全国普通高校总数（1 792所）的61%和普通高校在校生的46%。在1 091所高职高专院校中，注册为高职的有921所，占全国全日制普通高校的半数以上，其他高专很多实际上都改为高职。可以说，高等职业教育已经占据了普通高等教育的半壁江山。

从政策层面看，高等职业教育获得了政府部门前所未有的高度重视。2005年11月，全国职业教育工作会议强调了职业教育在经济社会发展中具有极为重要的地位，明确表示政府将把发展职业教育作为经济和社会发展的基础与教育发展的重点。此后，各省纷纷召开职业教育工作会议，重新认识职业教育对社会发展的特殊意义，为高等职业教育的发展提供了良好的机遇。此外，教育部也明确提出，今后招生的增量指标，将主要给高等职业技术院校。所以，高职学校数和学生数还会继续增加，我国高等职业教育未来的发展形势仍将继续看好。在这样的背景下，高职院校办学呈现出勃勃生机。今天，万人高职院校已经比比皆是，全国百所“示范性高职”都办得非常好，许多高职院校的就业率甚至比普通本科院校还要高。因此，从整体来看，高等职业教育正处于发展的大好时机。

但是，即使是在这样的背景下，我国高等职业教育也仍存在许多令人困惑的问题。首先，部分学生宁愿放弃已被高职院校录取的机会，而选择重新

复读，一心要考普通本科。在内地的一些高职院校，新生入学率只有70%，甚至更低。此外，还有相当一部分已经入学的高职院校的学生，并不安心于学习职业技术专业，而是一心想着“专升本”，以拿到本科文凭为首要目标。很多高职院校也鼓励学生“专升本”，并没有认识到学好职业技术知识的特殊价值。这就对高等职业教育的继续发展提出了挑战，高等职业教育要取得进一步的发展，必须解决这个问题。

（二）战略与战术矛盾

从战略上来说，发展职业教育已经被写进了我国的国家政策中，被提到了“加快人力资源开发”“落实科教兴国、人才强国战略”“提高综合国力”“构建和谐社会”的战略地位，这说明国家在战略上对高等职业教育已经高度重视。在2005年11月9日发布的《国务院关于大力发展职业教育的决定》中，还提出具体的增长指标：“十一五”期间要培养1 100万名高职生。也就是说，高职毕业生将占到这五年高校毕业生的一半以上。此外，在发展道路上，也明确了要走校企合作、工学结合的道路，尤其是强调要依靠企业，发挥行业的作用。这为我国高职院校的发展指出了一个正确的方向，将引导高职办学体制从主要依靠政府转移到主要依靠行业和企业的道路上来。可以说，这些战略都是正确的，依此发展，我国高等职业教育将取得更好的成绩。

但是，在战术上的政策措施与战略目标却并不配套。

第一，“低投入，高收费”。政府对高职生的投入远远低于对本科生的投入，而高职生的收费却高于本科生。在一些省份，这两个差距甚至可以以倍数来计算。政府对高等职业教育投入不足，从而使高职院校不得不提高收费。“低投入，高收费”，已经成为影响高等职业教育发展的重要因素。

第二，“招生录取，先本后专”。高等职业教育目前绝大多数都是在专科层次，我国的专科招生一直都排在本科之后，本科三批录取完了才录取专科。而实际上，职业教育和本科教育是两种不同类型的教育，并不是高低两个层次的教育。“先本后专”这样的招生录取制度，将社会上重本轻专的偏见制度化了，成为高等职业教育发展的又一阻力。

第三，“录用人才，学历划线”。许多政府机关和国有企业，招聘人才要求本科以上学历，专科学生一律免谈，这也无形中强化了社会上重视本科而轻视高职的偏见，影响到相当一部分学生的入学选择。

第四，“院校地位，本正专副”。本科院校正厅级，专科院校副厅级，即使是规模很小、办得很差的本科院校，也总是“正”的；专科院校即使规模很大、办得很好，也总是“副”的。这必然使许多高职院校不安于专科地位，一心想要升级。

再者，专业设置是目录指导而非市场导向。高等职业教育应以满足各行业对技术人才的需求为目的，其专业设置应该尽可能地与市场需求密切对应。但现实是，一方面，意识到要依托行业和企业来发展高等职业教育；另一方面，却又为高等职业教育制定专业目录，要求高职院校按目录设置专业。虽然专业目录是参考性的，但若要开设人才市场所需的，专业目录中却没有的专业，就必须提请备案。而许多地方主管部门，视备案为批准。这无疑将影响到高职院校办学特色的形成和为地方服务功能的发挥。凡此种种，都是由于政策措施与发展高等职业教育的战略目标不配套，使高等职业教育在发展过程中出现了许多令人困惑的问题。

二、转变传统思想，改革战术措施

战略目标是通过战术措施来实现的，如果战术同战略不配套，甚至相矛盾，战略目标就会被架空，难以实现。近代著名职业教育家黄炎培的职业教育思想和实践，对于我们解决上述问题不无启示。

中国的传统思想重学轻艺，强调“士为四民之首”“学而优则仕”，对于职业教育，则一直存鄙薄之态。黄炎培在半个多世纪前曾感慨地说：“习政法所为事业，分利事业也，其趋之也如彼；农工生利事业也，其弃之也如此——吾为此惧。”① 直到今天，这种重致仕、轻四民，重学术、轻职业，重选拔精英、轻实用人才的传统思想仍然根深蒂固，且有意无意地成为制定战术措施的指导思想，因而也就会出现上述战略与战术矛盾的现象。传统思想虽然根深蒂固，但并非不可改变。在我国近现代教育发展史上，传统思想得

① 成思危．黄炎培职业教育思想文萃［M］．北京：红旗出版社，2006：27.

以改变的例子并不少见，黄炎培即是一例。黄炎培出身于书香门第，考过秀才，中过举人，但后来他并没有沿着读书做官的传统路子发展，而是大力宣扬实用主义，走上了办职业教育的道路，提出“求学必求当世必需之学，教人必教之为当世不可少之人”① 的实用主义口号，这与其所受的教育是很不相同的。从读书做官到实用主义，到职业教育，再到教育救国，黄炎培思想的转变，正说明了传统思想也可以改变。此外，民国初年职业学校之所以能取得较大的发展，其实也并不是因为学生出来能当官，而是培养出来的学生能够找到工作，能够养家糊口。

上述事例表明，传统思想尽管根深蒂固，但制度适时的改变也可以逐步地改变人的思想。今天的高等职业教育，也必须采取措施，改革不配套的战术措施，通过制度变革来改变社会对高等职业教育的传统认识。

（一）改变“低投入，高收费”的政策

高职收费比本科高，原本是在大众化初期不得已而为之的举措。1999 年，高校扩招，并以扩大高职招生为主，但由于财政有限，无法增加投入，只好给出高收费政策，允许高职院校提高收费标准。当时提出的理由实际上仍然是“分不够，钱来凑”，认为扩招进来的那些学生本来是考不上大学的，现在给了他们一个上大学的机会，因此，要求他们多出点钱似乎也合理。但在今天看来，这一理由其实是难以成立的。“低投入，高收费”的政策也只是一个权宜之策。时隔七八年后的今天，这一政策仍没有改变，就显得很不合理了。

首先，高职学生所需的生均设备，并不比本科生花费少。本科要建设实验室，固然要花很多钱，但高职院校要办好，也必须有实训场地和设备，这些花费并不比本科建实验室便宜。因此，不能仅根据学校类型来拨款，而应该从学校的办学需要出发，调整投入比例。

其次，高职学生群体很难承担高收费。高职学生很多是来自社会中下阶层，家庭条件较差，历来如此。对他们高收费不符合社会公平的原则。民初职业教育发展时，黄炎培深刻地认识到：职业教育是为贫苦百姓解决生计问题的教育，因而收费不宜高。他设立中华职业学校时，校址是选在上海西南

① 中华职业教育社．黄炎培教育文选［M］．上海：上海教育出版社，1985：12.

区，因为“上海之西南各区，民之贫苦无业的，较他处为多”，并确立了“应收寒素子弟求学，费用务使减轻”的招生原则。[①] 规定“工科甲种生，免纳学费，宿费不收”；“工科乙种生，学、膳、宿费，一概免纳；商科生宿费不收”。[②] 今天，职业教育主要是社会中下阶层子弟入学的特点仍没有改变，因此，从社会公平的角度出发，我国当前的“低投入，高收费”的政策也应该改变。改变“低投入，高收费”的政策，根据高等职业教育办学特点和办学需要调整投入比例，降低收费标准，提高高等职业教育办学者的积极性，增强高职学校对学生的吸引力，无疑是使高等职业教育获得进一步发展的重要举措。所喜的是，这一点已经在逐步改变。2005 年 11 月 9 日发布的《国务院关于大力发展职业教育的决定》，强调要加大对职业教育的支持力度，规定：“从 2006 年起，城市教育费附加安排用于职业教育的比例，一般地区不低于 20%，已经普及九年义务教育的地区不低于 30%。”2006 年各省召开的职业教育工作会议都明确表示要增加对职业教育的投入。情况有所好转，但是还不能从制度上解决对高职投入不足的问题，还需要各方面继续努力。

（二）改变“先本后专”的招生和就业制度

“先本后专”的招生制度也是传统重学轻术思想的反映。这种思想认为，本科对应于“学”，受重视，是高人一等的；专科对应于“术”，是比本科低一层次的。据此，招生上应该先录取本科，再录取专科。这背后更深层次的思想，是中国社会价值取向的单一化，认为事物之间、人与人之间，只有高下之分，而不承认其多样性。根据这一思想，人才与人才之间的区别是才能的高低，可以通过考试这一“选拔优秀人才”的工具区分出来；学校与学校之间的区别也是层次高低之分，因而本科一定就比专科高一等。这样，就只能按照考分的高低先录取本科，再录取专科了。这一思想之错误，恰恰在于事物不能以如此单一的方式来测量和评价。人与人之间的主要区别并不是才能的高下，而是才情的差异，所谓“天生我材必有用”。专科与本科院校的区

---

① 璩鑫圭，童富勇，张宇智．中国近代教育史资料汇编：实业教育・师范教育［M］．上海：上海教育出版社，1994：427.

② 璩鑫圭，童富勇，张宇智．中国近代教育史资料汇编：实业教育・师范教育［M］．上海：上海教育出版社，1994：435－438.

别，也主要是在人才培养类型上，而不是在培养层次上。对于前者，黄炎培旗帜鲜明地提出，职业教育是要“使人人依其个性，获得生活的供给”①，职业教育的目的，是“使无业者有业，使有业者乐业”②。“乐业”的方式，也就是根据个人的兴趣和才情，找到适合自己的职业。这正是对人的能力多样性的深刻认识。因此，他十分强调职业指导，认为这是职业教育的一个重要任务。“因职业的各个不同，与人的天性、天才、兴趣、环境的各个不同，替他分别种类，谁则宜某种，谁则不宜某种。”③ 当时的中华职业教育社也根据这一思想，制成了七种职业心理测量器，在学生入学的科目考试之外，对其进行心理测验，以考察学生适合在什么方面发展。以此观之，今天我们的招生考试制度，对高等职业教育实在是非常不利。高等职业教育与普通本科相比，是一种强调实践能力的教育，是另一种类型的教育。它和普通本科对生源的要求是不同的。因此，以单一的、全国统一的高考来决定这两种类型教育对学生的选择，并不符合以人为本的思想，必然无法使学生找到最适合其个性发展的途径。何况目前的高考制度是以理论型本科的招生标准来考试的，它根本无法考察学生的动手能力和职业潜能，不适合作为高等职业教育招生的工具。因此，这一制度迟早要改变，只是这一改变过程需要先经尝试，逐步推进。

同样，由于人的才情差异，在人才任用上我们也不能简单地以学历划线，而应该根据岗位特点来招聘人才，不拘学历，适者任用。

（三）改变专业设置方式，让学校依市场需求自主设置专业

高职院校应依据什么来设置专业？是依据规范了的专业目录，还是依据市场需要？这与高等职业教育的人才培养特点是密切相关的。与理论型本科不同，高职院校不是根据学科而是依据行业或岗位来设置专业，以培养的人才能满足工作岗位需要为目的。行业或工作岗位的变化是非常快的，社会发展会不断出现新的工作岗位，一些旧的工作会逐渐消亡。20 世纪 90 年代中期，有的学校开始试办“物业管理”专业，当时很多人都不知道这个专业是

① 成思危．黄炎培职业教育思想文萃［M］．北京：红旗出版社，2006：50.

②③ 成思危．黄炎培职业教育思想文萃［M］．北京：红旗出版社，2006：52.

干什么的，但是几年后，物业管理成为非常热门、就业非常好的一个专业，人才市场变化之快可见一斑。

同时，职业的地区性很明显。一些地区需要的特殊人才类型，也很难出现在全国性的、规范性的专业目录中，如果一所高职院校只能根据目录来设专业，对于新事物的预测、特殊需求的调查无法转化成实践，必然难以很好地应对市场需求，保证人才培养的适销对路。因此，对于高职院校专业设置的管理，最重要的不是规范其专业设置，而是如何促使学校做好市场调查。这些并不是我们今天的新认识，在黄炎培创办中华职业学校的时候，他就是这样做的。到今天，这仍然是值得我们学习的成功经验。

中华职业学校最初设置铁工、木工、珐琅和纽扣四科。其中铁工和木工科，是在学校自己组织的调查和委托其他机构进行的同类调查的对照中，确认当地人中从事铁工和木工最多的基础上设置的。“列为统计，则以铁工为最多，次为小工，次为小贩卖，又次为木工。小工与小贩卖，不足为固定职业，自为以木工为次多数。”委托调查“其结果亦以木工为最多……亦以铁工占次多数”。[①] 而纽扣和珐琅科则是“通过对海关进口情况的实地调查，发现珐琅、纽扣这两宗货物进口量特大，而实际上这两种货物国内完全有能力生产”[②]，因而设立了这两科，假如当时有“专业目录”，必然不可能设此两种。对于职业教育的专业设置，黄炎培特别强调应满足社会需要：“各种教育都应与社会需要为出发点，职业教育尤应如此……以占所造就人才是否能适应职业的环境，切合职业界的要求。”[③] 因此，他主张：社会需要什么人才，即办什么职业学校。这一思想，对于今天仍有重要的价值。

可见，由于职业教育人才培养的特点，近代职业教育家很早就意识到了应该由院校在充分调查的基础上自主设置专业。因此，高职院校应该有专业设置的自主权，不必以统一的“专业目录”来规范全国高职院校的专业设置。

---

① 璩鑫圭，童富勇，张宇智．中国近代教育史资料汇编：实业教育・师范教育［M］．上海：上海教育出版社，1994：428.

② 田正平．中国教育家评传：黄炎培［M］．上海：上海教育出版社，1989：649.

③ 成思危．黄炎培职业教育思想文萃［M］．北京：红旗出版社，2006：22.

三、发展：从数量增长到质量提高

我国高等职业教育的发展，从数量增长上来说，继续看好；从质量提高上说，则未可乐观。高等职业教育的质量要提高，需要解决好下列三个基本问题：高职院校发展的目标是什么，是不是“专升本”；高等职业教育质量提高的标准是理论，是知识，还是技能；职业技术人才的要求是强调一技之长，还是全面发展。

（一）高职院校发展的目标——“专升本”

笔者认为，当前不宜提倡“专升本”，也不宜“一刀切”地限制“专升本”。

首先，随着社会生产力的发展，职业教育的质量要求和办学层次会不断提高，这是必然规律。从国际职业教育发展的情况来看，随着社会生产力和生活水平的提高，职业教育的层次确实会不断提高。发达国家的职业教育已经出现了从中职向高职、从专科向本科甚至硕士层次的高位移现象。联合国教科文组织将职业教育列为5B类，5B类也是有本科和硕士层次的。比较我国两个时期对职业教育的需求层次也能看出这一问题。黄炎培所处时代对职业教育的需求主要是初级的，少量是中级的。今天，我国的职业教育虽然大量的是中职，但发展的重心正逐渐从中职转向高职，以适应经济增长方式从粗放型向集约型的转变。因此，可以断定，随着我国社会生产力的继续发展，高等职业教育的层次仍会逐渐提高，出现本科层次的高等职业教育是社会发展的必然要求。现在一些高科技的职业和专业就已经需要四年制的高等职业教育了。因此，不能“一刀切”地限制高职院校“专升本”。那么，是不是所有高职院校都应该朝“升本”的目标努力？由于职业技术有不同类型和不同层次，职业技术人员也因工作性质和岗位需要的不同，会有一定的分工，其所需要的教育程度也必然不同。这就意味着，不是所有的高职院校都应该发展为职业型本科院校，就如同今天虽然有了高职院校，但我们仍需要中等职业技术学校一样。以今天我国的生产力发展水平来看，大量需要的还是中专层次和大专层次的职业技术人才，因此，不是所有高职院校都应该朝本科目标发展。更重要的是，当前还不宜提倡高职院校“专升本”，这是因为我国高等职业教育的独立体系尚未建立，当前高职院校的升格，都只能走理论型本科的路子，而不是职业型本科。这对职业人才培养是十分不利的。一些办得很有特色的专科高校升格为本科后，很快就失去了自己的特色，反而不如专科办学时期发展得好了。因此，当前不宜提倡“专升本”。对于那些确实有需要又办得有特色的少量专业，如果允许其升本，则一定要坚持职业教育特色，走职业型本科的路子。

在我国职业教育发展的第一次高峰期，虽然没有“专升本”这样的问题，但职业教育家也注意到了不同职业专业的培养差异。当年中华职业学校采用的是一种多元学制的做法，即根据不同专业的特点，使学习年限长短并存。在其所办专业中，各科学制分别为：铁工科四年、木工科三年、珐琅科与纽扣科二年、商科三年、职业师范科三年或二年。① 这为我国高等职业教育学制改革提出了一个新的思路，即是否可以尝试按专业而不是按院校来确定学习年限。关于这一问题，还有待继续探讨。

（二）高等职业教育的质量标准——理论、知识、技能

高等职业教育的培养目标与规格、课程与教学等不同于理论型的普通高等教育，因而衡量其质量，不应以理论水平的高低为标准，而应以知识、技能是否与社会对职业技术人才的要求相适应为标准。

在高职院校的教学安排中，对理论知识的传授以够用为标准，最重要的环节是实习实训。因为实习实训是知识转化为技能的重要环节，因此，也是高等职业教育质量提高的关键环节。黄炎培在举办职业教育时就提出：“职业教育的目的乃在养成实际的、有效的生产能力。欲达此种境地，须手脑并用。”② 在中华职业学校的规定中，实习是被放在首要地位的：“生徒半日授课，半日工作，务各种技能达于熟练；每周授业时间总数约计 48 小时（授课 24 小时，实习 24 小时）；但至必要时于休息时间亦得课以实习。”③ 他对教育

---

① 璩鑫圭，童富勇，张宇智．中国近代教育史资料汇编：实业教育·师范教育［M］．上海：上海教育出版社，1994：431－444.

② 成思危．黄炎培职业教育思想文萃［M］．北京：红旗出版社，2006：102.

③ 田正平．中国教育家评传：黄炎培［M］．上海：上海教育出版社，1989：651.

质量的理解，也是以能胜任工作岗位为标准，“学生修业期满仅发修业证书，必须在工作单位实习一年，证明能胜任所担任工作后再发予毕业证书”①。初级和中级职业教育如此，高级职业教育就更应该如此。

与之相关的另一个问题，是高职院校的教师选聘问题。既然学生培养重视的是对知识、技能的掌握与应用，那么，教师也应该具有相当的实践能力和动手能力，而不应该是只懂理论的教师。黄炎培办中华职业学校时对教师的延聘更强调教师的经验和动手能力。“凡职业学校欲聘专门教师，如不易得学校教授与经验并重者，毋宁聘用职业经验者，较之仅受学校教授者必差胜。”② 用今天的话来说，就是专业课程要强调“双师型”教师，在“双师型”教师不可得的情况下，应着重聘用有职业经验与动手能力的教师。

当前，我国正在开展的高职高专院校人才培养工作水平评估，是以普通本科院校的评估指标为蓝本，只是对其要求略作降低调整而来，没有较好地考虑到高等职业教育质量的特殊性。比如其对教师的评估指标，更多地强调青年教师中取得研究生学历或硕士及其以上学位者的比例等，这些在使用过程中容易产生误导，尚待改善。

（三）职业技术人才的要求——一技之长还是全面发展

对职业教育质量的要求存在着两种认识：一种是认为应以理论水平高低为标准；另一种是认为只要学好专业知识，掌握一技之长，就符合高等职业教育的质量标准。以理论水平高低来评价高等职业教育的质量是不符合高等职业教育的特点的，那么，是不是有一技之长就可以算是合格的职业技术人才了呢？对于职业技术人才，要不要强调其全面发展呢？这个问题并不是今天才有的，在黄炎培办职业教育的时代，人们就有过同样的疑问。黄炎培的回答是：“人或疑主张职业教育，即不主张道德教育、公民教育。不知二者与职业教育，并非立于反对地位，岂得因入此而便疑出彼，况主张职业教育者，同时必须注重职业道德，而公民教育，实合公民道德与公民职业两者而成，彼此均不可须臾离之势。”③ 指出职业教育中必须包含道德教育，才能把学生

---

①② 田正平. 中国教育家评传：黄炎培［M］. 上海：上海教育出版社，1989：651.

③ 中华职业教育社. 黄炎培教育文选［M］. 上海：上海教育出版社，1985：58.

培养成具有公民道德与公民职业结合的人才。就今天的高职院校而言，高职院校的学生也是大学生，大学生的素质教育，对他们也应有所要求。我们在培养出一名职业技术人员的同时，也要将他培养成一名公民。因此，对高职院校的学生，不但要求他们掌握专业知识，也应该强调公民道德教育，应将他们培养成为全面发展的职业技术专门人才。

但是，高职院校的素质教育有其特殊性，不能照搬普通本科院校素质教育的要求与做法。首先，在素质教育内容上，除一般素质的基本要求外，应着重于职业人文素质，培养学生诚信、合作、负责、敬业、创业等职业精神、职业道德、职业态度。其次，在做法上，由于高等职业教育年限较短，技能实训任务较重，应当少开或不开专门的素质教育（或称通识教育）课程，将人文素质教育渗透于课程教学或技能实训中。此外，在使教育要求内化为学生素质的过程中，应该更加重视校园文化和实训基地的人文环境建设，使学生在环境熏陶下自然形成良好的公民素养，成为全面发展的职业技术人才。

教育事业家陈嘉庚教育思想新探①

陈嘉庚在中国现代教育史上占有一个特殊的地位。这不仅由于他毕生致力于发展教育事业，在国内和南洋兴办了几十所大、中、小学，树立了捐资办学的典范，更由于他具有现代中国特色的、对发展中国教育事业有其现实意义的教育思想。陈嘉庚的教育事业，蕴涵着明确而深邃的教育思想。

陈嘉庚所创办的教育事业，我身受其泽；陈嘉庚的办学精神，素为我所景仰；而陈嘉庚的教育思想，我的认识却很浅。这里只能谈点学习陈嘉庚教育思想的新体会。

我认为，陈嘉庚的教育思想是在一定历史条件下，继承中华民族文化传统中的精华，兼采西方现代文明思想而形成的。

尊重知识，尊敬教师，是中华民族的传统思想，“士为四民之首”，剔除其“劳心者治人”的封建糟粕，多少反映了对知识与人才的尊重；“礼贤下士”，更是历代所称颂的美德；“建国君民，教学为先”，用今天的话说，就是治理国家、建设社会必须依靠教育。而振兴教育，又必须“尊师重道”，因为“道之所存，师之所存也”。在中国文化传统中，教师具有崇高的地位。这种遗风，多少还保留在中国纯朴的农村社会和一些受中国文化传统影响的东方国家中。陈嘉庚少年时虽然只两度在私塾念了约十年书，对中国古代文化仅“略有一知半解”而已，但生于中国农村，长于中国文化传统气息浓厚的新加

① 原载《中国高教研究》，2007年第10期。作者：潘懋元。本文系作者在“陈嘉庚教育思想研讨会”上的讲话摘要。

坡华侨社会中，因此不难设想其受到过的中华民族文化传统的影响。这种影响，在他一生的言论中，随处可见。面对当时内忧外患、经济凋敝、教育窳败、民众愚昧的现实，亲受“海外孤儿”任人欺凌的痛苦，更培育了他强烈的爱国思想，立下了“救亡图存，匹夫有责”的壮志和“教育为立国之本，兴学乃国民天职”的信念。这一信念，贯穿于他一生的教育实践中，老而弥笃。但是，时代毕竟不同了。在资本主义生产力迅猛发展的20世纪初，经济实力成为富强的基础；在列强的军事与经济侵略下，他认识到非振兴实业不能富强。而他本身又是一位早年参加辛亥革命的实业家，为革命活动与工商业的经营往来于得西方现代文明风气之先的“南国”和“南洋”，广泛接触革命家、实业家和学者，使他得以用当时的新思想净化掉那些旧文化传统中不合时代潮流的糟粕，在东西方文化交会处形成了办实业、兴教育的报国思想。

陈嘉庚的报国思想是既要发展经济，又要发展教育，而发展经济有赖于发展教育。他说：“振兴工商的主要目的在报国，但报国的关键在提倡教育。”“教育不振则实业不兴，国民之生计日绌。”也就是说，在报国的两大任务中，他认为兴教育比办实业更有深远意义。因此，当他的企业经营失败，经济陷于困难境地，有人劝他减少对厦门大学、集美学校两校投资时，他斩钉截铁地回答：“企业可以收盘，学校不能停办！”“宁可关闭大厦（企业），也要支持厦大！”如此思想，不但比之当年的实业救国论者看得更全面，也比今天那些只追求产值而忽视教育者站得更高，看得更远。

陈嘉庚的教育思想，继承了中华民族传统文化中的精华而弃其糟粕，兼采西方现代文明思想而斥其消极影响。

中国有尊师的传统，又有严师的要求。“师者，人之模范也。”（扬雄：《法言》）“凡学之道，严师为准。师严然后道尊，道尊然后民知敬学。”（《礼记・学记》）陈嘉庚正是认为办好学校，“第一问题”是要有优秀的师资。而对于优秀教师，必须给予优遇。他在办学过程中，筹集资金、建筑校舍、充实设备，为学校创造良好的教学环境，自无待言。而他殚精竭虑、多方请托，则是为了遴聘优秀教师。积累多年的办学经验，他感叹“最难者教师，此为第一问题”。严师难求，所以他非常重视师范教育。为培养合格的小学教师，他创办集美学校，首先设立的是师范与中学两部。开学第一年，中学只设两班，师范竟设三班。其后，集美学校先后办了普通师范、简易师范、女子师范、幼儿师范和乡村师范多种班级。创办厦门大学，首先建立的是商学与师范两部。商学部为培养经营管理人才和职业学校教师，而师范部则为培养合格的中学教师。其后，师范部扩展为文学院、理学院和国内外知名的厦门大学教育学院，下设教育原理、教育心理、教育行政、教育方法四个学系。他还经常资助优秀青年升学或留学，多方培养新师资；对于优秀教师，则不惜重金礼聘，给予优厚待遇，但绝不把教师当作被雇佣者。他在一封办学的指示信中说：如果“聘请教师如同市上购物，可以到时选择”，则“稍好教师早被他人聘走，决无待价而沽之理”。陈嘉庚当时所办学校，对教师的尊重、教师待遇的优厚，在一般公立学校之上。厦门大学、集美学校在一个时期里，名师汇集，声名卓著，海内外学生慕名远道前来就学者甚多。

名师吸引了来自全国和南洋的优秀学生，优良的学风、齐全的设备和优厚的待遇使学生安心向学。集美学校不但校舍宽敞、设备齐全，中学生免交学费与宿费，只交膳费，师范生全免。学校还提供被席、制服，充分体现了中国文化“养士”的尊重知识、尊重人才的传统遗风。

但是，中国文化传统也存在许多糟粕，如封建宗族帮派和地域观念、重男轻女以及求学只读死书等。陈嘉庚竭力打破宗派观念，反对“办学而分帮派”。他主张办学不应有“区域意见”“省籍区别”。如劝说集美陈氏各族私塾联合起来办成“乡立集美两等小学校”；召集新加坡、马来西亚等地 16 所华侨学校通力合作，成立“华侨南洋中学”；创办厦门大学，规定“大学生不分省界”。当潮州拟办大学时，他更进一步指出：“潮州创办大学，非但为潮州之大学，乃中国之大学；不但为中国之大学，将来亦可为东南亚之大学。”又如陈嘉庚否定“女子无才便是德”的传统陈腐观念，在闽南首开女禁，设立女子小学，给就学女生以生活津贴，鼓励女子上学，其后还在海内外办女子中学、女子师范多所。再如，陈嘉庚极力反对旧式教学内容与方法，认为“对学生不但教其识字而已，其他如知识、思想、能力、品格、实验、体育、园艺、音乐以及其他课外活动，均须注意，与正课相辅并行”。这个道理，在今天看来很简单明白，但在近百年前，新学、旧学交争之际，陈嘉庚显然站在新学前沿。他在集美学村，不但为学校建筑了当时可谓规模宏大的图书馆、科学馆以拓广学生知识，而且建置了美术馆、音乐馆、军乐亭、俱乐部、体育场等场馆设施以丰富学生课余生活。他对于体育尤为重视，指出“有一部分同学只着意攻书，而对于课外运动不甚注意，是未悉三育并重之宗旨也”。上述这些事例，都可以说明陈嘉庚在办学过程中，结合东西文化之精华而弃其糟粕，形成了他的教育思想并付诸实践，在中国现代教育史上有其特殊的地位。

陈嘉庚的教育事业与教育思想，不但有历史的贡献，而且有现实的意义。陈嘉庚作为爱国华侨领袖与实业家，为祖国与华侨教育事业鞠躬尽瘁的崇高精神，感召海内外无数爱国人士，捐资兴学之风，代代相传。陈嘉庚的教育思想，在今天新的历史条件下，仍有重要的启示：为什么陈嘉庚把发展经济与发展教育并列为振兴中华的两大任务，并且把“兴教育”作为办实业的前提，不是只追求产值而把“教育优先”挂在口头上？为什么陈嘉庚不惜耗尽全部资财办学而不是斤斤计较于教育投资？为什么陈嘉庚在实践上尊师、严师而不是口头说说而已？这些，难道不正值得我们思考吗？

今天我们正沿着中国特色的社会主义道路前进，建设和谐社会，推进教育现代化。研究、弘扬陈嘉庚教育报国的思想和对教育事业无私奉献的精神，是有现实意义的。

近现代教育史

第二次国内革命战争时期革命根据地的教育[①]

一、前言

第二次国内革命战争时期，中国共产党所创建的革命根据地和所领导的革命战争，“成了新时期中国革命斗争的主要内容，成了全国政治生活中的重要势力，成了蒋介石反革命统治的最大威胁和全国劳动人民的最大希望”[②]。

革命根据地，多是交通比较不便的农村地区，原来的经济、文化基础都很差，而且处在白色政权的包围中，面临着蒋介石反动军队疯狂的“围剿”。但是，中国共产党领导根据地人民群众，进行土地革命，扩充工农红军，建立红色政权，多次粉碎了敌人的“围剿”。工农群众翻了身，提高了阶级觉悟，过着人民民主生活。农民分得了土地，提高了劳动热忱，发展了土地生产力，生活大有改善。1933 年毛泽东在《才溪乡调查》中谈到贫雇农的吃饭方面改善了 100%，吃肉方面增加了 100%，暴动后做衣服比之前增加了 300%；1934 年第二次全国苏维埃代表大会也指出当时农民的生活水平比国民党统治时至少提高了 1 倍，过去一年中农民有许多时候吃不饱饭，困难时候竟要吃树皮、糠秕，现在一般情况下不仅没有饥饿，而且生活一年比一年丰

① 原载《厦门大学学报（哲学社会科学版）》，1957 年第 2 期。作者：潘懋元。
② 中国共产党的三十年［M］. 狱南人民报社，1951：28.

足，有些好了一倍，有些竟好了两倍。工人的实际工资也大有提高，以汀州一地为例，革命前后比较，最少增加了30%（木匠），最多竟增加了14.5倍（布业工人），一般增加3~5倍。①

由于政治上的民主与经济上的发展、工农生活的改善，根据地的文化教育事业却有了迅速的发展。如瑞金一地，革命前仅有绵江中学1所，储材高小1所，四郊各有小学1所，乡间只有一些私塾。全县学生不过2 000余人，入学的多是族里有学款资助的有钱人家的子弟。革命后每乡均有列宁小学，小学生达6 000多人，而且还有数量很多的夜校、识字班和俱乐部等组织。1934年第二次全国苏维埃代表大会，“根据江西、福建、广东三省的统计，在2 932乡中，有列宁小学3 052所，学生89 710人；有补习夜校6 462所，学生94 517人；有识字组（此项只算到江西、广东两省，福建未计）32 388组，组员155 371人；有俱乐部1 656个，工作人员49 668人。这是中共苏区一部分的统计”②。

在当时革命战争的环境中，为了取得战争的胜利，共产党提出了“一切苏维埃工作服从革命战争的要求”，作为当时苏维埃工作的总方针，也就是一切政策的出发点都是为了动员、组织、武装全苏区的工农群众进行坚决的革命斗争。根据这个总方针，1931年第一次全国苏维埃代表大会所通过的《中华苏维埃共和国宪法大纲》第十二条规定：“中国苏维埃政权以保证工农劳苦民众有受教育的权利为目的，在进行国内革命战争所能做到的范围内，应开始施行完全免费的普及教育，首先应在青年劳动群众中施行，并保障青年劳动群众的一切权利，积极地引导他们参加政治和文化的革命生活，以发展新的社会力量。”③ 1934年第二次全国苏维埃代表大会，又明确地提出革命根据地文化教育的总方针和文化建设的中心任务。文化教育的总方针是“在于以

---

① 中华苏维埃共和国中央执行委员会与人民委员会对第二次全国苏维埃代表大会的报告［Z］//苏维埃中国：第2集．中国现代史资料编辑委员会翻印，1949：268，209，475.

② 中华苏维埃共和国中央执行委员会与人民委员会对第二次全国苏维埃代表大会的报告［Z］//苏维埃中国：第2集．中国现代史资料编辑委员会翻印，1949：283.

③ 中华苏维埃共和国宪法大纲［Z］//苏维埃中国：第1集．中国现代史资料编辑委员会翻印，1949：20.

共产主义的精神来教育广大的劳苦民众，在于使文化教育为革命战争与阶级斗争服务，在于使教育与劳动联系起来，在于使广大中国民众都成为享受文明幸福的人”。文化建设的中心任务“是厉行全部的义务教育，是发展广泛的社会教育，是努力扫除文盲，是创造大批领导斗争的高级干部”①。

革命根据地的教育实施，在贯彻上述方针与完成上述中心任务上，做出了重大的成绩，获得了许多重要的经验。下面就当时中央苏区的干部教育、小学教育、群众文化教育与教育领导几个方面提供若干研究资料。资料范围以中央苏区的教育为主，也略旁及其他地区。本文初稿成于1951年，数年来继续搜集补充，今夏又赴瑞金、闽西等地补充与查订，但恐仍有错漏，希望读者指正。

二、干部教育

第二次全国苏维埃代表大会曾提到：苏区还缺乏完备的专门教育的建设，但为了革命斗争，我们已设立了红军大学、苏维埃大学、马克思共产主义大学，以及教育部领导下的许多教育干部学校。② 这三所大学叙述如下：

马克思共产主义大学：党的干部学校。在1933年马克思逝世五十周年纪念日时创校。校址初设瑞金叶坪附近的洋溪，后迁沙洲坝。曾设有三种训练班：①新苏区工作人员训练班，主要是训练新苏区和白区的工作人员，学额80名，学习时间2个月；②党、团、苏维埃、工会工作干部训练班，共设置4个班，每班学额50名，学习时间4个月；③高级训练班，训练各省委、省苏及省工会派送的高级干部学员，学额40名，学习时间6个月。以上各种训练班的学习科目各不相同，都有马克思列宁主义基本原理、党的建设、工人运动、历史、地理、自然科学常识等。

苏维埃大学：苏维埃政治干部学校。1933年秋成立，校址在瑞金沙洲坝。

① 中华苏维埃共和国中央执行委员会与人民委员会对第二次全国苏维埃代表大会的报告［Z］//苏维埃中国：第2集．中国现代史资料编辑委员会翻印，1949：285.

② 中华苏维埃共和国中央执行委员会与人民委员会对第二次全国苏维埃代表大会的报告［Z］//苏维埃中国：第2集．中国现代史资料编辑委员会翻印，1949：284.

当时为了培养大批新的工作干部以适应战争时期政治、经济建设各方面的需要，由毛泽东主席亲自兼任校长。预定招生达 1 500 名（实际入学数若干未详）。内设特别工作班（本科）和普通班（预科）两部。特别工作班分土地、国民经济、财政、工农检察、教育、内务、劳动、司法等八班，学习内容包括理论、实际问题和实习三部分。学习时间半年。普通班是对文化程度不够的学员给予补习教育，学习时间不定。学员的入学资格规定：必须在政权机关、群众团体或党、团员负责工作半年以上，并有积极表现者；在边区积极参加过革命斗争或在各种突击工作上有成绩的也可被吸收。可见对学员的要求很着重革命斗争锻炼与经验。

红军大学（全称“工农红军郝西史大学”，以纪念 1927 年广州人民起义时牺牲的苏联领事馆副领事郝西史）：前身是 1931 年秋建立的红军学校，1933 年改建为红军大学。校址在瑞金大窝的森林中。学生由红军各军选送，培养营、团以上军事干部。内分高级班、上级指挥科、上级参谋科等。教学除上课外，着重总结作战经验和军事演习。当时党中央和军委会领导人刘少奇、周恩来、朱德、任弼时、董必武、邓小平、刘伯承、萧劲光等同志，都曾在红军大学做报告或担任教员，程子华、宋任穷、刘道生、何长工等同志都曾在此学习。①

在中央苏区的军事学校，除红军大学之外，还有下列几所学校：

工农红军彭杨步兵学校（为纪念彭湃、杨殷两位同志）：初名“红军第一步兵学校”，校址在瑞金九堡，学员约千人，学习时间 4 个月，培养连、排两级干部。

工农红军公略步兵学校（为纪念黄公略同志）：初名“红军第二步兵学校”，校址在雩都，学员约八九百人，学习期限和培养对象与工农红军彭杨步兵学校同。

工农红军特科学校：校址在瑞金武阳围，内分炮科、工科、轻重机关枪队、高射队等，学员约 400 人，学习时间 1 年。

游击队干部学校：校址在瑞金近郊上下坊，调训各游击队、独立团、赤

---

① 何长工．回忆红大、抗大和军大［N］．光明日报，1957－09－15．

卫队干部，学员约 300 人，学习时间 3 个月。

红军大学、工农红军彭杨步兵学校、工农红军公略步兵学校、工农红军特科学校和游击队干部学校等五校是 1933 年由工农红军学校分别改组而成的。工农红军学校成立于 1931 年秋，校址在瑞金城内夫子庙后杨姓宗祠。内分步兵科、机关枪科、炮科、工科等。各地有分校，如永定虎岗乡设有彭杨军事政治第三分校。

此外还有红军卫生学校，校址在瑞金田坵乡，专门训练医务人员，学生约百人，学习时间八个月。该校印有医药教科书数十种，并有附属医院。无线电通讯学校，校址在叶坪山岗，专门训练无线电报务员，学生约百人，学习时间 1 年半。除此之外，还有各种短期训练班，如供给员训练班。

除中央苏区之外，各区也有相类似的军事、政治干部学校。如豫鄂皖区有工农干部学校，校址在新集，由各县的赤卫队、少先队派送学员，培养红军和苏维埃工作干部；随营学校，在叶家集，调训红军中的军事干部；彭杨步兵学校，也在新集培养苏维埃工作干部。又如闽北军政学校，校址在崇安。除了上述的军事、政治干部学校之外，革命根据地也办了农业学校、艺术学校和师范学校。分述如下：

中央农业学校：校址在瑞金城外东郊乡东山寺。学校的任务是：（1）培养农业建设干部；（2）搜集苏区农民群众经验和农事试验场的经验，加以科学的整理，广泛进行一般农业技术传播；（3）与土地人民委员部、建设局发生密切的联系，计划苏区的农业建设。（《中央农业学校简章》）学校设本科、预科和教员研究班。本科学习时间一年，学习内容分为：政治常识，包括基本政治常识和苏维埃建设的实际问题；科学常识，包括气候常识、植物生理和病理常识、简易测量和算术常识等；农业知识，以实习为重点学习苏维埃主要农作物的栽培法和育种法，苏区现有主要肥料的制造、保存和施用法，主要农作物的病虫害预防和消灭方法，农业经营法，作物概论，土壤改良法，农业品简单制法及保存法等。预科从实习中准备农业简单常识和必要文化。教员研究班是由教员组成的研究机构，用科学的实验方法，根据苏区的经济条件研究苏区农业。此外，还附设农事试验场和农业产品展览所，一方面作为学生的实习场所，另一方面对群众推广优良品种、优良栽培方法和除病害虫的方法。由此可见，中央农业学校是把教学、研究和推广工作，即农业学校、农业研究所和农场的工作结合在一起。学生毕业后，由当地人民委员部统一分配工作。

高尔基戏剧学校：培养苏维埃文艺人才和剧团干部。于 1933 年成立，校址在瑞金西郊下坊（一说在城内西杨桥），后迁沙洲坝赖屋。学习时间 4 个月，学习内容前期（1 个月）为唱歌（发音、音符）、舞蹈（动作姿势、跳舞）、活报（排演、解说）等，后期（3 个月）为俱乐部问题（剧社工作、剧团工作、俱乐部组织等）、戏剧理论（舞台、剧本、排演等）。课外还要早晚练习跳舞、唱歌、军事操以及学习中西乐器、文艺、故事、歌谣等。中央苏维埃剧团是一个独立的组织，但设在高尔基戏剧学校内，一方面帮助学生的实习工作；另一方面利用学校的设备。剧团没有演出时，经费也由高尔基戏剧学校开支。

中央列宁师范学校：校址在瑞金洋溪，内分本科和预科。本科培养县、区教育行政人员，预科培养列宁小学的教师。学习时间均为 6 个月。学生由各省选送，如 1932 年江西省苏维埃就向中央列宁师范学校选送学生 305 人。中央列宁师范学校的前身据说是江西省立列宁师范学校，学习时间较短，学习科目有政治常识、教授实习、算术、唱歌、图画手工等，学生由各县小学教师调派。又，各地也有列宁师范学校之设，如闽西列宁师范学校设于永定县的虎岗乡。

此外，各县办有短期的教育干部训练班，也是培养县、区教育行政工作人员和列宁小学教师。还有现职教师轮训班和寒暑假讲习会等，所起的作用很大。如 1932 年 1 月，江西省在瑞金办了 1 500 人的列宁小学教师训练班，训练 1 个月，1932 年 2 月就把各乡的列宁小学配备起来了。1934 年初，中央教育部把这些培养教育行政干部和师资的学校统一规定为下列四种类型：

（1）小学教员训练班：寒暑假期间办，训练现任或将任的列宁小学的教师。学习内容主要为小学管理法及小学五年级的教材，并讨论社会教育问题和政治问题。

（2）短期师范学校：迅速培养教育干部和小学教师。学习内容基本上与前同，但须加习教育行政略论、政治常识和科学常识，学习时间 2 ~3 个月。

（3）初级师范学校：培养能运用新的教学法来进行教育的小学教师和社会教育干部。学习内容有小学各种教授法、小学组织与设备、社会教育问题、教授方法总论、教育行政概论、政治常识与自然科学常识等，学习时间3～6个月。

（4）高级师范学校：培养训练班、初级及短期师范学校教员和教育行政干部。学习内容以教育文化的专门知识为原则，但在学生还缺乏普通教育基础的情况下仍以综合教学为主要部分，计有教育学、教育行政、社会政治科学、自然科学和国文文法等，学习时间为六个月至一年。[①]

各级师范教育都重视实习，如短期师范学校、初级师范学校都规定必须有30%的时间从事实习和社会工作。对于劳动妇女录取从宽，但入学后得增加一定的文化补习时间。

从上述政治、军事、医农、艺术、师范各种干部教育的情况来看，由于当时处在战争的环境中，又迫切需要大量干部，所以都具有速成的性质，学习期限较短，各项设置也较简单，贯彻着革命办学的精神。尤其是各种干部的教育，都贯彻了“理论联系实际”“教育与生产结合”的精神。如：红军大学的教学，是“理论与实际并重，前方与后方结合”[②]。学员把自己的战争经验经过讨论系统化起来，然后用以武装自己。为紧密地联系战斗实际，红军大学派学员参加每次前线战斗的指挥集团工作。有时前线的指挥人员、政治委员或参谋人员伤亡，往往由红军大学派学员暂时代理，一直到战斗结束，新的人员接任后才回校继续学习。由于红军大学与前线建立了这样密切的联系，可以随时搜集前线丰富的作战经验，因此教学更加生动、丰富，具有极大的现实性。其他的军事学校，也都装备有各种武器，一方面是军事教育的学校，另一方面也是一个武装单位，随时可以应战。又如：各级师范学校，如上所述，规定了30%的时间从事实习和社会工作，并要参加附近的夜校、识字班工作；高尔基戏剧学校的学员，除在中央苏维埃剧团实习之外，还要分派到各地的俱乐部、剧社、剧团实习；江西医校的学习主要是在临床中进

① 以上引自《小学教员训练班简章》《短期师范学校简章》《初级师范学校简章》《高级师范学校简章》。

② 何长工．回忆红大、抗大和军大［N］．光明日报，1957－09－15．

行；中央农业学校以实习为重点来学习各种农业知识，而且主要学习苏区所有的农作物的栽培、育种方法和肥料制造、保存、施用方法等。

各类学校编选教材，也是贯彻着“理论联系实际”“教育结合生产”的精神。这里仅举出徐特立同志所编的《农业常识》为例。《农业常识》分上、下两册，上册是各种农作物及家畜的分论，下册为农业常识的总论。上、下册目录如下：

上册二十六课：（1）禾的形态；（2）宜于种稻的气候；（3）宜于种稻的土壤；（4）浸禾种法；（5）秧田；（6）播种和插秧；（7）稻的肥料；（8）耘田和收获；（9）稻的病害；（10）稻的虫害；（11）甘薯（又名番薯）；（12）甘蔗；（13）豇豆；（14）小麦；（15）棉花；（16）猪的各种食料；（17）给猪食料的条件；（18）猪的管理法；（19）猪的繁殖法；（20）给牛类食料的目的；（21）牛类食料的种类；（22）关于牛类食料的条件；（23）牛的管理法；（24）各种牛特别的饲法；（25）养鸡法；（26）孵鸡法。

下册十八课：（1）土壤与植物的关系；（2）空气与植物的关系；（3）气候与植物的关系；（4）肥料与植物的关系；（5）选种；（6）浸种；（7）育种；（8）摘芽及剪枝；（9）连栽、轮栽及混栽；（10）人粪尿；（11）绿肥；（12）堆肥；（13）施肥的条件；（14）禾谷类；（15）豆荚类；（16）根类；（17）果菜类和叶菜类；（18）油料植物。

从上、下册内容可以看出《农业常识》是根据苏区的需要与实际条件来编选的。例如肥料中删去化学肥料；作物和家畜种类只选苏区常见的几种，在生活中占次要位置的删去，占主要位置的则很详细。仅稻一项，就达10课，占全书的1/4分量，因为稻是苏区的主要粮食；猪4课，牛5课，也因为这两种家畜在农业生产上特别重要。教材的排列是从个别作物或家畜开始，再到一般的原则，所以上册为分论，下册为总论。对于当时学生水平与教学实际来说，先从实际经验讲起，然后提高到一般原理，也是必要的。徐特立同志在该书“编辑原则”中还特别指出教员应结合实习和实地观察进行教学，如果实习和实地观察条件方便，则教学次序可以变动，并希望教员随时随地吸收当地的经验，补充现成的材料。其他如医药卫生、政治财经各种教材，也多能贯彻上述精神，就不一一提及了。

由于强调“理论结合实际”，“教育结合生产”，所以各种干部教育学习期限虽短，却能够迅速培养出大批实际工作所需要的人才来。

三、小学教育

革命根据地为实施义务教育，在各乡普遍设立了列宁小学，有的地方称为人民小学或劳动小学。每乡大约 1 所，大乡有二三所以上。虽然当时革命根据地处于战争环境中，不可能做出全面完整的统计，但据下列统计材料，可以见其概略：

（1）1932 年江西省苏维埃根据胜利、会昌等 14 县八、九月份的统计数目，加上信丰、会昌等 10 个县十月份的新增数目，计有列宁小学 2 277 所、教师 2 535 人、学生 82 342 人（内有男生 62 661 人，女生 19 681 人）。

（2）1933 年 7 月，江西省苏维埃根据兴国、万载等 13 个县的统计，计有列宁小学学生 51 286 人。

（3）1934 年第二次全国苏维埃代表大会上，根据江西、福建、广东三省的统计，在 2 932 个乡中，计有列宁小学 3 052 所、学生 89 710 人。

上述几个数字有些不同，是由于战争环境和根据地的变化，统计地区不完全相同。但当时苏区许多地方的统计材料，指明学龄儿童多数进了列宁小学。如兴国县学龄儿童总数为 20 969 人（内有男生 12 076 人，女生 8 893 人），进入列宁小学的 12 806 人（内有男生 8 825 人，女生 3 981 人），在学儿童占学龄儿童总数的 60% 以上。有的地方如长岗乡，办了列宁小学 4 所，有学生 186 人，占全乡学龄儿童总数的 65%。

把上述数字与国民党统治区的学龄儿童入学人数对比，苏区普及儿童教育的成绩就很明显了。根据伪教育部第一次全国教育年鉴的统计，1933 年全国学龄儿童估计为 4 911 万多人①，入学儿童仅 1 084 万多人。就以这两个数

① 当时人口统计不正确，此一估计数字也太少。

字来说，入学儿童也只占学龄儿童的20%左右，不及革命根据地的1/3。当时革命根据地的儿童生活，正如毛泽东在《长岗乡调查》中所描述的一样："过去九岁十岁的小孩，为地主富农看牛，现在没有了。过去，儿童不论在家帮人，每天劳动时间总在十小时以上，同于一个大人，可说全无休息与受教育的时间。现在，每日大部分时间受教育，做游戏，只早晨约一点半钟看牛，或做别事。农忙时，则劳动时间较多些——向老师请假，助父母作工。过去，受父母打骂，现在，受打骂的很少了。"①

下面从列宁小学的教育目的、学校设置与编制、课程教材与教学方法、学生组织与活动、教师、经费等方面看当时列宁小学的情况。

（一）教育目的

列宁小学的教育目的，根据临时中央政府人民委员会所颁布的《中华苏维埃共和国小学制度暂行条例》指明："在工农民主专政下的小学教育，是要训练参加苏维埃革命斗争的新后代，并在苏维埃革命斗争中训练将来共产主义的建设者"；"运用实际斗争的教训和经验来施行教育，使教育与斗争联系起来"；"要用教育来提高生产劳动的知识和技术，使教育与劳动统一起来"；以及"要发展儿童的创造性和自治能力"。

又据中央教育人民委员部所颁布的《小学课程教则大纲》，把上述目的具体化为下列三个原则：

（1）小学教育与政治斗争的联系。

（2）小学教育与生产劳动的联系。

（3）小学教育与儿童创造性的发展。

再据当时湘赣省苏维埃教育文化委员会出版的《小学各科教学法》，对小学的教学提出五个要求，大意如下：

（1）启发儿童的阶级意识，养成他们阶级斗争的坚决性。

（2）彻底肃清国民党党化教育和其他一切反动派别理论的毒素，以马克思列宁主义革命理论来教育儿童，培养他们成为革命战士，成为强有力的革命基础。

---

① 毛泽东．农村调查［M］．上海：新华书店，1949：160.

（3）养成儿童生活集体化和行动纪律化，以及对工作的积极性和创造性。

（4）结合某一时期的政治情况和任务来教育学生，提高他们的政治水平。

（5）上述要求之达到，教师必须晓得列宁小学的革命任务，并努力来完成它。

从上述材料可以明确地看出，列宁小学的教育目的是在于培养阶级立场坚定的、知识与生产劳动结合的、具有集体主义思想的、遵守纪律的革命斗争与生产劳动者，特别强调的是教育的阶级性、教育与劳动的结合。这一目的性，贯彻在列宁小学教育的各个方面。

（二）设置与编制

列宁小学的设置注意学区的划分。一个学区的学生家址，以距离学区不超过三里为原则，但偏僻地区的距离可以达到五里。因此，人口较集中的地方，列宁小学的规模也比较大。如豫鄂皖区的新集列宁小学学生达 300 名，宣化店列宁小学学生有 230 名。人口少、交通不便的地方，则规模颇小，只要有 20 名左右学生便可设校。但一般每所学校有学生三四十名。如长岗乡 4 所小学的学生分别是 55 名、53 名、33 名和 46 名，入学学生一般为 7 ~ 15 岁。有的地方，如才溪乡，11 岁以上的儿童还到苏区的义务劳动学校读书，15 岁以上则多进夜校学习。年龄较大的，因为要帮助生产工作，往往只能读半天书。因此有的列宁小学有全日班和半日班两种，复式班级和单级学校也很普遍。

列宁小学的招生，在当时的情况下，首先保证红军和工农子女入学有优先权。小学编制依规定为五年，分前后两期，前期即初级小学为三年，后期即高级小学为两年。在编班上还用各种灵活的办法来适应年长儿童的需要。① 有的学生，如基础较好或学习较快的，可以提前学完；招生时程度较高的，可以插入较高班级；下半年入学的，可从第二学期读起，教师每日替他们补课，有时每日增加一小时的补课时间。

为适应农村生产的需要，列宁小学规定了农忙假。全年农忙假在 30 天以内，由区苏维埃按地方情形具体掌握，以便利于儿童在家帮忙生产。

---

① 有些地区仍沿用“四二制”。

（三）课程和教材

列宁小学的课程：初级小学设国语、算术、游艺三科，高级小学设国语、算术、社会常识、科学常识、游艺五科。[①] 各科内容都注重政治教育和生产知识。如初级小学的国语，包括政治（浅易的革命常识、乡土地理、革命历史等）和自然（浅易的理化、生物、生理卫生常识），同时教儿童简易的造句和短篇叙述文的写法；高级小学的国语，仍包含政治和自然的教材，并教儿童写信、写路条等应用文。湘赣省苏维埃文化委员会出版的《小学各科教学法》提出国语教学的目的是：（1）使儿童理解普通的语言文字及文章；（2）养成儿童发表革命思想的能力；（3）启发儿童的阶级认识。又如高级小学的算术，除教百分数、小数、分数及比例等外，着重教浅易的几何知识和簿记、会计等简易方法。游艺包括唱歌、图画、游戏、体育等，游艺的教学目的在于发展儿童的艺术创造性和集体生活中的自我组织能力。

列宁小学的教科书：由于当时革命根据地比较分散，各地列宁小学以及夜校和识字班所用的教科书，并不完全相同。中央苏区通用的，有中央教育人民委员部所编的列宁小学用《共产儿童读本》六册，后来又编了一套《国语教科书》六册。此外，瑞金县苏维埃文化部、闽西苏维埃文化部等编印有《共产主义儿童读本》，内容和中央教育人民委员部所编的大同小异。闽西苏维埃文化部在较早期间（1930 年）还编印有《劳动小学暂用国语课本》和《劳动小学暂用常识课本》各三册。中央苏区以外的各根据地，多自编有教科书，如豫鄂皖区编有列宁小学用《初级小学国语教科书》，川陕边区编有《苏维埃课本》，等等。

除了列宁小学用的教科书之外，也编有补习学校和识字班用的各种教科书。如中央教育人民委员部编有《成人课本》《妇女课本》，闽西苏维埃文化部编有《群众课本》四册、《劳动平民课本》三册，兴国县苏维埃文化部编有《初级课本》全一册，等等。此外，还有各部门针对不同对象所编的识字课本，如红军总政治部编的《红军识字课本》三册，中央合作总社编的《消

① 课程设置为 1934 年《中华苏维埃共和国小学制度暂行条例》所规定，在此以前，各校设置也大致如此，但课程名称不完全一致。

费合作社识字课本》一册，红军卫生学校附属医院编的《看护识字课本》《医药识字课本》各一册，少先队中央总队部编的《少先队识字课本》一册，都把业务知识和识字教学结合起来。其中尤以《工农兵三字经》的流行为最广。

上述各种教科书，虽然不全是列宁小学适用的，但由于这些教科书具有相同的特点，所以合在一处分析：

这些教科书最突出的特点就是贯彻着阶级斗争的精神，政治性、战斗性很强。例如：川陕边区编的《苏维埃课本》，一开始就是这样三课：

> 第一课“工农兵”：工人、农民、士兵。
>
> 第二课“工人”：长年帮人做活的，就是工人。
>
> 第三课“农民”：长年耕田过活的，就是农民。

兴国县苏维埃文化部编的《初级课本》第三十六课“觉悟”：

> 富人贵，穷人贱，穷人吃苦几千年。富人懒、穷人勤，穷人辛苦不堪闻。富人饱、穷人饥，穷人生活好惨凄。富人少、穷人多，及早觉悟学苏俄。苏俄穷人解放了，丰衣足食无折磨。

中央教育人民委员部所编的《共产儿童读本》第三册第六课“从前我们的家里”和第七课“现在我们的家里”，是有连续性的两课，叙述从前“我们的家里”贫穷病苦、被剥削被压迫的情形，和现在“我们的家里”翻了身，“爸爸选到乡政府当主席，哥哥选到少先队当队长，我和弟弟都加入儿童团，天天到列宁小学读书，妈妈在家里做事，还做了很多草鞋去送红军”。这样前后对比，给予儿童深刻的革命教育。

特别应当提出的是《工农兵三字经》。这本三字经首先指出“天地间，人最灵，创造者，工农兵”。然后叙述工人和农民被厂主、地主剥削压迫，迫得无路可走，只好投靠军阀去当兵的惨状。但是当兵的命运更惨，打仗时要卖命，打完仗被裁兵，连家乡都因路途远归不成，流落在外。幸好红军来了，参加红军，打土豪军阀，组织工会、农会，最后革命胜利，歌唱太平。全文仅 504 字，把剥削者厂主、地主、军阀的残酷和工农兵的悲惨命运，以通俗简短的词句深刻地刻画出来，又把参加红军之后的热烈兴奋的心情和人民对于革命事业的期望心情生动地表达出来。

苏区教科书的第二个特点是紧密联系实际。包括紧密联系苏区的革命斗争与中心的任务、生产劳动、儿童学习与生活等。如兴国县苏维埃文化部编的《初级课本》第十七课“红军任务”：

> 同志们，目前要做三件事。打倒帝国主义，消灭军阀混战，建立工农兵代表会议——苏维埃政府。

中央教育人民委员部编的《共产儿童读本》第三册第十一课“我们农村的组织”：

> 我们农村里，每一个人都有组织：年纪大的，加入赤卫军；年纪少的，加入少先队；年纪小的，加入儿童团。我们一家有五个人，爸爸加入赤卫军、哥哥姐姐加入少先队，我加入儿童团；弟弟现在只有六岁，再过一年也要加入儿童团。

中央教育人民委员部编的列宁小学《国语教科书》第三册第三课“开学生大会”。

> 昨天下午，我们在学校里，开学生大会。有许多小同志，起来说话，春生说：“我们的学生会，要使每个学生，做一个小红军：第一，每个人要有一枝木棍；第二，每礼拜要体操两次，要打野营一次；第三，要轮流查路条；第四，打仗的时候，要替红军带路，要替红军送茶。”

上述这些课文，都把当时的组织任务简单明确地综合表达出来。有些课文，还把典型性的真人真事写进去。如《国语教科书》第三册第十六课“和土豪老婆结婚的故事”、第十八课“瑞金渡头区青年雇农”，都以真实事迹来教育学生。但在教科书中结合实际总受一定的限制，因此，中央教育人民委员部所颁布的《小学课程教则大纲》指示教师必须在教科书之外选取当地的革命历史、乡土地理等为补充教材，并应在讲课时随时插入当时政治斗争和儿童生活的材料。

至于把业务知识与识字教学结合起来的“识字课本”，就更是紧密联系实际，如《看护识字课本》：

第十五课：不能走动的病人，要帮助他，替他盛饭，替他取水。

第三十课：不能起床的病人，咳嗽很厉害的时候，要垫高枕头。

第三十二课：病人吐血，要注意是鲜红色的血，还是暗红色的血报告医生。

《少先队识字课本》：

第三课：少年先锋队是工农红军的后备军，是共产青年团的附属组织。

第九课：射击、散开、前进、冲锋、刺杀要学好，准备缴获敌人大批子弹和枪炮。

第十五课：我们都是少年先锋队，要和红军一样，起来把五次“围剿”完全粉碎。

苏区教科书的第三个特点是口语化、通俗化、形象生动，韵文也特别多，前述《工农兵三字经》《觉悟》等，都有这样的特点，现再举几个例子说明：

两个老虎，碰着一个猪，就要互相争夺；帝国主义，为了争夺市场，就要大起斗争。

——兴国县苏维埃文化部《初级课本》
第六课“帝国主义”

凉风吹我衣，香花扑我鼻；农村苦耕田，豪绅加利息。老幼男女七八口，忙到终年无饭衣。层层剥削真难当，若不革命老奴隶。

——兴国县苏维埃文化部《初级课本》
第二十九课“乡林里”

木菩萨怕火，泥菩萨怕水，纸菩萨怕水又怕火；菩萨、菩萨，你有什么灵呢？

有口不会说，有手不会做，有脚不会走，有耳有眼不会听看；菩萨、菩萨，你有什么用呢？

——中央教育人民委员部《共产儿童读本》

上述这几课都是很形象生动的，所以给人的印象很深刻，不但儿童喜欢通读，学生家长也能记住。以至于直到现在，老革命根据地有些人还能朗朗地背出这些课文。有些课文，又善于运用由具体到抽象和譬喻的办法来对儿童进行抽象概念的教学。如《共产儿童读本》第二册第三十一课“做工的工人”，用问答的方式，并附简单的图形，列举打铁的、缝衫的、盖瓦的几种人，归纳出“他们都是做工的工人”这一概念；又如许多课本都采用的一课“镜子和月亮”，也是用问答的方式，从镜子反射太阳光的实验来说明月亮为什么会亮的道理。此外，当时由少先队中央训练部所编的《少年游戏》《少年体操》等课本，为列宁小学所采用，也很生动有趣。

由于当时经济状况和印刷条件的限制，各地所用的教科书是各式各样的。有32开本大小的，也有约64开本大小的；有铅印、石印、油印甚至手抄的，其中以石印和油印为最多。在这种印刷条件极其困难的情况下，许多教科书还是印刷、装订得朴素而精致的。石印的教科书多附有极简单而又很生动的插图，如《识字课本》石印本中“二个工人，一个木工，一个石工”这一课，所附木工和石工的插图，是那样简单而逼真。又如《共产儿童读本》石印本中有一课“画图画”：“哥哥画一个人，有脚有手；弟弟画一只狗，有脚没有手；妹妹画一个鸡蛋，手脚都没有。”课文合乎儿童心理，所附的人、狗、鸡蛋的儿童画极简单，又是那样可爱。

列宁小学的图画、唱歌等教材，也体现着联系政治斗争与生产劳动的特点。图画教学多是画宣传漫画，如英、美、日、法帝国主义瓜分中国，蒋介石把中国地盘卖给美国帝国主义等。唱歌教材，多是抗日反蒋、鼓励参军和努力生产等。如《为了战争》《我们是红军后备军》《打倒帝国主义歌》《上前线去》《共产主义进行曲》《赤潮歌》《春耕歌》《动员经济建设》《消灭文盲歌》《三姊妹》《都娘歌》① 等，并采用地方的山歌、小调作为唱歌教材。

（四）教学方法

列宁小学的教学方法，强调联系实际，启发学生的积极思维和阶级觉悟，

① 《三姊妹》是动员妇女参加生产的歌；都娘是一位勤劳活泼、立场坚定的共青团员。

而且着重采用直观教材和实地的参观观察。如教“反对军阀混战”这一课，教师就把军阀混战的画报或自绘图画给学生看，提问：“那是被烧掉的房子？那是被杀死的人们？那是军队？背着东西逃走的是什么人？烧了什么人的房子？杀死的是哪些人？”在教学中，和学生讨论：“军阀为什么要打仗？怎样叫军阀？军阀与工农有何关系？逃跑的人到哪里去？他们生活怎样？他们的屋子烧了，一家人的生活怎样？怎样去消灭军阀混战？红军与白军的分别怎样？”等等，还让儿童把他们经历过的白匪进攻的实际情况说出来。（湘赣省苏维埃文化委员会：《小学各科教学法》）又如算术科着重心算和珠算的教学；有关自然常识的教学，则由教师经常带领学生到田野、工场等地方去参观、观察，指导学生采集标本，观察自然现象，等等。总之，列宁小学的教学，不仅要求学生认得文字、记住课文，还着重思想教育与实际知识，重视学生的文字和口头的发表能力，所以经常以实际的社会工作为题材让学生作文，组织学生的演讲会。

体育运动，在列宁小学也很受重视。虽然经费困难，各校却都辟有一块草坪或打谷地，多有自制的体育设备，如秋千、吊竿、弓箭、跳高架与沙坑等。学校里有早操、晚操等，经常组织儿童长途旅行和参观。因为注重这种身体锻炼，所以儿童多半都很强健耐劳。各村儿童到区上去开各种大会时，就是夏天走上十几里，也不怕热、不感到疲倦。

（五）学生组织与活动

列宁小学中还有劳作实习和社会工作两项经常性活动。劳作实习是使学生参加农业或工场的生产过程来对学生进行生产劳动的教育，如为帮忙耕种红军公田、替红军家属服务、替贫苦同学家庭帮工，以及参加学校的打扫、整理、布置等工作。社会工作与劳作实习在意义上虽有区别，但在实际活动上不一定严格区分，有很多小学是合在一起的。社会工作的范围更广泛，如列宁室的工作、识字运动、墙报、卫生运动以及宣传、慰劳等工作。依规定，列宁小学这两项活动，初级小学每周 6 小时，高级小学每周 12 小时以上。很多小学每天有 2 小时的活动，并利用星期日和其他放假日进行各种社会活动。

列宁小学的各种活动与儿童团的活动是密切结合的。儿童团吸收 8 ~ 15 岁的男女贫苦儿童参加。儿童团的团员绝大多数在列宁小学读书，并帮助学校发动儿童入学。如向家长宣传读书的重要，组织劳动服务小组，帮助因儿童上学而影响生产的家庭解决生产劳动问题。苏区能动员大批儿童入学，儿童团起了很大的作用。此外，儿童团的工作还有很多，如出操、放哨、检查烟赌现象、破除迷信、卫生运动、宣传、慰劳以及送信、帮忙搞生产等等。只要力能胜任的必要和有益的工作，他们都去协助。儿童团员积极不徇私，"真正公事公办"，纪律很严格。团员们在经常的锻炼中，培养了正直、机警、勇敢、互助、服从组织、遵守纪律等优良品质以及对同志的友爱和对敌人的憎恨。16 岁以上的团员便可参加少年先锋队，24 岁以上的成年人，则编入赤卫队。

列宁小学中还有学生会。学生会是在校长领导下的单独组织，不像儿童团那样有整个系统。学生会的工作主要是提高学生学习的积极性，组织全体学生过集体互助的生活，并动员学生参加校外的社会工作。(《小学学生组织大纲》)

由于重视学生的劳作实习与社会工作，因此，学生成绩的检查与评定，除各科成绩之外，依规定要把劳作实习和社会工作综合计算，以评定等级，并经过儿童团和学生会的评定，做出每个学生的鉴定。(《小学课程教则大纲》《小学管理法大纲》)

（六）教师

列宁小学的教师，不只要对学生进行教学工作，而且要领导学生劳作实习及参加社会工作。列宁小学是各乡的文化中心，因此，教师还在乡里的社会和文化活动上起重要作用。教师的职责依中央教育人民委员部的规定，有如下五项：

（1）教授学生各种科目，对学生进行教育工作。

（2）领导学生的劳作实习及社会工作。

（3）参加各种社会工作，协助乡苏维埃及当地群众团体。

（4）经常注意学生的健康与卫生问题。

（5）测验学生成绩，编造学生成绩登记表与学期的鉴定书。(《小学管理法大纲》)

列宁小学教师除一部分是吸收原来的知识分子之外，大多数是农民出身，所以开始时多是“文墨不深的”，但工作热情都很高。他们白天教小学生，晚上教夜校，参加各种政治活动和其他社会活动，替群众写信等。政府对他们的培养提高也很重视，除了开办列宁师范学校和各种短期训练班、讲习会培训教师之外，还经常举行教育实习会以交流经验、改进教学工作。教育实习会大体每月举行一次，每次两三天，以区为单位，轮流演习与参观，然后研究讨论。区、乡的列宁小学校长，也时常和村的列宁小学教师取得联系，帮助他们解决问题。

区列宁小学教师，分别组织了红色教员联合会。凡现任列宁小学教师，能够积极努力为苏维埃发展改良小学教育的，就可以申请参加为会员。区为单独的组织，由区的教育部门领导，一乡有三个会员以上，就可以成立小组。红色教员联合会的任务是：“团结小学教员，研究教授和管理儿童的方法，有组织有计划地领导儿童参加革命运动工作，并发展苏维埃小学的建设，改良教员本身的生活，实行教员群众的互助。”（《小学教员联合会暂行章程》）这种教员联合会组织遍布各地，在团结教育广大教师和支援苏区各项运动上，起过很大的作用。如1934年9月，第五次反“围剿”战争紧张的时候，上杭县全体红色教员联合会的教员，就一致决定当年不减土地税，借谷给红军，并把谷挑到谷仓去。江西省暑期教员训练班全体红色教员也写信给中央政府毛泽东主席和教育部瞿秋白部长，要求批准他们缴纳全部土地税，以充实红军给养，并要求苏区红色教员联合会教员响应他们的口号：“不粉碎五次‘围剿’，不免土地税！”① 当红军北上时，许多教师参加了红军，有的则参加了游击队。由此可见，当时小学教师的政治觉悟和革命热情之高。

教师的待遇，按规定依照当地政府工作人员的生活费标准，并且和工作人员一样，发动群众代耕、减纳土地税和享有免费医疗的权利。为了鼓励教师做好普及教育工作和提高教育质量，对于达到下列三项要求的教师由区苏维埃给予奖励：

（1）能将该处所制定的学区内的学龄儿童吸收70%～80%入学（在先进区域，如兴国已达到此数者必须继续发展至90%），而且经常到校的学生，要

① 红色中华，1934-09-16.

占全校学生 7/10 以上（先进区域必须达到 8/10）。

（2）大部分的学生对于中央教育部所规定的课程能学完和了解。

（3）大部分的学生经常参加社会工作。（《小学教员优待条件》）

至于教师生活费的来源，有的由政府发给，有的由群众筹集，很多地方是以代耕方式，即由劳动互助社代耕教师的土地，也有的是由学生带米给教师吃，还有的是由乡苏维埃准许群众推选出年纪较大的村民去挑担做小生意，赚钱供给教师伙食的。许多教师，虽然有人代耕，自己仍然参加生产，假日或课余就下地耕种。他们多数本来就是农民出身，有农业劳动的技能和习惯，在生活习惯和思想感情上也和农民没有什么不同。和苏区的政府工作人员一样，红色教员联合会教员努力工作，把教育工作看成革命斗争的组成部分，很少计较生活待遇与工作劳逸。如前所述，他们宁可放弃代耕、减土地税等种种优待来支援革命战争。

（七）经费

列宁小学的经费，在战争环境之下是很困难的。一方面，苏维埃政权在大力供应前线给养的前提下，“节省一切可能节省的东西，免除一切浪费拿去做教育经费”（《何恺丰同志在“全苏教育大会”上的报告》）。另一方面，也是更重要的方面，是依靠勤俭节约的办学精神和群众的支持。

关于列宁小学勤俭节约的办学精神，具体事例有很多：列宁小学多数设在祠堂、神庙或大院里，课桌椅由学生家里搬来，没有黑板就用煤烟把墙壁刷一片来代替，一钱不花就可把学校办起来。学校的办公费很少，每月只有一两元红票，只够教师买纸笔。当时实行义务教育，学生入学是免费的，书籍文具则有的地方由学生自备，有的地方免费供给，视各地经费而定。为了节省纸、笔，学校里提倡用沙盘写字，有的老师甚至领着学生用树枝在沙地上写。当时流行的玩具是鸡毛毽和棉花球，都是学生自己做的。体育设备如跳高架是用树枝做的，秋千是自己绑在大树下的，沙坑是自己挖的，都是就地取材，办法很多。

在依靠群众支持办学方面，列宁小学和群众团体有密切的联系，特别是和贫农团、工会、合作社以及妇女会的关系。学校经费，有的是由这些团体筹措的，有的是经过这些团体向群众募集的。学生家长多数就是这些团体的成员。学校也经常向这些团体报告教育工作，征求改进意见以及请他们督促帮助。正如全苏区教育大会所总结的：关于依靠群众办学，“在这方面，直到今天为止，我们是有了可观的成绩，群众自动拿出钱来办学校。我们3 000多个小学，所以能够维持到现在，因为我们依靠在群众力量的基础”（《何恺丰同志在“全苏教育大会”上的总结》）。

从上述列宁小学的教育目的、设置与编制、课程教材、教学方法、学生组织和课外活动、教师、经费等方面的材料看来，革命根据地的小学教育，有如下几个特点：（1）强调政治思想教育，特别是阶级立场的教育、革命斗争教育；（2）教学内容与各种教育措施和战争实际、生产实际紧密相结合；（3）依靠群众，勤俭办学。这些精神和许多具体经验，是值得我们学习的。

但也应当指出，当时有些教育措施，特别是某些规定，也有不恰当之处。如要求“小学一切课目都应当与游艺有相当的联系”，反对知识的割裂，以至于提出“采用混合和统一的教授的方法”。考试方法要求“运用革命竞赛及学生的自我批评”，把每个学生的鉴定书“提出学生大会报告，在儿童墙报上登载红榜和黑榜，交学生群众讨论，并发动他们订立假期自修的竞赛条约”等等。（《小学课程教则大纲》《小学管理法大纲》）

四、群众文化教育

第二次全国苏维埃代表大会指出：革命根据地的“一切文化教育机关，是操在工农劳苦群众的手里，工农及其子女有享受教育的优先权。苏维埃政府用一切方法来提高工农的文化水平。为了这个目的，给予群众政治上与物质条件上的一切可能的帮助”①。在提高工农文化水平的群众教育方面，革命根据地有夜校、识字班的组织形式，以及俱乐部、墙报、戏剧、报刊等群众文化活动。

（一）夜校

夜校，或称补习学校。是为了方便工农群众日间从事生产劳动，利用夜

① 中华苏维埃共和国中央执行委员会与人民委员会对第二次全国苏维埃代表大会的报告［Z］//苏维埃中国：第2集．中国现代史资料编辑委员会翻印，1949：282－283.

间来学习。夜校在每村、每个机关单位都有开设，学校数量和入学人数比列宁小学更多。从下列数字可以见到其普及情形：

（1）1932年八九月份江西省苏维埃根据胜利、会昌等14个县的统计，有夜校3 298所，夜校学生52 292人。

（2）1933年7月，江西省苏维埃根据兴国、万安等13个县的统计，有夜校学生68 146人。

（3）1934年第二次全国苏维埃代表大会上，根据江西、福建、广东三省的统计，补习夜校计有6 462所，学生94 517人。其中兴国县夜校学生达15 740人（男子4 988人，占31%；女子10 752人，占69%）。

（4）从毛泽东1933年长岗乡调查和其后的才溪乡调查材料来看，长岗乡4个村有夜校9所。"学生平均每校约32人，九校共约300人。男约30%，女约70%。全乡16岁至45岁的青年成年共412人，大多数进了夜学，54岁以上的'老同志'也有少数来读的"。上才溪有夜校4所，"学生120人，都是女子"；下才溪有夜校8所，"平均每校学生约30人，共240人"。①

从上述材料可知群众进夜校读书的热烈情形。当时群众强烈要求识字、读书、听政治消息，而夜校能满足他们的要求。如长岗乡的群众反映"夜学顶好"。妇女进夜校的比例比男子多，夜校校长也有许多是女子，如长岗乡九校中就有五校的是女校长。这一方面是因为许多男子参加红军或在外工作，另一方面是由于"妇女从文盲中得到了初步的解放，因此妇女的活动十分积极起来。妇女不但自己受教育，而且已在主持教育。许多妇女是在作小学与夜学的校长，作教育委员会与识字委员会的委员了。女工农妇代表会在苏区是一种普遍的组织，它注意于劳动妇女群众的整个利益，妇女教育当然是他们注意的一部分"②。

夜校的要求主要是识字，能读报、看懂政府各项指示，所以规定"以能写信、做报告、看红中③为毕业标准"（《夜学校及半日学校办法》）。

① 中国共产党的三十年［M］. 狱南人民报社，1951：151，187，188.

② 中华苏维埃共和国中央执行委员会与人民委员会对第二次全国苏维埃代表大会的报告［Z］//苏维埃中国：第2集. 中国现代史资料编辑委员会翻印，1949：283－284.

③ 指红色中华报。

长岗乡的夜校，都分成甲、乙、丙三班。教材是“甲班：读报，算术。乙班：成年读本。丙班：儿童读本”①。各地教材不完全相同。除采用适当的识字读本之外，还必须根据当时斗争任务和地方性、时间性采用辅助教材，并重视写墙报、写记录、写信和做报告等练习。

夜校的教师除了由列宁小学教师兼任之外，还由村中稍有文化水平的人充任。校长和教师都是不脱产的义务职。有的区教育部办有夜校教员短期训练班，由列宁小学教师训练夜校教员。

夜校的经费极省，学生的书籍文具自备，有困难的由学校设法募集。学校的经费只是用于购买粉笔、油灯等，如上下才溪乡每校每月只要五角钱，由群众募集得来。长岗乡夜校的油灯或由学生自己带来，或每人每月出钱凑集起来。

除了一般性的夜校之外，革命根据地还办了一些业余补习学校，即工人补习学校。这类学校也多采取夜学的形式。工人补习学校由工业工会、生产单位或合作社、政府机关开设。目的在于“提高工人的文化、政治水平，扫除工人中的文盲，加强工人工业技术上的进步”（《业余补习学校办法》）。招收学生对象以工人、学徒为主，也吸收附近的群众就学。教材就各行业的需要选编，除文化政治课外，还有技术课。技术课根据行业的需要来定，教员就在该行业中选聘；文化政治课所选教材也和该行业有关。如前述《消费合作社识字课本》《看护识字课本》《医药识字课本》等，就是专供某一行业的业余补习学校之用。

（二）识字班

识字班或称识字组，其性质、任务和夜校相同，都是为了扫除文盲。它和夜校的主要区别是：夜校有固定的时间、地点和编制，人数也较多，招收学生的对象是有一定业余时间的人。识字班则规模很小，少则 3 人，多则 10 人，便可成班，依住所接近编在一起，随时随地都可教学，教材教法更加多样与灵活。因此带小孩的、年纪大的、家里人少要看门的，都可进识字班。闽浙赣省苏维埃文化部的“识字班工作”通告，有详细的说明，抄述如下：

---

① 毛泽东．农村调查［M］．上海：新华书店，1949：151．

在目前为了很快的消灭苏区内大多数的文盲，识字班的作用，比列宁小学、工农补习夜校，更为重要，更易于收得大的效果。列宁小学，主要是儿童的教育；工农补习夜校，是青年成年的工农群众在工作余暇的时候，练习识字的学校；识字班主要教育的对象，与工农补习夜校是相同的。但是它比较工农补习夜校，教学的方式，更为活泼，更容易吸收广大的群众来参加，甚至有时并没有学校的形式，都可以进行识字班工作。参加识字班的群众应该是：

（1）在没有建立列宁小学、工农补习学校的地方的群众；

（2）工作太忙，没有时间加入工农补习学校的群众；

（3）各机关不识字和识字不多的工作人员。

凡以上的不识字的群众，都应该利用识字班教育他们。识字班，是帮助列小工农补校力量未达到的群众的一种教育方法。就是说，识字班的任务，是凡没有能够参加列小工农补校的不识字的人们，应该全部吸收在识字班内教育他们。在目前识字班所担负的任务，要比列小工农补校，还要重大得多。因为它是用最灵活的方式吸收在各种工作万分忙碌当中的最大多数的革命群众。它在扫除文盲运动当中，应当是最精悍最有效的一支军队。在完全消灭文盲的过程，它将是一个最有力量者。

革命根据地的事实，也证明识字班在普遍扫除文盲、填补扫盲工作的空白点上起了很大的作用。1932 年，江西省苏维埃根据胜利、会昌等 14 县的统计，计有识字小组 19 812 个，组员87 916人。1934 年第二次全国苏维埃代表大会根据江西、广东两省的统计，计有识字组 32 388 个，组员 155 371 人；其中以兴国县最多，全县有识字小组 3 387 个，组员 22 529 个。这些数字都比列宁小学或夜校的要大得多。从识字效果来说，长岗乡调查指出“用此办法，过去不识字的，现在都识得四五十个字了，少数能识七八十个字”[①]。识字班每班有一位班主任，或称识字组长、识字运动委员，大多由群众自己推选。班主任只要稍为识字就行，多属夜校学生，负责教识字、收本子等工作。

---

① 毛泽东. 农村调查［M］. 上海：新华书店，1949：152.

本子可以请夜校教师看改，不认得的字也可问夜校教师，夜校教师不认得的，则可问列宁小学的教师。在识字班中，也可以挑程度好的学生教程度差的学生，类似“小先生”的传授办法。识字班教字大多采用个别教，或三人、五人在一起教的形式，可以在乘凉、喝茶时教学，也可以在田塍旁、灶头等地方随时教字。如果学生事忙，不能按时到识字班学习，就在他较空闲时多教几个字，让学生把方字带在口袋里随时学习。或利用有韵的小调，如“识字真要紧”“苏区景”等，先使学生会背，然后由他们慢慢地一个个地认记，如此可以节省教的时间。一次教完之后学生可以学几天。字从生活需要和工具名称教起，如灯上写“灯”，桌旁写“桌”，门上写“门”，去耕田时就给“耕田”两个字。学生用树枝、指头在地上画字，也有用簿子学写的。

因为识字教材不统一，办法又很灵活，所以定下识字检查办法便很重要。闽浙赣省苏维埃文化部定了一个简便的检查办法：每一个识字班的学生，开始学习时，向班主任购买第一册《工农读本》或 100 个方字，并领取第一级识字成绩表。由班主任把领取年月日和学生名字填好。这一张成绩表共分五格。每当学生学满 20 个字时，交班主任检查。如果都能认得出、解得出、写得出，就由班主任在第一格上画一横画，并注明年月日，交还本人保存。这样随时可以查明每个学生认得多少字。到 100 个字完全认满时，把第一级识字成绩表缴回，重新领取新的课本或方字和第二级识字成绩表。这样既便于检查，又便于统计，对于学生和班主任都起到督促的作用。识字成绩表格式如图 1 所示。

识字班的学生，因为多是较忙的人，教学方式又很灵活，教员识字也不多，所以一般只能认得若干常用的字，较难长期坚持。但对于认路条、写便条、写简单的信以及记账等，还是有作用的。而有些群众就在这个识字基础上，继续通过其他方式来学习文化知识。

识字教学除通过识字班之外，还利用识字牌、识字游戏、写壁报和街头图书馆等办法进行。这里只把流行较广的识字牌介绍如下：识字牌大多是在村庄周围路口、检查路票的地方竖立一块可以写五个字左右的木牌。列宁小学和夜校教师有计划地按《工农读本》或其他规定识字次序，在木牌上写下两三个生字，有的还绘上图，并注明日期，每天或两三天换一次，进度与本

○○○第一级识字成绩表

全　一　百　字

二十字	四十字	六十字	八十字	一百字

一九三三，　　　　领

一九三三，　　　　交回

○○○识字班主任○○○签字

图 1　第一级识字成绩表

村内识字班最低一级的学生所学相同，或比较慢一点。识字班班主任在前一天找第二天站岗的人，把第二天要写的字教给他。第二天站岗的人在识字牌旁边，每来一个过路的人，就问一问他是不是认得上面的字，如果不认得就教给他，或用纸片写下送给他，使他一面走路一面练习。这样过路的、站岗的人都可以认得这几个字了。所以毛泽东在长岗乡调查中指出“此法效大”。除了建立识字牌之外，还可以在旁边另立一块温习牌，把以前认过的字有计划地写在上面以便于过路的和站岗的人温习。

夜校和识字班是识字运动的组织，而领导识字运动的群众组织是消灭文盲协会，或称识字运动委员会，这种组织遍布各个乡村和机关单位。1932 年江西省苏维埃统计，胜利、会昌等 14 县的识字委员会有 2 744 个，而 1934 年兴国全县就有 130 个乡的识字运动总会和 561 个村的识字运动分会。

消灭文盲协会的任务在于领导和推动识字运动。会员的责任是“负责教育或学习文字和常识”（《消灭文盲协会新章程》），把教者和学者一起组织起来。所以会员有非文盲和文盲两种。非文盲会员要在夜校或识字班当教员，不能任教的也要负责宣传工作；文盲会员则必须加入夜校或识字班学习。

消灭文盲协会一般以村为基本单位设分会，乡设总会。每一夜校或识字班成立一个小组，换言之，每个小组就是一个夜校或识字班，把师生组织起来，经常讨论学习成绩和教学方法、夜校和识字班的经费，以及开展识字竞赛等问题。城市和机关单位也有相当的组织。

（三）俱乐部

俱乐部是革命根据地“广大工农群众的自我教育的组织”（《俱乐部纲要》）。通过俱乐部组织群众进行集体的娱乐与学习，也通过俱乐部进行政治动员与时事政策宣传工作。在革命根据地，俱乐部的组织也很普遍，大体上每乡 1 个甚至有每村 1 个的，各机关单位也有。参加工作的群众尤多。据江西省苏维埃 1932 年统计，胜利、会昌等 14 县有俱乐部 712 个。1934 年第二次全国苏维埃代表大会根据江西、福建、广东 3 省的统计，计有俱乐部 1 656 个，工作人员 49 668 人。红军中也有同类组织，但规模较大，师设俱乐部，连设列宁室。

俱乐部的工作内容大体有下列六项：（1）政治演讲会或谈话会；（2）科学演讲会或谈话会；（3）读报和讲报；（4）运动和游艺；（5）墙报；（6）演戏及化装表演。（《江西省第一次教育会议决案》）此外，还有附设图书室、识字班、运动场、游艺室的。各地俱乐部的组织形式繁简不同、内容也不一致。一般俱乐部最通行的活动是墙报、读报和晚会。墙报每村都有，内容配合中心任务和反映群众生产与生活，如生活计划、批评表扬等，对群众作用很大。俱乐部组织墙报编辑委员会，负责组织墙报稿件和指导群众写稿。写稿的多数是列宁小学师生，也有一部分稿件是工农群众写的。读报团除在俱乐部内读报、讲报之外，还在圩日派人向群众读报，讲解时事、土地革命、阶级分析和上级的通知等。俱乐部最吸引群众的还是晚会。晚会的方式很多，有化装表演、新戏、活报以及小调、花鼓等。有结合纪念节或中心任务举行的专门晚会，如红军扩大三个师、“八一”纪念、查田运动等，都成为各地的晚会内容。俱乐部组织晚会委员会负责晚会的组织工作。表演活报时，不仅是演员在群众中表演，还发动群众自由上台表演，或组织群众一起唱革命歌曲、做群众游戏和领导群众呼口号，以加深对群众的影响和提高群众的兴趣。台上台下打成一片的街头剧，一般人以为是从抗战初期的“放下你的鞭子”开始的，其实革命根据地早就由群众中创造出这种方式了。

俱乐部通过戏剧活动还组织了工农剧社。“工农剧社是工人、农民、红军、苏维埃职员等研究革命戏剧的组织。以发展戏剧战线上的文化革命斗争，帮助苏维埃革命战争的艺术运动为宗旨。”（《工农剧社暂行章程》）工农剧社的组织遍布各地。它的基层组织工农剧社支社在地域关系上，就在俱乐部中，但在戏剧运动的组织上，另有工农剧社系统：中央设工农剧社总社，省县设分社。中央总社主要指导各省分社编制剧本和对戏剧运动进行指导，省县分社则负责指导剧社和供给短篇剧本，支社负责俱乐部晚会的各种活动。

此外，消灭文盲协会、红色中华的工农通讯协会，也和俱乐部工作有密切的联系。

有的俱乐部有体育委员会组织，发展群众体育运动。1934 年第二次全国苏维埃代表大会报告中指出："群众的红色体育运动，也是迅速发展的，现虽偏僻乡村中，也有了田径赛，而运动场则在许多地方都设备了。"①

（四）报纸和刊物

革命根据地的报刊种类很多，仅中央苏区的大小报纸就有 34 种，发行数量也很大。如《红色中华》（中华苏维埃共和国中央政府机关报）发行四五万份以上，《青年实话》（团苏区中央局机关报）发行 28 000 份，《斗争》（党苏区中央局机关报）仅在江西苏区每期就销 37 100 份，《红星》（中国红军总政治部）发行 17 300 份。在人口仅有 200 万的中央苏区，一种报纸发行达几万份，足以说明当时群众文化运动的迅速发展和群众政治、文化水平的提高。

此外，重要的报刊尚有党中央的《战斗》（后改称《实话》）、总工会的《工人报》、共青团中央的《少年先锋》、工农红军总政治部的《红星画报》、中央教育人民委员部的《教育通讯》，以及各地方的《红色江西》《红色福建》《红色闽北》《闽西红报》，闽粤赣、闽西、闽东、瑞金、安溪等地的《红旗》（闽东称《红旗报》），闽粤赣、闽西、永定等地的《列宁青年》等等。上述报刊多是铅印或石印的，各地还有许多油印的报刊。如漳州的《群众报》《斗争》便都是油印的。

从上述革命根据地的夜校、识字班、俱乐部和报刊发行情况来看，当时群众文化教育的发展是极其迅速的。这正证明了毛泽东在《湖南农民运动考

① 中华苏维埃共和国中央执行委员会与人民委员会对第二次全国苏维埃代表大会的报告［Z］//苏维埃中国：第 2 集．中国现代史资料编辑委员会翻印，1949：284.

察报告》中所指出的道理："中国有90%未受文化教育的人民，这个里面，最大多数是农民。农村里地主势力一倒，农民的文化运动便开始了。……农民运动发展的结果，农民的文化程度迅速地提高了。"①

五、教育领导

（一）教育行政组织

全苏区教育领导，在中央人民委员会下，设有中央教育人民委员部，由教育人民委员为部长。教育人民委员由苏维埃中央执行委员会在全体执行委员中选任。中央教育人民委员部设有副部长一二人，由中央执行委员会主席团委任。在中央教育人民委员部中，设有初等教育、高等教育、社会教育、艺术四个局。此外另设有编审局，领导编审教材；巡视委员会，计划并领导巡视工作。还有部务委员会，为讨论和建议工作的机构。（《教育行政纲要》）

地方方面，省、县、区、市、乡各级教育行政组织，分述于后：

（1）组织系统：省、县、区都设教育部（原称教育科），在行政系统上，直接属于上级教育部及中央教育人民委员部，同时受同级苏维埃执行委员会及主席团的指导与监督。市设教育科（原称文化科），受市苏维埃的指导。乡在苏维埃指导之下设教育委员会。

（2）内部组织：省、县、区教育部和市教育科都有两个部分，即普通教育和社会教育。省、县两级分设两科，市和区则只由科员兼办。普通教育科管理成年补习教育、青年教育（如夜校、识字运动等）及儿童教育（如列宁小学）等，社会教育科管理俱乐部工作、地方报纸、书报阅览所、革命博物馆及巡乡演讲等。省另设有编审出版委员会，编辑普通教育、社会教育的各种教材。省、县两级均设有指导员，巡视所属各地，直接指导下级工作。

（3）各级领导机关的任务："是在正确执行中央政府及中央教育人民委员部关于文化教育的政策、计划、命令、训令，领导广大的工农群众，用教育与学习的方法，提高群众的阶级觉悟、文化水平与政治水平，打破旧社会思

① 毛泽东选集：第1卷［M］．北京：人民出版社，1951：42－43．

想习惯的传统，使有能力的动员起来加入战争，深入阶级斗争，参加苏维埃各方面的建设，以争取苏维埃运动在全中国的胜利。”（《省、县市、教育部及各级教育委员的暂行组织纲要》）

（4）教育委员会的任务和组织：各级教育领导组织都设有教育委员会。其任务为讨论计划、建议并检查关于发展该管理范围内文化教育运动的一切问题。但市、乡的教育委员会，兼有帮助市教育科和乡苏维埃直接动员群众进行教育工作的职责。尤其是乡没有专管教育的行政组织，教育行政工作由乡苏维埃直接执行，所以乡教育委员会的任务特别重要。事实上，它兼办了许多教育行政工作。如制订全乡的教育实施计划，领导识字运动委员会开办各村的识字班，领导俱乐部委员会建立俱乐部和发展俱乐部内的各项工作，建立与发展夜校和列宁小学，动员群众解决教育上的经费、设备问题，登记在学、失学人数；领导全乡开展教育竞赛；等等。革命根据地教育之所以能够普遍发展，得力于乡教育委员会的具体工作不少。

市、区和乡的教育委员会由苏维埃代表、列宁小学校长、夜校校长、俱乐部主任和共青团、工会、贫农团、少先队、儿童团、女工农妇会等群众团体的代表组成，并要照顾到每村均有代表。省、县、区、市等的教育委员会则由教育部（科）长、副部长，共青团、少先队、儿童团、工会等群众团体的代表，政府机关报主笔、当地校长代表、各种文化团体代表，以及所在地的下级教育部长等组成。由此可见教育委员会具有广泛的群众性与代表性，以便于使教育工作和群众密切联系起来。

（二）工作方法

革命根据地教育领导工作的精神，是深入实际，联系群众。县、区、乡各级行政领导干部经常深入各村的列宁小学和夜校，特别着重检查教学情况和到校人数。许多问题是在学校里而不是在机关里解决。布置任务、汇报工作时，少用书面语、多用口头语。会开得较少，开会时多是检查工作与表扬批评。瞿秋白和徐特立两位同志也常亲自到列宁小学和师生一起谈话、做游戏，关心他们的教学与学习。

检查工作重视结合地方实际和征求群众意见，以避免主观片面。当时对于巡视人员的工作有两条重要的规定：一是“巡视教育工作，同时要了解当地政府一般政治的领导工作方式，才能具体指出缺点、优点和错误”；二是“巡视员除直接在教育机关考察外，还应该询问当地的党团及群众团体，甚至向个别的群众询问，征求他们的意见”①。这两条规定对于我们今天的工作方法同样是很重要的。

领导工作很重视总结典型经验以推动一般和组织竞赛，着重检查先进区域及落后区域的工作，介绍经验与指出问题，组织突击队，以先进区域帮助落后区域，并着重于新区的边区工作。

应当指出，当时教育领导机关的脱产干部是很少的。乡教育委员会的委员都是不脱产的，不过在乡苏维埃中有一人负责管理教育工作；各级教育部（科）的脱产干部也很少，如区教育部、市教育科一般只有部长或科长一人，普通教育兼文书一人，社会教育兼统计一人，共三人，还担任巡视工作。

在当时的战争环境下，教育部门和教育工作人员不仅要做好教育工作，而且和其他政府工作人员一样，要完成中心任务。而完成中心任务，不仅是做宣传工作，也要参加实际工作，如搜集粮食、整理和扩大赤卫队与少先队、春耕运动等。因此，当时的教育工作人员是很忙的。个别地方，也就产生了因突击任务而忽视教育工作和干部调动频繁的缺点。这些缺点，教育领导和历次教育会议很重视并努力克服。

（三）教育会议

中央苏区在1933年10月召开了一次有历史性意义的全苏教育大会。出席的有教育工作人员、团的干部和文化教育团体的代表。在这次大会上讨论了苏区文化教育事业上的许多基本问题。如革命事业与教育事业的关系、苏维埃教育问题的基本原则、苏维埃的教育制度和学校制度、社会教育、干部教育、团结知识分子问题、反对封建迷信问题、教育经费与出版事业问题等。

在大会上，何凯丰同志做了报告和总结。此次大会通过了“目前教育工作的任务”，并签订了共青团协助文化教育工作的决定。

此外，各省也召开过一些重要的教育会议。如江西省在1934年3月召开了第一次全省教育会议，检查全省的教育工作，对突击教育任务、普通教育

① 毛泽东选集：第1卷［M］. 北京：人民出版社，1951：42－43.

问题、社会教育问题等做出了重要的决议。

六、结束语

马克思主义教育思想自五四运动之后就在我国开始传播。中国共产党在成立后及第一次国内革命战争时期，提出了革命的民主教育纲领并进行了文化教育的斗争。但作为有系统、有计划的教育建设来说，乃是在红色政权的条件下才能实现的。革命根据地的教育在中国共产党和苏维埃政府的领导下，依靠群众力量，于极端艰苦的战争环境中建立与发展起来，在中国近代教育史上写下了光辉的一页。

从上述资料来看，革命根据地的教育具有如下的特点：

（1）教育为革命斗争服务，教育服从革命战争的要求。全苏区教育大会指出："在工农苏维埃共和国内，一切教育事业的提出，无论在政治教育范围内，或者是在技术职业教育范围内，特别是在文艺的范围内，应当充满着阶级斗争的精神，即是为实现工农民主的专政……为推翻地主资产阶级的统治，为消灭阶级，为消灭人剥削人……这是苏维埃的基本原则，离开这个原则就没有苏维埃教育……这里就是说我们应当把我们的教育去为着战争。教育为着战争，就是说，要去满足战争的需要，帮助战争的动员，战争的发展，随着苏区的扩大与苏维埃工作的展开，需要广泛的提高群众和干部的政治文化水平来执行当前的新的任务，需要经过发展教育的工作，去提高工人和劳动群众的阶级觉悟。"（《小学教员优待条件》）当时革命根据地的教育，在教材内容上，尖锐地表现了阶级斗争的精神，提高了学生和群众的阶级觉悟，培养了年轻一代的革命意志，动员了青年和成年人参加革命战争；在教育组织工作上，"是采取阶级的原则，首先我们愿意赋予无产阶级及劳动农民以学习的可能，因为他们是新社会的基础"。革命根据地施行义务教育，为工农群众建立各种形式的教育组织，使工人、农民和红军受到了教育。在阶级斗争教育之下，革命根据地培养了千千万万坚强的红军战士和革命群众，他们誓死保卫苏维埃政权，勇敢地北上长征，艰苦地坚持游击战争。几千年来被压迫的妇女也和男子在一起成为革命战争中的战士。这就是革命根据地党和苏维埃政府革命斗争教育成功的铁证。

（2）教育与实际联系，与生产劳动结合。全苏教育大会指出："我们想怎样去学习的中心问题，就是我们的工作、斗争与学习相联系……是劳动与教育的联贯……是把劳心与劳力联系起来；所以我们的教育，应当是达到劳动与教育的统一。"（《小学教员优待条件》）当时革命根据地的教育实践，就是依据上述原则进行的。如识字教育从劳动人民的生产工具和日常生活应用字教起；军事学校是进行军事教育的学校，同时也是一个武装的战斗单位；苏维埃大学招收学生的入学条件，是必须经过革命斗争锻炼并有实际经验的；而农业学校是以实习为中心来进行教学；列宁小学的教材和教学法、课外活动等，也是与生产劳动和社会实践紧密结合的。今天的系统教育中，教育与实际联系、与生产劳动结合的方式，当然不仅如此，还可以更广泛、更系统地结合。但在当时的环境与迫切的要求下，这些方式却完全是必要而且有效的。

（3）依靠群众，勤俭节约，办好教育。革命根据地在人力、财力万分困难的情况下，在200万人口的中央苏区办起惠及几十万人的教育事业，几乎乡乡有小学和俱乐部，村村有夜校和识字班。如果不是依靠群众的大力支持，并以勤俭节约的精神来办教育，那是根本不可设想的。这里，首先是群众对识字、教育有了迫切的要求，而教育的内容与形式又能适合他们的需要。其次是实事求是、勤俭节约。一所列宁小学每月只用一两元红票的办公费，一所夜校每月只用五角钱的灯油费，就是这样把教育办起来并办好的。

应当指出，在这个时期，在"左"倾路线占主导地位的情况下，教育政策上也犯了"混淆了民主革命和社会主义革命的一定界限，并主观地急于要超过民主革命"的"左"倾错误，也就是中国共产党《关于若干历史问题的决议》所指出的"强调以共产主义为内容的国民教育政策，对知识分子的过左政策"[①]。关于前者，毛泽东在《新民主主义论》中分析其错误是"把共产主义思想体系的宣传，当作了当前行动纲领的实践；把用共产主义的立场和方法去观察问题、研究学问、处理工作、训练干部，当作了中国民主革命阶

① 毛泽东选集：第2卷［M］．北京：人民出版社，1952：995．

段上整个的国民教育和国民文化方针”①。关于后者，表现在当时对知识分子的关门主义。这些错误都在后来抗日根据地的教育政策上得到纠正。

由于第二次国内革命战争时期，革命根据地处于战争环境中，建设时间又较短，所以许多优良的教育经验与办法还来不及总结。这些经验与办法，后来在党的正确领导之下，在抗日根据地有了进一步的推广与提高。

① 毛泽东选集：第2卷［M］．北京：人民出版社，1952：676.

同文馆与中国近代海关的关系①

性质特殊的中国近代海关对中国近代发展进程的许多方面都产生过非同寻常的作用和影响。然而，以往论者多注意海关对当时社会政治、经济、军事等方面的影响，很少留心它对文化方面的影响。本文拟从中国近代高等教育发展史的角度，对同文馆与中国近代海关的关系这一问题进行专题探讨，从而证明海关对中国近代文化教育也产生过一定的影响。"研究同文馆而不及上海、广州两同文馆，则研究为不完全。"② 因此，本文以京师同文馆为主，也兼及上海同文馆和广州同文馆。

一

1862 年设立的京师同文馆是中国第一所过渡性的近代高等学校，在中国近代教育史上占有重要地位。虽然它最初只是一所学习外国语文的"翻译学校"，但却是近代革新潮流中最早的一个新式教育机构。尤其是自 1866 年成立天文算学馆以后，同文馆由一所翻译学校演变为一所兼习实用科学的专门学堂，成为"中国教育制度中渗入现代观念的急先锋"③，开中国近代高等教育的先河。此后，许多新式学校课程都引进了西方先进的自然科学知识，中国近代意义的高等教育逐渐从萌芽走向确立。

---

① 原载《教育史研究》，1991 年第 2 期。作者：潘懋元，刘海峰。

②③ 毕乃德．同文馆考［J］．中华教育界，1935，23（2）．

同文馆从设立之初便和海关结下了不解之缘。

1860年英法联军攻占北京后，清政府根据中英、中法签订的《北京条约》，容许外国使节在北京居住。为了和外国驻京使馆打交道，恭亲王奕䜣于1861年1月奏请在京师设立总理各国事务衙门，专门办理外交事务。根据1858年签订的中英《天津条约》第50款规定，此后英国递交中国的外交文书俱用英文书写，只是暂时附以汉文副本。一俟中国选派学生学习英文英语熟习，即不再配送中文副本。并且，凡“遇有文词辩论之处，总以英文作为正义”。培养翻译人才，为当务之急。因此，奕䜣同时奏请设立英法语文馆：“闻广东、上海商人，有专习英、法、美三国文字语言之人，请饬各省督抚挑选诚实可靠者，每省各派2人，共派4人。携带各国书籍来京。并于八旗中挑选天资聪慧、年在十三四以下者各四五人，俾资学习。”（《筹办夷务始末：咸丰朝卷七十一》）至1862年8月，八旗陆续将学生送齐，但教习却难以征求。广东称无人可派，上海“虽有其人，而艺不甚精，价则过巨，未便饬令前来”。鉴于“各国均以重资聘请中国人讲解文义，而中国迄无熟悉外国语言文字之人，恐无以悉其底蕴”，因此，不得不于外国人中延访。根据曾在上海海关当过税务监督的英国公使馆秘书威妥玛的推荐，聘请英国人包尔腾为首任英文教习。当年薪水给银300两，次年拟给1 000两。奕䜣在奏请开办同文馆的奏折中说：“通计此项教习薪水及学生茶饭饮食，服役人等工食，并一切零费，每年约需银数千两。近年部库支绌，无款动支，再四斟酌，惟于南北各海口所纳船钞项下酌提三成，由各海关按照三个月一结，奏报之期，委员批解臣衙门交纳，以资应用。”随后，行文各海关遵照办理。（《筹办夷务始末：同治朝卷八》）

1863年3月28日，江苏巡抚李鸿章奏称：“京师同文馆之设，实为良法，行之既久，必有正人君子，奇尤异敏之士出乎其中，然后尽得西人之要领而思所以驾驭之，绥靖边陲之原本实在于此。惟是洋人汇总之地，以上海、广东两口为最，种类较多，书籍较富，见闻较广。……臣拟请仿照同文馆之例，于上海添设外国语言文字学馆，选近郡年十四以下资禀颖悟、根器端静之文童，聘西人教习；兼聘内地品学兼优之举贡生员，课以经史文义。”（《李文忠公奏稿：卷三》）据《筹办夷务始末》同治朝卷十四载，1863年3月28日接到李鸿章奏折的当日，同治帝便发了一道上谕给广州将军库克吉泰等，令其仿照办理："所有一切章程与薪资工食、各项经费，著即咨商李鸿章，并参以总理衙门原议，或酌提船钞妥为办理。"

从此以后，同文各馆的发展便与海关息息相关，从经费来源、教师选派、课程改革，乃至国际交流等各方面皆受到由外国人把持的海关控制和影响。以下我们从这几方面阐述同文馆与海关的关系。

1. 经费仰赖于海关

经费是办学的基本条件，同文馆与海关之所以结下不解之缘，也肇于此。当时清朝政府内外交困，财政状况恶化，户部无法拨出专款来创设学校。而海关船钞收入款项向来不必解送户部，专门供各海关修造浮桩、号船、塔表、望楼及一切办公之用。统辖海关的总理衙门认为从船钞收入中提取三成，于各海关办公不致有误。依靠船钞这稳定的税收，作为办学的经费来源，不仅开办时是如此，而且在同文馆整个发展历史上，也都如此。1863 年赫德就任海关总税务司以后，认真照此调拨，即使是因挪用船钞供镇压太平军军费而引起各国外商争议，要求改变船钞管理办法的复杂情况下，供同文馆的三成船钞也未受影响，仍然得到有力保证。① 丁韪良在《同文馆记》中回忆说：1869 年 9 月，赫德"要我主持馆务，他决计每年从海关方面拨给我一笔整款，以供学院（指同文馆）之用。当时我就答道：'擦擦灯盏，我是愿意的，但是你得给点灯油。'意思是说，校长的责任我可以担当，但是财政方面须得由他负责。赫德因坚持此点，也就答允了。自此二十五年间，未尝或渝"②。当丁韪良为印刷试卷及同文馆翻译著作，提议在馆内自行设立一个小规模的印刷所时，赫德便按他估计费用的三倍给了同文馆。后来同文馆印书处甚至还印总理衙门的文件、中文数学古籍及清代帝王手书诗词。

由于有海关船钞的保证，同文馆的经费是较为充裕的。初设同文馆时，便考虑到外国教习只图薪水，不求官职。"外国人惟利是图，既令教习诸生，不得不厚其薪水以生其歆羡之心。"（《筹办夷务始末：咸丰朝卷七十一》）外

① 陈诗启．中国近代海关史问题初探［M］．北京：中国展望出版社，1987：127.

② 朱有瓛．中国近代学制史料：第一辑（上册）［M］．上海：华东师范大学出版社，1983：168.

国公使也以为必需重资聘请，方肯来教，因此除试办当年给英文教习包尔腾年薪300两外，以后每年均给1 000两。其后，增聘法文、俄文教习，法、俄公使并无试办少给薪水之说。奕䜣等感到不便与之斤斤计较，于是也皆给年薪水银1 000两，以示大方。此后洋教习岁银1 000两便成为定制。这在当时是非常优厚的薪俸待遇。汉教习则因考虑如教授有成可酌量奏请奖励，故薪水不再援照外国人标准，每月只给银12两。至于学生待遇，初办时以为三成船钞收入不敷支出，因此试办章程规定学生所给钱粮按照以前俄罗斯文馆旧例，靠坐补八旗学生本旗学生本旗甲缺来供给。至1865年12月，奕䜣等看到“现计每年三成船钞足可敷用”，便量为变通，将学生所补甲缺裁还各旗。英、法、俄每馆学生各以10名为定额，三馆共30名，由海关三成船钞项下每名每月拨给膏火银3两。后来还有所增加。此外，又规定无论岁考、季考，考列前数名者酌定奖赏数目，以资鼓励。如学生遇有请假回家丁忧穿孝者，除准假百日外，并给盘费川资30～50两银。原先沿俄罗斯文馆旧章，助教及有官品的学生只给俸米。也正是由于三成船钞收入足可敷用，因此总理衙门主动奏请从1866年开始，将留充同文馆助教的原俄罗斯文馆助教国世春之俸银，“由臣衙门按季给发，无庸行文户部支领”。并规定此后助教及各教习均给俸米，学生按官品也一律给予俸米，都折成银两，照数由船钞项下发给。（《筹办夷务始末：同治朝卷三十七》）同文馆学生的伙食待遇很好，据曾在同文馆学习过的齐如山回忆：“饮食最优，六个人一桌，共四大盘、六大碗，夏天一个大海碗，还有荷叶粥、果藕等等。冬天则无大海碗，而添一个火锅。所有各种羊肉片、肝片、腰片，及鸡蛋、冻豆腐，等等，合一切作料，应有尽有。总之跟从前北平正阳楼一样，吃不够再添。这不算，如果不愿意吃，仍可随便要菜。”①

海关船钞收入的有力支持，使得同文馆师生免除了后顾之忧，得以安心教学；也使得同文馆能够进行各项教育活动和添置教学设备，扩大同文馆的规模，提高办学水平。据《同文馆题名录》所载，京师同文馆每逢月课等考

① 齐如山．有关“同文馆之回忆”［M］//陈学恂．中国近代教育史教学参考资料：上册．北京：人民教育出版社，1986：49.

试都专门拨有经费。月课例给花红银 32 两，季考例给 48 两，岁试例给 72 两。夏季增汉文课，每月例给花红银 8 两。岁试季考则“酌量课业之进退而增减薪水”。同文馆还设有书阁（图书馆）、印书处，后来还建有星台以观察天文。这些建设经费皆仰赖海关船钞收入。

不仅京师同文馆如此，上海和广州所办同文馆也依靠海关提供经费。1863 年 6 月，上海同文馆择原县学地址开办。李鸿章草拟试办章程 12 条，称：“至馆中教习薪水及一切经费，每年约需银八千两之数。当此库款支绌，别无闲款可筹，唯有仿照原奏，亦请于海关征收外国船钞项下，核实支销，以资需用。”并列出上海议立学习外国语言文字同文馆约需经费银数详细清单。1870 年 2 月，上海同文馆（此时已改称广方言馆）从江海关管辖改移机器制造局管辖后，“所有支发薪水及一切经费，仍照广方言馆向章，在于海关征收外国船钞项下核实支发。另款报销”①。1864 年 7 月，两广总督毛鸿滨奏折汇报广州同文馆办理情形及章程。按照上谕“厚给廪饩”的指示，广州同文馆汉文教习束脩每年 480 两，西洋教习每年 1 200 两，提调一员每年薪水 240 两。另设有经理馆务的馆长 2 人，每人每年 120 两。汉文教习、馆长每日还给饮食钱 120 文。肄业生每日膏火银 1 钱。“所需馆租、廪、薪工等项经费，每年约共支银四千八百余两。由臣毓清在于粤海关征收船钞项下，酌量提拨，移送支用，按年汇册报销，以归核实。”②（《毛尚书奏稿：卷十三》）广州同文馆西洋教习待遇丰厚，比京师同文馆外国教习年薪还更高。而上海同文馆开办经费清单中，开列有“西教习两人，约需银三千两”。按此计算，每名西教习年俸更多。如此优厚的经济待遇，若没有相当有保障的经费来源是难以办到的。因此，海关收入对同文馆的开办和发展起着决定性的作用。

2. 外籍教师多由海关推荐

由于经费仰仗海关，因而同文馆的人事行政权常受到海关总税务司控制。京师同文馆最早的一位外籍英文教习包尔腾，即由曾在上海海关任税务监督的威妥玛推荐而来。1862 年奕䜣《奏设同文馆折》说：“臣等令来署察看，

① 同治九年三月初三日（1870 年 4 月 3 日）总办机器制造局冯、郑督抚宪禀［M］//广方言馆全案．上海：上海古籍出版社，1989.

② 上海、广州同文馆经费皆从海关七成船钞下报销，故不影响京师同文馆之财源。

尚属诚实。虽未深知其人，惟以之教习学生，似可无事苛求。”包尔腾原系教士，奕䜣与威妥玛预先说明，只教语言文字，不准传教。次年，开办法文馆。法国人哥士耆函荐司默灵为教习。奕䜣等查司默灵系法传教士，“闻哥士耆之荐，颇不谓然，当即力却。嗣经哥士耆再三剖析，据称司默灵虽属教士，现在并不传教，且其人尚朴可充斯席。臣等令其来署面见，尚无传教士习气。因与切实言定，若到同文馆，断不准其传教，一涉此弊，立即辞回”（《筹办夷务始末：同治朝卷十五》）。哥士耆因无海关背景，奕䜣等对其所推荐者的语气态度与对威妥玛大为不同。

1864 年总理衙门因蒲安臣、威妥玛之荐，聘请美国人丁韪良（冠西）继任英文教习。1867 年丁韪良被任为万国公法（国际公法）教习，但不久即回国休假。1869 年丁氏返中国后，赫德便力荐他任总教习主持馆务，这是同文馆第一任校长。丁氏任总教习一直到 1894 年，前后共达 25 年之久，对京师同文馆的办学方向与事业发展，起了不可忽视的作用。据丁韪良《同文馆记》载，1866 年，为在同文馆中增设天文算学馆，赫德赴欧洲聘请了 5 位教习随他来北京，分别教授化学、天文、法文、英文、军事。其中 3 位或病故、或离职，担任化学教习的法国人毕利干的教学引起学生研究化学的兴趣，并写了第一本中文的化学教本，使近代西方化学知识得以传入中国。另一位担任天文教习的德国人方拔根则爱标奇立异，宣布决心要推翻牛顿的万有引力说。在丁韪良告假回美时，方氏因不肯接受指定的数学教职，以致被辞退。方氏原先是想当校长的，后来见丁韪良回中国当了校长，益加怨愤，于是跑到上海去，向法院控告赫德中途背约。要当校长不是去找总理衙门，而是去找赫德，当不了校长不是向总理衙门申诉而是到上海控告赫德违约，可见京师同文馆的人事权受海关总税务司控制的程度。当时同文馆在总管大臣专管大臣之外，特设监察官一职，任监察官的就是“头品顶戴布正使衔”的赫德。据齐如山回忆同文馆所说，有些外国人到中国来，往往先派到同文馆充当教习，同时学一些中文及语言，然后再派往各省海关去当差。这些洋教习走的时候，并不告知总理衙门。“说起来，衙门对这些教习，可以说没有任免权。旧教习离开时，对于后任不许推荐，由外国新到人员，亦不许直接谋教习之职，必须由总税务司推荐。所以每逢一位教习离职，总理衙门就得通知总税务司，请其介绍新人。倘其时恰巧没有外国新到之人，则馆中就得等几天，不过时期也不会太久就是了。”[①]因此，海关税务司有不少人都曾在京师同文馆中任过职。丁韪良《同文馆记》所列文馆外国教习表还特别说明“海关人员临时任职文馆诸君包括在内”。如帛黎、马士、欧礼斐等都曾在京师同文馆兼课，后来欧礼斐还继丁韪良任总教习。

至于上海和广州同文馆，由于开办和后来运转皆由当地海关监督总理，其人事行政权更是归属海关。广州同文馆章程中就明定：“同文馆经费，由粤海关监督衙门筹拨支放。所有一切事务及延请西洋教习、关订汉文教习，应即归监督总理。”

3. *课程改革为赫德等人所推动*

京师同文馆的课程改革是从1866年添设天文算学馆开始，将同文馆的课程从学习外国语言文字扩大到自然科学和西方社会科学知识。中国古代从隋唐起便设有算学，主要学习《九章算术》等算经十书。但一直到清朝中叶以前，数学和自然科学知识始终被认为是术数末艺，不被崇尚经术的统治者所重视。到了19世纪60年代，洋务大臣因从事机器制造等活动，深感必须懂得自然科学知识，开始考虑在新办学校中推行天文、数学等科学教育。1866年12月，总理各国事务奕䜣等奏言：“因思洋人制造机器、火器等件以及行船、行军，无一不自算学中来。现在上海、浙江等处，讲求轮船各项。若不从根本上用着实功夫，即学习皮毛，仍无俾实用。臣等公同商酌，现拟添设一馆。招取满汉举人及恩、拔、岁、副、优贡，汉文业已通顺，年在二十以外者，取具同乡京官印结或本旗图片，赴臣衙门考试，并准令前项正途出身五品以下满汉京外各官，少年聪慧、愿入馆学习者，呈明分别出具本旗图片及同乡官印结，一体与考。由臣等录取后即延聘西人在馆教习，务期天文、算学，均能洞彻根源。斯道成于下，数年之后，必有成效。”次年1月，奕䜣等考虑到“天文算术，义蕴精深。非夙知勤学用心之人，难以渐窥底蕴，与专习外洋语言文字之学生不同”。因而又建议将招考范围从洋人和五项贡生、

① 齐如山．有关“同文馆之回忆”［M］//陈学恂．中国近代教育史教学参考资料：上册．北京：人民教育出版社，1986：47.

进士出身之五品以下官扩大到兼取“学向素优”“研经有素善用心思”的翰林院编修、检讨、庶吉士等官。(《筹办夷务始末：同治朝卷四十六》)这个举动无疑对以修齐治平为做人目标，以儒家经典为教材，以自然科学为机巧末技的传统观念是一次猛烈的冲击。以至于连丁韪良博士后来也认为：“他们的见解之精到，是很可惊叹的。”但他同时泄露了这是赫德之主意：“一八六五年，决定把这个译员学校升为专门学校，新加科学一馆，入馆学生也须中文较有根柢的。同时馆舍也有兴建，并派总税务司往聘胜任的教授。——这当然又是赫德首先献议的。”① 既要兴办学习天文数学的科学馆，便要有新增课程的适合教师。1866 年 12 月奕䜣等第一次建议添设天文数学馆的奏折中就说道：“其延聘洋人一事，前与总税务司赫德议及，伊可代为招聘。”于是赫德也就往欧洲聘请有关的教师。

1866 年京师同文馆增设天文、数学课程是学校课程的一个重大变革。而在此之前，即在 1863 年、1864 年上海、广州两馆开办之初，便开始注意数学课程的学习了。前引 1863 年 3 月李鸿章奏设上海同文馆折中便称：“彼西人所擅长者，推算之学、格物之理、制器尚象之法，无不专精务实，泐有成书。经译者十才一二。必须尽阅其未译之书，方可探赜索隐，由粗浅而精微。我中华智巧，岂出西人之下。果有精熟西文者转相传习，一切轮船火器等巧技，当可由渐通晓。于中国自强之道似有裨助。”在其所拟试办章程 12 条中，有一条专谈数学教学：“西人制器尚象之法，皆从算学生。若不通算学，即精熟西文亦难施之实用。凡肄业者算学与西文并须逐日讲习，其余经史各类，随其资禀所近分习之。专习算学者，听从其便。”1864 年 7 月广州同文馆章程规定：延请西洋教习须“取能通算学、有裨西学之实用者”。

正是因为上海、广州两馆从一开始就注意到学习数学知识，所以当京师同文馆设立天文算学馆时，因顽固派官僚倭仁等激烈反对，引起社会上争议导致考生稀少，便不得不让上海、广州咨送两馆学生来京考试。“饬在新立天文算学馆中居住，逐日细加考察。并先试以汉文译作洋文，继令将洋文译成

① 丁韪良．同文馆记［M］//朱有瓛．中国近代学制史料：第一辑（上册）．上海：华东师范大学出版社，1983：161.

汉文，嗣又以算法各条令其逐条登答，该学生等文理俱各明顺，登答均无舛错。”① 这说明两地同文馆的优等学生不仅外国语言文字学有所成，而且也有一定的数学基础。因此，在引进自然科学课程方面，上海、广州同文馆是走在京师同文馆前面的。只是京师同文馆的课程改革是要专门设立单独的天文算学馆，且要招收进士、五贡生等正途出身者入馆肄业，因而引起激烈争论，影响巨大。算学馆的成立是中国近代高等教育发展史上的一个突破，它使中国的高等教育在课程的设置上接近近代西方大学。此后同文馆的课程改革进展便较顺利，教学内容逐渐扩充。1876 年公布的京师同文馆课程表，8 年制的前 3 年课程侧重学习外语、各国地图和史略，后 5 年除继续学习外语外，侧重学习自然科学技术知识，兼及社会科学。所设课程有：数理启蒙、代数学、植物、几何原本、平三角、弧三角、机器、微分积分、航海测算、化学、天文测算、地理金石、万国公法、富国策（经济学）等。这些课程的设置和师资的聘请，都离不开兼任同文馆监察官的赫德和总教习丁韪良。

4. 海关帮助组织出国交流

1866 年赫德准备回国度假前，到总理事务衙门建议派几名同文馆学生随他前往欧洲游历调查各国状况。奕䜣等认为：“同文馆学生内有前经臣等考取奏请授为八九品及留学者，于外国语言文字均能粗识大概，若令前往该国游历一番，亦可增广见闻，有裨学业；且系微员末秩，与奏请特派使臣赴各国通向体制有间，又与该总税务司同去，亦不稍涉张惶，似乎流弊尚少。”但奕䜣等又担心这些弱冠之年的学生“少不更事，贻笑外邦”，因而奏请派 63 岁的曾为赫德办理文案的副护军参领衔斌椿一同前往。当时，“据赫德声称，此行往返不过七八月即可回京。川资等费，均由该总税务司先行垫用，俟将来回中国后核呈清账，由臣衙门于三成船钞项下照数给发；其整装银两，应于该官生等起程之前，统由船钞项下酌量给予”②。于是派了同文馆学生凤仪、德明、彦慧三人，斌椿还携同其子广英随同赫德赴欧。据丁韪良《同文馆记》说，后来他就任同文馆总教习时，即由斌椿分班引见同文馆的 40 来个学生。

① 同治六年十二月二十四日（1868 年 1 月 18 日）总理各国事务奕䜣等折［C］//宝鋆，等．筹办夷务始末：同治朝卷五十六．

② 宝鋆，等．筹办夷务始末：同治朝卷三十九［C］．

同文馆随行出国的学生也能善于利用机会，到第二次派遣使臣时，“他们便能被派充当翻译了”。

第二次派遣学生出国游历也是赫德一手促成的。1869 年美国公使蒲安臣出使欧美，随行的有满汉大臣志刚、孙家谷 2 人，这次带了 6 个同文馆的学生。“名义上是充当英法俄文的翻译，实际上则翻译的工作全由海关上的人员作了。”① 后来，同文馆的学生在中国外交活动中逐渐起了作用，派遣学生出洋也成了经常性的事情。出国游历几乎成为同文馆的教学实习环节。1896 年 2 月总理各国事务衙门奏派学生出洋片说：“溯自开馆以来，学有成就者尚不乏人，第恐限于见闻，未能曲尽其妙。臣等公同斟酌，拟于英法俄德四使馆，各拨学生四名，分往学习语言文字算法。以三年为期，责成大臣，严为稽核。”同时还拟出《出洋学生经费章程》，其中一条规定：“各学生自天津出洋，船只由总税务司代购二等舱位票，船费由总税务司专案报销。”② 19 世纪末叶，同文馆毕业生在中国外交界影响颇大。从 1879 年和 1898 年所刊《同文馆题名录》可知，1879 年随使出洋派驻英、法、德、俄、美、日等国的“课业较精者”便有 16 人。1894—1898 年间更有不少同文馆学生充任翻译官，还有一些出使外国任参赞。到 20 世纪初，同文馆毕业生已有一些当上驻日本、英国、法国、德国、意大利、荷兰、奥地利、俄国、丹麦等国的大使。其中颜惠庆 1921 年任外交总长，1925—1926 年任国务总理兼外交总长。同文馆毕业生后来在中国外交界占有如此重要之地位，与当时海关特别是赫德的极力支持是分不开的。

二

为什么同文馆与海关有如此密切的关系？为什么赫德要极力扶持同文馆？同文馆对中国近代高等教育有何影响？

同文馆与海关的密切关系，既是由于经费来源于海关税收，又是由其管

① 丁韪良．同文馆记［M］//朱有瓛．中国近代学制史料：第一辑（上册）．上海：华东师范大学出版社，1983：164.

② 光绪二十一年十二月二十四日（1896 年 2 月 7 日）总理衙门奏派学生出洋片．

理体制所确定。同文馆隶属于总理各国事务衙门，当时海关工作基本上属于洋务范围，因此也由总理衙门管理。虽然由外国人把持的海关总税务司署对总理衙门具有很大的影响力，但名义上它毕竟还是总理衙门的一个下属机构，必须受总理衙门管理。总税务司是总理衙门大臣的属员，所以当总理衙门开办京师同文馆时，有权行文各海关提取三成船钞作办学经费。当学生出洋考察时，总理衙门可通知海关购买船票；需走海路请假回家完婚或奔丧的广东籍同文馆学生也可由衙门“札行总税务司代雇轮船”[①]。同文馆和海关总税务司署是总理衙门下属的两个机构，两者发生密切关系是很自然的。只是两者并非处于并列的地位，同文馆总是受海关总税务司署的支配罢了。

如果说京师同文馆名义是由总理衙门管理，海关只是起支配作用，那么，上海、广州两同文馆则基本上可以说是当地海关的附设机构了。1863 年 3 月李鸿章奏请开办上海同文馆折中，便说到此同文馆各项事务“均由海关监督、督筹、试办，随时察核具详。三五年后，有此一种读书明理之人，精通番语，凡通商督抚衙门及海关监督应添设翻译官承办洋务，即于学馆中遴选承充”（《李文忠公奏稿：卷三》）。上海同文馆不仅经费出自海关，而且连办学章程也规定其培养目标就是造就通商督抚及海关监督所需之翻译和洋务人才。即使是 1870 年上海同文馆移归机器制造局管辖，但经费来源仍由船钞中扣支，并需将每月支发数额另立一册，“以备将来赫税务司查考”[②]。广州同文馆名义上虽由巡抚、将军、总督等办理，但章程中明确规定所有一切事务，应当由提供经费的粤海关“监督总理”。

令人感兴趣的是，上海同文馆（广方言馆）开办一段时间后在形式上移归机器制造局统辖。而从 1888 年起，属于总理衙门的京师同文馆却实际上归入总税务司署编制，其人员编进《新关题名录》，总税务司署也相应增设了教育部门。[③]

京师同文馆具有外交部部办学校的性质，目的是为总理衙门培养与外国

---

① 堂谕“光绪六年正月批同文馆学生沈铎呈”“光绪七年正月批同文馆学生博勒洪武呈”//同文馆章程及续增条规.

② 广方言馆全案［M］. 上海：上海古籍出版社，1989：18.

③ 陈诗启. 中国近代海关史问题初探［M］. 北京：中国展望出版社，1987：100.

打交道的洋务人才。中国近代海关是管理征收外国轮船及其载运货物关税的机关，它所任用的人员主要是洋人，同时它又是为外国执行不平等条约有关关税的工具。中国近代海关的影响远远超过其征税的职责，涉及洋务的各个方面，包括许多外交活动；同文馆也从单纯培养译员发展成为“边务储才之地”[①]，“培养使才之重地”[②]，实际上从一所外语学校发展为外交学院。虽然同文馆的课程除“万国公法”（国际法）与外交有一定关系外，并无专门的外交理论，但其培养目标后来主要是外交人才。当时海关在中国外交舞台上扮演重要角色，则必然与同文馆发生很密切的联系。如果说京师同文馆名义上是总理衙门所办学校，那么上海、广州两同文馆则可以算是海关办学校。

赫德其人始终对同文馆的事务很关心，他不仅一直为同文馆提供经费上的保证，为同文馆物色教师，并推荐丁韪良任总教习；同文馆的办学方针与重大决策，从种种迹象上看，也多出自他的倡议或亲自参与。他还时常过问学校的具体管理事宜，如 1865 年 12 月和 1869 年 2 月他曾亲自会同同文馆外国教习审阅学生汉译英试卷。[③] 丁韪良第一次在同文馆为学生表演使用电报方法后也要告诉赫德。赫德还可能查看上海同文馆的收支账本。他对同文馆如此关心，难怪丁韪良在《同文馆记》中说：“就同文馆而言，赫德算是父亲，我只是一个看妈而已。”

丁韪良曾一度觉得待在同文馆“没有什么大出息”而提出辞职，后来之所以长期留任总教习，是因为他“认为同文馆将来的影响要比北京道旁教堂的力量大”。那么赫德呢？赫德就任总税务司的时候，同文馆已诞生了。“但是这孩子身体太弱，非得助以人工呼吸，不能长养成人。赫德知道它的前程远大，于是力任维护，极力助其发展。幸而它在赫德将护之下，日为世人所重，一星小小的荧光竟变成一座巍峨的灯塔。”京师同文馆的创建和增设天文算学馆等各种进步的改革都离不开勇于革新的总理衙门领袖恭亲王奕䜣，“但

---

① 光绪十二年五月二十日（1886 年 6 月 21 日）总理各国事务奕䜣等片//同文馆题名录. 光绪二十四年（1898 年）.

② 光绪二十一年（1895 年）十月堂谕//同文馆章程及续增条规.

③ 同治四年十一月初五日总理各国事务奕䜣等折、《洋务运动》（二）//筹办夷务始末：同治朝卷三十七 . 56 – 57.

是这种种进步的政策都是他人献议的，其中有不少是赫德的主意”①。

在1869年发表的《中国问题记录》一文开头中，赫德曾明言：“我自从1861年首次到北京以来，就敦促总理衙门向着西方所理解的‘进步’一词的方向前进。”② 他不仅不断促使清政府进行全面改造，而且本人也亲自参与某些实际的改革工作，插手同文馆便是其中的一个例子。赫德对办理同文馆有浓厚兴趣是有其深刻用意的。他深知人的培养比物的生产远为重要，影响更为深远，通过同文馆不仅能培养出一些懂得外国语言文字的翻译人才，而且还可以影响整个中国的教育、外交乃至最终影响中国的政治。因此，赫德扶植、控制同文馆带有文化渗透的性质。京师同文馆作为总理衙门依靠海关总税务司赫德办理的第一所新式学校，一开始就反映了中国近代半封建半殖民地的学校教育性质。

正如赫德和丁韪良所预期的那样，同文馆确实前程远大。它不仅为日后中国外交界培养了一批人才，而且还深刻地影响了中国近代的文化教育。如果说，当时赫德、丁韪良等主观上既有帮助中国发展教育的用意，也有控制中国的文化渗透的目的，而客观上同文馆对中国近代文化教育的进步确实起了积极的作用。在文化学术方面，同文馆所用的西学教材，如《万国公法》《格物入门》《化学指南》《法国律例》《富国策》《俄国史略》《各国史略》《公法便览》《中国古世公法论略》《格物测算》《化学阐原》《算学理艺》《中西合历》《天学发轫》《汉法字汇》等，多数是由教习和学生合作辑译而成。这些书籍印刷后对传播西方先进的科学文化知识，促进西学东渐，为中国近代学术文化进步做出了一定的贡献。

就中国近代高等教育的发展进步而言，同文馆的创立和改革也有几方面重要的影响。而这些影响又是与中国近代海关分不开的。

首先，同文馆是中国新教育的肇端，是中国近代高等教育的发轫。19世纪末20世纪初中国教育革新潮流蓬勃发展，其最初的源泉始于1862年设立的京师同文馆，尤其是1866年增办算学馆，从此中国教育才正式接受西方的

① 丁韪良．同文馆记［M］//朱有瓛．中国近代学制史料：第一辑（上册）．上海：华东师范大学出版社，1983：159.

② 上海纪事报，1869－11－12.

语言文字和各种科学知识。1866 年起开办的福建船政学堂，以及此后的上海机器学堂、湖南矿务学堂和工程学堂、天津和上海的电报学堂、天津军医学堂、天津水师学堂、天津武备学堂、广东水陆学堂、湖北武备学堂，乃至按学科设置方言、算学、格致（物理学）、商务四斋的湖北自强学堂等，汇成了洋务教育的洪流。这些学堂从学习西文发展到学习西艺，构成了中国教育近代化的一个重要阶段。上海、广州同文馆首先注意修习算学，尤其是经过与顽固派官僚进行激烈较量争辩后设立天文算学专门学馆，对后来这些实施军事教育的武备学堂和实施科技教育的实业学堂具有筚路蓝缕的开拓之功。京师同文馆增开算学、化学等课程，尤其是 1876 年公布八年制课程表之后，已从一所中等外语学校演进为一所综合性的专门学校，在中国近代高等教育发展史上占有重要地位。

其次，开创了近现代部门办学的先例。关于这一点，以往尚无人注意到。中国古代在国子监等直系学校系统之外，中央有些部门也办有一些以专业培训为主的教育机构，如唐代太医署所辖的医学院、司天台所属的历数学校，但以后这一传统不受重视，影响也不大。总理衙门根据办理洋务的实际需要，在本部门创办同文馆，独立于北京国子监和地方府州县学之外，开创了近代部门办学的先例。京师、上海、广州同文馆是外交部或海关所办的专门学校，福建船政学堂是福建船政局所办的专门学校，以上所列其他洋务学堂，也都是洋务大臣和部门根据军事、政治和经济需要而创设的。包括 1895 年天津海关道盛宣怀奏请设立的中国第一所正式的近代高等学校——天津中西学堂，也主要是由天津海关出资而非中央或地方教育部门所创办的。这些专门学校的创设，克服了当时教育经费困难的局限，调动了各部门办学的积极性，在一个时期内成为中国高等教育发展的主流，一直影响到现代高等教育的管理体制。

再者，影响到科举考试的改革。同文馆学生按规定遇乡、会试年份，若愿应试准给一个月假期备考。天文算学馆学生入学时已有科名的限制，不过学生科名等第不同而已，有的已有进士以上科名和翰林院官职。即使入馆时只有最低的科名，在馆内也可能继续得较高的科名。传统的科举考试内容主要是儒家的“四书”、“五经”、诗赋小楷。鸦片战争以后，由于中国闭关锁国的封建大门已被打开，政治、经济发生了变化，原来的科举考试内容已越来越不适应时势之需，因此不断有人提出要革新科举考试内容。自从 1866 年京师同文馆增设算学之争，顽固派官僚的反对意见最后被同治皇帝上谕“著毋庸议”予以彻底否决，引起极大震动。人们开始日益认识到数学、格致等自然科学以及经国济世等社会科学的重要性。所以 1875 年李鸿章建议把自然科和算术科加入科举考目，1884 年潘衍桐奏请开艺学科（包括制造、算学、舆图等科），丁韪良也曾再三向内阁各大臣建议，力陈科举采用科学的必要。1887 年，御史陈琇萤奏准把算学列为科举考试科目，并规定每 20 名考中 1 名但至多不得超过 3 名。次年戊子科乡试报考算学者有 32 人，照章取中举人 1 名。这是科举制度史上破天荒的改革。丁韪良说：“同文馆的间接影响是很大的，他影响了中国的高级官吏，由中国的高级官吏又影响了中国的教育制度。其中最主要的（虽是有限的），是科学的渗入科举。这是 1887 年的上谕宣布的，事先经过 20 年的酝酿；各省的督抚果有这种主张，但是一直等到政府从同文馆方面知道了现代科学的性质范围，方才见诸实行。各省考生及第的试卷都送到总理衙门，交同文馆核阅。凡取得最高科名（进士）的考生，都列员同文馆，因此同文馆便取得了一个国立大学的地位。”① 总理衙门成为算学科举的主管机关之一，同文馆成为评卷处和及第者的归宿。由此可见京师同文馆是算学科举的创议出发点和实际落脚点。算学科举的设立，对科举制的改革和废除，促进近代高等教育的发展是一个重要的步骤。

最后，促进了中国近代高等教育的确立。1898 年京师大学堂的开办标志着中国近代高等教育的确立，成为中国第一所公立大学。它的出现也受到同文馆的影响。1870 年，丁韪良请求辞去总教习之职时，总理衙门的两位大臣挽留相劝，并说这些同文馆学生前程未可限量，将来皇上也许要学外语可能也会召学生去教他。果真，后来光绪皇帝学英文就曾派两位从海外归来的同文馆毕业生去教。1885 年鉴于丁韪良、毕利等人在同文馆的教学成绩，总理各国事务奕䜣等奏赏给丁韪良三品衔、毕利四品衔。后来光绪皇帝决心设立

---

① 丁韪良．同文馆记［M］//朱有瓛．中国近代学制史料：第一辑（上册）．上海：华东师范大学出版社，1983：183.

京师大学堂，一方面也是因为有感于同文馆的办学成绩。[①] 1901 年京师同文馆并入京师大学堂后，丁韪良被擢升为二品，并被任命为总教习，直至次年同文馆改称“译学馆”。因此从京师同文馆到京师大学堂，从中国近代高等教育的发端到近代高等教育的确立，两者具有明显的启承关系。

总之，由中国近代海关扶持、控制的同文馆，是中国新学校的发端。海关总税务司赫德等在同文馆的建立、改革与发展上，起了至关重要的作用。他们的活动，从性质上看，是西方资本主义对中国文化渗透的有机组成部分；但就其客观效果说，无疑在促进中国近代高等教育的产生以及文化科学的发展等方面，是起了积极作用的。

① 丁韪良．同文馆记［M］//朱有瓛．中国近代学制史料：第一辑（上册）．上海：华东师范大学出版社，1983：164．

南开信史八十年①

一所大学，创办数十年，虽历经沧桑，而校史不断，校名不改，以其传统与特色屹立于大学之林，当数南开大学和厦门大学。许多老大学，创办时所用并非今名，也有虽用今名，但中间改为他名，后来又改回来的。因此，我在厦门大学70周年校庆祝词中，曾有“北有南开，南有厦大”的赞语。南开与厦大，不仅都是校史不断，校名如初，而且有许多相同、相似之处：都是由近代教育史上著名的教育家（严修与张伯苓、陈嘉庚）创办于五四运动时期（1919年、1921年）的私立大学，都是全面抗战之初（1938年、1937年）改为国立大学，都是多学科的综合大学。两校的发展历程相似，规模相当，名师辈出，学术水平居于全国前列，如今都是“211工程”的全国重点大学。今年是南开大学80周年华诞，有此因缘，我感到特别亲切与仰慕。

一个人，年事高意味着衰老；一所学校，校史长却标志着实力雄厚，学术水平高，办学经验丰富，以其悠久的优良传统受人尊敬，因其作为学术中心而具有崇高的社会地位。正因如此，有些大学，致力于寻根觅祖，拉长自己的校史，甚至牵强附会，给人以并非信史之感。而南开大学的80周年，却是实实在在从南开大学正式宣布成立的1919年算起的80年。抗战期间，虽曾经同北大、清华迁昆明联合办西南联大，但三校仍保持各自校名。按照一般通例，或从1904年的开津私立中学堂（敬业中学堂），或从1907年的南开学校算起也无不可。因为无论敬业中学堂、南开学校还是南开大学，都是严

① 原载《南开发展论坛》，1999年第3期。作者：潘懋元。

修、张伯苓所创办并主持校政，一脉相承的。南开大学初办时，就是作为南开学校的大学部，在南开学校校园中宣布成立。但南开大学校史，并未借此拉长 12 ~15 年。这种实事求是的态度，是值得我们治校史者学习的。

一所大学的历史，往往由于机构的分合、校名的更替，很难确定从何时算起，国家也无明文规定。但作为信史，按照通例，总应以实质性的继承关系为根据，以当时的文书档案为准绳。而不能只以同处一地或有某种人事关系为凭。如果只凭同处一地，则湖南大学可以从岳麓书院算起，至今已有 1 023年校史，将比从欧洲中世纪大学持续至今的博洛尼亚大学、巴黎大学、牛津大学与剑桥大学等的历史更长，而与埃及的爱资哈尔大学相当。以此类推，西安的若干大学校史，可以从两千多年前的西汉太学写起，山东淄博一带的若干高等学校的校史，也不妨从更早的稷下学宫写起。如果只凭某种人事关系，则复旦大学的校史，可以溯源于 1903 年的震旦学院，因为都是马相伯所创办并从震旦带来部分师生另立复旦公学的。而华东师范大学的校史，不仅可以追溯至 1924 年的大夏大学，还可以追溯至 1921 年的厦门大学，或者与创立更早的圣约翰大学连起来。当然，这些大学，都没有为炫耀自己的历史悠久而这样编写。

编写校史的意义，在于昭示后人，毋忘前人筚路蓝缕之功，发扬光荣传统以加强凝聚力，总结经验以探讨办学规律。必须实事求是，写成信史。在庆祝南开大学 80 周年华诞之际，在向南开大学学习之余，借此发表一点个人的见解。

女子高等教育：文化变迁的寒暑表

——中国女子高等教育的过去、现在和未来①

从文化的角度看，女子教育，尤其是女子高等教育，是社会文化现代化变迁的寒暑表。她的发展速度与结构变化，灵敏地反映了一个社会的文化现代化过程和现代化程度，对于亚洲国家，尤为明显。从中国女子高等教育在产生与发展中所遇到的困难与问题，可以得到证明。

一、过去：中国女子高等教育的产生与发展

古代中国，没有女子教育的地位。因为中国古代的传统文化所灌输的是“男尊女卑”的意识，提倡的是“三从四德”（“三从”指在家从父、出嫁从夫、夫死从子，“四德”指妇德、妇言、妇容、妇功），认为“女子无才便是德”。除宫廷和贵族家塾外，女子不能像男子一样入学读书。

鸦片战争（1840 年）之后，西方列强获得在中国传教、办学的权利。最早在中国创办的教会学校，可考察的是英国东方女子教育协会 1844 年在浙江宁波设立的阿尔特塞女子学校（Aldersay Girle School），教学生识字、教义、算术和一些生活知识，相当于小学程度。到 1860 年，这种女子学校在全国增

① 原载《集美大学学报》，2001 年第 3 期。作者：潘懋元。本文是作者在日本安田女子大学演讲的讲稿。

至11所。最早创办的女子高等学校，也是教会设立的华北协和女子大学（1905年）（后改为燕京大学）和福建华南女子文理学院（1908年）。从创办女子小学到创办女子大学，这个过程长达60年之久。至于政府举办的女子大学还更晚，北京女子师范学校于1919年升格为国立北京女子高等师范学校是第一所。

在这60年间，西方文化逐渐传入中国。主张学习西方、举办新式学堂的洋务派和维新派中的进步人士，都认为有必要给女性以一定的教育机会。维新派的经元善于1898年在上海创办经正大学，这是中国人自己创办的第一所私立女子学校。接着，革命派的蔡元培创办爱国女校（1902年）、吴怀疚创办务本女学（1902年）。这两所女子学校在全国影响很大，各地纷纷响应，到1907年，全国私立女子学校竟达428所。但守旧的清政府不但不予承认，还多次命令各地撤销、查办、关闭新生的女子学校，只是由于遭到进步人士的抵制、社会舆论的谴责，才不得不于1907年颁布《女子小学堂章程》和《女子师范学堂章程》，从学制上承认女子教育的地位，但限于办小学和师范，并且不允许男女同校，也不允许办女子中学，更不允许办女子大学。

五四新文化运动，冲击了传统文化和封建礼教。1919年，蔡元培主持的北京大学接收了9名女青年为旁听生，引起很大震动，因为中国自古有“男女不同席”的古训。1920年，北京大学和南京高等师范学堂相约进一步公开招收女大学生，打破了“男女有别”的性别界限，实现青年男女同校，同坚持封建礼教的顽固分子进行了一场激烈的斗争。可见，文化的进步是不可阻挡的，全国高等学校纷纷“开女禁”（招收女生），人数也不断增加。到新中国成立前，女大学生最多时达2万多名，占大学生总数的17.8%（如表1所示）。

表1　新中国成立前女大学生数增长表

年份	大学生总数/人	女大学生数/人	女大学生所占百分比/%
1922	34 800	887	2.55
1932	42 710	5 161	12.08
1937	31 188	5 352	17.16

续上表

年份	大学生总数/人	女大学生数/人	女大学生 所占百分比/%
1942	64 097	12 273	19. 15
1947	155 036	27 604	17. 80

来源：韦钰．中国妇女教育［M］．杭州：浙江教育出版社，1995：15－16，72.

从1922年到1947年中华民国时期的25年间，女大学生的绝对数增长了30倍以上，相对数也从占大学生总数的2. 54%增加到17. 80%，但一直徘徊在20%以下（最高年份的1941年曾一度达19. 80%）。按当时全国女性人口2亿多计算，只占万分之一。可见当时中国女子高等教育是很落后的。

在社会文化现代化的发展中，亚洲国家都属于“后发外生型”，女子教育的产生与发展，都比西方发达国家迟缓得多。但相对来说，日本的女子教育，比之中国产生较早、发展较快。江户时代就有为女童开设的寺子屋。明治维新后，在寺子屋上学的女童达14. 8万人，达到适龄女童入学率的10%。1872年颁布的《学制》，规定儿童不分男女，都应接受义务教育。到1900年，适龄女童入学率提高至72%。同年，出现了私立津田女子大学和东京女子医学院等女子高等学校。至1935年，全国女子高等学校增加至48所，其中40所是私立的，只有8所是国立和公立的。但招收男生的国立大学大多排斥女大学生。虽然1913年东北帝国大学就开始招收少量女青年作为特殊学生，但作为最高学府的东京大学却一直到“二战”之后的1947年，才开始接纳女大学生。

由于日本女子教育在亚洲各国中发展较快，对中国早期的女子教育，无论从思想上还是从模式上，都有积极的影响。日本教育家福泽谕吉、井上毅、森有礼的女子教育言论和著作，都曾被介绍到中国来。清末的女子小学和女子师范章程，基本上是抄自日本的学制。当时各省的地方政府派员到日本考察教育，带回了日本女子教育的信息。尤其是留日学生回国后的宣传和实践，对中国早期女子教育的发展起了很大的作用。

就女子高等教育的发展来说，中国虽然比日本迟得多，但两国女子高等教育的产生与发展过程，却有许多相似之处：都是先有私立女大，隔了一段时间，才有政府举办的女子大学；都是先有单独设立的女子大学，隔了很长一段时间，才允许男女青年同校；都是先由具有先进思想的男人提倡、创办，然后才有女权运动的女人兴办；女大学生所学课程，都是先集中于家政、教育、人文、语言和医护，然后才逐渐向经济、政治、理科、工科、农科扩展，而且每走一步，都要受“重男轻女”“男女有别”的传统思想所阻挠，经过曲折、艰难的奋斗才得以实现。这些充分反映了文化变迁在女子教育问题上的表现。即使到了今天，还可能看到传统文化思想在女子高等教育上的影响，恐怕不能说男女教育机会已经完全平等了。

二、现在：中国女子高等教育的现况和问题

新中国成立后，女子接受高等教育有了良好的社会环境。一方面是宪法和法律充分肯定了女性在文化教育以及经济、政治上享有同等权利。当时的一些政策措施也有利于女子上大学。例如，大学免费入学并普遍发放助学金、男女学生都通过统一高考公平竞争入学等等。另一方面，在意识形态上大力宣传“男女并肩干革命”“妇女半边天”等妇女解放口号，并在工厂、学校、政府机构实现了男女“同工同酬”，在城市实现了女性充分就业，从而使男女平等的意识成为新社会的主流文化思想。在这样良好的环境下，女子高等教育，无论在绝对数量上或在相对比例上，都有较快发展。女大学生数从1947年新中国成立前最高年份的2.76万人增至1998年的130.59万人，50年间增长了47倍。男女大学生所占比例，也分别从82.2%和17.80%，变为61.69%和38.31%。女大学生数已接近大学生总数的2/5。但这个发展过程并非直线上升，而是呈波浪式前进（如图1所示）。

图1中所显示的波浪起伏以至中断，同50年来中国的政治、经济、文化变迁有关。20世纪50年代初期直线上升，是因新中国成立后，男女平等得到法律的保障，助学金制度的建立使工农子女有平等入学机会；50年代中后期的回落是由于院系调整，大量削减“女性领域”的人文学科而增设“男性领域”的理工农科；50年代末至60年代初逐渐回升是因师范教育增长较快，女大学生在师范教育上占有优势，并且有一部分女大学生迈进传统的“男性领

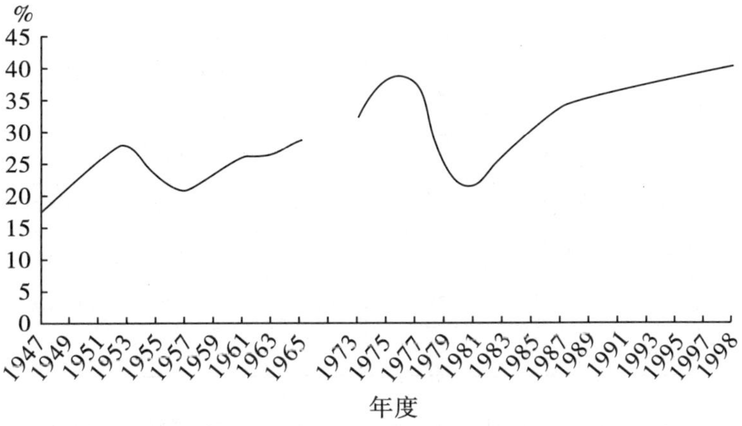

图1　新中国成立后历年女大学生占大学生总数百分比

域”。1966年开始的“文化大革命”初期，大学停办，没有统计数字。1972年部分大学恢复招生，男女大学生数量都有所下降，但由于废除入学考试，改为推荐上学，用行政命令规定了较高的女大学生招生指标，大大地提高了女大学生比例，以致高峰突起。“文化大革命”结束后，恢复入学考试，基本上回到“文化大革命”前的男女大学生比例，并且由于大批上山下乡的男知识青年拥入大学而使女大学生比例有所降低。进入80年代，教学秩序恢复，女大学生的绝对数量与相对比例都稳步上升，特别是1994年以来，上升的趋势更为明显，1998年达到前所未有的130.59万人和38.31%（如表2所示）。

表2　1978—1998年普通高校女大学生人数及百分比

年度	高等学校学生总数/人	女生人数/人	百分比/%	年度	高等学校学生总数/人	女生人数/人	百分比/%
1978	856 322	208 472	24.4	1984	1 395 656	399 821	28.7
1979	1 019 950	245 704	24.1	1985	1 703 115	510 586	30.0
1980	1 143 712	268 137	23.4	1986	1 879 994	593 488	31.6
1981	1 279 472	312 390	24.4	1987	1 958 725	646 636	33.0
1982	1 153 954	305 374	26.5	1988	2 065 923	689 406	33.4
1983	1 206 823	324 926	26.9	1989	2 082 111	701 593	33.7

续上表

年度	高等学校学生总数/人	女生人数/人	百分比/%	年度	高等学校学生总数/人	女生人数/人	百分比/%
1990	2 062 695	695 137	33.7	1995	2 906 429	1 029 286	35.4
1991	2 043 662	682 450	33.4	1996	3 021 079	1 100 474	36.4
1992	2 184 376	735 942	33.7	1997	3 174 362	1 184 647	37.3
1993	2 535 517	852 158	33.6	1998	3 408 800	1 305 900	38.3
1994	2 798 639	964 258	34.5				

女子高等教育反映文化现代化的变迁，不仅体现于数量及比例的增长上，也体现于层次与学科结构的变化上。早期的女子高等教育目标，着重于培养“贤妻良母”；女子教育内容，偏于家政、语言、人文学科。即使进入社会参加工作，也只局限于教育与医护。这些学科，成为传统的“女性领域”。思想解放和生产力的发达，使更多的女性敢于也能够闯进“男性领域”的财经、政治、理工、农林学科。1922 年的一项统计资料显示，女大学生仅占全国大学生总数的 2.54%，而且集中于高等师范学校，达 9.12%；进入商科、法科、工科的，分别为 0.16%、0.12%、0.39%，竟无一人进入农林科。[①] 到了 20 世纪八九十年代，却是另一番情况（如表 3 所示）。

表 3　1993 年全国各类普通院校女大学生统计表

院校	人数/人		百分比/%	
	男	女	男	女
合计	1 683 359	852 158	66.4	33.6
综合院校	191 944	112 001	63.2	36.8
理工院校	703 560	224 992	75.8	24.2
农业院校	97 207	37 595	72.1	27.9
林业院校	15 003	6 021	71.4	28.6

① 张建奇．高等教育中女性地位研究［M］．广州：中山大学出版社，1999：14.

续上表

院校	人数/人		百分比/%	
	男	女	男	女
医药院校	130 535	94 401	58.0	42.0
师范院校	322 928	243 624	57.0	43.0
语文院校	7 572	10 188	42.6	57.4
财经院校	101 244	65 827	60.6	39.4
政法院校	25 518	7 823	76.5	23.5
体育院校	12 141	3 431	78.0	22.0
艺术院校	8 577	6 694	56.2	43.8
民族院校	16 837	9 945	62.9	37.1
短期大学	50 293	29 616	62.9	37.1

来源：张建奇．高等教育中女性地位研究［M］．广州：中山大学出版社，1999：48.

从表3可以概见，虽然进入语文、师范、艺术、医药院校的女大学生仍占较高比例，但进入理工、农林、财经、政治院校的比例，也都在20%或30%以上。尤其值得一提的是女大学生总体比例虽然远低于美国，也低于日本，但理工科的比例达24.2%，却高于美国的15%和日本的12.2%［根据《文部统计要览》平成十二年（2000）版第82页所统计］。

但是，当前中国女子高等教育，还远未实现“男女平等”“教育机会均等”的理念。主要问题如下：

（1）女大学生占大学生总数的比例偏低，同发达国家比，还有很大差距。20世纪80年代以来，许多发达国家的女大学生数已经超过或接近男大学生数。例如：1998年美国注册的大学生中，女大学生占55.8%；澳大利亚占55%；日本也占44.14%；有些发展中国家如菲律宾、科威特也都是女多于男。理想的现象，应当是与男女适龄青年人口比例均衡。中国男女比例约为51∶49，则女大学生百分比应达到49%才合理。现在还差10个百分点以上，并且根据预测，短期内这一比例很难突破40%。

（2）女性接受高等教育，低层次多，高层次少，由低到高，比例递减，层次越高，男女差别越大。以 1993 年为例，高等专科学校学生、大学本科生、硕士生、博士生的女性比例分别为 37.1%、33.6%、26%、11%。如果从女大学教师的职称比例看，这种由低到高、女低男高的现象更为明显：1993 年女大学教师占全国大学教师总数的 20.9%，其中助教 39.4%、教员 36.4%、讲师 29.9%、副教授 20.9%、教授 10.5%。[①] 这一现象也存在于日本高等教育中。据文部省 1999 年统计资料，短期大学、大学、硕士课程、博士课程女大学生比例分别为 90.02%、36.22%、26.1%、24.9%；短期大学女教师比例为 42.7%，其中助手 82.9%、讲师 53%、副教授 42.9%、教授 30.3%；大学女教师比例只有 12.9%，其中助手 19.5%、讲师 17.6%、助教授 12.3%、教授 7.5%［根据《文部统计要览》平成十二年版（2000），第 82、84、88、89 页所统计］。

这种差异现象，比中国的更为明显，但在美国则较不明显。以一项对 2000 年将授予各级学位的预测报告为例，女大学生将获得准学士、学士、硕士、博士学位的，分别为 60.04%、56.27%、57.66%、40.77%。[②] 这可能也在一定程度上反映了东西方文化的差异。

（3）女大学生的学科选择，虽然已不局限于"女性领域"，越来越多向"男性领域"拓展，但尚未改变原来的格局。比例调高的仍然是语文、师范、艺术、医药；除财经外，理工、农林与政法仍偏低。理工科类近年增长较快，主要是集中于化学化工和电子信息这些需要更多细心而较少体力的专业上。日本似乎也有这种现象。如 1999 年的统计资料，修人文、社科、家政、教育、艺术的占女大学生总数的 78.44%，而理工农林合计只占 7.5%［根据《文部统计要览》平成十二年（2000）版，第 82 页所统计］。可见日本女大学生的学科选择面也不够宽。对于形成中国大学生性别差异的原因，我们曾进行过一些调查，发现城乡差别和阶层差别是性别差异的主要原因。而深层次的原因则是文化现代化程度的差异。就城乡差别来说，城市家庭子女上大学的性别差异已不明显，农村家庭的性别差异仍很明显；就阶层差别来说，

① 中华人民共和国执行《提高妇女地位内罗毕前瞻性战略》国家报告：第六章［J］. 中国妇女教育，361－362.

② 国外高等教育快讯，1999（4）：14－15.

中产阶层以上和知识分子家庭的性别差异不明显，工人、农民家庭的性别差异则很明显，见表4、表5。

表4　男女大学生家庭的城乡差别

性别	城市	县镇	农村
男	55.42%	66.08%	85.04%
女	44.58%	33.92%	14.96%

来源：王香丽．我国女性高等教育入学机会差异性研究［D］．厦门：厦门大学，1998.

表5　男女大学生家庭的阶层差别

性别	公务员	企事业机关从业人员	科教文卫专业人员	工人	农民
男	58.82%	55.10%	57.95%	69.34%	84.70%
女	41.18%	44.90%	42.05%	30.66%	15.30%

来源：王香丽．我国女性高等教育入学机会差异性研究［D］．厦门：厦门大学，1998.

城乡差别与阶层差异所体现的性别差异，其直接原因是经济收入的高低不同：1999年全国城市居民人均收入5 854元，农村居民人均收入仅2 210元，相差1.5倍，贫困户大多在农村；公务员和各种从业、专业人员，收入一般高于工人，而且经济来源比较稳定可靠，较易支持子女上大学。但深层原因则是文化观念上的差异：城市家庭、白领阶层家庭，文化水平较高，受文化思想变迁的影响较快，并且由于人口流动和家庭结构小型化，“养儿防老”“重男轻女”的传统思想逐渐淡化。有些家庭已经出现“不重生男重生女”的观念，视女儿、女婿比儿子、媳妇更亲更可依靠；农村家庭和低阶层家庭，则传统观念仍很浓厚，对于儿子的期望值远远高于对女儿的期望值。1994年，国家计划委员会人口情报研究中心曾对江苏、河北等东部沿海省份的农村家庭主妇进行过一项抽样调查，表明农村妇女对儿女受教育的期望值差异很大，见表6。

表6　江苏、河北等省农村妇女对儿女受教育的期望值

性别	小学以下	初中	高中以上
儿子	0.7%	36.7%	62.6%
女儿	3.6%	58.6%	37.8%

来源：计划生育与妇女地位调查报告［Z］//中国人口年鉴：1994. 北京：国家统计局人口与就业统计司，1995：328.

期望儿子接受高中以上教育的达62.6%，只接受初中以下（义务教育）的只有37.4%；反之，只期望女儿接受义务教育的为62.2%，期望接受高中以上教育的为37.8%。开放程度较高的东部沿海农村尚且如此，风气比较闭塞的西部或中部地区，“重男轻女”的情况就更严重。

由此可见，为提高女子受高等教育的机会，实现“男女平等”，既要发展经济，提高农村和低阶层家庭的收入，更要提高他们的文化水平，转变传统的“重男轻女”思想。

三、未来：中国女子高等教育进一步发展的问题

中国女子高等教育的现况，对于今后进一步发展有何影响？从文化的角度看，既有有利的因素，也有不利的因素。

（一）有利方面

中国以发展经济为中心的改革开放政策，在推动文化现代化上已经收到初步成效。家庭结构、家庭观念，正在发生急剧的变化，传统的“重男轻女”思想已经有所淡化。这些有利于女性接受高等教育并提高受教育的层次和改变学科结构。

高等教育大众化、多样化，将增加女性接受高等教育的机会。中国当前正在加快高等教育大众化的进程，预计到2010年之前就可达到适龄青年入学率15%，进入大众化阶段。大众化的高等教育必将是多种形式的教育，特别要大量增加专科层次教育和职业技术教育。这类高等教育，时间短、费用低、分布广、形式多样，大多可以就地上学，有利于女子入学。日本女子高等教

育20世纪60年代以来快速增长，就是得力于短期大学的发展。

（二）不利方面

高等学校从免收学费到交费上学，不利于低收入家庭女子上大学。多子女家庭，一般先考虑儿子上学问题，如有余力，才考虑让女儿上大学。独生子女家庭，对男孩总是节衣缩食，千方百计送他上大学；而对女孩，经济困难的家庭，往往认为只要受义务教育就够了。这就是为什么农村家庭主妇期望儿子受高中以上教育（非义务教育）的达62.6%，而期望女儿受高中以上教育的只有37.8%的缘故。

大学毕业生就业制度的改革，从国家统一分配到在人才市场上双向选择。这种改革有利于引进人才竞争机制，适应市场经济，但却不利于女大学生就业。因为在人才市场上，女性求职处于劣势。许多用人单位不愿接纳女大学生或很少接纳女大学生。其原因很复杂，既有传统的“重男轻女”思想，也确有女性自身心理与生理条件的限制，以及成人女性家务负担较男性重的原因。

在人才市场求职竞争日趋激烈的情况下，一种“妇女复归家庭”的思潮正在悄然兴起。理论上，受过高等教育的专门人才，不论男性或女性，都有“成家”与“立业”的矛盾，也就是家庭角色与社会角色的冲突。但在实际上，这种角色冲突对于男性不甚尖锐，因为在传统思想与传统习惯上，妇女是家务的主要承担者，所以角色的冲突对于女性来说特别尖锐。社会对女性家庭角色的期望大大高于对其社会角色的期望，认为女性应在完成家庭职责的基础上去追求社会事业，否则就要受到社会指责，从而也就影响女大学生强化家庭责任感而弱化社会事业心。中国政法大学一项对2 430名大学生的调查显示：女大学生择偶普遍关注的是男性“有事业心和发展前途”（86%）、“社会活动能力强”（62%）、“工作能力强”（55%）、“学识渊博”（48%）；而男大学生择偶所重视的是女性“能理解支持我”（91%）、“善于体贴人”（98%），对女方是否有事业心和发展前途、社会活动能力和工作能力如何，学识是否渊博等，则很少关注①。杭州大学的另一项调查显示：男大学生“不

① 田岚．寻求理解与体己［N］．中国妇女报，1997－10－18．

希望配偶在事业上比自己强”（64%），要求女方“无论事业上多么成功，都应当做一个贤妻良母”（62%）。[①] 在这种“男主外，女主内”的传统思想影响下，在就业竞争激烈的现况下，就形成了“妇女复归家庭”的思潮，成为女子高等教育进一步发展的阻力。因此，可以预测，近年来女大学生的比例可能下降。乐观的预测在短期内也很难突破40%的大关。

但是，社会总要发展，文化总要进步。随着女子经济地位的提高、政治地位的改善、传统文化思想的变迁，女子高等教育的进一步发展从总体趋势来看是不可逆转的；但在发展过程中，必然会遇到种种困难和阻力。这就需要全社会的努力，尤其是高等教育界的努力，以实现《21世纪的高等教育：展望和行动的世界宣言》（以下简称《宣言》）。《宣言》庄严地号召在高等教育领域，“加强妇女的参与和作用”。《宣言》特别指出：

> 世界很多地方依然存在着各种社会、经济、文化和政治障碍，妨碍她们充分接受高等教育和有效融入大学生活。在争取实现建立在成绩原则基础上的公平的无歧视的教育制度的改革过程中，排除这些障碍仍是一项紧迫的优先任务。
>
> 需要进一步作出努力，消除高等教育中有关性别的种种陈词滥调，在不同学科中考虑性别因素和增加妇女比例少的各级和各学科的妇女人数，尤其要加强她们对决策的积极参与。
>
> 应把性别研究作为一门对高等教育的改革和社会变革具有重要意义的知识。

这些号召，对中国以及许多国家进一步发展女子高等教育都有现实的指导意义。

---

① 许敏．中国女大学生双重角色冲突的展望性研究［M］//张建奇．高等教育中女性地位研究．广州：中山大学出版社，1999：72－73.

百年之际看科举①

科举制度在中国绵延 1 300 年，废止至今 100 周年。1 300 年间，关于科举制度的是非得失，就有不断的争论并屡停屡兴。废止科举之前数十年间，争论尤为激烈。废止之后，正如人们所说，“盖棺尚未定论”，争论仍在继续，不少国外学者也参加讨论。不过争论的重点同百年前有所不同，从政策层面转移到理论层面，探讨科举制度的历史意义与现实影响。近 20 年来，由于自考制度的建立、公务员考试的开展，尤其是高考制度的改革，这些举措，都能看到科举制度直接或间接的影响，从而引发了对科举制度新一轮的研究热潮。从教育部的考试中心到许多省市和大学的教育研究或考试研究机构，都有学者从不同的视角探讨科举制度的价值及其兴废的原因，力图从中获得一些可资借鉴的信息。特别是厦门大学教育研究院的高等教育科学研究所，建立了考试研究中心，刘海峰教授和他的研究生们以科举考试研究作为科研与教学重点，首倡成立“科举学”，“力求提升研究者‘学’的意识，探寻科举研究的学术价值和现实意义”。并于 2005 年 9 月召开“科举制与科举学”国际学术研讨会，以纪念废止科举制度 100 周年。《中国地质大学学报（社会科学版）》拟组织一组“科举考试”笔谈，主编嘱为点评。

张亚群的《科举评价：标准、视野与影响》。作者认为评价科举制，需要确立多元的评价标准和拓展研究的视野。科举制虽然在封建社会中产生与发

① 原载《中国地质大学学报（社会科学版）》，2005 年第 5 卷第 5 期。作者：潘懋元。

展，但不应简单地贴上封建标签而全盘否定，既应看到它矫正世卿世禄制而通过某种测量手段来选拔人才的历史进步性，还应重视其弘扬公平竞争精神、尊崇儒学与中华文化语言等合理的内核。考试研究涉及多种学科，因此，应当建立“科举学”，广泛开展多学科视角的研究，促使科举研究的学科整合及理论化、系统化。这是一篇评价科举制度的方法论的文章。

覃红霞的《科举法与科举制度》。科举制度在漫长的发展过程中，形成了一套考官之间、考生与考官之间相互监督、严密而具体的法规。作者在详细介绍了科举法的基本形式、内容与特点之后，并不像某些研究者的文章，一味称颂这些法规在防止考生和官员作弊、保证考试选拔的公平性上的作用，认为今天的大规模考试应当借鉴这些法规，加强防范措施，而是笔锋一转，指出：“当社会把大多数的注意力集中到公平、集中到防止舞弊，而放弃科举考试最根本的目的——选才的时候，科举制度的目标与科举法制的目标却又是互相冲突的。”同时进一步指出：“科举科目由多渐少，考试内容由繁至简，考试文体由多样变成单一，反映了公平性目标逐渐取代选才目标的历程。”“这未尝不是科举制最终被废除的原因之一。”这是我们研究科举制度时值得深思的问题。

罗立祝的《从考试科目与内容看“科举学”的广博性》。在科举研究中，一般着重于对考试体制与方法的研究，考试科目与内容的研究是薄弱环节，只有深入探析科举考试科目与内容的演化特征及其利弊得失，才能更好地了解科举考试与社会发展的关系。科举考试在初创时期的众多科目与丰富、灵活的考试内容，相对贴近社会，其后演化为明清时期的进士一科和只以“四书”“五经”命题的八股文体，片面追求形式上的公平，因脱离为社会选才的本意而走向衰亡。当前的高考或公务员考试，都必须警惕是否在重蹈覆辙。

赵娜的《清末科举考试内容改革述论》。概述科举时代最后阶段的考试改革，这也是科举评价的历史聚焦点。从进士一科到经济特科，从考八股文到策论、西学，是清末科举考试为适应时势的重大改革，对于人才培养、西学传播和学术转型产生了一定的积极影响，但解决不了新式人才匮乏之急。在中学与西学、革新与守旧的斗争中，科举制度成为众矢之的，无法守住残破阵地，清王朝终于在 1905 年 9 月 2 日宣布废止科举。此后，中国进入“后科举时代”。这篇短文，简明地描述了废止科举的时代必然性。

四篇笔谈，有一个共同特点：在从不同角度不同程度地肯定科举制度的历史意义与现实影响的同时，从深层次挖掘值得人们谨记的真理——不能适应社会发展的事物必将消亡。

船政学堂的历史地位与中西文化交流

——福建船政学堂创办140周年纪念[①]

一、福建船政学堂在中国近代高等教育史上的地位

福建船政学堂作为中国近代第一所高等实业学堂，相当于后来的职业技术性高等专门学校或专科学校，是一般中国高等教育史所认可的。但它是否也是中国近代第一所高等学校，则是最近才有青年学者提出的新问题。[②] 如果这个论断成立，则中国近代第一所高等学校不是创办于北京或天津，而是创办于福建。

历来中国教育史或中国高等教育史，对于中国第一所近代性质的高等学校的考证，有几种论点：

（1）创办于1862年的京师同文馆，既是中国近代最早设置的新式学校，也是中国近代第一所高等学校。

（2）创办于1895年的天津中西学堂（天津大学的前身），分为头等学堂与二等学堂，学制均4年。二等学堂学习普通科目，相当于普通中学或大学

① 原载《中国大学教学》，2006年第7期。作者：潘懋元。1998年初稿，以《福建船政学堂的历史地位及其影响》为题发表于《教育研究》1998年第8期。2006年4月16日修订。

② 李均．新中国高等专科教育变革的历史研究与理论探讨［D］．厦门：厦门大学高等教育科学研究所，1997.

预科，修完二等学堂课程，升入头等学堂。头等学堂的第二年，学生可分别学习一种专门学。专门学分为工程学、电学、矿务学、机器学、律例学5门，每门各开设若干课程。天津中西学堂已具有近代高等教育的基本特点，应认定其为中国第一所近代性质的高等学校。

（3）创办于1898年的京师大学堂（北京大学的前身），是以大学命名并兼管全国教育行政的最高学府。创办时虽因陋就简，但其后《奏定学堂章程》颁布，纳入正式学制系统，地位明确。按《奏定学堂章程》办理，应设经学、政治、文学、格致、农科、工科、商科，成为规模宏大、学科齐全、名正言顺的中国第一所近代大学。

以上三种观点，各有理由，似都可以成立。京师同文馆创办最早。天津中西学堂的头等学堂，符合近代高等教育的基本特点，即建立在普通教育基础上的专业教育，按照科学分类设置系科（专业）。所以，中国高等教育史一般倾向于承认天津中西学堂为中国近代第一所高等学校。至于京师大学堂，则承认其为中国近代第一所国立综合大学。

问题在于如何看待京师同文馆这一最早创办的新式学校，以及它同福建船政学堂的比较。

1862年创办的京师同文馆，是一所培养通译人员的外国语学校，招收“闲散”的年龄在14岁左右的八旗子弟入学。除学习中文外，学习一门外语（最初只有英语，其后增设法语、俄语）。开办时所订立的“章程六条”，包括招收学生、选聘教习、任命提调、分期考试、结业任用、师生待遇等，都申明“查旧例”，即按原先的俄罗斯文馆旧例办理。①而俄罗斯文馆建于乾隆年间，它的前身还可追溯到明代的“四夷馆”（后改称“四译馆”）。这类学校，既早已有之，所以，“同文馆并不是一件创举”②。而且，无论从学生水平或课程设置上看，它都不具备近代高等教育的基本特征。因此，有人认为

① 总理各国事务奕䜣奏折［M］//朱有瓛．中国近代学制史料：第一辑（上册）．上海：华东师范大学出版社，1983：7.

② 毕乃德．同文馆考［M］//陈学恂，田正平．中国近代教育史资料汇编：洋务运动时期教育卷．上海：上海教育出版社，1992：159.

“它依然是旧式的书院，只不过增加了外国语课程，程度也只相当于小学”①。直到1867年，京师同文馆增设天文算学馆，才可以说是具有近代高等教育的某些特征了。这就是提高了学生入学水平，招收30岁以下科举出身的青年，学习具有近代科学技术内容的课程，如代数、微积分、几何、平三角、弧三角、化学、力学、光学、电学、航海测算、天文测算、机器、金石、外国史地、万国公法、富国策等等。其中大部分课程，只相当于中学课程水平，也有一部分课程可以认为相当于高等专科教育程度。

但即使就此而言，京师同文馆的天文算学馆也不是中国近代第一所高等学校，无论从创办时间、分科设置专业还是专业课程体系而言，都应让位于福建船政学堂。

创办时间：总理各国事务奕䜣奏请增设天文算学馆是在1866年12月11日，天文算学馆正式招生考试是在1867年6月21日。闽浙总督左宗棠奏请在福建马尾创办船政局内设船政学堂（求是堂艺局）是在1866年6月25日，船政学堂正式开学是在1867年1月6日。无论倡议或创办，福建船政学堂均早于天文算学馆。

设置专业：天文算学馆不分专业，学习同样的课程，只是可以依据学生实际情况侧重修习某些课程；年纪稍长的，允许免修外语。福建船政学堂则分为前学堂与后学堂，前学堂修法语，设轮船制造学堂（专业）；后学堂修英语，设驾驶、管轮两个学堂（专业）。后来前学堂增设绘事院（专业），以培养轮机设计人才；又附设一个船厂工人业余培训的“艺圃”。这些，符合近代高等教育分系科、专业培训专门人才的特点。

课程体系：天文算学馆的课程已如上述，泛而不专。福建船政学堂则各个专业都有其比较完整的课程体系（教学计划）。其中外语（法文或英文）、算术、平面几何，是每个专业的共同必修课程。除此之外，每个专业各有其专业基础课程和专业课程，有的相通，有的则完全不同。如制造专业着重学习微积分、物理、机械原理和工厂实习；绘事专业着重学习画法几何、制图、轮机设计和工厂实习；驾驶专业着重学习球面三角、航海天文学、航海理论、

---

① 郑登云．中国高等教育史：上册［M］．上海：华东师范大学出版社，1994：90.

地理等，在三年的理论学习之后，还必须参加两年以上的“练船”实际训练；管轮专业则着重学习机械制图、海上机械操作规则、机器安装、仪器仪表使用法等。

由此可见，福建船政学堂不仅在创办时间上早于京师同文馆，而且在专业设置、课程体系上，更符合于十八九世纪西欧所形成的近代性质的高等教育的特点。因此，在这个意义上，也仅仅在这个意义上，福建船政学堂堪称中国近代第一所高等学校。但我无意于遽尔否定天津中西学堂的头等学堂是中国近代第一所高等学校的历史地位，因为毕竟在学制系统上它是建立在二等学堂（普通中学或预科）基础上按近代科学分类设置专业与课程的高等学校，具备更完整的近代高等教育特征。更不能否定京师大学堂是中国近代第一所综合性大学的历史地位。

一所高等学校的历史地位、创办时间排序第一或居于前列，固然有它的历史意义，表明它得风气之先，起先驱作用。但更重要的是看它在历史上的影响，对推动中国高等教育事业的发展，以至在文化、经济、政治近代化发展中所起的积极作用。从这个角度探讨，福建船政学堂在建立高等教育体制、为国家培养高级专门人才、促进中西文化交流上，比之清末许多高等学校，影响更深，作用更大。

二、影响之一：福建船政学堂的体制及其办学模式

福建船政学堂的体制及其办学模式，不但对清末如雨后春笋般兴起的高等实业学堂以及军事、政治等学堂起到榜样作用，而且有些措施与经验对今天的办学还有参考价值。

（一）办学指导思想明确

福建船政学堂是由洋务派大臣所倡议创办的。洋务运动的指导思想是“师夷长技以制夷”，是“中学为体，西学为用”。洋务派最先认识到西方有用的长技无非是“坚船利炮”，以及采矿、冶炼、铁路、邮电等“西艺”。当时各省纷纷开设机器局、造船厂，都是进口外国机器，雇请洋人制造。而福建船政局的创办方案，就明确提出必须通过制造轮船以培养中国自己的造船

与驾驶人才，才能自立、自强。船政局是同时开办铁厂、船厂、学堂的。当铁厂、船厂还在盖厂房、购机器时，船政学堂就已经招生开学。当时主管其事的闽浙总督左宗棠就说："兹局之设，所重在学西洋机器以成轮船，俾中国得转相授受，为永远之计，非如雇买轮船之徒济于一时可比"①；"夫习造轮船，非为造船也，欲尽其制造驾驶之术耳；非徒求一二人能制造驾驶也，欲广其传使中国才艺日进，制造驾驶辗转授受，传习无穷耳。故必须开艺局，选少年颖悟子弟习其语言文字，诵其书，通其算学，而后西法可衍于中国"②。因此，船政局在引进国外技术、雇用洋人造船时，订立合同，除规定完成造船任务外，还议定必须在雇用的五年期间，教会中国学生造船与驾驶。福建船政局开办之初，阻力甚大，内有顽固派的满汉大臣，外则有总税务司赫德、福州税务司美理登之流的非议。他们所持理由，不外乎"造船不如买船之省费""试造之船，势必不及洋来惯造之坚"；招收不识外国语言文字的学生，"期于五年中能造机器，能驶轮船，徒糜巨款，终无成功"，不如聘请洋人当船主而雇用中国人当水手。③左宗棠顶住了压力。他的申辩主要着眼于育才而不在乎造船。"幸而学有所成，纵局外议论纷纷，微臣尚有以处解。设学造未能尽洋技之奇，即能造轮船不能自作船主，曲尽驾驶之法，则费此五年之时日，二百数十万之帑金，仅得大小轮船十六号……责以糜帑，咎何可辞。"④也就是说，在左宗棠看来，育人比造船更重要。左宗棠等的远见卓识，比当时及后来那些见物不见人、重视产品不重视人才的急功近利者要高出一筹。由左宗棠推荐继任船政大臣的沈葆桢，能秉承"不重在造而重在学"的"创始之意"；由左、沈遴选的正监督日意格也认为"建造船厂并不十分重要，最重要的是教会学生如何造船和驾驶"，"如果没有培养出合格的、严谨的、训练

①④　详议创设船政工程折［M］//陈学恂，田正平．中国近代教育史资料汇编：洋务运动时期教育卷．上海：上海教育出版社，1992：285－286.

②　详议创设船政工程折［M］//朱有瓛．中国近代学制史料：第一辑（上册）．上海：华东师范大学出版社，1983：355.

③　详议创设船政工程折［M］//陈学恂，田正平．中国近代教育史资料汇编：洋务运动时期教育卷．上海：上海教育出版社，1992：292－293.

有素的学生，那么，全部的金钱都将被费掉”。[①]因此，船政学堂的课程、实习、奖励以及一切措施，可以说，都是围绕五年之内能按现成图纸或船样造船，能在不远离海岸驾驶轮船这一规格培养应用型的技术人才。应该说，这一规格的定位是恰当准确的。由于上下思想明确，培养规格定位准确，所以成绩显著。据载，1873 年，洋教习与技术人员尚未满期之前，试行让学制造专业的学生和艺童“放手自造”，“验其工程，均能一一吻合”；学驾驶的学生，“当台风掀起巨浪如山之时，徐觇其胆识”，不但能沿海岸驾驶船舶，而且能在公海驾驶。第一届毕业生中，驾驶专业有 14 名已具远航能力，管轮专业有 14 名能担任轮机长，制造专业有 26 名接近工程师水平，超出原先的预计。

（二）构建高等学堂的课程体系

在学习“西艺”的办学思想指导之下，福建船政学堂的培养目标，如上所述，显然是培养应用型的专科层次人才。由于3 ~ 5 年间，既要学习一门外语，又要学习相当于中学程度的数理基础课程，它的专业知识水平定位于高等专科这一层次是合理的。也就是说，福建船政学堂相当于后来的高等职业技术专科教育。清末众多高等学堂，多数大体也属于这一层次。福建船政学堂是其中的第一所，而且成绩卓著，因而它的培养规格与课程体系，也为后来的众多高等学堂所仿效。

福建船政学堂的课程体系，如前所述，包括公共课、专业基础课、专业课和实习，基本配套，不像京师同文馆的天文算学馆那样泛而不专，并且在一定程度上摆脱了旧式书院为应科举考试而分散精力的状况。虽然学生仍须读《圣谕广训》《孝经》和策论，但不作为正课，一般利用星期日洋教习的休息日学习。这在当时已是一种大胆的改革。

福建船政学堂的这种专业与课程模式，为后来的高等学堂所仿效。例如广东创办实学馆（西学馆），就申明是依据闽省船政学堂旧章，参酌粤省情形制订章程的。其理由是：“京师粤东设立同文馆，上海设立广方言馆，学习外

① 日意格与洋务运动［M］//陈学恂，田正平. 中国近代教育史资料汇编：洋务运动时期教育卷. 上海：上海教育出版社，1992：354 -355.

国语言文字而未有专门。此次学馆为储备水师将才计，应专习驾驶制造，仿闽省船政学堂而变通之……今粤东开两学馆，专习英文，分驾驶一途，制造一途。其制造之精者，除船舶外，并可习开矿、制造、枪炮、水雷等学，其次则拨为管轮。”①所立章程，无论专业、招生、学规、功课、考校等，明白无误地表明多是引用福建船政学堂的章程而有所增删。其他高等学堂，尤其是高等实业学堂、水师学堂，率多如此。即使后来的高等专门学校或专科学校，也多可见到受船政学堂影响的痕迹。

（三）创造厂校一体的办学体制，教学与实践密切结合

福建船政局同时创办铁厂、船厂与学堂，既不是厂办学校，也不是校办工厂，更不是厂校联合或合作，而是规划统筹，经费难分。监督既管学堂，又管工厂；教习既是教师，又是工程师；学生要参加工厂劳动，并承担生产任务。最初五年政府所投入的资金为白银300多万两，由于建厂房、购机器，可能工厂用款多于学堂，但就指导思想来说，则重在培养人才。这种厂校一体的办学体制，比现时所提倡推行的产学研联合体或“合作教育”之类，可能更能体现教育与生产劳动紧密结合。

由于以应用型人才为培养目标，更由于船舶制造与驾驶的技术需要，制造、设计、驾驶、管轮各个专业，都根据各自的特点，安排大量的实习。如制造专业，有蒸汽机制造实习课、船体建造实习课，每门实习课每天要进行数小时的体力劳动，以便学生熟悉车间情况，并逐渐培养指挥工人的能力；绘事院的设计专业，三年学习期间，要有八个月的工厂实习，到现场同工人打交道，熟悉各种轮机和工具的实际细节，以便为各种机件准备施工图和说明书。至于管轮专业，在招生时就注意到实践经验的重要性，从香港和上海工厂招收有几年工龄的青年，这些学生在当地都已经具有生产铁和铁板的经验。学习期间，他们先在岸上练习装配80匹马力和150匹马力发动机，再到新建轮船上安装各种机器。最为特殊的是驾驶专业的学生。轮机、管轮等专业培养的是工程技术人才，驾驶专业培养的则是海军军官。学生先以三年左

---

① 江海关道禀南洋大臣刘坤一［M］//朱有瓛．中国近代学制史料：第一辑（上册）．上海：华东师范大学出版社，1983：479.

右时间在学堂中学习基础课程和航海知识，然后上“练船”学习实用知识与技术约两年半，计有航海术、射击术、海战、指挥，以及“一个船长所必须具备的理论与实际知识”。他们进行大量的巡航训练，曾远航南洋各国，扬威日本。

正是由于重视实际训练、教学与实践紧密结合，福建船政学堂办了五年之后，制造专业的学生就有独立制作的能力，毕业之后，就能自己造船。1875 年开工建造的十七号“艺新”轮船，就是由第一届毕业生吴德章设计船体、汪乔年设计轮机与汽缸，“为船政学堂学生放手自制之始”①。至于驾驶专业学生，原定于五年之内，达到能在望见陆地的沿海驾驶，实则在“练船”实习期间，早已远航公海了。

以上所述，主要是福建船政学堂初期的成绩及影响。其后由于主政屡更，冗员增加，经费短绌，腐败滋生，纪律松弛，有些制度未能坚持，课业与考试宽严不一，质量也就较难保证。但福建船政学堂，作为中国第一所近代的高等实业学堂，它的规章制度、措施经验，对于后来的影响则是肯定的。

三、影响之二：为国育才，推动社会近代化发展

福建船政学堂从 1867 年创办到 1907 年停止招生，辛亥革命后，1912 年 12 月由海军部接办改组为三所各自独立的学校，前后 46 年，毕业生共 629 名（其中制造学堂 8 届 178 名，驾驶学堂 19 届 241 名，管轮学堂 14 届 210 名）。从今天看，其育才数量微不足道。但从质量上说，在特定的历史时期，这批学生，对中国社会的近代化发展，包括军事、经济以及文化、政治，都起了巨大的推动作用。他们或担任船政要职，为中国早期海军骨干；或从事经济建设，对中国近代造船、铁路、矿业、冶炼、邮电等实业的振兴，做出重要的贡献；或在教育部门供职，或从事翻译工作，或担任外交官，在中外关系、文化交流上起重要作用。②中国近代史上赫赫有名的严复、萨镇冰、詹天佑、

---

① 裴萨森．为学生出身汪乔年核定月薪折［M］//陈学恂，田正平．中国近代教育史资料汇编：洋务运动时期教育卷．上海：上海教育出版社，1992：344.

② 刘海峰，庄明水．福建教育史［M］．福州：福建教育出版社，1996：245－250.

邓世昌，都是福建船政学堂早期的毕业生。他们的生平事迹与贡献，无须赘述。下面只举一些人和事为例。

（1）福建船政局在培养人才的同时，前后造船 40 艘。除早期几艘是由洋工程师设计制造外，自“艺新”轮之后的 30 多艘，都是船政学堂的学生与毕业生所建造的。有些军舰的性能在当时已属世界先进水平。如 1889 年建成的“平远号”双机钢甲兵轮，据称，工业发达的德国，也只是 1885 年才能建造此种型号的军舰。

（2）1884 年中法马江海战中殉国的 7 名管驾、督带，都是福建船政学堂驾驶专业的毕业生。1894 年甲午中日黄海大战，北洋舰队主要 12 艘军舰中，有 11 艘的管带是福建船政学堂毕业生。此役壮烈牺牲的 6 名管带，也都是福建船政学堂毕业生。“致远号”管带邓世昌驾船直冲日舰，“定远号”管带刘步蟾击沉日舰 2 艘。这些惊天地、泣鬼神的青史，是福建船政学堂毕业生所谱写的。

（3）中国早期的海军将领，出自福建船政学堂者甚多。他们不但组成福建水师这一全国海军的主力，而且是南北洋水师领导集团的中坚。除众所周知的海军元老萨镇冰外，清末知名的海军将领有魏瀚、李鼎新、郑清廉等。直至民国时期，海军主要将领多数还是福建船政学堂的毕业生或由他们培养出来的学生。有三位毕业生刘冠雄、萨镇冰、李鼎新先后任海军总长。因此，福建船政学堂不但在中国近代教育史上有其地位，在中国近代海军史上也是地位显赫。

（4）福建船政学堂的制造专业，不但学造船，也能从事机器制造。制造专业学生其后出国留学，水平更高，技术更精。回国后，在实业界担任要职，有突出贡献者甚多。如铁路建设方面的魏潮、高而谦、丁平澜、詹天佑等；矿业开发方面的罗臻禄、林庆升、林日章、沈庆喻、刘敖、张金生等；邮电方面的苏汝灼、王平国、陈彩寿等；造船方面的陈兆翱、魏瀚、郑清廉、吴德章、李寿田、杨廉臣、罗丰禄、陈义宽、陈林璋等。

（5）在文化教育上，福建船政学堂毕业生也做出了重要的贡献。福建船政学堂的洋教司合同期满回国之后，大多职位由留校的毕业生或回国的留学生继任。各省水师学堂纷纷邀请福建船政学堂的毕业生去当总办或教习，如蒋超英任江南水师学堂总办、魏瀚任广东水陆师学堂总办、萨镇冰任天津水师学堂总教习。还有更多的毕业生分散在福建及沿海各省的高等学堂、军事学堂当教师，有的到民国时期成为知名教授或科学家。在《教育大辞典》上名列近代教育家的就有马建忠、陈季同、严复、詹天佑四人。其中最突出的首推严复。他是船政学堂第一届学生，也是公派赴欧的第一届留学生，留欧回国后，历任福建船政学堂教习、天津水师学堂总教习与总办、复旦公学监督、安徽高等学堂监督、京师大学堂总督（后改称北京大学校长）。

四、影响之三：促进中西文化交流

中国近代新式学校是从西方引进的。作为中国第一所高等学堂，福建船政学堂的创办本身就是中西文化交流的体现。

福建船政学堂办学模式最初的设计者是法人监督日意格。他采用法国体制，把船舶工程学校与海军学校合为一体，办成一所按学科分设专业与课程的近代高等学校。后学堂学制造，利用法国军港士官学校的科目编制而成；前学堂学驾驶，则采用当时英国海军的培养方法。①各科目所用的教材，或原文，或译本，都是从西方引进的。早期的教习与工程师，除个别外，也都是由洋监督日意格从法、英两国物色聘请的。日意格对船政学堂的创办非常热心，“主船政，购机器，筑船坞，设学堂”。后来他又率领船政学堂第一批及第二批留学生赴欧，任洋监督，利用各种关系，为留学生逐个安排进大学学习、上军舰实习。他所聘的洋教习与工程师也都能按合同规约，恪尽职守。从当时的政府文件、后来学生的回忆录中可以看到，对日意格及前期的洋教习们认真负责、循循善诱的教学成果，都表示满意。即使船政学堂后期由于腐败滋生而受到责难，许多弹劾奏章对前期的办理成绩还是予以充分肯定的。而清政府对于这批洋监督、洋教习，也充分表示尊重。如果说洋教习每月薪饷 200 两银以上，比本国教习高出 10 倍以上，是由于各国生活待遇的差别，

① 斯巴蒂．福建船政学堂对近代技术的输入［M］//陈学恂，田正平．中国近代教育史资料汇编：留学教育卷．上海：上海教育出版社，1991：249.

那么洋教习们聘期届满时，清政府拨出一笔巨款6万两则是对他们认真教学的酬谢。另给洋监督日意格谢仪12 000两，因为“监督日意格始终是事，经营调度，极费苦心，力任其难，厥功最伟”①。清政府还授予他“提督衔”、加封“一品衔”并赏穿黄马褂种种特殊赏赐。有人说，这是“高价向国外购买科学技术”。这正好说明福建船政学堂在引进西方科学技术上是成功的。

但是，福建船政学堂的毕业生毕竟只达到高等专科教育的水平，限于当时国内条件，很难在国内开阔视野，提高水平。对此，当时的洋务派大臣有比较清醒的认识。如奕䜣认为向西方学习不应只学皮毛，应出洋学其根本；沈葆桢认为国外船舶日新月异，而中国造船员工只能照已有模式制造，缺乏开拓创新能力，在技术上没有提高。“欲日起而有功，在循序而渐进。将窥其精微之奥，宜置之庄岳之间”②。李鸿章说得更透彻：“西洋制造之精，实源本于测算、格致之学，奇才迭出，月异日新。即如造船一事，近时轮机铁胁一变前模，船身愈坚，用煤愈省，而行驶愈速。中国仿造皆其初时旧式，良由师资不广，见闻不多，官厂艺徒虽已放手自制，止能循规蹈矩，不能继长增高。即使访询新式，孜孜效法，数年而后，西人别出新奇，中国又成故步，所谓随人作计终后人也。若不前赴西厂观摩考索，终难探制作之源。至于驾驶之法，近日华员虽亦能自行管驾，涉历风涛；惟测量天文、沙线，遇风保险等事，仍未得其深际。其驾驶铁甲兵船于大洋狂风巨浪中，布阵应敌，离合变化之奇，华员皆未经见。自非目接身亲，断难窥其秘钥。”③

概括当时洋务派大臣主张福建船政学堂派遣毕业生出国留学的见解是：(1) 技术学习，应当“精益求精”；(2) 不能只懂技术，必须掌握科学理论与方法，才能有所创新，自求进步；(3) 世界科技发展迅速，必须出洋才能及时了解新信息，掌握新科技。

---

① 沈葆桢会同陕甘总督左宗棠、福州将军文煜、闽浙总督李鹤年、福建巡抚王凯泰1873年奏折［M］//朱有瓛．中国近代学制史料：第一辑（上册）．上海：华东师范大学出版社，1983：366.

② 沈葆桢．奏请分遣学生赴英法两国学习造船驶船折［M］//陈学恂，田正平．中国近代教育史资料汇编：留学教育卷．上海：上海教育出版社，1991：225.

③ 李鸿章，等．奏闽省学生出洋学习折［M］//陈学恂，田正平．中国近代教育史资料汇编：留学教育卷．上海：上海教育出版社，1991：229－230，232.

船政局在洋教习、工程师任职期限即将届满时，就积极建议派遣“天资颖异，学有根柢”的毕业生，分赴英法继续学习造船与驾驶。“赴法国深究其造船之方，及其推陈出新之理”；“赴英国深究其驶船之方，及其练兵之理”。由于洋务派大臣认识比较一致，上奏才十一天，就得到总理各国事务衙门的赞成签转。这在当时官僚衙门风气中，可以说是特例。船政局随即上报具体的章程，包括派遣方案、学习计划、经费预算等，但却搁延达三年之久才成行。表面原因是当时发生日本侵占台湾事件，未暇处理；实际上是各省官员因地方主义、缺乏远见，而不愿援例拨款支持。最后只好减少派遣名额，缩短留学年限，以压缩经费预算。全部预算经费只 20 万两，均由福建省的厘金、税务与船政学堂经费分摊，即此一点，似也应为福建的重视教育、重视人才记功一笔。

船政学堂第一批留欧学生，也是中国政府正式派遣的第一批留欧学生，于 1877 年渡洋。在此之前，1875 年日意格已先带五名学生前往欧洲，比 1872 年容闳带领第一批幼童留美不过稍迟3～5年。但在后来记载的留学教育史上，大书特书幼童留美的历史意义，而对福建船政学堂第一批青年留欧的历史意义及其深远影响则不甚重视。当然，幼童留美，是中国政府正式派遣的第一批留学生，确有开留学教育先河的历史意义，对后来也有很大影响。但从中西文化交流的实质性收效看，中国留学教育史则更应认真总结福建船政学堂派遣留欧学生的经验。理由如下：

1. 幼童留美，并未完成预定计划

预定从外语预备、基础教育到专门教育，应学习 15 年。1881 年全部召回时，前后四批幼童，学习时间仅 6～9 年不等。也就是说，最多只学完基础教育或加修若干初级技术课程，尚未进入高等专业教育阶段，不可能学到西方先进的科学技术。回国后，许多幼童（已是青年了）才考入国内的中等或高等学堂继续求学。如首批留美幼童詹天佑等 16 人，回国后才考进福建船政学堂的驾驶学堂为第八届学生。船政学堂毕业生赴欧留学，是在已学的专业基础上深造提高。对他们的要求是“既宜另延学堂教习课读，以培根柢；又宜赴厂习艺，以明理法；俾可兼程并进，得收速效”。要求他们“凡所学习之艺，均须极新极巧”。[①]但又不限于与已有的专业对口，如有愿学矿务、化学及交涉公法等专业，也可根据其能力，分别安排。同时还责成他们将国外新样的船身、轮机、一切军火、水陆机器，觅取图纸，分别绘译，汇送国内。他们在所在国的积极帮助之下，除完成预定的学习计划之外，还选修了许多反映新科学技术的新课程。学成回国时，许多人所掌握的知识和技术，超过了造船和驾驶的范围，为回国之后适应多方面需求打下很好的基础。

2. 幼童留美，虽非无目的、无计划，但不够明确、不够具体

洋务派大臣的奏章上所提的是“赴泰西各国书院学习军政、船政、计算、制造诸学，约计十余年业成而归，使西人擅长之技，中国皆能谙悉，然后可以渐图自强”[②]。容闳的创议也只提“为国家储备人才”。当然，派一大批幼童到国外从小学读起，学习期为十余年，也只能定下如此笼统的“储才”目标。至于被派的幼童，只知出国读书，而读什么书，有什么用，自然更不清楚。而船政学堂派留学生赴欧的学习目的，如前所述，明确具体。留学生自身也明确是为了使自己的专长“精益求精”，掌握高深的科学理论与最新的知识技术，以建立中国的海军、造船、制造等事业，振兴中华，并且具体知道为期只有三年，回国之后，将担当重任。目的性不明的留学，缺乏吸收西方文化科学精华的自觉性；目的性明确的留学，一开始就会自觉主动地留意西方有价值的东西，尽可能多学、学好，所以所有的回国留学生，都能立即派上用场，充分发挥作用。

3. 幼童留美，作为中国的第一批，在留学史上是有意义的，但在实际上并不是成功的

所送留美幼童，规定为12～15岁，不过略通中文读写。出国之前，先入预备学校学习中文、英文一年，而到美国之后，都得继续学习中文、英文和普通文化科学基础知识。不但年限长、投资多（120万两银），生活管理诸多困难，而且由于年纪轻，中华民族文化传统对他们影响不深，西方文化却很

---

① 李鸿章，等．奏闽省学生出洋学习折［M］//陈学恂，田正平．中国近代教育史资料汇编：留学教育卷．上海：上海教育出版社，1991：229－230，232.

② 曾国藩，李鸿章，等．选派幼童赴美肄业酌议章程折［M］//陈学恂，田正平．中国近代教育史资料汇编：留学教育卷．上海：上海教育出版社，1991：86.

快成为他们的主导思想。显然，这同洋务派的“中学为体，西学为用”的指导思想相违背。中西文化的尖锐冲突，必然在幼童留美这一举措上爆发出来。这是导致清政府中途召回全部留美幼童的实质性原因。而留欧的船政学堂毕业生，都是20多岁的青年，不论中学或西艺都已有相当根底，既能大量吸收西方文化科学的精华，而又不致完全否定中华优秀的文化传统。正如斯巴蒂在比较研究了幼童留美与船政学堂学生留欧两事之后说：“这批年轻人不存在丧失中国传统伦理道德的危险。这是因为从年龄上看，赴欧的学生们要年长得多，而离开祖国的时间又短得多。”①因而他们在中西文化的碰撞中，能较好地判断、鉴别，使之兼容交融。他们中有许多人后来成了维新派的人物，既不把西方文化限于“用”的范围，一般来说，也很少主张“全盘西化”。他们对于西方先进的科学技术以至政治制度、文化思想的吸收与传播更富有成效，在中西文化交流上所起的积极作用也更大。同时，他们水平高、吸收知识快、时间短、投资少的成功经验，对后来中国制订留学政策有重要的影响，直到今天还有参考价值。现在我国公派留学生必须有大学毕业以上的学历，并有一定工作经验，也就是总结以往的经验，包括幼童留美与船政学堂毕业生留欧的成败经验所得。

福建船政学堂留欧学生在文化交流上的贡献，不言而喻，主要是引进了西方的应用技术，也就是所谓“西艺”。但他们在引进西方的法律政治、文化思想上，也起了重要作用。这就突破了“中学西用”的框框，引进了触动“中学”的“西政”和“西学”。例如，严复所翻译的《天演论》《原富》《群学肄言》《法意》《穆勒名学》等，最早系统地介绍了西方的哲学、经济学、政治学、教育学以及科学方法论，对推动中国近代社会向科学与民主方向发展产生了深远的影响，这是大家所熟知的。与严复同学、知名度不及严复而也在中西文化交流上有所贡献的还有很多。例如王寿昌推荐并协助林纾翻译小仲马的《茶花女遗事》，在清末风行一时，使人们接触到近代法国文学；陈寿彭翻译《格致政轨》，罗丰禄翻译《海外名贤事略》《贝斯福游华笔

① 斯巴蒂．清末留欧学生：福建船政局近代技术的输入［M］//陈学恂，田正平．中国近代教育史资料汇编：留学教育卷．上海：上海教育出版社，1991：265.

记》等都产生了一定影响。有成就的还有以随员身份同批赴欧，进入法国政治学校学习国际法的马建忠、陈季同。马建忠后来在欧洲从事外交工作多年，精通英文、法文、希腊文、拉丁文，得以根据外文文法，研究古汉语文法结构，写成中国近代第一本系统的汉语文法书《马氏文通》，开拓了近代汉语文法研究领域。如果说，以上所举留学生主要是将西方文化引进中国来，陈季同则是将中国文化介绍到西方去。他在法、德等国使馆工作多年，熟悉欧洲社会与文化生活，时常出入巴黎文艺沙龙，将中国名著《红楼梦》《聊斋志异》等介绍到法国，还曾用法文写了《中国人自画像》《中国戏剧》《中国故事集》《吾国》等和一本以中国问题为题材的喜剧《英雄的爱》，在法国文坛上享有盛名。正是由于福建船政学堂及其所派出的留欧学生在中西文化交流上所做出的贡献，形成了中华民族近代化中独树一帜的“船政文化”①。

最后，有必要提及的是，当时有限的中西文化交流，既是中国洋务运动、维新运动的需要，也是欧洲列强对外扩张政策之所需，动机不同而已。1867年，法国外长在致驻北京法国公使函中就有如下的指示：“中国人是富有远东民族的观察力的人民，对于他们中的那些善于思考的人们来说，在其头脑中树立我们法国观念和文明的优越地位的最好机会，不是徒劳地一再炫耀武力和商业方面的成就，而是让他们来这里进行实地考察和研究。当他们走出国门、试图了解世界的时候，要把他们吸引到我们的国度。我们要鼓励中国政府，尽可能多地派遣人员来我国学习，学习专业，学习我们的语言，并把有关我国的学校、学术机关以及产业设施等方面的情报亲自提供给他们的政府。我们方面则要为这些人员的学习提供必要的方便，以便使他们能把学到的成果很快带回自己的国家。这是我们的最好政策。”②这一政策，和美国伊里诺大学校长詹姆士向美国总统递交的“备忘录”的结论——“商业追随着道德和精神的支配，比追随着军旗更可靠得多”③ 如出一辙。这就给我们提出一个

---

① 全国政协第十届三次会议1060号提案。

② 斯巴蒂．清末留欧学生：福建船政局近代技术的输入［M］//陈学恂，田正平．中国近代教育史资料汇编：留学教育卷．上海：上海教育出版社，1991：260.

③ 斯密士．今日之中国与美国［M］//陈景磐．中国近代教育史．北京：人民教育出版社，1983：265.

值得深思的问题：文化交流是任何国家的近代化、现代化发展的必由之路，必须坚定不移地发展中西文化交流；文化交流是互利的，而中西文化交流双方的利益取向不同。因此，在坚定不移地坚持文化交流时，应当头脑清醒，在保持独立自主的前提下，主动地发挥交流带来的积极作用而避免或减轻它的消极影响。也许这就是清末洋务派在派遣留学生以及其他外事活动中所留给我们思考的问题。

长汀时期的厦门大学与西南联大之比较①

抗日战争爆发后，中国高等教育的格局发生了重大变化，出现了三种类型的教育：后方教育、沦陷区教育、根据地教育。西南联大（以下简称“联大”）和迁至长汀的厦门大学（以下简称“长汀厦大”）是后方的两所著名高校。联大因其雄厚的师资和惊人的办学成就在中国教育史上大放异彩；长汀厦大因其显著的办学成绩受到当时教育部通令嘉奖，被称为“国内最完备的大学之一”②，被国外学者赞誉为“加尔各答以东之第一个大学”③。两校克服了种种不利因素和困难，实施了高水平的教育教学和科学研究，弦歌不辍，在艰苦的环境中培养了一批杰出人才，做出了卓越的贡献。学者对于联大的研究可谓卷帙浩繁，但对长汀厦大等其他同一历史时期的著名大学关注并不多。研究长汀厦大的办学历史和成就，比较它与西南联大之异同，能够进一步丰富对抗战时期中国大学办学历史和特色的研究，对当前的大学改革也能提供借鉴。

---

① 原载《厦门大学学报（哲学社会科学版）》，2008 年第 5 期。作者：潘懋元，石慧霞。

② 校史编写组．厦门大学校史纲要：上编［Z］．1986：12.

③ 1944 年 3 月，美国地质地理学家葛德石造访长汀厦大，曾作公开演讲，并为选修经济地理学课程同学讲学。葛氏参观厦大后称赞不置，谓“厦大为加尔各答以东之第一个大学”。参见：厦大通讯，1944 年第 6 卷第 3 期.

一、艰难的历史时期创造出安定而自由的学术环境

在战争环境下，办学条件之艰苦难以想象。长汀厦大和联大都经历了举校内迁的动荡、物质匮乏的考验，但两校师生都能够摆脱外界的不良侵扰，坚持进行自由的学术探讨，以积极乐观的精神状态和生动活跃的校园文化，创造出安谧而自由的学术环境。

（一）举校内迁

为维持战时高等教育，北大、清华、南开和厦大都进行了艰难的举校搬迁。偏于东南一隅的厦大为了照顾东南地区学子就学方便，选中闽西和赣南交界处的山城长汀为厦大迁校地址，制订了周密的迁汀计划，在搬迁前将校内各项重要文件、图书、仪器等陆续装箱，寄放于较为安全的“公共租界”鼓浪屿。在内迁高校中，厦大是准备较为充分、从容地完成迁校过程的少数高校之一。1938 年 1 月 12 日，厦大师生员工翻山越岭，长途跋涉八百里，先后有序地抵达长汀。1 月 17 日即开始复课，2 月 28 日起各系严格举行 1937 年度上学期的学期考试。[①] 由于厦大内迁一次到位，图书资料的损失较少。联大中文系教授浦江清，1942 年 10 月曾逗留长汀厦大。他在日记中写道：“饭后参观各科实验室，设备均佳。……是日上午，蛰存领余参观厦大图书馆。西文书，凡语言、文学、哲学、历史、医学、生物皆富，物理、化学、数学书亦可，而关于中国文学之书籍亦多，出意料之外。据云语言、文学为林语堂、生物为林惠祥所购，故有底子。人类学书亦富。中文则丛书甚多，地志亦不少，顾颉刚所购。金文亦不少。又有德文书不少，自歌德以下至托麦斯·曼均有全集。尼采、叔本华全集英、德文皆有。亚里士多德有最新之英译本。”[②]

相比而言，北大、清华、南开的迁校较为仓促，还要考虑三校的协调和配合，规模大、人数多、距离远，更为艰难。卢沟桥事变发生不久，平津沦陷。三校校长即与教育部商议，在长沙创办长沙临时大学。三校师生几经波

---

① 洪永宏．厦门大学校史：第 1 卷［M］．厦门：厦门大学出版社，1990：160.

② 浦江清．清华园日记：西行日记［M］．北京：生活·读书·新知三联书店，1999：199－200.

折，历尽千辛万苦，前后近三个月时间陆陆续续抵达长沙。临时大学上课的第一天，校园里就响起了空袭警报。接着南京失守，武汉告急，长沙也处于危急之中，临时大学被迫再次搬迁至昆明。① 值得庆幸的是，三校迁至昆明成立国立西南联合大学后，学校基本稳定下来，教学秩序很快恢复。

（二）保障基本生活

在战火纷飞的年代，不论是长汀厦大还是联大师生的生活水平，与迁校之前相比都大幅下降。国民政府给来自沦陷区、没有经济来源的学生提供了战区贷金和社会捐助的救济金。当时两校持助贷金和救济金生活的学生一度达到在校生的70%以上。② 长汀厦大一位获得贷金的学生回忆说，当时他们在学校食堂吃米饭和青菜都不用交钱，只要登记一下就可以了。到毕业时，由于法币贬值，所欠贷金已微不足道，教育部通知所有贷金无需归还。两校通过多种可能渠道帮助学生解决生活难题。学校派专人到产粮区采购大米、黄豆，提倡吃糙米饭，学校自制豆腐，增加师生营养。1939 年，厦大多方争取到的补助有：教育部贷金及免费 9 000 余元，江西省政府奖金及贷金5 000 余元，福建省政府奖金 800 余元，闽西学生救济委员会救济费 700 余元，学生自助委员会 2 000 余元，母校经常费支付及筹捐 3 000 余元，共计 22 000 余元，基本上解决了全校贫苦学生的生活所需。③ 两校都积极创造条件，鼓励学生参与社会实践，进行自我救助。联大学生进入社会各个阶层，担任了各种各样的职务；大批厦大学生到长汀中小学兼任教师，受到学生和家长的普遍欢迎。

在抗日战争最艰苦的环境下，可以说，办学的首要任务不在教育、教学，而在求生。关心并解决师生的生计问题，想方设法保障他们最基础的生存条

---

① 赵新林，张国荣. 西南联大：战火的洗礼 [M]. 上海：上海教育出版社，2000：1 - 28；王学珍，等. 国立西南联合大学史料：总览卷 [M]. 昆明：云南教育出版社，1998：1 - 10.

② 王学珍. 国立西南联合大学史料：总览卷 [M]. 昆明：云南教育出版社，1998：9；厦门大学台湾校友会. 厦门大学七十周年校庆特刊 [Z]. 台北：耀煌企业有限公司承印，1991.

③ 厦门大学校史编委会. 厦门校史资料：第 2 辑 [M]. 厦门：厦门大学出版社，1988：23.

件，就是最人性化的、以人为本的大学管理。这种管理无形中极大地激发了师生工作和学习的积极性与主动性，自然而然地把师生的个人命运和国家前途联系在一起，营造出和谐向上的精神文化氛围。

（三）活跃的学术文化

昆明地处“大后方”，与重庆、桂林并称“抗战后方三大重镇”，人才密集，大学众多，学术交流较频繁，文化氛围甚浓。当时昆明还有同济、云大、中法等高校，是重要的文化中心，外地文化名流常相往来，过从甚密。联大与国际学界也能保持接触与对话，教师有带薪轮休、出国研修和讲学的机会，而外国学者也可以来国内访学、交流（如李约瑟、费正清、休士等）。联大有众多的学术与文化团体，例如国文学会举办的中国文学系列讲座，担任讲师的有朱自清、沈从文、刘文典、王力、罗庸等教授，哲学系教授冯友兰也应邀讲演“哲学与诗”专题。① 联大还有众多座谈会、读书会、讨论会等，开展政治、学术、文艺、体育、学生自治、社会服务等各种活动。学生活动最活跃时期，几乎每天晚上都有演讲、晚会等。每逢星期日或节假日，学生经常结伴出去旅行。月亮好时参加“月亮会”的师生数以千计，听老教授讲故事。② 爱好文学的学生定期讨论文学理论问题，成立了冬青文艺社。1939 年 7 月，曹禺亲自给联大剧团导演《原野》，孙毓棠任舞台监督还串演常五的角色，闻一多任服装、布景设计。朱自清说：“这个戏的演出确是昆明一件大事，怕也是中国话剧界的一件大事。”③

长汀地处闽西偏僻山区，为孤立的“小后方”。厦大迁至长汀时，全县只有省立长汀初级中学一所，小学也不多，农村还存在许多私塾，厦大是长汀唯一一所大学。“小后方”不仅文化基础较差，且山川险阻、道路崎岖，交通非常不便。与联大相比，长汀厦大信息较为闭塞，与外界的学术交流较少。在非常不利于开展学术交流与对话的环境下，长汀厦大想方设法创造出生动活泼的学术氛围。当时，学校的一些知名教授纷纷在地方报纸上开辟种类颇

---

①③ 西南联大北京校友会. 国立西南联合大学校史［M］. 北京：北京大学出版社，1996：106，439.

② 王文俊 . 国立西南联合大学史料：教职员卷［M］. 昆明：云南教育出版社，1998：630.

多的学术性专栏；校长亲自关心并参加学生社团的活动。每个系成立本专业的学会时，萨本栋校长都会亲临学会，支持其发展；全校性社团如铁声歌咏团、诗与木刻社、木屋学会等，更是在萨本栋校长，周辨明教务长，施蛰存、黄开禄等多位著名教授的直接帮助下成立并壮大起来的。长汀厦大剧团排演的原创剧目《燕市风沙录》（由原中文系讲师，后成为台湾著名文学理论家、戏剧家的王梦鸥编剧）1943 年获国民政府教育部优秀话剧奖；同时获奖的有老舍、赵清阁的《桃李春风》，于伶的《杏花春雨江南》，郭沫若的《南冠草》，曹禺的《蜕变》等 13 部话剧。① 长汀厦大剧团的影响力可见一斑。"笔会"是一群爱好文学的学生自发组织的社团，后来出了文学家朱伯石、诗人勒公丁、台湾首屈一指的剧作家姚一苇、留美画家朱一雄等大师。

二、吸引和汇集了一批学术大师和优秀学生

大学之大，重在大师。大师最大的心愿是能"得天下英才而教之"。两校突出的办学成就体现在：一方面集中了一批德高望重、学术造诣很深的知名专家、学者，招揽了一批从国外学成归来的年轻教授，他们全身心投入学校的教学科学工作中；另一方面吸引了一批渴求知识、不畏艰难的优秀学生。虽然长汀厦大的学术大师和优秀学生在总体数量和水平上不及联大，但也堪称阵容强大，人才辈出。

（一）名师汇集，阵容强大

北大、清华、南开是三所久负盛名的大学，它们的创办时间虽有先后，但在不同的基础上，从不同的道路，都已经发展成为现代高等学府。三校联合办学形成了一支实力超强的师资梯队，聚合了众多著名大师、专家以及跻身世界学术前沿的青年学者。联大先后共聘教师 778 位，其中教授 290 位、副教授 48 位、基本师资为 350 位左右。② 其师资阵容冠于全国，可谓大师云集，群星灿烂。

---

① 马俊山．论国民党话剧政策的两歧性及其危害［J］．近代史研究，2002（4）．

② 西南联大北京校友会．国立西南联合大学校史［M］．北京：北京大学出版社，1996：2.

长汀处在闽西偏远地区，要聘请教授十分困难。时任校长萨本栋时常写信或打电报向主持联大校政的清华校长梅贻琦请教，并请其推荐教授来校任教。萨本栋“以他个人的声望以及与清华大学和留美的关系，邀请到一批有声望的教授、副教授来校任教”，这其中包括许多联大（清华）的知名学者，如傅鹰、黄开禄、朱保训、周长宁、林庚、郑朝宗等。在多方努力下，长汀厦大的师资阵容虽不及联大，但也可谓一时之选。文学院既有余謇、李笠、周辨明等教授，又有吴士栋、李培囿、陈景磐、阮康成、张文昌、李庆云、林庚、黄典诚、郑朝宗等中青年学者。理学院则有萨本栋亲自执鞭，傅鹰、蔡馏生、陈世昌、刘椽、卢嘉锡、汪德耀、谢玉铭、朱家忻等学术造诣很深的专家和后学新锐齐聚一堂。商学院除了有经济学家、院长冯定璋外，也汇集了一批知名学者，如著名的经济学家黄开禄、王亚南、朱保训等。此外，著名文学家施蛰存、历史学家郭宣霖、数理学家周长宁、“中央研究院”研究员时昭涵、生物学家顾瑞岩、土木工程专家徐人寿和政治学及法学专家邹文海、周楠、陈耀庭等纷纷加盟长汀厦大。[①] 全面抗战初期，长汀厦大是规模最小的国立大学之一，1938 年只有专任教师 32 名，有的系只有 2 ~3 名教师。至 1945 年，长汀厦大在校专任教师已达 100 多名，其中教授、副教授 50 多人。[②] 这些学者多数有在国外一流大学就学经历，深受多种文化熏陶，精通外语，学有所长。

（二）学生优秀，人才辈出

长汀厦大为了吸引优秀生源，在闽、浙、赣、粤等知名中学推行保送生制度，成绩优异的可不经各考区之考试，径往长汀厦大校本部报到。一批不愿到沦陷的大城市就学的青年学生，想方设法通过封锁线，到长汀厦大来求学。长汀厦大培养的学生成材率之高，也是罕见的。校友中出了谢希德、邓从豪、曾融生、张存浩、林尚安、张启先、艾兴等两院院士，培养了葛家澍、余绪缨、韩国磐等一大批知名学者以及政界和商界的领军人物。1945 年台湾光复后，各项建设急需人才。1945—1948 年长汀厦大自愿赴台工作的毕业生

---

① 国立厦门大学新生入学手册（1942—1946）［Z］. 厦门：国立厦门大学教务处出版组编印，1946.

② 洪永宏. 厦门大学校史：第 1 卷［M］. 厦门：厦门大学出版社，1990：220，263.

达300多人，[①] 占毕业生总数的35%。至1949年新中国成立时，长汀厦大学生前往台湾工作的前后600多人，分布在台北、基隆、台中、嘉义、台南、高雄、屏东、花莲港、台东等地。[②] 1973年，台湾省宣布推动其经济腾飞的十大工程，其中七项工程的建设是由长汀厦大校友主持或参与主持的。许多长汀厦大校友将毕生精力投注于此，为台湾经济腾飞做出了突出贡献。

当然，从总体数量和水平上比较，联大的学生都超过长汀厦大。为了到联大就读，有些学生宁可舍弃在沦陷区大学的学历，重新报考成为联大学生，如国际知名学者邹谠、李政道，两院院士朱光亚、萧健、李荫远、何炳林、杨起、张滂、高鼎三和龙驭球等，都是联大转学生。[③] 联大学生数量数倍于长汀厦大。在联大就读过的学生约8 000人，毕业生有3 800人。[④] 在长汀厦大就读过的学生有1 863名，毕业生有933名。[⑤] 联大学生来自全国各地，长汀厦大学生多来自福建以及与其毗邻的江苏、江西、浙江、广东等省（见表1、表2）。

表1　1942年西南联大学生籍贯人数统计

单位：人

省市区	共计	省市区	共计	省市区	共计	省市区	共计	省市区	共计
总计	2 580	西康	3	福建	97	热河	3	天津	26
江苏	408	河北	114	广东	363	察哈尔	2	青岛	1
浙江	273	山东	72	广西	35	绥远	4	四川	172
安徽	235	山西	45	云南	287	南京	26	青海	1
江西	65	河南	56	贵州	28	上海	38	黑龙江	2
湖北	160	陕西	9	辽宁	50	北平	6	东特区	4

① 史习培．台湾光复后两岸交流专家学子［J］．炎黄春秋，2001（12）．

② 洪永宏．厦门大学校史：第1卷［M］．厦门：厦门大学出版社，1990：220，263．

③④ 西南联大北京校友会．国立西南联合大学校史［M］．北京：北京大学出版社，1996：69．

⑤ 翁勇青，等．厦大校史资料：学生毕业生名录［M］．厦门：厦门大学出版社，1990；校友名录编辑组．厦门大学历届毕业校友名录：第1集［Z］．1986：10－16．

续上表

省市区	共计	省市区	共计	省市区	共计	省市区	共计	省市区	共计
湖南	246	甘肃	6	吉林	11	威海卫	7		

来源：徐心坦．国立西南联合大学史料：学生卷［M］．昆明：云南教育出版社，1998：18.

表2　1942年厦门大学生源统计

单位：人

省市区	共计	省市区	共计	省市区	共计	省市区	共计
总计	280	安徽	3	福建	178	浙江	16
江苏	12	江西	54	广东	17		

来源：厦门大学校史编委会．厦大校史资料：第六辑（学生毕业生名录）［M］．厦门：厦门大学出版社，1990：154－159.

三、校长的教育理念同中有异

一所大学的成败是与主持校政的教育家紧密相关的。主持联大校政的清华校长梅贻琦和长汀厦大校长萨本栋都是中国教育史上著名的大学校长。他们都是庚款留学回国的知识分子，他们在不同方向上对大学教育理念进行了有益的探索。萨本栋曾在清华任机电工程教授，深受梅贻琦通才教育理念的影响。萨本栋出任长汀厦大校长时称，“校制悉仿清华，遇事则请示梅校长贻琦先生”①。长汀厦大和联大一样，注重对学生基础知识的传授和基本技能的训练，以自由自主的通才教育辅以严格严谨的治学风气。然而，萨本栋并非完全照搬清华（联大）模式办学，在怎样实施通才教育、如何处理教学与科研的关系等问题上，萨校长根据长汀厦大自身的条件和特点，在学习梅校长治校理念的同时，也形成了适合本校的教育理念。

① 仲君．学府人物：萨本栋［M］//许乔蓁，林鸿禧．萨本栋文集．厦门：厦门大学出版社，1995：263.

（一）实施通才教育

1. 重视基础理论课

在师资并不充足的情况下，长汀厦大明确规定基础理论课一般都由教授或副教授讲授，并且在基础课中推行以文入理，以理入文，文理渗透。如规定文、法学院各系学生必须在数学及自然科学课程中选修一门；理科学生必须选修中国通史及一门社会科学；商学院各系学生必须修习高等数学；等等。[①] 同时，许多理工科学生自发到文学院选修或旁听课程。如余謇教授讲“历代文选”，教室内外就挤满了各系学生。相比较而言，联大由于师资相对充足，在重视基础理论课方面，给予了学生更多的自主选择权。联大往往由几个教授同时开一门基础课，比如，“中国通史”就有孙毓棠、吴晗、雷海宗三位教授同时开，而且是从经济、典章制度和文化史等不同的方面来讲授；文学院中国文学系的“国文读本”有罗庸、朱自清、浦江清、王力等七八位教授同时或分段开；外国语文学系的“英文读本”和“英文写作”也有陈福田、钱钟书、杨西昆、柳无忌等几位著名教授同时开。[②]

2. 注重教师的言传身教

从某种意义上说，萨本栋在厦大推行的“导师制”正是梅贻琦“从游论”教育思想的体现。长汀厦大学生经常到导师家里，自由交谈，也常在导师家里吃饭，帮助师母洗菜、洗碗，师生之间关系十分融洽。[③] 联大教授与学生也经常在一起讨论、漫谈，交谈中常涉及专业知识、治学方法，颇有古代书院的风味。北大一位校友说过，“在联大一个月学到的东西，比在北平一个学期还多”[④]。1948 年，冯友兰在《文学杂志》3 卷 5 期发表《回念朱佩弦先生与闻一多先生》，谈及抗战开始，北大、清华、南开三校组建长沙临时大学：“中国的大学教育，有了最高底表现。那个文学院的学术空气，我敢说比

---

① 薛成龙．萨本栋治校方略研究［M］//陈武元．萨本栋博士百年诞辰纪念文集．厦门：厦门大学出版社，2004：95.

② 黄欣．西南联大课程设置的特点及启示［J］．江苏高教，2003（2）.

③ 陈孔立．谈本栋精神［M］//陈武元．萨本栋博士百年诞辰纪念文集．厦门：厦门大学出版社，2004：17，18.

④ 西南联大北京校友会．国立西南联合大学校史［M］．北京：北京大学出版社，1996：24.

三校的任何时期都浓厚。教授学生，真是打成一片。……那一段的生活，是又严肃，又快活。”这段话用于描述长汀厦大的师生关系也是极为恰当的。长汀八年，最让后来者怀想不已的，也正是此逆境中师生“打成一片”，一起经历苦难，一起探索学问、相濡以沫，共同向学，“又严肃，又快活”的生活状态。

3. 实行主辅修制

萨本栋注重对学校有限的教育资源进行合理配置，允许学生在主系之外增修辅系，以培养学生的兴趣和专长。同时，学校对辅系之外应修满的学分有严格的规定，如以中文系为辅修者，必修历代文选、各文体写作、中国文学史、文字学概要等四门课程，并选修其他一门专业课程。增修会计系为辅系者，必须修习经济学、商业史、会计学、统计学、货币银行学、商法六门课程。① 与之不同的是，梅贻琦在对学生所学课程、学习期限及每学期应选的课程门数均有严格规定外，在联大开设了大量选修课，八年内共开设了 1 600 多门课程，其中很多是选修课，学生可以根据自己的兴趣爱好自由地选修课程，不受本专业的限制。②

（二）突出教学的中心地位

梅贻琦在西南联大实行教学和科研并重的原则。梅校长认为办大学有两种目的：一是研究学术，二是造就人才。在《抗战中之清华》一文中，他进一步表述为：“近年以来，吾人在平时即认为学校在充实大学本科各系之外，应注重于研究工作之推进。”他先后把农业研究所、航空研究所、无线电研究所迁至昆明，还“因地方与时势之需要，……添设国情普查及金属学二所”，且“工作已有相当进展”。③ 许多教师在教学和科研两方面都取得重要成就，有的教授因地制宜开拓新的研究领域，如罗常培致力于云南少数民族语言的

① 薛成龙．萨本栋治校方略研究［M］//陈武元．萨本栋博士百年诞辰纪念文集．厦门：厦门大学出版社，2004：95.

② 张思敬，等．国立西南联合大学史料：教学、科研卷［M］．昆明：云南教育出版社，1998：35.

③ 郑华．试析梅贻琦之大学教育理念［J］．玉溪师范学院学报，2002（4）.

研究，完成了《贡山球语初探》等多种专著。①

在教学与科研关系问题上，限于长汀厦大的资源条件和可能，萨本栋坚持学校以教学为中心，教师以上课为天职的治校方略，对于教师课外的学术研究，基本上不做任何要求。萨校长对教学的极端重视体现在他对自己近乎“苛刻”的要求上：在校务极端繁忙的情况下，萨本栋以身作则，承担大量的教学任务，有时上课时数甚至超过一个专职教授的工作量。他开过“普通物理”“微积分”“交流电机”“无线电工程”等课。1942 年，土木系缺少“结构学”教授，他向清华大学吴有训教授求助，希望能够代为物色，并且打听清华用的是什么课本，请代为购买。因为他已经做好准备，“如无法找人担任此课，或将由弟自授也”。此外，他还代开过“普通制图学”“机械制图学”等课，还曾经教过大一英文。所以，人们称他为“〇型”代课者。② 在萨本栋校长的影响和感染下，当时教授、副教授集中全力授课。迁汀初期，商学院教师人数少，院长冯定璋教授一个人承担了 10 门课程，教学工作量超过常规一倍以上。其他教授、副教授每周担任的课时，绝大部分都在 10 小时以上，其中相当一部分超过 20 课时。③ 我们从 1945 年 1 月经济系教授黄开禄一周的主要工作和活动，④ 对当时教授的工作可略见一二（见表 3）。

表 3　1945 年 1 月黄开禄教授一周的主要工作和活动

日期	课程及有关活动
1 月 15 日（星期一）	上午：“经济学”课程（因中途警报，上课时间前后 3 小时）； 中午：木屋学会学生来谈活动计划； 下午：陈烈甫教授夫人家访

① 西南联大北京校友会. 国立西南联合大学校史［M］. 北京：北京大学出版社，1996：323.

② 陈孔立. 谈本栋精神［M］//陈武元. 萨本栋博士百年诞辰纪念文集. 厦门：厦门大学出版社，2004：18.

③ 洪永宏. 厦门大学校史：第 1 卷［M］. 厦门：厦门大学出版社，1990：202.

④ 黄开禄. 风声鹤唳忆厦大：摘自一九四五年初四十八天在长汀之日记［Z］//国立厦门大学台湾校友会. 国立厦门大学六十周年纪念特刊. 1981.

续上表

日期	课程及有关活动
1月16日（星期二）	上午："经济地理学"课程； 下午：警报历时3小时； 傍晚：行政会议
1月17日（星期三）	上午：上课（课程名称不详）、写学报论文
1月18日（星期四）	下午："经济地理学"课程； 傍晚：与学生在府背山散步谈心
1月19日（星期五）	上午："经济学"课程
1月20日（星期六）	上午：上课（课程名称不详）、写学报论文； 下午：校务会议
1月21日（星期日）	木屋学会之月会活动

萨本栋对教师的科研工作没有硬性规定，各系成立的专业学会也都是学生组织，教师作为学会顾问指导学术讨论。自愿自主地从事科学研究的氛围，激发了教师的主动性和积极性，使得抗战时期厦大的科研不仅没有中断，反而大有所获。1938年冬，由王亚南和郭大力合译的《资本论》第一部中文全译本正式出版，促进了马克思主义在中国的传播，并为马克思主义经济学研究的开展奠定了基础。一批著名学者纷纷自发主编学术期刊：《语言文学导刊》（周辨明主编）、《科学》（谢玉铭主编）、《教育周刊》（李培囿主编）、《商学》（冯定璋主编）、《闽赣话余》（魏应麒主编）、《经济》（黄开禄主编）等，既活跃了学术氛围，也提高了教学质量。教师的思想经常在教学和讨论过程中得到学生启发，再传输给学生，教学与科研互动相长。

应用型人才培养的历史探源①

在高等学校分类定位的研究中，我们倾向于将高等学校分为三种基本类型：第一类是综合性研究型大学，培养自然科学、社会科学和人文科学的研究人才；第二类是专业性应用型的多科性或单科性的大学或学院，培养理论基础宽厚的不同层次的专门人才和各级干部、管理人员，如律师、教师、工程师、医师等；第三类是职业性技能型高等院校，培养在生产、管理、服务第一线从事具体工作的技术人才。这三种类型主要是依据人才培养类型的不同来划分的。第二类高校所培养的人才主要是应用型人才。这类高校是我国高等教育体系中的主体部分，在全国700多所本科院校中有600多所，主要是面向地方的院校，其情况比较复杂：有历史悠久的老校，也有“十五”期间的新办校；有师资力量、教育资源雄厚的大学，也有刚从专科层次的高职高专升转的学院。对于这些大学而言，厘清什么是应用型人才，怎样培养应用型人才是关键所在。无论是在我国还是世界上，作为一种人才培养类型，应用型人才的培养并非是在应用型高校出现以后才出现的。从历史的视角探寻应用型人才培养的发端，对于应用型大学坚持其办学定位、特色和发展方向都有重要启迪。

大学最基本的职能是培养人才。社会所需要的人才多种多样，一般而言，人才类型主要有两种：学术型（研究型）人才和应用型人才。社会需要发现和研究客观规律的学术型人才，更需要运用客观规律为社会谋取直接利益的

① 原载《江苏高教》，2009年第1期。作者：潘懋元，石慧霞。

应用型人才。应用型人才主要是在一定的理论规范指导下，从事非学术研究性工作，其任务是将抽象的理论符号转换成具体的操作构思或产品构型，将知识应用于实践。但是，应用型人才并非只“应用”知识和理论，不进行研究。恰恰相反，应用型人才不仅在知识的应用方面发挥作用，而且在理论的创新方面常常给人们以启发，特别是应用型人才所开展的应用性研究，更具广泛的意义与作用。

一、中世纪大学主要培养应用型人才

众所周知，现代意义上的大学产生于中世纪后期的欧洲。公元 10 世纪和 11 世纪，随着欧洲手工业和商业的繁荣和发展，市民阶层活跃于中世纪的欧洲舞台上，在市镇内部，商人和手工业工人组成了行会。后来，这些行会组织逐渐发展成为神学、法律、修辞、文理方面的专门学校。在此基础上，中世纪大学逐渐形成，其主要任务是职业训练，培养专业性应用型人才。大学只是在有限的意义上为了高深学问的探究而存在，研究只是学者个人行为，这个时期的大学还不存在制度化的研究①。

（一）以应用学科为主

中世纪大学都是由作为基础的文科和一个以上的高级学科组成的。法学院、医学院、神学院都设立在文学院之上，属于高级学院，是为培养专业人才而设立的，而文学院只是为进入上述高级学院学习做准备的机构。后来，一般大学开始分设文、法、医、神四科或四个学院。人们一般认为中世纪大学的教育具有很强的神学性质。如在 13 世纪的巴黎大学，神学学习是居于主导地位的，但这种情况并不典型。在大多数大学里，神学都是最不受欢迎的学科，它能吸引的学生人数最少，原因是人们认为神学太理论化了。在医、法、神三个高级学院里，民法通常是最受欢迎的领域，教会法紧随其后，然后是医学。②“时代需要一批经过很好训练的人，大学热心接受这个挑战。法

① 董秀华．专业人才培养制度的历史分析［J］．华东师范大学学报（教育科学版），2008（3）．

② 刘宝存．大学理念的传统与变革［M］．北京：教育科学出版社，2004：22.

律、医药、神学和文艺等都是需要有能力的和受过学校教育的人。而大学正是提供这种经过训练的人的地方。”①

（二）课程和教学内容的实用性

中世纪大学无论是文科课程还是法律和医科课程都十分强调内容的实用性。文学院的主要课程是“七艺”，即先学语法、修辞、辩证法，后学算术、几何、音乐、天文。法学院主要开设民法和教会法两类课程。有的大学的医学课程中还有临床实习等。② 正是由于中世纪大学课程的实用性质，大学课堂常常座无虚席。这是因为，大学是中世纪为数不多的能使人向上流动的机构之一，而且人们认为其实用性课程可以为成功的事业铺平道路。③ 中世纪大学的教学方法以讲授（lecture）、辩论（disputation）和大量的练习为主。讲授不是系统阐述学科内容，而是教师讲解一些选定的原文和对原文进行解释和评论。辩论是讲授的必要补充，其目的是使教师和学生扫清修业中遇到的困难，也给学生提供运用辩证法的实践。这些辩论的主题可以是任何内容。与写作艺术（ars dictami-nis）一样，这种辩论具有实用性目的。它无疑是为了加强那些未来将在法庭、封建议会和教会会议上进行辩论的专业人士的辩论技能。哈罗德·珀金也说：“如果有人认为，文学部与专业学部相比，较少具有功利性和职业性，那就大错特错了。因为绝大多数学生可能不再继续就学，文学部为他们在读写、辩论、思维、计算、测量和自然科学基础知识方面提供的有用训练，使他们适于承担教会和世俗政府中的种种职业。以辩论为主的教学方法使学生个个变得能言善辩。学生们正是依靠这种本事在布道、法庭听证和政府讨论中崭露头角的。”④

（三）毕业生主要从事非学术性、非研究性工作

中世纪大学为满足世俗和教会的管理及统治的多方面需要而培养所需人

---

① 佛罗斯特．西方教育的历史和哲学基础［M］．吴元训，等译．北京：华夏出版社，1978：159.

②③ 贺国庆，等．外国高等教育史［M］．北京：人民教育出版社，2003：57，121，59，64.

④ 克拉克．高等教育新论［M］．王承绪，等译．杭州：浙江教育出版社，2001：31.

员，大学毕业生就职于各级国家机构和教会机构。在低一级的职业中，大学毕业生通常就职于公共的公证机构，担任学校校长、教区牧师、附属小教堂牧师、家庭教师等。① 可以说，中世纪大学主要是一种满足当时社会需要的服务机构。当然，大学并不总是职业性或功利性的，“大学也培养出社会舆论的制造者、法学家、哲学家、逻辑学家和神学家，他们对中世纪文化领域的发展和繁荣作出了积极的贡献”②。但不可否认，早期的大学开始是目的有限的机构——主要从事专业人员的训练。“牛津和剑桥两校很明显地认为设立大学是为给教会和政府培养服务人员，就大学毕业生而言，在当时，他们都做实际工作者而不做思想家，做主教而不做神学家，做政治家而不做哲学家，做学校领导而不做学者。”③ 总之，中世纪的大学把它们的合法地位建立在满足当时社会的专业期望上。

13—15 世纪是中世纪大学发展的黄金时期，15 世纪以后，由于大学在教会的严格控制之下，以经院哲学和神权为支柱，学术上因循守旧、脱离实际，与社会封闭隔绝，不适应思想的进步和科学技术的发展，逐渐走向低潮，丧失了昔日的吸引力。

二、福建船政学堂应国家对应用型人才的需求而产生

中国近代高等学校的出现始于洋务运动时期。当时国家急需“翻译兼译述的人才，海陆军的将才，及制船造械的技术人才”④，于是产生了两类中国早期的近代高等学校：一类为学习方言的方言学堂，一类为学习军备的水陆军学堂。方言学堂，如京师同文馆、上海广方言馆、广州同文馆及湖北自强学堂。军备学堂又分作两种：一为训练海军人才的水师学堂，如福建船政学

---

① COBBAN A B. Universities in the Middle Ages [M]. Liverpool: Liverpool University Press, 1990: 30.

② 贺国庆，等. 外国高等教育史 [M]. 北京：人民教育出版社，2003：57，121，59，64.

③ 阿什比. 科技发达时代的大学教育 [M]. 滕大春，滕大生，译. 北京：人民教育出版社，1938：9.

④ 陈青之. 中国教育史 [M]. 台北：东方出版社，2008：453，455，456.

堂、天津水师学堂等；一为训练陆军人才的，如天津武备学堂、山西武备学堂、湖北武备学堂等。从专业设置、课程体系而言，福建船政学堂更符合于十八九世纪西欧所形成的近代性质的高等教育的特点，堪称中国近代第一所高等学校①，其人才培养过程和特点反映了当时国穷民弱，急需大批能够运用先进的科学技术来改造社会的专业应用型人才。因此，本文着重以福建船政学堂为例，探讨中国近代最早出现的高等学校如何培养应用型人才。

（一）办学目标是培养造船与驾驶人才

福建船政学堂是由洋务派大臣所倡议创办的。洋务运动的指导思想是“师夷之长技以制夷”，是“中学为体，西学为用”。洋务派最先认识到西方有用的长技无非是“坚船利炮”，以及采矿、冶炼、铁路、邮电等“西艺”。当时各省纷纷开设机器局、造船厂，都是进口外国机器，雇请洋人制造。而福建船政局是同时开办铁厂、船厂、学堂的。当铁厂、船厂还在盖厂房、购机器时，船政学堂就已经招生开学。当时主管其事的闽浙总督左宗棠就说：“兹局之设，所重在学西洋机器以成轮船，俾中国得转相授受，为永远之计，非如雇买轮船之徒济于一时可比”②；“夫习造轮船，非为造船也，欲尽其制造驾驶之术耳；非徒求一二人能制造驾驶也，欲广其传使中国才艺日进，制造驾驶辗转授受，传习无穷耳。故必须开艺局，选少年颖悟子弟习其语言文字，诵其书，通其算学，而后西法可衍于中国”④。福建船政局开办之初，阻力甚大，内有顽固派的满汉大臣，外则有总税务司赫德、福州税务司美理登之流的非议。左宗棠顶住了压力。他的申辩，主要着眼于育才而不在乎造船。“幸而学有所成，纵局外议论纷纷，微臣尚有以处解。设学造未能尽洋技之奇，即能造轮船不能自作船主，曲尽驾驶之法，则费此五年之时日，二百数十万之帑金，仅得大小轮船十六号……责以糜帑，咎何可辞。”④也就是说，

① 潘懋元．船政学堂的历史地位与中西文化交流：福建船政学堂创办140周年纪念[J]．中国大学教学，2006（7）．

②③ 详议创设船政工程折［M］//陈学恂，田正平．中国近代教育史资料汇编：洋务运动时期教育卷．上海：上海教育出版社，1992．

④ 详议创设船政工程折［M］//朱有瓛．中国近代学制史料：第一辑（上册）．上海：华东师范大学出版社，1983．

育人比造船更重要。左宗棠等的远见卓识，比当时及后来那些见物不见人、重视产品不重视人才的急功近利者，高出一筹。由左宗棠推荐继任船政大臣的沈葆桢，能秉承“不重在造而重在学”的“创始之意”；由左、沈遴选的正监督日意格，也认为“建造船厂并不十分重要，重要的是教会学生如何造船和驾驶”，“如果没有培养出合格的、严谨的、训练有素的学生，那么，全部的金钱都将被费掉”①。因此，船政学堂的课程、实习、奖励以及一切措施，可以说，都是围绕五年之内能按现成图纸或船样造船，能在不远离海岸驾驶轮船这一规格培养应用型的技术人才。应该说，这一规定的定位是恰当准确的。由于上下思想明确，培养规格定位准确，成绩显著。据载，1873 年，洋教习与技术人员尚未满期之前，试行让学制造专业的学生和艺童“放手自造”，“验其工程均能一一吻合”；学驾驶的学生，“当台风掀起巨浪如山之时，徐觇其胆识”，不但能沿海岸驾驶船舶，而且能在公海驾驶。第一届毕业生中，驾驶专业有 14 人已具远航能力，管轮专业有 14 人担任轮机长，制造专业的 26 人接近工程师水平，超出原先的预计。

（二）分系科、专业培养

船政学堂分为前学堂与后学堂，前学堂修法语，设轮船制造学堂（专业）；后学堂修英语，设驾驶、管轮两个学堂（专业）。后来前学堂又设绘事院（专业），以培养轮机设计人才；还附设一个船厂工人业余培训的“艺圃”。船政学堂的各个专业都有其比较完整的课程体系（教学计划）。其中外语（法文或英文）、算术、平面几何，是每个专业的共同必修课程。除此之外，每个专业各有其专业基础课程和专业课程，有的相通，有的则完全不同。其课程结构，符合近代高等教育分系科、专业培训专门应用型人才的特点。

在学习“西艺”的办学思想指导下，福建船政学堂的培养目标，如上所述，显然是培养应用型的专科层次人才。由于 3～5 年间，既要学习一门外语，又要学习相当于中学程度的数理基础课程，因此它的专业知识水平定位于高等专科这一层次是合理的。也就是说，船政学堂相当于后来的高等职业

① 日意格与洋务运动［M］//陈学恂，田正平．中国近代教育史料汇编：洋务运动时期教育卷．上海：上海教育出版社，1992．

技术专科教育。清末众多高等学堂，多数大体也属于这一层次。船政学堂是其中的第一所，而且成绩卓著，因而它的培养规格与课程体系，也为后来的众多高等学堂所仿效。福建船政学堂的课程体系，如前所述，包括公共课、专业基础课、专业课和实习，基本配套，不像京师同文馆的天文算学馆那样泛而不专，并且在一定程度上摆脱了旧式书院为应科举考试而分散精力的状况。虽然学生仍须读《圣谕广训》《孝经》和策论，但不作为正课，一般利用星期日洋教习的休息日学习。这在当时已是一种大胆的改革。福建船政学堂这种专业与课程模式，为后来的高等学堂所仿效。例如广东创办实学馆（西学馆），就申明是依据闽省船政学堂旧章，参酌粤省情形制订章程的。

（三）厂校一体的办学体制

福建船政局同时创办铁厂、船厂与学堂，既不是厂办学校，也不是校办工厂，更不是厂校联合或合作，而是规划统筹，经费难分。监督既管学堂，又管工厂；教习既是教师，又是工程师；学生要参加工厂劳动，并承担生产任务。最初五年政府所投入的资金为白银300多万两，由于建厂房，购机器，可能工厂用款多于学堂，但就指导思想来说，则重在培养人才。这种厂校一体的办学体制，比现时所提倡推行的产学研联合体或“合作教育”之类，可能更能体现教育与生产劳动紧密结合。

由于以应用型人才为培养目标，更由于船舶制造与驾驶的技术需要，制造、设计、驾驶、管轮各个专业，都根据各自的特点，安排大量的实习。如制造专业，有蒸汽机制造实习课、船体建造实习课。每门实习课每天进行数小时的体力劳动，以便学生熟悉车间情况，并逐渐培养指挥工人的能力；绘事院的设计专业，三年学习期间，要有八个月的工厂实习，到现场同工人打交道，熟悉各种轮机和工具的实际细节，以便为各种机件准备施工图和说明书。正是由于重视实际训练、教学与实践密切结合，船政学堂办了五年之后，制造专业的学生就有独立制作的能力，毕业之后，就能自己造船。1875年开工建造的十七号“艺新”轮船，就是由第一届毕业生吴德章设计船体、汪乔年设计轮机与汽缸，“为船政学堂学生放手自制之始”①。至于驾驶专业学生，原定于五年之内，达到能在望见陆地的沿海驾驶，实则在“练船”实习期间，早已远航公海了。

（四）毕业生成为船政事业的骨干

福建船政学堂从1867年创办到1907年停止招生，前后40年，毕业生共629名。从今天看，其育才数量微不足道。但从能量说，在特定历史时期，这批学生对中国社会的近代化发展，包括军事、经济以及文化、政治，都起了巨大的推动作用。他们或担任船政要职，为中国早期海军骨干；或从事经济建设，对中国近代造船、铁路、矿业、冶炼、邮电等实业的振兴，做出重要的贡献；或在教育部门供职，或从事翻译工作，或担任外交官，在中外关系、文化交流上起重要作用。② 在中国近代史上赫赫有名的严复、萨镇冰、詹天佑、邓世昌，都是船政学堂早期毕业生。他们的生平事迹与贡献，无须赘述。下面只举一些人和事为例。

福建船政局在培养人才的同时，前后造船40艘。除早期几艘是由洋工程师设计制造外，自“艺新”轮之后的30多艘，都是船政学堂的学生与毕业生所建造的。有些军舰的性能在当时已属世界先进。如1889年建成的“平远号”双机钢甲兵轮，据称，工业发达的德国，也只是1885年才能建造此型号的军舰。

1884年中法马江海战中殉国的7名管驾、督带，都是船政学堂驾驶专业的毕业生；1894年甲午中日黄海大战，北洋舰队主要12艘军舰中，有11艘的管带（航长）是福建船政学堂毕业生。

中国早期的海军将领，出自船政学堂者甚多。他们不但组成福建水师这一全国海军的主力，而且是南北洋水师领导集团的中坚。除众所周知的海军元老萨镇冰外，清末知名的海军将领有魏瀚、李鼎新、郑清廉等。直至民国时期，海军主要将领多数还是船政学堂的毕业生或由他们培养出来的学生。

船政学堂的制造专业，不但学造船，也能从事机器制造。制造专业学生

① 裴萨森．为学生出身汪乔年核定月薪折［M］//陈学恂，田正平．中国近代教育史料汇编：洋务运动时期教育卷．上海：上海教育出版社，1992.

② 刘海峰，庄明水．福建教育史［M］．福州：福建教育出版社，1996.

其后出国留学，水平更高，技术更精。回国后，在实业界担任要职，有突出贡献者甚多。如铁路建设方面的魏瀚、高而谦、丁平澜、詹天佑等；矿业开发方面有罗臻禄、林庆升、池贞铨、沈庆喻、刘敖、张金生等；邮电方面有苏汝灼、王平国、陈彩寿等；造船方面有陈兆翱、魏瀚、汪乔年、郑清廉、吴德章、李寿田、杨廉臣、罗丰禄、陈义宽、陈林璋等。在文化教育上，船政学堂毕业生也做出了重要的贡献。船政学堂的洋教习合同期满回国之后，大多职位由留校的毕业生或回国的留学生继任。各省水师学堂纷纷邀请船政学堂的毕业生去当总办或教习。

从历史上看，中世纪大学和福建船政学堂培养了大量应用型人才，满足了社会对应用型人才的需求。同时，社会对应用型人才的需求，也是大学历久不衰、保持并不断焕发生机与活力的重要原因之一。回顾早期高等教育发展历史，在精英高等教育时期，“认识世界”和“改造世界”的人才都在同类大学里培养。在高等教育大众化阶段，随着高校的增加和学生人数的剧增以及社会对人才需求不断细化、专门化，出现了专门培养应用型人才的专业性应用型的多科性或单科性的大学或学院。他们是按照传统精英教育模式培养应用型人才，还是重新进行科学合理的分类定位，围绕自己的办学特色和优势，办出应用型的一流大学，是需要深入探讨的问题。

长汀时期的厦门大学：大学认同的建构[①]

大学认同是大学秩序的社会心理基础，是大学存在与发展的根基。[②] 认同性是大学文化的属性依据，并使得大学文化的形成成为可能。作为一种共同意志和文化心理，大学认同是大学成员对所在大学的自豪感和对大学发展的信心，以及在此基础上形成的对特定学校的心理依恋感和文化归属感。总的来说，大学认同是大学保持长久和旺盛生命力的重要因素，是大学成功的标志。现有研究多从对大学认同的理论和逻辑分析着手，尚显不足的是对大学认同的历史和实证研究。长汀时期的厦门大学[③]，在极端艰苦的条件下，大学成员众志成城、同舟共济，形成高度的大学认同。1942 年，前国民政府教育部考核全国大专以上国立大学办学成就后，明令嘉奖厦门大学，嘉奖原因是："各部分办事精神连贯，能通力合作，教学认真，学风纯正。"[④] 长汀厦大培

① 原载《厦门大学学报（哲学社会科学版）》，2011 年第 2 期。作者：石慧霞，潘懋元。

② 邓和平. 教育社会学研究［M］. 武汉：湖北人民出版社，2006：351.

③ 以严格的历史时间计算，长汀时期的厦门大学与抗战时期的厦门大学略有出入：抗战时期的厦门大学指 1937 年卢沟桥事变爆发至 1945 年日本无条件投降这一时期。而长汀时期的厦门大学是指 1938 年 1 月厦门大学举校迁至长汀，直至 1946 年 12 月迁回厦门的时期。因师生、校友惯以"长汀厦大"称这一时期，因此，后文多以"长汀厦大"简称之。本文在研究过程中将向前进行必要的追溯，也将向后做必要的延伸，目的是为了对长汀厦大认同进行更清晰的说明。

④ 教育部令奖母校教学认真学风纯正［J］. 厦大通讯，1942，4（5 -6）.

养出一批优秀人才，被国民政府称为“国内最完备的大学之一”,① 被学者誉为“加尔各答以东最好的大学”。② 长汀厦大形成了厦门大学特色鲜明的“大学认同”文化，确立了厦门大学的文化教育范式，成为一个值得进一步分析和研究的典型案例，对建构现代大学认同具有重要启迪。

一、抗战前厦大：从学潮频发到逐步认同

大学认同是在大学发展的历史过程中逐渐积淀而成的，与长汀厦大相比，抗战前厦大历经了一系列的磨难和风潮。1919 年 6 月，陈嘉庚回国筹办厦门大学，筹建之初就碰到一连串认同危机。素为陈嘉庚敬仰的北京大学校长蔡元培对创办厦门大学持保留意见，他对陈嘉庚急切地希望创办厦门大学并不赞同，主张厦大“不宜速办”。③ 从筹办开始，陈嘉庚多次向海内外人士发出同办厦大的呼吁，一直无人响应。厦门大学创办后的最初十年，办学经费基本上都是陈嘉庚独自负担。④ 初创的厦门大学危难频仍，除了社会的支持和认可尚待时日外，学校的另一困难就是校内教职人员的不合作。厦大成立不到一个月，首任校长邓萃英便提出辞职。不久，学校又发生学生抵制职员风潮。⑤ 陈嘉庚随即聘请林文庆出任厦门大学校长。林文庆到任后，兢兢业业，从聘请教职员工、招生、院系调整到校舍兴建、校徽绘制、校训修订无不躬身亲为。1922 年 2 月，厦大正式从集美迁入新建校舍，学校各方面开始蒸蒸日上。正当此时，厦大爆发了第一次震动全国的学潮。尽管社会各界尽力调停，但至 1924 年春，部分师生仍因故离校，在上海另立“大夏大学”。在接下来的两年里，厦大连续进行了两次较大规模的招生，然而学生人数始终未

---

① 校史编写组. 厦门大学校史纲要：上编［M］. 厦门：厦门大学图书馆藏，1986：12.

② 厦大通讯［J］. 1944，6（3）.

③ 洪永宏. 陈嘉庚的故事［M］. 厦门：鹭江出版社，2002：93.

④ 洪永宏. 厦门大学校史（第一卷）：1921—1949［M］. 厦门：厦门大学出版社，1990：17，78－86，148，160，161，201，186.

⑤ 厦大之风潮［M］. 新加坡新国民日报，1921－06－02.

能恢复到学潮前的水平。① 第一次学潮刚刚平息不久，学校经费出现困难，文理科教师矛盾加剧，原准备在厦大依聘约任教两年的鲁迅提出辞职，引发了私立厦大的第二次学潮。② 此次学潮持续近三个月，国学研究院被迫停办，至1927 年 4 月，学校才恢复正常教学秩序。

经过一系列风潮，校长、师生以及校友都受到很大震动和教训。林文庆重新审视自己的管理理念与方法，注意广开言路、发扬民主，有意识地听取师生意见，加强与师生的交流与沟通。师生、校友在陈嘉庚“兴学报国的宗教家般的热诚和革命志士般的牺牲精神”的感染下，在学校经历了一系列挫折后，对林文庆办学之困难与不易有了更多理解，并逐渐萌生对本校的认同。1928 年 3 月 26 日，曾对创办厦大持保留意见的蔡元培就厦大立案一事发出了第一三一号“中华民国大学院训令”，称“该校办理，与私立大学立案条例完全符合”，厦门大学正式获得官方认可，成为中国大学教育发展史上第一所获得政府批准立案的私立大学。③ 1930 年，学校面临更加严重的经费困难，林文庆年逾六旬，不停奔波，带领师生、校友四处募款，为解决学校经费困难起到了至关重要的作用。在物质资源匮乏中，大学成员感受到组织前途与个人命运的深层互动，林文庆坚持不懈的爱校行动赢得了师生的尊重和认可。在此期间，林文庆曾到大夏大学参观访问，受到原厦大去职教授及离校学生的欢迎，访问期间，双方交谈甚欢，1924 年学潮中的嫌隙自此消解。④

在当时社会条件下，要想办好一所私立大学困难重重，学校更多依靠创办人和校长在实践中摸索、管理者与师生在解决困难和化解冲突中增进理解凝聚力量。总之，在陈嘉庚矢志不渝坚持办厦大的精神感召下，在林文庆校长、广大师生和校友的共同努力下，抗战前厦门大学从学潮频发走向逐步获得认同，这为长汀时期厦门大学的大学认同建构奠定了坚实的基础，并对长

① 严春宝. 游走在边缘之间：林文庆传［R］. 厦门：厦门大学，2008：129；洪永宏. 厦门大学校史（第一卷）：1921—1949［M］. 厦门：厦门大学出版社，1990：42.

②④ 洪永宏. 厦门大学校史（第一卷）：1921—1949［M］. 厦门：厦门大学出版社，1990：17，78-86，148，160，161，201，186.

③ 教育部教育年鉴编纂委员会. 第一次中国教育年鉴［M］. 上海：开明书店，1934：106，19.

汀厦大共同体的形成产生了深远影响。

二、长汀厦大认同主体分析

大学认同最终通过认同主体体现出来，大学的认同主体有校长、教师、学生和校友四类，不同主体认同厦门大学的内涵和特点，反映了抗战时期厦门大学认同的形成过程及内在因素。

（一）校长萨本栋：大学认同的重要建构者

1937 年 7 月 6 日，前国民政府教育部任命萨本栋为国立厦门大学校长。萨本栋接受任命的第二天，抗日战争全面爆发。他一边维持正常上课秩序，一边积极筹备内迁。为了使迁校工作顺利有序地完成，1937 年 11 月 7 日至 1938 年 1 月 11 日，萨本栋先后四次召集专题会议，详尽讨论迁校规划，就赴汀考察报告、迁汀时间、师生分组、图书仪器搬运等问题广泛征求意见，[①] 对各项事宜都做了周密安排，最后迁汀计划获得师生一致的赞同和认可。在此过程中，萨本栋表现出了超乎寻常的镇定并付出了艰苦卓绝的努力。仅以赴汀“通行证”的申请为例，特殊时期，为了保证师生迁汀路途的安全，每人均须有省政府专门签发的“行旅护照”。而申请该护照须萨本栋亲笔书写信函并经省政府主席陈仪批准。由于交通不便，申请护照需经多个机关审批，有时领到护照时，有效期已过，需重新申请，仅此一项，查厦门大学档案资料，萨本栋写给省政府和厦门警备司令部的亲笔信件就有厚厚一本。[②] 1937 年 12 月 24 日，厦大师生渡过鹭海、九龙江及十几条溪流，越过多座崇山峻岭，长途跋涉八百里，于 1938 年 1 月 12 日前后有序地抵达闽西长汀。[③] 1938 年 1 月 17 日，厦门大学即开始复课，2 月 28 日起各系举行 1937 年度上学期的学期考

---

① 厦门大学校务会议纪录（一）［Z］. 厦门大学档案馆藏，卷宗号：055－20.

② 请发迁移护照［Z］. 厦门大学档案馆藏，卷宗号：055－12.

③ 洪永宏. 厦门大学校史（第一卷）：1921—1949［M］. 厦门：厦门大学出版社，1990：17，78－86，148，160，161，201，186.

试。[①] 厦大内迁闽西长汀，在祖国东南最逼近前线的战区为师生创设了一个安谧自由的大学环境，吸引了东南各省优秀生源，使得这所早已闻名的东南学府的“文脉”得以延续。

萨本栋认为学生应以所学报国，不应纷纷参战，大学百年树人，政策设施宜常不宜变，一切应以教育和学术的发展为准绳。因此，长汀厦大虽条件艰苦，但是学校的学术环境和人才培养模式未出现根本改变，大学功能、大学教育的精神特质都得到了弘扬。萨本栋从抗战的需要及学校优势出发，对科系结构进行了调整。1937 年创设土木工程系，1940 年又创设机电工程系，之后萨本栋将原有理学院扩充成为理工学院，下设数理、化学、生物、土木工程、机电工程五系；将原商学院下属政治经济学系分为政治、经济两学系并入新成立的法学院；将商业学系分为会计、银行两学系。经过调整，厦门大学的系科结构既充分适应当时师资缺乏的特殊情形，也为学科专业间的综合交叉发展及多模式进行人才培养提供了有利的外部条件。

萨本栋的办学目标是以学生发展为中心，为战后建设储备人才。他通过建立富有人文关怀的大学制度使这一目标成为大学成员的共同目标。以长汀厦大校务会议为例，据统计，会议议题近半数有关学生事项，学生的个性需求如与学校章则冲突，可以呈请校务会议讨论。如在第 13 次校务会议上，“学生庄受福呈请必修之中国上古史以中国民族史代，论文以英国史或民俗学代应否照准案”，经研究商议：“准予所请”。第 10 次校务会议，[②] 萨本栋主持讨论了 25 名学生选课的问题，会议记录摘录如下：鉴于学生之选课情形及学科性质，各全年学程似可分为须修毕全年者与修毕一学期亦可告一段落者，故目前特征各教授注明所授各学程之可否分开并公布，令学生本学期未能继续选修前学期所已选全年学程者缮具理由书，以便提会议决。公布后提出其不能续选理由书者计二十余人，本日对此事拟作一解决：郑其琛，本学期须续修日本史，否则不给该学程上学期之学分，但此后可勿庸选修东亚通史；颜春魁，本学期须续修西洋近代史，否则不给该学程上学期之学分；庄受福，

① 洪永宏．厦门大学校史（第一卷）：1921—1949［M］．厦门：厦门大学出版社，1990：17，78－86，148，160，161，201，186.

② 厦门大学校务会议记录（一）［Z］．厦门大学档案馆藏，卷宗号：055－20.

本学期须续修日本史，否则不给该学程上学期之学分，但此后可勿庸选修东亚通史；经济学准给予上学期之学分；刘维，不准选西洋近代史，应继续选修东洋外交史……

萨本栋对于一些默默无闻的普通员工，也是平等地给予关心和尊重。1942 年 1 月 31 日，第 80 次校务会议有一项议程，专门讨论对出纳员高用梁在校服务满 20 年，如何予以鼓励一事。经萨本栋提议，校务会议成员一致通过“酌予奖金贰百元籍资奖励”。[①] 当时在厦大工作的誊写书记[②]黄伯寅曾写道：“记得学校改为国立时，大家都担心自己位置的动摇，事后才知道是杞人忧天，旧的职员没有更动，新的又公开招聘，打破一切推荐的陋习，使大家仍得安心工作，努力工作。我在厦大服务不觉十五六年，关系既深而且久，食于斯，居于斯，好像第二个家庭。”[③]

萨本栋掌校时校内并非只有“一片和气之声”，没有任何争议。据 1938 级邹幼臣校友回忆：“一次学生对校办膳食不满，数度抗议无果，酝酿罢课。事闻于校长。校长即召集学生在大礼堂讲话。先听取学生的意见，继说明校方的困境，后提出改善之道。校长此一平息纷争经过：尊重对方意见，说明客观情境，不为权威与面子固执校方立场。学生报以热烈掌声表示满意，片刻之间平息了事端。”[④] 大学认同并非大学成员意见完全一致，认同的情感基础是充分尊重分歧、兼容并包；大学成员如有不同意见，能够在富有情感和人文关怀的大学氛围中表达其意见和想法。

（二）教师：职业生涯中获得大学认同

抗战全面爆发后，从全国范围来看，大学教师流失数量惊人。1937 年、1938 年、1939 年，全国专科以上学校教师人数均比 1936 年分别减少 25.2%、19.6%、13.9%，沦陷区高校教师的流失比例更高。[⑤] 从地理位置而言，厦大

---

① 厦门大学校务会议记录（三）[Z]. 厦门大学档案馆藏，卷宗号：055－22.

② 誊写书记相当于现在的抄录员。

③ 黄伯寅. 我与厦大 [J]. 厦大通讯，1941，3（3）.

④ 邹幼臣. 忆恩师·谢良教·述受益 [M]. 厦门：厦门大学出版社，2009：39.

⑤ 吴民祥. 流动与求索：中国近代大学教师流动研究 [M]. 杭州：浙江教育出版社，2006：256.

又是最逼近战争前线的国立大学，吸引教师前来应聘并留住教师的难度不言而喻。然而，厦大不仅吸引了一批著名学者汇集此处，而且随着办学规模的扩大，教师数量也随之增长。相比于同时期的国内其他高校，厦大教师的流失率反而较低。① 根据厦门大学档案馆藏“国立厦门大学教员各年度概况简表”“长汀时期厦门大学历年概况”等统计，除 1945 年教师资料暂缺外，1937—1944 年，学校共新聘教师 159 人，其中新聘教授 57 位，他们当中 42 位教授有留学经历、35 位留学欧美，获博士学位的有 24 位。一批知名学者曾在长汀厦大任教：文学院有彭传珍、李培囿、李笠、杜佐周、刘天予、阮康成、施蛰存、郭宣霖、张文昌、陈景磐、谷霁光、林庚；理（工）学院有傅鹰、朱家炘、谢玉铭、蔡镏生、李琮池、陈旭、刘晋橙、黄文炜、徐仁铣、黄中、王敬立、李厚田、周长宁、徐人寿、张稼益、汪德耀、黄苍林；商学院有黄开禄、萧贞昌、曾克熙、萧伟信、陈德恒、郭尚文、郑健峰、周覃祓、黄雁秋；法学院有高梦熊、吴芷芳、何炳梁、陈文藻、邹文海、周楠、王亚南等。

曾在长汀厦大任教的教师，有些此后在厦大任教终身。厦大迁回厦门后，他们仍然时时怀念长汀，数次重游故地。即使是在长汀厦大短期停留的教师，离开厦大后也与学生联系密切，经常参加厦大校友活动。他们对这所大学仍怀有高度认同。1947 年，离开厦大至上海任教的施蛰存在给学生的信中说：“存自归沪以来久无诗作，草草劳人良用汗愧……比复风潮时起，旷课时多不复有长汀师徒切磋之乐……”② 法学家邹文海对厦大一直念念不忘：“而今回想在厦大三年的经历，深感在那里任教是一生中最大的幸事。”③ 2006 年，曾在教育系任教的阮康成教授，在逝世之前嘱咐其子女在厦大教育研究院捐资设立阮康成教育学奖学金，以奖励和资助该院学生开展研究。

长汀厦大教师的主要任务是教学，教师把时间和精力都投入到学生能力

---

① 石慧霞．民族危机中的大学认同：以抗战时期的厦门大学为例［D］．厦门：厦门大学教育研究院，2010：79.

② 孙朝华．疏散长汀的母校［Z］//厦门大学台湾校友会．国立厦门大学六十周年纪念特刊．1981：37.

③ 邹文海．怀念萨本栋校长［J］．传记文学，1962（3）.

和人格的塑造当中，在培养人才中实现自己的人生价值。迁汀初期商学院教师人数少，院长冯定璋教授一个人开设了汇兑学、金融市场、银行货币学、成本会计等十门课程。周辨明教授在兼任教务长的同时，仍开设四至五门课程。理学院院长兼数理学系主任谢玉铭教授，于1939年到任后，第一学期就开设五门课程，每周担任25课时。其他教授、副教授每周担任的课时，绝大部分都在10小时以上，其中相当一部分超过20课时。① 为解决理工科学生没有测量工具的困难，教学繁忙的陈允敦教授，亲自研究自制了一批精密的计算尺免费提供学生使用。化学系刘椽教授经常下了讲台就走上实验台，为学生准备实验材料，亲自吹制各种所需的玻璃管。他批改作业十分认真，不仅在化学知识方面，连英文的语法和表达也细心地批改。② 教师们都热衷于带领学生开展现实问题的研究。1938年12月，各院系呈报的师生共同开展的实际问题研究项目多达25项，其中，关于长汀等福建县市研究10项，战时教育、经济问题研究8项，教学改进的应用研究4项，大学校舍管理等其他实际问题研究3项。在这种氛围里，师生之间的情感沟通和学识互动得到坦诚的表达，教师常常在宿舍里备上茶水和点心，款待学生。这样的情景，成为长汀厦大的一种特殊人文环境和氛围。

学校对教师科研没有量化要求，教师依照自己的志趣探究。课堂成为教师展示自己科研成果和研究兴趣的平台，科研自然融入教学。1948年，国立编译馆审定《实用微积分》为大学教本，由商务印书馆再版发行，而其初稿就是萨本栋在长汀厦大应一、二年级学生初习微积分的需要编著的教材。③ 文学系教师施蛰存的《读太史公自序旁札》是其当年的备课讲义。此外，他对学校图书馆所藏的大量宋元笔记发生浓厚兴趣，从中抄录出两份资料，一是有关金石碑版文物者，编成《金石遗闻》；二是有关词学的评论琐记，辑为《宋元词话》。据此研究成果，1942年，施蛰存给学生开过一门跨系的国文课

---

① 洪永宏. 厦门大学校史（第一卷）：1921—1949［M］. 厦门：厦门大学出版社，1990：17，78-86，148，160，161，201，186.

② 陈孔立. 谈本栋精神［C］//萨本栋博士百年诞辰纪念文集. 厦门：厦门大学出版社，2004：18.

③ 萨本栋. 实用微积分［M］. 上海：商务印书馆，1948：序言.

“专书选读”，当年听课的学生回忆说，“施先生的课上得非常精彩”。[①]

（三）学生：成长经历中形成大学认同

抗战时期，大部分国立高校迁到西南办学，国家教育区域分布严重失衡。东南各省学生由于经济困难、路途危险等原因，无法去西南大后方。厦大享有“东南最高学府”“加尔各答以东最好的大学”的美誉，东南诸省学生争相就学厦大。厦大档案馆除1937年学生个人详细档案资料缺失外，基本保存了1938—1945年的学生档案，笔者采用分层（年度）随机抽样方法，每年度按照25%左右学生比例随机取样，共抽取了496名学生档案资料进行统计：学生主要来自福建、江西、浙江、广东、江苏五省，达到96%。其中，福建本省籍生源占53%，附近四省生源达43%。[②]

抗战时期大学生普遍具有抗战背景下的忧患意识和艰辛生活历程。据样本学生档案统计，厦大学生的求学经历坎坷曲折，有347位学生提及因各种原因有辍学、失学的经历，占样本数的70%，学生家庭经济“困难”和“十分困难”的占84%。很多学生在入学自传中表示：失学经历，“于我教训，激励之心愈坚，为学之心愈切”。1944级机电系学生苏林华回忆，他小学四易其所，中学三易其校，克服种种困难进入厦门大学，因此，特别珍惜来之不易的大学时光。[③]

厦大学生入学之初，要填写各种调查表。包括厦门大学学生人事调查表、入学志愿书、个人自传、学生保证书、学生家庭情况及教育环境调查表、学生财务调查表、清寒学生调查表、奖学金申请书等。半个多世纪后的今天，当我们逐一审视这些表格时，不由得对其中所折射的富有“人情味”的、科学而细致的管理理念产生由衷敬意。从每位学生的学籍档案中，可以了解其入学前的教育和工作经历、家庭人口、职业、经济状况、学费来源、学科兴趣、阅读兴趣、人生观、价值观等全方位的情况。学生在填写表格时，面对的不是标准化的、冰冷的数字选项，而是感受到学校管理者愿意与学生交流其个人成长经历、学校尊重和欣赏学生个性与特长的积极态度。

---

① 沈建中．遗留韵事：施蛰存游踪［M］．上海：文汇出版社，2007：192－209.

② 数据来源于对厦门大学档案馆1938—1945年学生个人档案记录抽样统计。

③ 苏林华．苏林华文集［M］．曼谷：时代论坛出版社，2000.

入学后，新生按院编列，选课是新生入学后遇到的最大问题。学校明确规定，由院长、系主任对每一位学生进行指导，核阅学生选课表是否适当。院长、系主任都是本学科的知名教授，由他们亲自指导新生选课，新生一入学就得到经验丰富的教授的个性化指导，学生所获得的不仅仅是一份选课表，更多的是亲身体验到“学生即是大学”的校园文化和学术氛围。根据对样本学生档案资料统计，学生所感兴趣的学科与其所在院系的一致率达到 90%，只有 49 名学生的兴趣学科与所在院系不一致，占 10%，而学校规定，到了二年级，学生还可根据有关规定，自由转系。

校园生活并不因战事的影响而沉闷，学生学习井井有条。1942 级吴厚沂回忆：“四年在汀州，所学的委实太多了！修了 152 个学分，主修教育，辅修中文，还修了 11 学分的化学。英文学会、教育学会、本级级会等的常务干事，学生自治会筹备会的主席和以后的理事会常务等，使我在工作上，深深地认识了抗战中生长的青年，体会到难以数计的人生经验。学习之外，我还上台演中西话剧，出城作越野赛跑，爬山、演讲、参加作文竞赛等。”① 学生在紧张、充实而有序的大学生活中历练成长。他们只要学有余力，可以尽情利用有限的资源和空间创造无限的乐趣和精神享受。朱一雄，自幼爱好书画，1943 年考入厦大中文系后，过上了“天堂一般的生活”。他“疯狂地写生作画”，入学不久就完成了 50 多幅铅笔和粉笔的写生、10 多幅木刻。在学期间，朱一雄曾把学校的大礼堂“占用”下来，布置出他在厦大的第一回个人画展。萨本栋校长和谢玉铭教务长作为第一批参观者进入礼堂，萨校长离开时还在签名簿上写下了：“成功不在乎天赋，百分九十九要靠自己流汗奋斗。”②

（四）校友：患难与共中力求“反哺”母校

长汀厦大毕业生主要分布在国内及新加坡、菲律宾、日本等地。当时，旅星、旅菲、旅港、旅日校友均自发成立了校友自己的组织——校友会。国内福州、漳州、上海、潮州等地也有组织地开展了一些校友活动。长汀厦大校友在艰苦卓绝的环境中，尽其所能，支持母校的发展，其奉献精神和积极

---

① 吴厚沂. 母校伟大的赐与［Z］//台湾校友会编. 国立厦门大学五十周年纪念特刊. 1971：107.

② 纪蔚然. 遗漏在自传里的血泪［J］. 印刻文学生活志，2007（10）.

行为极大地激发了在校师生的归属感和凝聚力，成为推动长汀厦大大学认同的一支重要力量。从史料和校友访谈分析，抗战时期，校友会组织的发展对校友认同的保护和延续起到了极大的促进作用。迁汀不久，在学校的鼎力支持下，厦门大学校友总会前身“旅汀厦大毕业同学会”成立，学校为方便校友回校，将学校图书馆对面的刘家祠堂拨为旅汀毕业同学会会所，并拨专项经费将会所修葺一新。[①] 1940 年 5 月 6 日，厦门大学校友总会正式成立。校友以组织的形式来支持大学，校友的力量立刻显现出来。抗战时期在校友总会和各地校友分会的组织下，校友们对学校发展各尽所能，全力支持，成为一支不可忽视的支持力量。

1940 年初，社会上忽传出厦门大学拟更名为福建大学的消息，引起全体师生及校友的惊诧。3 月下旬，前国民政府教育部正式来电，称根据福建省教育厅的意见，拟将新办的福建大学并入厦门大学，并拟将厦大改名为福建大学。全校因之哗然。厦门大学可能改名的消息长了翅膀似的传遍海内外校友会。这时，新加坡校友会首先站了出来。3 月 28 日，新加坡校友会召开特别大会反对厦大改名，会议决议以快邮代电分致重庆国民政府行政院长、教育部长及福建省政府主席，陈述新加坡校友会认为厦大不宜改名的理由。新加坡校友大会立即得到国内校友会的响应，厦大校友总会筹备会、旅汀毕业同学会、厦大全体学生分别致电重庆海外部转陈嘉庚，极力反对将厦大改名为福建大学。经过多方努力，特别是由于陈嘉庚 1940 年 3 月底在重庆明确反对厦大更名，国民政府被迫改变决定，厦门大学的校名幸而得以保存。校友以满腔爱校热情坚守着“厦门大学”的名称，动员一切可以动员的力量，通过陈嘉庚先生的影响，硬是迫使国民政府收回成命。“厦门大学”虽寥寥四个字，却蕴涵着校友对其丰富而深刻的认同和期许。

校友总会积极通过多种举措帮助学校解决困难，并号召校友给予在校生力所能及的帮助。1941 年 3 月 8 日，校友总会召开全体理事会议，商讨帮助在校生的方案。会议决定筹集捐款设立校友奖学金基金，并开设“厦友书

① 萨本栋. 旅汀毕业同学会会所开幕典礼上的讲话［J］. 厦大通讯，1939，1（2）.

局”。与此同时，新加坡校友会募集国币 1 000 元，作为贫寒同学贷款基金。[①] 1943 年 7 月 13 日，教育部部长陈立夫视察长汀校况，校友总会立即召开常务理事会议，商讨为学校争取教育部更大支持等事宜。因陈立夫留汀期短，校友总会推举三位代表，“带书面意见面谒”。据当时报载：“三代表于十四日下午三时得与陈部长会谈，校友会首对陈部长之长途跋涉，视察母校，表示欢迎与敬意。次即提出意见五点：1. 母校与萨校长之不可分性；2. 请求增加母校经费；3. 请求在母校增设研究院；4. 请求在母校设置部聘教授；5. 将来出洋考试请在东南分设考区；陈部长对五点意见一一给予答复。如就经费问题，他说，因厦大办理优良，故教育部对于厦大经费特别增加，惟因厦大先天不足（私立时代改为国立时代经费过低）故现数仍不算大，如以比例言之，则厦大经费之增加，较任何国立大学为高也。此后教育部自必另行设法增加厦大经费，以符诸君之望。惟君等全体校友亦应负起责任，以补国家力量之不足也。”[②]

抗战胜利后，厦大迁回厦门。粗略统计，1981—2006 年，长汀厦大校友与厦门大学联系的频率、返校率、捐赠率、捐赠总额等均高居各时期校友之首。以捐赠总额为例，长汀厦大校友给母校捐建楼堂馆所 6 座，设立 20 多项奖教奖助学金，捐赠金额超过 5 000 万元人民币，其捐赠额占校友捐赠总额的 30% 强，而校友数占厦门大学校友总数不及 2%。[③] 长汀厦大校友在国内外倡导成立了 20 多个校友会，出版 10 多种校友刊物，表达对厦大刻骨铭心的忆念。1998 年，在他们的建议下，学校复办机电系，成立厦门大学萨本栋微纳米研究中心；为了支持学校学科建设，长汀校友倡议设立了北美教育基金会，筹集基金 100 多万美元。国学大师钱穆先生在《师友杂记》中说道：“能追忆者，此始显吾生命之真，其在记忆之外者，足证非吾生命之真。”一个人如此，一所大学也不例外，一所大学若能被无数学子追忆不止，方是此大学之真。

① 一位母校教授的来信：林觉世先生［J］．厦大通讯，1939，1（4）．

② 教育部长陈立夫先生莅母校记［J］．厦大通讯，1943，5（8）．

③ 数据来源于 20 世纪 80 年代至今厦门大学校友总会编《厦大校友通讯》、厦门大学基金会编《殷殷深情巍巍丰碑》（2006 年，内部印刷），以及厦门大学教育发展基金会网站（http://edf.xmu.edu.cn/）的捐赠统计。

三、对建构现代大学认同的启迪

大学在其生存和发展历程中，常常处于各种各样、大大小小的危机之中：战争危机、经济危机、能源危机等，大学的变迁充满了危机。大学只有在危机中或经历过危机，组织才能成熟、完善起来。对于长汀厦大而言，大学认同的独特性首先根源于其创办历史当中。陈嘉庚先生凭着“教育救国”的坚定信念，义无反顾地创办并独立支撑厦大 16 年，他倾资办学、爱国爱教的举动对大学师生、校友的震动和影响是极为深远的。1937 年 7 月，当他无力支撑下去时，无偿将厦门大学献给国家。厦门大学由私立转为国立，大学办学主体由私人转变为国家，这一重大转变与中国抗战全面爆发在同一历史时空相遇，使厦大获得“重生”的责任落在了每一位大学成员的身上，厦门大学成为不自力更生将无法存续的大学。对于现代大学而言，正确理解和把握危机与大学认同的关系、明确大学作为学术机构的使命和目标，是建构现代大学认同必然面临的抉择。

大学认同的独特之处，在于大学是一个传播知识、创造知识、培养人才、服务社会的学术机构。大学认同的基础是学术认同，是对以学术为核心的大学活动的共同追求和体认。如果一所大学没有建立学术认同，就意味着大学灵魂的缺失，就不可能形成持久的组织凝聚力。长汀厦大正是以萨本栋为首，形成了这所学校浓厚的学习气氛、教育气氛，形成了“未到‘最后一课’，就应加紧科学研究与人才培养，以备将来服务于国家”① 的大学氛围，正是这种“最后一课”的精神，成为长汀厦大认同牢不可破的基石。萨本栋把为战后建设储备人才作为厦大办学的主要目标，他举全校之力为学生成才创设条件，一切办学的出发点都是围绕培养学生；教师以发现学生的特长、促进学生的成长为荣；校友在自身经济困难的情况下想方设法解决在校生的生活和学习困难，他们之所以对自己的学缘身份特别重视并力求反哺母校，根本原因也在于对厦大人才培养理念的高度认同。

① 萨校长开学词［J］. 厦大通讯，1941，3（10）.

大学认同是校长、教师、学生、校友共同活动、感受、思考大学前途和命运的自然结果，是经常的学术对话、思想碰撞、情感交流、集体活动的必然结晶。现代大学规模越来越庞大，成员之间关系松散，不同主体从各自的立场出发思考，大学成员之间充满纷繁复杂的矛盾、分歧和冲突，大学远没有形成合力。长汀厦大认同的建构启示我们：充分的互动与体验是实现大学认同的重要途径。首先，大学要营造“一起思考”的氛围，充分听取不同主体的意见，使校长与师生间有对话、不同学科的师生间有对话、师生和校友间有对话，这种对话是经常的、不拘形式的，是头脑与头脑、心灵与心灵的相遇和对话。其次，允许思想自由，不强求共识。通过各抒己见的、真诚的表达，了解大学成员的真实想法和意见建议，在此基础上求同存异。最后，重在形成大学成员的责任感和担当精神，使一切思考、对话是负责任的。这样才能彼此真正影响和感染，实现有效的互动，形成充满向心力的、生动活泼的大学共同体。

薪火传承文化中坚

——西北联大的办学特色及其启示①

抗战时期为保存民族文化命脉和高等教育中坚力量，我国高校实施战略大迁移。西南联合大学、西北联合大学以及屹立于抗战前线小后方、老苏区长汀的厦门大学等内迁高校，向世界宣示了中国大学坚强不屈的精神和中华民族光辉文化的延续。西北联大存在时间虽短，但具有鲜明的办学特色和深远的教育影响，在中国近代高等教育史上应有其重要的地位。从历史的视角，深入解析西北联大的办学特色与启示，对于当今开发西部教育文化资源，建设高等教育强国，具有重要的借鉴意义。

一、区域特色：扎根西北联合办学

西北联合大学是全面抗战特殊时期组建的三所国立“联大”之一。它成立时间早，办学力量强，扎根西部，拓展高等教育，成为西北地区的文化中坚。从高校内迁的地域分布来看，西北联大与东南高校（厦门大学、暨南大学和东南联合大学等）、西南高校（云贵川地区的众多高校）构成当时中国高等教育的整体，其办学活动具有鲜明的区域特色。

首先，从战略部署来看，组建西北联大的一个重要战略目的，就是利用

① 原载《西北大学学报（哲学社会科学版）》，2013 年第 43 卷第 1 期。作者：潘懋元，张亚群。

京津地区原有的雄厚高等教育资源，构建西部高等教育发展基础，不但为国家保存精英、为战后建设储备人才，而且推动了当地人才培养和经济、文化、工业、军事建设。

受经济、政治和历史诸因素影响，抗战前西北地区高等教育极为薄弱。渊源于陕西大学堂（1902 年建立）的西北大学，后因政局动荡、军阀混战而停办。只有省立甘肃学院（1909 年创办于兰州）、国立西北农林专科学校（1934 年创办于咸阳）、省立新疆学院 3 所高校勉强维持。

全面抗战爆发后，为了保存高等学府，收容战区失学学生，并为西北高等教育发展奠定基础，1937 年 9 月 10 日，教育部通令，以北平大学、北平师范大学、北洋工学院和北平研究院等院校为基干，设立国立西安临时大学。随着战局扩大，次年 4 月，依据行政院通过的《平津沪地区专科以上学校整理方案》，教育部通令："国立北平大学、国立北平师范大学及国立北洋工学院，现为发展西北高等教育，提高边省文化起见，拟令该院校逐渐向西北陕甘一带移布，并改称国立西北联合大学。"①

抗战期间，迁入西北地区的高校为数不多。据统计，战时内迁高校约 100 所左右，其中迁入西南地区 61 所（四川 48 所，其中重庆 32 所），迁入西北地区 11 所，其余迁入东南、华南等战区小后方。② 西北联大作为西迁高校的中坚力量，在极端艰难的条件下，于城固、南郑、沔县（今勉县）3 县 6 地联合办学。由于担负开发西北教育的重要使命，组建后的西北联大，备受政府重视。1939 年 3 月，第三次全国教育会议在重庆举行，国立西北联大常务委员胡庶华、李蒸、徐诵明作为本校代表，体育系主任兼导师会常委袁敦礼作为专家委员，国立北平研究院代表李书华，以及原西安临时大学筹备委员、国立西北农学院院长、筹备主任辛树帜出席会议，胡庶华、李书华和辛树帜等在大会分别报告其办学和研究情形。1945 年 9 月，在重庆召开全国教育善后复员会议，通过决议案之六："请迅速迁移西北大学至西安，并充实其设

① 姚远. 西北联大史料汇编［M］. 西安：西北大学出版社，2012：694－695.

② 侯德础. 抗日战争时期中国高校内迁史略［M］. 成都：四川教育出版社，2001：71－72.

备，以树立西北高等教育基础案。”① 这些举措表明，西北联大及其分立院校立足西北的办学定位备受重视。

其次，从办学过程来看，无论是西北联大联合办学时期，还是五校分立合作时期（1939 年 8 月—1946 年 12 月），其办学者均以开发西部高等教育为己任，因应抗战及当地教育发展需要，极为重视西北教育、社会、经济、自然环境和历史文化研究。

作为国立大学，西北联大在办学过程中，以服务西北为办学重点。1938 年 5 月 2 日，在西北联大开学典礼上，常务委员陈剑翛阐释本校更名之意义：“一方面是要负起开发西北教育的使命，一方面是表示原由三所院校合组而成。”② 西北联大分立后，国立西北大学等五校仍秉持这一办学宗旨。1942 年 10 月，身兼国立西北工学院、国立西北大学校长的赖琏在校刊撰文强调：“西北大学的神圣使命，应该使它成为西北文化的基石，和名副其实的学术机构。”③ 1944 年 9 月，新任西北大学校长刘季洪在开学典礼上指出，国立西北大学的特殊使命，“就是提高西北文化的水准，领导西北学术的研究。我们每系都要尽到这个责任，要侧重西北问题的研究”④。

为了推动当地社会文化建设，西北联大推行多项社会教育举措。1938 年，文理学院主办国语及注音符号讲习班、防空防毒讲习班、科学常识讲习班，并调查陕南城固南郑两县风俗民情及协助各县改良陋习；法商学院主办法律常识讲习班、地方自治讲习班、商业补习班；师范学院主办小学教员讲习会、民众学校、体育训练班等；医学院主办救护训练班。办学者加强西部经济、社会、自然资源和历史文化研究，校刊发表郁士元所撰《沔县煤矿区之地质》，黎锦熙所撰《城固县志续修例言》《城固新修县志方案》系列论文，以及历史系考古委员会《发掘张骞墓前石刻报告书》等研究成果。

1941 年 5 月，原西北联大分立的五校联合组成“西部学会”，总会设于

① 教育部教育年鉴编纂委员会. 第二次中国教育年鉴［M］. 北京：商务印书馆，1948：100.

② 本校城固本部举行开学典礼志盛［J］. 西北联大校刊，1938（1）.

③ 赖琏. 教学与卫道［J］. 国立西北大学校刊，1942（2）.

④ 姚远. 西北联大史料汇编［M］. 西安：西北大学出版社，2012：725.

国立西北大学，在西北各重要学术地区设立分会。其宗旨之一为：复兴民族本位文化，促进西北建设。该学会创办《西北学报》，创刊号发表西北大学教授殷祖英《由地理上认识西北》、徐兴凯《陕西建省沿革史》、黄文弼《吐鲁番古代之文化与宗教》、王季平《建设西北应理解之两问题》等论文。1943年6月，《西北学报》第二卷第一二期（合刊）发表殷祖英《论战后国都问题》及《回疆典型之吐鲁番盆地》、何士骥《研究中国之古外国语文与研究西北》、张伯声《陕南金砂》、杨向奎《夏商两代与西北》、王均衡《甘肃境内黄河航运的地理依据》等文。西北农学院出版《西北农林》校刊，共出版5期，发表学术论著及译文56篇。此类事例，不胜枚举。

最后，从办学结果来看，西北联大的办学实践及其演化的综合性大学、工、农、师范、医学院五所高校，形成了完整的西北高等教育体系。

总体而言，抗战时期的大规模高校内迁，既保存了国家精英，又推动了迁入地社会、经济、教育、文化的快速发展，但像西北联大这样扎根西部、在短短的8年间形成完整的高等教育办学体系，却是其他内迁高校所未有的，在中国高等教育史上堪称奇迹。正如有的论者所言，国立西北大学等一系列“国立西北”高校，“实际上主体是由华北迁入陕西的原国立北平大学、国立北平师范大学、国立北洋工学院、河北省立女子师范学院为根底创立的，经由西北联合大学这一过渡阶段后，方才最终独立”①。由此可见，西北联大对于开发西部高等教育之特殊贡献。

国立西北联大作为校名存在时间较短，仅1年零4个月余（1938年4月3日至1939年8月8日），若延伸到国立西安临时大学（1937年9月至1938年4月3日），也只有1年零11个月。但是，作为办学实体，它却以国立西北大学、国立西北工学院、国立西北师范学院等分立院校的形式持续办学；抗战胜利后，除了国立西北工学院、国立西北师范学院部分师生返迁复校外，其主体永久扎根于广袤的西北地区，薪火传承至今。这是西北联大不同于其他内迁高校的一个显著特色，显示了其旺盛的生命力和深远的教育影响。

---

① 余子侠，冉春. 中国近代西部教育开发史：以抗日战争时期为重心［M］. 北京：人民教育出版社，2008：169.

二、学科特色：强强联合优势互补

从学科层面来看，西北联大的办学活动，属于多所高校的“强强联合”，具有深厚的学科发展基础和独特的学科优势。

北平大学源于1928年国民政府大学区制改革，原包括北京大学、北京工业大学、天津北洋大学、北京农业大学、北京师范大学、北京女子师范大学等京津地区多所国立高校，不久北京大学、北京师范大学、北京女子师范大学、北洋大学、北京艺术专门学校、保定河北大学、天津工业专门学校、天津法政专门学校先后恢复独立办学。西迁之际的北平大学作为综合性大学，仍有工、农、医、法商、女子文理五学院，学科较齐全。北平师范大学源于京师大学堂师范馆①，是国内最早创建，也是当时唯一的师范大学，在基础学科、教育学科领域具有显著优势。北洋工学院源于北洋大学，是与京师大学堂齐名的清末3所大学之一，办学历史最为悠久，在工科、法科（民国初年被并入北京大学）享有盛誉。河北省立女子师范学院源于1906年创办的北洋女师范学堂，在女子师范教育、家政教育方面颇具优势。这些院校西迁，经由西安临时大学和西北联大两个阶段，整合学科、师资和教育资源，形成了实力雄厚的联合办学体。

在学科方面，西北联大的文理基础学科特色明显，教育、工、农、医科应用学科很强。在汉中地区办学期间，初期全校设有文理、法商、教育、工、农、医6个学院23系。其中，教育学院（后改称师范学院）各学系主要来自北平师大，家政系来自河北女子师范学院，并设立师范研究所，招收研究生。工学院由北洋工学院及北平大学工学院合组而成。其余各学院主要来自北平大学各系科。相比之下，西南联大设有文、理、法商、工、师范5学院26个学系，虽然文、理基础学科较强，但缺少农、医应用性学科，师范、工科亦逊于西北联大。

---

① 民国时期，北京大学以京师大学堂师范馆开学日期12月17日作为校庆纪念日，表明师范馆之重要地位。

1938年6月、7月，西北联大农、工两学院独立设置，前者与河南大学农学院畜牧系、西北农林专科学校合并，组建国立西北农学院（1939年4月正式成立），由原来的农学、林学、农业化学3系，扩展为园艺学、农田水利学、畜牧兽医学等6系，并设立农业经济专修科；后者与东北大学工学院、私立焦作工学院合组为国立西北工学院，设有土木工程、矿冶工程、机械工程、电机工程、化学工程、纺织工程、航空工程、水利工程8系。1942年，西北工学院增设工业管理学系，并创办矿冶研究部、学术推广部及大学先修班两班。这些实科学系、研究机构的发展，为抗战军事、工业、经济开发和民众生活改善做出了重大贡献。

1939年8月8日，国立西北联大改为国立西北大学，原西北联大师范学院、医学院分别改为国立西北师范学院、国立西北医学院，各自独立办学。国立西北大学设文、理、法商3学院12系。国立西北师范学院设国文、英语、史地、公民训育、数学、理化、博物、教育、体育和家政10系。国立西北医学院不分系。

由上述可见，由国立西北联大演化而来的各"国立西北"高校，各具学科特色与优势，互为补充，形成了完整的高等教育办学体系。

在师资力量方面，西北联大位列内迁高校前茅。国立西安临时大学有教授106名，迁入陕南办学后，师资建设进一步加强。据统计，1937—1946年间，西北联大及其分立五校形成了505名教授、1489名员工的教职工队伍①，其中不乏国内一流学者。这些教授大多曾留学德、美、日、法、英、苏联（俄）等国，学科分布广，具有深厚的学术造诣。如：中国语言文学教授黎锦熙、许寿裳、张纯一、罗根泽、高亨；外国语言文学教授徐褐夫、曹靖华、佘坤珊；历史学教授陆懋德、黄文弼、许重远、许兴凯、周传儒、萧一山；哲学、经济学教授汪奠基、沈志远、罗章龙、孙宗钰、尹文敬、曹国卿、季陶达；教育学、体育学、心理学教授李建勋、李蒸、马师儒、姜琦、王耀东、袁敦礼、董守义、徐英超、齐国梁；数学教授曾炯、傅种孙、赵进义、刘亦

① 方光华. 为什么要纪念西北联大［J］. 西北大学学报（哲学社会科学版），2012(3).

珩、张德馨；物理学教授岳劼恒、张贻惠、杨立奎；化学教授虞宏正、张贻侗、刘拓、陈之霖、赵学海；生物学教授郭毓彬、容启东、林镕、雍克昌、汪德耀；地质学、地理学教授张伯声、殷祖英、黄国璋；工程技术学教授李仪祉、李书田、萧连波、李仙舟、周宗莲、魏寿昆、雷祚雯、潘承孝、刘锡瑛、王翰辰、张汉文；农学教授周建侯、汪厥明、姚鋈、贾成章；医学教授吴祥凤、蹇先器、徐佐夏、陈作纪、林几、侯宗濂、毛鸿志、董克恩、严镜清；等等。①

在管理方式上，西北联大采用联合办学的校务委员会管理模式。其筹备委员会由王世杰兼任主席，李书华、徐诵明、李蒸、李书田、童贯贤、陈剑翛、周伯敏、辛树帜、臧启芳9人为委员。西北联大成立后，徐诵明、李蒸、李书田、陈剑翛（后由胡庶华接任）任校务委员会常委，负责管理校务。前三人分别为原北平大学校长、北平师范大学校长及北洋工学院院长，后者为教育部特派员。由于办学理念冲突，1939年4月，李书田离开西北联大，创办国立西昌技艺专科学校等。西北联大分立后，赖琏、潘承孝任西北工学院院长，胡庶华、赖琏（兼）、刘季洪相继出任西北大学校长，李蒸任西北师范学院院长，辛树帜任西北农学院院长，吴祥凤、蹇先器、徐佐夏、侯宗濂先后任西北医学院院长。这些管理者对于西北联大及其分立学校的办学做出了重要贡献。

在办学规模上，西北联大不断发展壮大。比较三所国立“联大”培养的毕业生数量，西北联大及其分立五校所培养的学生最多。据统计，1937—1946年，西北联大与其子体国立五校共培养9 257名毕业生。② 同期，西南联大共培养毕业生2 522人，③ 东南联合大学筹办期间（1942年2月—1943年6月）共招收学生488人，④ 至其被并入暨南大学、英士大学，尚无学生毕业。

---

① 姚远．西北联大史料汇编［M］．西安：西北大学出版社，2012：741 - 792.

② 姚远．西北联大史料汇编［M］．西安：西北大学出版社，2012：23.

③ 杨立德．西南联大教育史［M］．成都：成都出版社，1995：188.

④ 夏泉，等．忠信笃敬声教四海：暨南大学校长何炳松［M］．济南：山东教育出版社，2012：243.

三、育人特色：砥砺品性通专并重

从人才培养来看，西北联大及其分立学校注重人格教育、通识教育和严格的专业训练，形成了自己鲜明的办学特色，培养了一大批杰出人才。其育人风格集中体现在校训、育人模式、课程设置及教学管理等方面。

校训是学校为树立优良校风而制定的要求师生共同遵守的准则，对师生行为产生潜移默化的作用。西北联大以“公诚勤朴”为校训，它与北京高师、北平师大的校训“诚实勇敢，勤勉亲爱”，北洋大学、北洋工学院的校训“实事求是”一脉相承，成为弘扬民族精神的办学目标和行为准则。黎锦熙所撰的校歌歌词，就涵盖了这一校训校旨：“文理导愚蒙；政法倡忠勇；师资树人表；实业拯民穷；健体明医弱者雄。勤朴公诚校训崇。……努力发扬我四千年国族之雄风!”[①] 在民族危亡的抗战时期，倡导“公诚勤朴”的校训，具有特殊的教育意义和巨大的文化感召力，成为西北联大师生的精神支柱。

在培养模式及课程设置方面，采用通专结合的培养模式，前两年主要实行通识基础教育，后两年侧重专业课程学习及专业实践。

1938 年 10 月、12 月，学校先后颁布《文理法三学院共同必修科目》《农工商三学院共同必修科目》作为第一、二学年通识教育的课程指导。其中，文、法学院共同必修科目有九种：国文、外国文、中国通史（注重文化之发展）、外国通史（注重文化之发展）、伦理学、哲学概论、文学概论（任选一种）、数学及自然科学类任选一种（数学、物理、化学、生物学、生理学、地质学）、社会科学任选二种（社会学、政治学、经济学，法学院增加民法概要），合计 52～54 学分。

理学院共同必修科目有七种：国文、外国文、中国通史、高等数学、微积分（任选一种）、社会科学（社会学、政治学、经济学任选一种）、自然科学类（物理、化学、生物学、地质学任选二种），合计 46～54 学分。

师范学院课程按照统一规程，分为普通基本科目、教育基本科目、分系

① 姚远．西北联大史料汇编［M］．西安：西北大学出版社，2012：2.

专门科目、专业训练科目四类。前二者为各系共同必修课程，须在前三学年修毕。普通基本科目包括党义、国文、外国文、社会科学、自然科学、哲学概论、本国文化史、西洋文化史，合计 52 学分，约占总学分 170 学分的 30.6%。

商学院共同必修科目有九种：国文、外国文、商业史、经济地理、算学、经济学、法学通论、财政学、会计学，合计 48 ~ 56 学分。

为加强学生中文素养，除了将国文作为本校各院系一年级共同必修课程之外，教务处还规定本年级学生须写作“修养日记”及“读书札记”，交由教员评阅并记录成绩。

在培养过程中，实行严格、规范的教学、考试与学籍管理。学业考核分为学期考试、学年考试、毕业考试，学生毕业成绩以毕业考试成绩及各学年总成绩合并核计。选修课不及格可补考一次，其成绩按 80% 计算；必修课不及格者不得补考，须重修。本校学籍的各年级学生、转学生、借读生、旁听生，缺课达到一定时数，不得参加学业考试。

重视学生科研实践，制定规范的毕业论文成绩考核办法。在导师指导下，西北联大学生毕业论文注重研究当地的教育、文化及生产实践问题。如教育系 1937 届毕业论文就有：《抗战期间城固之民众教育》（该文切合实际，写作水平较高，被《西北联大校刊》连载）、《汉南民众日常思想之分析》、《城固儿童之情绪研究》、《抗战期中南郑中等学校之训育》、《抗战时期南郑之中等教育》、《抗战期间城固之强迫教育》等。

由于教师精心育人，学生刻苦学习，西北联大及其分立五校在抗战时期取得了优异的教学成效。以当时全国专科以上学校学业竞试为例，可略见一斑。1940—1945 年，教育部为奖励专科以上学生学业，先后举办六届学业竞试，分为甲乙丙三类竞试，公布各参试院校获奖学生名单①。笔者根据《第二次教育年鉴》相关资料，统计国立西北大学、西北工学院、西北师范学院、西北农学院学生参加全国专科以上学校学业竞试结果，共计获奖 35 人次（详见表 1、表 2、表 3 及说明）。

① 第五、六届学业竞试复试成绩因受战事等因素影响，未能公布复试结果。

表 1　第一届全国专科以上学校学业竞试西北联大分立五校学生获奖统计

竞试类别	全国获奖总数/名	全国分科奖数	本校获奖数、名次	单科获奖比例	院校及获奖者
甲类	30	国文科 10	国文科 2：第 4、第 8 名	1/5	西北大学彭惠金；西北农学院崔宝琪
乙类	59	森林学系 2 矿业工程学系 2	森林学系 1 矿业工程学系 1	1/2 1/2	西北农学院何定华；西北工学院袁荣生
丙类	29	文学院 6	文学院 1	1/6	西北大学赵兰庭
合计	118	20	5	25%	

表 2　第二届全国专科以上学校学业竞试西北联大分立五校学生获奖统计

竞试类别	全国获奖总数/名	全国分科获奖数	本校获奖数、名次	单科获奖比例	院校及获奖者
甲类	32	国文科 10	国文科 2：第 8、第 10 名	1/5	西北师院李绍唐；西北农学院张汝霖
乙类	59	文学院中文系 2 教育学系 2 师范国文系 2 史地学系 2 机械工程学系 1 航空工程学系 1	文学院中文系 1 教育学系 2 国文系 1 史地学系 2 机械工程学系 1 机械工程学系 1	1/2 100% 1/2 100% 100% 100%	西北大学彭惠金；西北师院陈侠、李文魁；同上，古德敷；同上，刘承立、孙崇吉；西北工学院张锡圻、陆孝宽
丙类	次优生 11（未含决选生 30）	文学院 4 师范学院 2 工学院 1	文学院 1 师范学院 1 工学院 1	1/4 1/2 100%	西北大学张拱贵；西北师院黄开茂；西北工学院田喜亭
合计	102（未含丙类决选生）	27	13	48%	

第四届学业竞试结果，甲类竞试决选生 30 名（34 人），西北农学院武伦偕、朱光先，西北工学院秦锦予、刘善建、刘振华 5 人获奖。成绩次优特予

奖励学生 11 名（14 人），西北农学院王伟华，西北工学院钟鹏、李林中 3 人获奖。合计获奖 8 人。

由上述统计可见，西北联大分立学校在国文、师范、史地、机械工程学、航空工程学、地质学、矿业工程学、森林学等多项单科及毕业论文竞试中居优势。这从一个侧面反映了西北联大分立学校的教学质量。

若从长时段考察，西北联大及其分立学校的育人成就更为明显。以西北工学院、西北农学院为例，抗战时期毕业生人才辈出。如电子学家叶培大，材料学家、“两弹一星”功勋奖章获得者吴自良，内燃机专家、原天津大学校长史绍熙，物理冶金学家张沛霖，材料科学家李恒德，金属学家、材料科学家、国家最高科学技术奖获得者师昌绪，电机工程学家、原清华大学校长高景德等院士，著名小麦育种专家赵洪璋，著名土壤学家于天仁院士，结构力学和工程设计理论专家王光远院士等。西北大学、西北师范学院、西北医学院，在文史等人文学科，经济、政治、教育等社会科学，数学、物理、化学、生物、地质学等自然科学及医学等领域，也培养了众多精英人才。

表 3　第三届全国专科以上学校学业竞试西北联大分立五校学生获奖统计

竞试类别	全国获奖总数/名	全国分科获奖数	本校获奖数、名次	单科获奖比例	院校及获奖者
甲类	44	国文科 11	国文科 1：第 4 名	1/11	西北工学院柳长祚
		数学科 10	数学科 1：第 4 名	1/10	同上，李维明
乙类	89	地质学系 2	地质学系 1	1/2	西北工学院丁宝田
		政治学系 2	政治学系 1	1/2	西北大学尹殿甲
		公民训育学系 2	公民训育学系 1	1/2	西北师范学院苏金修
		师范国文系 4	国文系 1	1/4	同上，古德敷
		机械工程学系 2	机械工程学系 1	1/2	西北工学院孙全柱
丙类	次优生 14（未含决选生 33）	文学院 2	文学院 1	1/6	西北大学陈耀洲
		工学院 4	工学院 1	1/4	西北工学院刘锡田
合计	147（未含丙类决选生 33）	39	9	23%	

四、历史启示

同西南联大、长汀时期的厦门大学以及众多内迁高校一样，抗战时期的西北联大及其分立五校的办学成就，在中国近现代高等教育史上创造了奇迹。西北联大的这段办学历史，凝聚着一代知识精英对于科学、文明和民族独立的执着追求。为什么在抗战那样极端艰难和极其简陋的条件下，这些高校能够培养出大批栋梁之才，这是处于和平建设时期的中国高校值得深省的。在纪念西北联大成立75周年之际，从这段曲折的办学历史中，可获得诸多有益启示。

第一，民族精神与文化认同是西北联大取得丰硕办学成就的强大精神动力。

在日寇大举入侵，中华民族面临生死存亡的危急关头，中国大学作为文化精英的汇聚地和爱国思想的主要阵地，担负着传承、复兴民族文化的重大使命。西北联大作为中国西北地区的大学文化中坚，在民族灾难中激发起巨大的凝聚力，化为培育人才、开发西北文化的强大动力。其“公诚勤朴”校训，展现的是无私奉献、朴实无华的大学精神。这是今天最值得我们赓续的办学传统。正因为如此，这一校训精神为西北大学、西北工业大学（西北工学院）和西北农林科技大学（西北农学院）等校所承传。和平时期，在物质条件充裕的条件下，仍应保持并光大“公诚勤朴”的大学精神。

第二，依靠大师西部同样能办出一流水平的大学。

抗战时期内迁高校的办学者多是著名专家型的教育家，如浙江大学校长竺可桢、西南联大常委梅贻琦、暨南大学校长何炳松、厦门大学校长萨本栋等。这些校长除了发挥自己的专业特长外，最可贵之处在于广揽贤才，知人善任，发挥各科学术大师的作用，从而创造了诸多教育奇迹。西北联大及其分立院校也不例外，其办学者、管理者大多为一时之选，如李蒸、徐诵明、李书田、胡庶华、辛树帜皆为国内著名校长、教育家。西北联大在西部艰苦条件下，依靠大师办学，培养出诸多拔尖人才。其办学实践，印证了梅贻琦先生的著名论断："所谓大学者，非谓有大楼之谓也，有大师之谓也。"①

第三，学科积累和师资建设是大学成功的重要条件。

西北联大之所以取得令人瞩目的办学成就，重要原因在于其深厚的学术积累。在物质条件极为匮乏的条件下，西北联大仍然重视学科建设，在工程科学、地质学、师范教育、历史学、地理学等学科积累了深厚的学术基础，为后续发展创造了条件。正如当今厦门大学一些强势学科、重点学科得益于私立时期、长汀国立时期的学科积累一样，当年国立西北联大的学科建设，也为当今的西北大学、西北工业大学、西北师范大学、西北农林科技大学等院校奠定了坚实的学科基础。当今西北大学的历史学、语言文学、经济学、地质学、生物学等优势学科，西北师范大学的教育学，西北工业大学的航空工程等工程学科，西北农林科技大学的农学、林学，西安交通大学的医学等，无不渊源于西北联大时期的学科奠基。

第四，人才培养质量与办学特色是衡量大学办学得失的重要标准。

西北联大及其分立各校，在办学目标上扎根西部，在学科建设上基础学科与应用学科并重，大力发展社会紧缺的工、农、医、师范等专业人才，由此产生了深远的教育与社会影响。关于这一点，我们从长汀时期厦门大学的办学经验中也可得到有益启示。在1940年度毕业典礼上，厦大校长萨本栋曾说："本校在国立大学中，经费是最少的一个，如果要顾到量，就不能顾到质，所以宁可放弃量的发展，以谋质的改进。"② 当时厦大规模虽小，但办学重点突出、特色鲜明，除了保持人文、财会、教育、生物、化学等基础学科和应用学科发展外，还根据国家需要，发展了机电工程、航空工程等紧缺学科，培养出一大批高质量的专门人才。

第五，抗战时期大学教育史研究具有重要的现实意义。

建设高等教育强国，既要放眼世界，学习西方先进的办学经验，也须脚踏实地，植根于本民族文化基础。借鉴国外先进教育与挖掘民族教育文化资源可以相得益彰。透过西北联大办学特色，可以看到抗战时期办学者传承民

① 梅贻琦．就职演说［J］．国立清华大学校刊，1931（341）．

② 厦大通讯，1940，3（7）．

族文化的艰辛努力与孜孜不倦的育人精神。西北大学直接继承了西北联大的办学传统。城固古路坝是现代中国高等工程教育的发源地之一，西北联大留下的大学文化遗产值得深入探究和弘扬光大。古路坝与成都华西坝、重庆沙坪坝，作为战时教育聚集地，被称为西部抗战“文化三坝”，若加上重庆江津白沙坝、北碚夏坝，则有抗战的“文化五坝”。相较于其他“文化四坝”，当今古路坝文脉中断。这种现状，是与西部教育大开发、加强文化建设的国家发展战略不协调的，亟待有关部门重视并加以改善。

高教史学科建设

致《教育史研究》编辑部的信[①]

《教育史研究》编辑部：

《教育史研究》创刊号终于出版了。过去虽然一般教育理论刊物多有教育史专栏，但对于教育史研究工作者而言，未免有“寄人篱下”之感。前天收到创刊号，我的心情正如马秋帆教授所道出的：“这是全国教育史学界共同关心盼望已久的大喜事，也标志着教育史学更加兴旺发达，进入一个新阶段。”我也完全同意“发刊词”所揭示的办刊宗旨：“它旨在通过广大科研工作者的中外教育史研究，总结中外教育史的经验教训，探索中外教育发展的一般规律，寻找传统教育与现代教育之间的历史结合点，为我国教育改革的理论与实践当好顾问”和“鼓励广大科研工作者围绕教育改革所面临的多种切实问题，广阔而大胆地创新与开拓……从中提炼出切实有益于教育改革的精神食粮，切实使《教育史研究》成为‘古为今用’‘洋为中用’的学术刊物”。当然，要真正在新形势下推动教育史研究的繁荣发展，为教育改革的现实做出贡献，还要看今后的努力。

承嘱写点评论意见。我不是教育史学家，最多只能算个散兵游勇。只是从我所从事的高等教育理论研究与高等教育改革实践的需要出发，每有求于教育史，希望能从历史研究中了解教育发展的规律与经验，获得某些启示与论据。鉴于这种迫切的心情，1984 年在厦门大学的一次教育史研究会理事会

① 原载《教育史研究》，1990 年第 1 期。作者：潘懋元。

上，讨论年会的问题时，我曾一口气提出高等教育改革中亟须解决的许多教育史问题。如：传统教育与现代教育的关系、教育观的历史演变、人本主义教育思想的产生发展及其影响、大学社会职能的演变、大学在创造与发展文化上的历史作用、“通才教育”概念的演变、大学科学教育发展的历史，以及中外古今启发式教学的比较、学位制的历史演变、学分制的历史演变、私立大学的产生发展及其作用、中国留学教育在社会发展中所起的作用及其经验教训，如此等等。遗憾的是，我从教育改革现实需要出发所提出的这些问题并未能引起重视，年会的中心课题仍然确定为人们所已熟知的几位教育家的教育思想研究（当然，也可以研究，但作为中心课题必须有新意）。

为什么有些教育史学家不关心或不太关心现实的教育改革过程中所需要借鉴的历史经验呢？可能因为他们在认识上把历史规律与历史经验对立起来，把“古为今用”与狭隘的实用主义混为一谈；也可能在实际上有困难，对于我国当前深化教育改革中所存在的问题不甚了解，因而很难找准课题。

众所周知，历史与现实是不能割断的。研究现实的教育理论与解决当前的教育改革实践问题，差不多都需要掌握其历史渊源，了解其历史经验与教训，纵观历史发展趋势，即所谓“观今宜鉴古”。历史研究的生命力也在于“古为今用”，启发人们借鉴历史经验，免蹈历史覆辙。特别是当前有些改革的“新观念”乃是历史上的老观念翻新；有些改革的“新方法”过去已有失败的教训。弄清这些观念的来龙去脉，判断这些方法的优劣成败，给予启示，给予忠告，是教育史研究者应尽的责任之一。尤其是当历史虚无主义在教育理论界泛滥时，教育史研究者就更有责任、有针对性地分清传统教育的精华和糟粕，这样的历史研究对今天的改革更有其重大的现实意义。可喜的是，上述所提的某些问题，近年来已有不少研究成果；遗憾的是，这些研究成果，多半不是出自于教育史学家精湛的研究，而是在一般教育理论的专题研究中有所涉及。由于研究者中占有材料不足，史学知识不够，研究的深度受限制，浅薄甚至错误在所难免，从而影响教育理论研究的科学性与教育改革决策的科学化。如果教育史学家对教育改革现实问题感兴趣，相信能写出更高水平的文章。

当然，不应把“古为今用”作狭隘的实用主义的理解，更不能要求刊物每篇论文都是直接针对教育改革的现实问题而发，也不会要求教育史研究及处理具体教育工作提出什么方案。相反，我认为《教育史研究》应当刊登一些有学术价值、纯学术价值、纯史学研究的论文，但“围绕教育改革所面临的多种现实问题，为我国教育改革的理论与实践当好顾问”，应当是它的宗旨所在。

为此，我向编辑部提几条建议：

（1）纯史学研究和围绕教育改革现实问题的历史研究文章要有个适当的比例。

（2）鼓励教育史学家关心教育改革问题，也支持广大的教育理论工作者以及教育改革实际工作者探讨有关的教育史问题。

（3）发表一些以前研究较少的领域，如科学教育、职业技术教育、高等教育、民族教育、民间教育等的历史资料或研究文章。

以上所谈，未必有当，仅供参考，请予批评。

致

敬礼！

潘懋元

高教历史与高教研究①

在高等教育学的众多分支学科中，高等教育发展史是目前较为薄弱的一个研究领域。开展高等教育历史的学习和研究，不仅能深化高等教育理论，而且还能为高教改革现实服务，并进一步促使高等教育学这门学科的完善和成熟。本文就高教理论与高教历史、高教改革实践与高教历史借鉴的关系这两个问题略作论述。

一、高教理论与高教历史

高等教育理论与高等教育历史的关系是互为依存的，体现了辩证唯物主义方法论的“历史与逻辑的统一”原则。历史的发展过程是第一性的，逻辑的理论概括是第二性的；逻辑的东西是从历史的东西概括抽象出来的。史学界长期争论的“史与论”关系的问题，也可以简明地表述为“论从史出”。“史”是指史料、史实，“论”指理论、观点、结论。“论从史出”，就是说观点和结论出自史料，历史的论断是根据史料所反映的事实而得出来的。或者说，历史规律是通过对历史发展过程的概括而认识的。这个观点对于高教理论和高教历史的关系来说，就是高教理论是高教历史和客观现实在人们头脑中的反映，高教理论一般来说是从高教历史中总结出来的。例如教育与社会关系的基本规律，就是从教育发展的历史中总结出来的。而高等教育的历史

① 原载《高等教育研究》，1992 年第 1 期。作者：潘懋元，刘海峰。

与现实，可以比普通教育更具体地论证教育的发展要受社会政治、经济、文化的制约，并对政治、经济、文化的发展产生影响。因此，如果掌握了高等教育发展史，对这条规律的认识就会更深刻、具体，并能够系统地、生动地进行论证。即使是高等教育内部关系规律方面，如高等教育教学过程的特殊性、高等学校教学原则，也是从教学的历史中所总结出来的，因而要深刻地理解这些反映规律性的教学理论与教学原则，也需要学习和研究教育史。

教育史是各个时代的教育经验的总结，这种总结往往是教育学的组成部分。这有两方面的含义：其一，就时间顺序而言，今天的教育学将成为明天的教育史；其二，就史与论的关系而言，今天的教育学是昨天教育史的概括与总结。美国教育学家杜威曾把教育史在教育科学中的作用比作物理课和化学课的实验室，他说教育的理论和实施常比自然现象的变化错综复杂，其效果非短期内可以判明，必须通过历史长河方能辨清功过得失。杜威并非否定实验方法能够用于教育科学，而是强调教育科学中涉及长期性和规律性的问题，往往非一时的实验所能解决，但如果从历史角度加以考察，则轨迹分明，脉络清晰。

正是因为教育规律一般来说可以从教育史上总结和揭示出来，[①] 因此，研究教育理论应有一定的教育史知识，这样才能了解高等教育理论的内在联系，研究才能有深度、有远见。缺乏历史的分析，往往只能就事论事，浮于表面。许多所谓“展望”“预测”往往流于主观设想，正因为其缺乏社会发展规律、教育发展规律的根据。对高等教育发展史不了解或理解得不深刻不透彻，就不可能深入地研究高等教育理论；对高等教育发展史理解得越深，则对高等教育理论的掌握也就越透。史与论这两者是成正比的。以历年来厦门大学高教所高等教育学专业的研究生学位论文为例，凡是教育史功底较好的同学，其学位论文便较有深度，学术性较强，受到好评。反之，缺少历史论证，仅

① 比较全面的提法应是：“人们是如何认识教育规律的。我想不外乎三条途径：第一，纵观教育的历史演变所推论出来的；第二，从国际教育比较研究所概括出来的；第三，从现实的教育实践经验所总结出来的。这三条途径是相互联系，互相贯通的。历史与外国，都是前人与他人的教育实践经验，由此所认识的规律还必须通过本国教育实践的检验。”潘懋元．比较高等教育的产生、发展与问题［J］．外国高等教育资料，1991（2）．

根据横断面的现象来写的论文的深度与水平便受到影响。为了使研究生对高等教育学的学习和研究更为深入，我们从1985年开始就坚持研究生要修习高等教育发展史这门课程。

关于学习教育史的意义，曹孚在《外国教育史》一书导言中有一段精辟而全面的概括："教育史可以帮助我们正确地解决教育学理论上的各种问题；可以扩大教育方面的眼界，发展教师的教育思想，防止他们对教育问题采取狭隘的功利主义的态度和庸医配剂方的态度；可以促使教师发挥教育上的创造性。"① 他还在《教育学研究中的若干问题》一文中指出："我们今天的马克思列宁主义教育学，可以而且应该从过去的教育学与教育思想中吸取与继承一些东西，而且它所吸取与继承的分量比哲学、法学、道德学方面多，范围比它们广，而且在吸取与继承的标准上也自有其专门特点。马克思列宁主义教育学一向把历代的教育学方面的文化遗产，作为自己的科学源泉之一，而教育史的研究与教育学的研究之间的关系之密切也超过一般科学与其相应的科学史之间的关系。"②

任何教育理论、教育学说都有其产生和发展的历史，当我们不仅了解一派学说、一种理论、一条规律的表述与解释，而且还了解这派学说、这种理论、这条规律是何时出现、如何总结出来、如何发展以及在发展过程中的影响和作用时，我们就更能把握住其本质，透彻地理解其内涵。了解了理论学说的来龙去脉，还可拓宽眼界，启迪思路。所以，教育史不只是对过去事实和思想做一番回顾，它还能增长人的智慧，启发人们积极地进行理论思维。鲁迅说"治学先治史"，即指学习历史对掌握理论、研究学问的重要性。苏联、美国和其他发达国家都颇重视教育史的研究。为什么中国教育史学界相对教育学的其他二级学科领域而言著名专家学者特别多？这除了因为中国历来较注重史学研究和历史学科较为成熟等之外，还因为教育史研究对教育理论发展有重要的促进和借鉴作用。了解了千百年来教育史上存在些什么问题，以往教育史上有何成功的经验和失败的教训，有何规律可循，那么，在探讨

① 曹孚．外国教育史［M］．北京：人民教育出版社，1962：2.
② 曹孚．曹孚教育论稿［M］．上海：华东师大出版社，1989：213.

现实的教育理论和实践时，就能思路开阔，看问题较为深刻、全面、客观。可以看到：几乎所有杰出的教育史学家在很大程度上都是教育理论家，同样，绝大多数著名的教育理论家也都在教育史研究领域或多或少地留下过一些成果。

高等教育发展史的大量历史资料，对我们写高教理论研究文章也很有助益。例如要研究民办高等教育问题，除了考察当前民办高校的实际情况与援引当代外国私立高等教育的实例以外，还可以研究私立高等学校对各国高等教育的发展在历史上起了什么作用，更可以引证中国过去办私立大学的经验和教训，清末、民国时期这方面的材料很丰富且能说明不少问题。又如研究高教立法，仅仅借鉴外国的经验而不涉及旧中国各种高教立法的条规和实施情况，则不能不说是一个缺陷，因为中国有自己的国情和教育遗产，比外国的往往更直接地具有借鉴意义。这类例子很多，在此不一一列举。总之，教育史是教育科学的基础学科，研究高等教育理论应有一定的高等教育史知识。

二、高教改革实践与高教历史借鉴

如果说高教理论与高教历史的关系可以概括为“论从史出”的话，那么，高教实践与高教历史的关系同样可以归结为“鉴古知今”或“古为今用”。

研究高教理论要学习高教发展史，改革高教实际也必须以史为鉴。当前有一种观点，即什么科学是面向过去的，什么科学是面向现在的；现代科学研究应当面向未来，历史科学被划为面向过去而受冷落。有的高教工作者也因为“教育要面向未来”便忽视了对教育史的研究和借鉴。好像研究教育史就是面向过去，会使人后顾和倒退，跟面向未来的方针背道而驰。这是一种割断历史的错误观念，把过去和未来当作对立物，抹杀了它们之间的辩证关系。过去是现在的起点，而现在是未来的起点。过去与现在、现在与未来并不是相矛盾、相离析的，昨天、今天、明天是前后相连贯的长河。历史总是在现实中延伸，现实则在改革中选择历史延伸的正确方向和具有进一步发展前途的各个方面。历史就其本身而言，确是不可逆转的过去；但就其作用、影响而言，它不但是现在、未来的源泉，而且以潜在形式存在于现实与未来之中，融化于现实与未来之中，不断地对现实、未来起积极或消极的作用。对教育来说，当前现实的教育体制、教育观念、教育政策、课程结构、办学形式，无不受历史的深刻影响，未来也是如此。因此，研究教育史与“教育要面向未来”是辩证统一、互不矛盾的。教育具有一定的超前性，因而面向未来的特点比其他事业更为明显，唯其如此，就更需要有历史意识，能从长远的观点看问题，对未来进行宏观预测，以避免短视和急功近利的行为，避免盲目性。

在历史—现在—未来的长链中，现在是历史与未来的接合点，与历史有着更为直接的关系。“观今宜鉴古，无古不成今”，《增广贤文》中这句话说得很精辟、很有道理。有的人只注重教育的现实性，只对当前当地的高教改革实际问题感兴趣，以为只有研究现实的、具体的问题才是理论联系实际，而对高等教育历史研究漠然置之。“观今”而不“鉴古”，是短视、浅薄的。如上所说，任何教育都是历史的产物，都是在历史的发展变化过程中形成的，历史与现实的区分只具有相对的意义。今天的高等教育实际是和昨天联系着的，不追溯了解它的产生发展情况，也就不能真正解决现实问题。正如列宁所说的：为了解决社会科学问题，为了真正获得处理问题的本领，“最可靠、最必需、最重要的就是不忘记基本的历史联系。考察每个问题都要看某种现象在历史上怎样产生，在发展中经历了哪些主要阶段，并根据它的这种发展去考察这一事物现在是怎样的”①。现实是不间断的合乎规律的历史过程的延续，对历史采取虚无主义的态度，割断历史的想法不仅在实践中行不通，而且总要导致重大的挫折和失误。“文化大革命”本来是想要否定历史，但结果否定的乃是这个运动本身，以致中国高等教育停顿了一个很长时期，高等教育事业遭受到重大的灾难，落后了十余年。总之，教育史的研究内容虽面向过去，但它的出发点和归宿都是面向现实、面向未来的。

高等教育发展史的研究有助于我们加深对教育规律的认识，正确引导人们按照教育规律办教育，使我们能自觉地遵循规律进行高教改革。这有两个方面的作用，从积极方面来说是可以借鉴历史经验进行高教改革，从消极方

---

① 列宁．论国家［M］//列宁选集：第4卷．北京：人民出版社，1960：43.

面来说起码也可以吸取历史教训避免重犯错误。例如实行学分制改革，便应了解国外高校在实行学分制的历程中所产生的利弊、旧中国为什么会引进学分制，以及为什么引进学分制后变成学年学分制等。又如中国高等教育史上书院的办学方式和教学方法，尤其是注重教学与研究结合、注重培养能力等特点，可为今天研究生教育所参考借鉴。再如，进行留学教育和留学政策的研讨，就不得不回顾中国历次留学高潮对当时和后来整个教育和社会的利弊影响。我们现在要搞教育改革，历史上有多少次教育改革？有哪些成功经验和失败教训？虽然我们现在的改革与历史上的改革有着本质的不同，不能简单地类比，但借鉴历史的经验、吸取以往的教训总是有好处的。

一些人由于不懂得教育史，自认为是革新创造的东西，其实是早已有之。当前有些改革的“新观念”乃是历史上老观念的再版，有些改革的“新方法”在过去已有失败的教训。弄清楚什么样的教育模式是经过历史检验而行之有效的，什么样的教育模式是违反教育规律而行不通的，就可使我们在进行高教改革中避免重蹈覆辙，不走或少走弯路。由于对教育史的无知和其他原因，以往出现了一些反复重犯历史错误的事情。如1958年大办教育，违背客观规律一哄而上，就与苏联20世纪20年代的情况类似。“文化大革命”中以典型工程组织教学，搞的单元教学法，实际上即国外早已有过的实用主义的东西，它的弊病是破坏了教学的系统性。忽视历史的经验教训，不了解前人留下的宝贵教育财富，我们可能自食苦果，也可能做一些重复劳动。所以说进行高教改革不能不了解历史，学习和研究高等教育发展史是进行高教改革的需要。

同时必须指出，学习和研究高等教育发展史有重大的理论意义与改革的现实意义，但不提倡囿于历史、生搬硬套的“食古不化”，也不提倡厚古薄今的“以古非今”。既要认识“论从史出”，还要坚持“以论论史”。在留存下来的教育遗产中，有精华也有糟粕，“以论论史”和“古为今用”，就是应以历史唯物主义的态度来批判地继承，取其精华，去其糟粕，达到古为今用的目的。同时，历史往往有惊人的相似之处，我们在古今中外的教育发展中，也往往可以看到这种惊人的相似之处，这充分显示出各个时期的教育活动都存在客观规律的制约，因此才要提倡借鉴。但历史却绝不会重演，也就是说，不会简单地重复。因为时代不同、内外环境不同、条件不同、人的思想和价值观不同，因此不能光凭历史经验来轻率地类比现在和推测未来。高教历史的研究与现状的研究应当统一起来。高教历史的研究可以给我们揭示一般性的规律，可以开拓我们的思路，但教育改革的理论研究更重要的是对现状有具体的了解。所以，从事高教理论研究工作和高教改革实际工作，应该一手抓历史，一手抓现状。

上述道理可以概括为几句话：由于“论从史出”，因而学习和研究高等教育发展史有助于我们深刻理解和掌握高等教育客观规律，提高理论研究水平；由于“以论论史”，所以能取其精华，去其糟粕；由于历史有惊人的相似之处，因而要借鉴历史经验和吸取历史教训，使古为今用，促进改革，并避免重犯历史错误；由于历史不会重演，因而对教育传统和教育遗产既不能全盘否定，也不能兼收并蓄，食古不化，而应该进行扬弃、择善而从，将历史的研究与现状的研究统一起来。如果我们认真学习和研究高教历史，就能够较好地提高高教理论水平、促进高教改革实践的发展，并为高等教育学这门新学科日臻成熟做出贡献。

从高等教育理论建设看高等教育史研究的重要性

——在高等教育史研讨会上的发言[①]

高等教育史是高等教育学科领域的组成部分，是高等教育学这一学科的分支学科，更准确地说，是高等教育学与历史学的交叉学科。高等教育研究理应包括高等教育史的研究，但更深的含义是：高等教育理论建设，有赖于高等教育史研究的支持。

在史学研究上，有“论从史出”之说。这本来是说史论与史实、史料的关系。史论必须从史实以及反映史实真相的史料出发，概括引申出来，而不应先构想史论，再找史料来“小心论证”。这句话也可以用来说明理论研究与历史研究的关系。高等教育史是高等教育理论建设的源泉之一。

教育理论的源泉有三：一是教育史研究，二是比较教育研究，三是现实的教育实践经验的总结与提高。它们之间在实质上是一致的。历史的与外国的，是借鉴前人和国外的经验及其所总结的理论，而现实的经验总结，是根据当前我国教育实践或研究者个人的教育实践所总结提高的。这三条源泉的价值比较起来，可以说第三条最为重要。历史的、比较的研究所获得的经验、理论，必须结合当前的实际，通过实践检验，才能被确认而体现它们的社会价值。但是，一个国家或一个人的实践经验有局限性。这些经验可能包含某些必然性的规律，也存在许多偶然性的现象，因而难免坐井观天，视野狭窄，很难看得深远，且往往被许多表面现象所困惑、干扰。而历史与比较研究，

① 原载《中国高教研究》，1994 年第 6 期。作者：潘懋元。

可以从纵横两个维度观察教育的发展过程和发展趋势，视野开阔，又能集古今中外无数前人的智慧结晶和国外学者在不同情况下所提出的一些精辟见解，使我们能够站在他们的肩膀上攀登。如果对这些智慧结晶、精辟见解，不能很好地吸收，则我们现实的理论研究不但会视野狭窄、以偏概全、流于肤浅，而且往往要重复历史上或外国已经历过的错误，在指导教育实践上难免不发生误导，这种教训是很多的。例如，“文化大革命”前和“文化大革命”中，所谓“教育革命”的某些理论和措施，除了政治原因之外，就教育本身来说，主要是对实用主义教育的精华与糟粕的无知，把实用主义教育在理论和实践上已被证明为糟粕的东西充作“革命”的货色，强行推广，造成教育秩序的混乱和教育质量的严重下降。

因此，在处理教育理论、教育实践与教育史的关系上，我们要批判历史虚无主义。在20世纪50年代末的“教育大革命”中，有一种“权威性”的谬论，认为教育史所讲的是奴隶主、地主、资产阶级的教育，从这样的教育中找出来的是剥削阶级的教育规律。社会主义教育规律，只能从社会主义制度下的教育实践中总结出来。以致有一个相当长的时期，教育史的研究被迫中断，严重影响了教育理论的发展与提高。

这样说来，是不是高等教育史的研究就只是为了服务于高等教育理论研究，而教育理论研究无益于教育史研究呢？恐怕不能作如此理解。教育理论研究，有赖于教育史研究的支持；教育史研究，也有赖于教育理论研究的支持。

史学研究上，还有“以论带史”的说法，如果说的是先有史论，再找史料来论证，那么作为史学研究方法，这是主观唯心主义的。但如果所指的是以新的科学观点与方法来指导历史研究，那么无疑是正确的、必要的。高等教育史的研究，必须在掌握马克思主义的教育理论的基础上进行。如果没有充分掌握教育理论，教育史的研究就只能做到史料的罗列，很难从教育的历史演变中探讨教育规律，对教育现象和教育思想做出深入、正确的评价。当前高等教育领域许多基本概念、基本原理的研究还不成熟，往往使高等教育史的研究感到困惑。例如，研究高等教育发展史，首先遇到的就是高等教育的起源问题，包括高等教育为何产生、如何产生以及何时产生等问题。就何时产生来说，外国高等教育史就有五六种说法，最远的说法可以追溯到古埃及、古印度和中国古代，最近的只承认欧洲中世纪大学为高等教育史的起源；中国高等教育的起源也有多种说法，最远的可以追溯到西周甚至夏商，最近的只承认始于清末按照西方模式建立的高等学校。为什么有如此大的分歧？究其原因，是由于大家对高等教育这一基本概念的理解很不一致。这就需要有一个明确的、为大家所确认的界定。至少不要看到“大学”“太学”一词就理所当然地比附为高等教育。在近代高等教育的起源上，也有不同的说法。一般的说法是源于中世纪大学，理由是中世纪大学已经具有近代大学的某些特征。例如，它是按几类需要高深知识的职业或行业来进行分科教学的。但中世纪不是近代，高等教育不可能超前于时代几百年。那么，中世纪大学是如何、何时演变为近代大学的却很少有人进行深入的研究，至今还是高等教育史上的一个“黑箱”。中国近代高等教育的起源，也同样有不同的说法。有人说明清时代的书院就是近代大学了，而一般的说法则是从 1862 年的京师同文馆算起。把 1862 年作为中国新学校的开端，也作为近代高等教育的开端，倒也顺理成章。但如果近代高等教育的特征是按照近代科学分类来设置分科课题，我则宁愿认为，1866 年的算学馆才算得上近代高等教育。

其实，高等教育史的研究，总要接触到许多高等教育的理论。例如，高等教育的功能、高等教育的基本特点、高等教育发展的动力、高等教育的运行机制、高等教育与科技的关系，以及人才观、质量观等一系列理论或原则。至于对历史上高等教育思想和思想家的评论，就更需要高等教育理论作为依据。所以，高等教育理论研究与高等教育史研究之间是相互支持的。

在当前，我们特别希望能尽可能结合高等教育改革的需要，带着问题研究高等教育史。历史与现实是不可能割断的，要解决当前教育改革中的各种问题，几乎都要先了解其历史渊源、历史经验与教训，纵观历史发展的趋势，即所谓“观今宜鉴古”，而这些都需要通过高等教育史研究来弄清楚。例如，传统教育与现代教育的关系，教育观的演变，人本主义教育思想的产生、发展、作用与影响，大学在创造与发展文化上的作用，大学在促进科技发展上的作用，通才教育观的演变，学分制的演变及其在各国实施过程中的得失，各国高等教育的学术性与职业性的消长，各国高等教育管理体制的演变，中国留学教育在社会发展中所起的作用与经验，世界和中国私立高等教育的演变，等等。正因为如此，每一本高等教育理论著作几乎都有专章做历史叙述，每篇较完整的论文也都要做历史回顾，但都不够系统深入。

教育史研究结合教育改革的需要，它的作用也是双向的。一方面，“古为今用”，为当前教育改革服务；另一方面，在“古为今用”中，教育史研究也能较好地体现其现实的价值，使研究工作富有活力与生机。当然，不应把“古为今用”做狭隘的实用主义理解，不能要求每本书、每篇论文都要直接针对实际问题来写作，更不是像有人所误解的那样，要求教育史研究给具体问题的处理提出什么方案。相反，通过教育史研究解决教育现实问题应当站在历史的高度，在深层次上使人通过教育的历史演变更好地认识教育规律及其作用。

总之，高等教育学科建设，亟须高等教育理论工作者和高等教育史研究工作者的合作。这就是这次会议的实质性的意义。

高等教育史作为教育史的组成部分，应该说，早已有所研究。每部中国或外国教育史专著，都有高等教育的专门章节（主要是制度史）；单篇论文，也早已屡见之于报刊。但作为高等教育史专著，据我所知，最早的一本是蔡克勇的《高等教育简史》（1982），其后有熊明安的《中国高等教育史》（1983）。值得高兴的是近年来又出版了许多部中国高等教育史专著。如高奇的《中国高等教育思想史》（1992）、曲士培的《中国大学教育发展史》（1993）、余立与郑登云的《中国高等教育史》（1994）等，以及曹钜生翻译出版的格·芦茨的《中国教会大学史》（1988），熊明安的《中国高等教育史》也出版了修订补充本（1988），还有刘海峰和我合编的《中国近代教育史资料·高等教育卷》（1993）。至于外国高等教育史，公开出版的似乎只有国别史，如陈学飞的《美国高等教育史》（1989）。倒是湖南教育出版社陆续出版了“世界著名学府”丛书约50本，提供了不少重要的历史资料。这些高等教育史专著，各有各的特点。相对地说，中国高等教育史专著较多，系统的外国高等教育史专著尚未见到；从内容看，制度史较多，思想史尤其是外国高等教育思想史研究者较少，以至谈起教育思想和教育家，就只有大家所熟悉的几位教育家的思想，见不到在高等教育历史上起重大作用的高等教育家的思想。希望大家在重视中国高等教育史研究的同时，也重视外国高等教育史的研究，尤其是外国高等教育思想史的研究。

还有一个值得重视的问题，就是编写高等教育史就要写成“高等教育”史，突出高等教育，而不是大量转抄一般教育史资料。这是在开始时由于高等教育史料不足，研究工作刚刚开展，高等教育特色不突出，大量资料是从一般教育史摘抄来的，势所难免。但随着高等教育史研究的逐步深入，相信这个问题是能够解决的。

我是从事高等教育理论工作的，对于高等教育史只有一知半解，只能从高等教育理论建设的角度提出问题、提出希望。希望高等教育史专家和高等教育理论工作者能够紧密合作，为高等教育学科领域的繁荣共同努力。

《中国高等教育百年》
——教育史的一种写法[①]

史书有不同写法。人们往往以为按年代顺序，铺叙大事，系统分明，前后连贯，才是历史专著，否则只能算是“史料”汇编。其实，古代史书就不是按这样的体例来写的。那种系统连贯的史书，一般只作为历史教科书之用，而非历史研究的精粹。真正有历史价值的史书，往往是对某一领域、某一事件、某一人物的研究成果汇编。古代史如此，近代史如此，专门史也如此。

就中国近代教育史来说，教科书体例的史书不少，但却只是铺叙百年来的教育大事而很少能深挖各级各类、各种形式教育的史实。1931 年商务印书馆为纪念建馆 35 周年所编撰出版的《最近三十五年之中国教育》一书，约请当时有关专家，各就所通晓的领域，撰写 35 年（1897—1931 年）来的中国教育发展历程，虽不全面，但切实而精辟。该书分上、下两集，上集为各级各类教育，有何炳松的大学教育、黄炎培的职业教育、朱经农的教育行政、吴蕴瑞的体育、汪亚尘的艺术教育、庄庆棠的女子教育、高践四的民众教育、廖世承的中学教育、吴研因与翁之述的小学教育；下集则由蔡元培、吴敬恒、李锦熙、贺圣鼐、李泽彰等分别撰写中国新文化运动、中国音符运动、国语运动、印刷术、出版业的近代发展史。每篇文章，都是有关专家的亲身经历与体验，并有自己的独特见解。有些文章，似与教育史无直接关系，为一般教育史书所不载，但却可窥教育诸层面、诸史事的时代背景和意义。因而这

① 原载《中国教育报》，2004 年 1 月 15 日。作者：潘懋元。

本汇编，在中国教育史书中有很高的历史价值与学术价值，非一般教科式的教育史书可比拟。

中国近代意义的高等教育，众所周知，肇始于19世纪末年，举其大数，也就有百年历史。因此，在20世纪与21世纪的世纪之交，我们以“中国高等教育百年”为题，组织了一批从事高等教育研究的教授、副教授和博士生们，从不同视角考察高等教育的百年演变。不求全面，但求专深。他们的名气虽不如当年撰写《最近三十五年之中国教育》的专家学者，但其所写却是各就所长、深入探索的研究成果，有的则是他们的博士论文的撷英，也有相当高的历史价值与学术价值。

全书分为三编。历史编：六篇文章，可以分为三个阶段，即清末近代高等教育的产生时期、民国时期的高等教育和新中国成立以来的高等教育。其中高耀明的《民国时期高等教育通向农村考察》一文，显然是一般中国教育史教科书很少涉及的，但对当前高等教育大众化有重要的参考价值。体制编：是本书主体部分。这里所说的体制是广义的，凡相对于教育思想史的制度变革都可归属此编。前四篇属于高等教育管理范围，后七篇属于高等教育，最后一篇简述20世纪香港高等教育的演变，以资比较。其中，《中国近代现代大学学术管理的发展历程与特征》《中国女子高等教育百年》《中国军校百年评述》以及《百年之鉴——20世纪的香港高等教育》是中国近代教育史书所不涉及或很少涉及的。至于高等专科教育、成人高等教育、私立大学、教会大学等，除非专著，一般中国教育史书也因其不占重要地位而很少展开研究。理念编：前两篇为大学校长办学理念，后两篇从历史的视角探讨中国当前高等教育发展中的两个热点问题。

全书编次，以及各篇论文选题，不是先有框架然后按章节分工撰写，而是作者在“中国高等教育百年”这一主题下，各就所专长进行研究，以其研究成果撰写论文，经精心挑选22篇，辑佚成书。当然，本书系统性不够，这是缺点，也是优点。优点在于“有话可说，无话则不必说”，每篇论文，都有或多或少的创新见解。因此，本书不宜作为系统的教科书，但不失为一本本科生、研究生学习中国近代教育史的重要参考书，对于研究教育史与教育理论者也有参考价值。

高等教育理论呼唤高等教育史研究[①]

高等教育史作为教育史的组成部分，应该说早已有所研究。每部中国或外国教育史专著，都有高等教育的专门章节（主要是制度史）；单篇文章，也早已屡见于报刊。至于外国高等教育史，公开出版的主要是国别高等教育史研究。遗憾的是，在我国一直没有一部比较系统地研究外国高等教育发展史的专著出现（20 世纪 80 年代出版的蔡克勇的《高等教育简史》，中西合编，但其内容和资料相对简略）。过去 10 余年间，学术界曾经多次呼吁重视和加强外国高等教育史的研究，因为开展高等教育史的学习与研究，不仅能深化高等教育理论，还能为高等教育改革的现实服务，并进一步促使高等教育学这门学科的完善和成熟。但是多年来，外国高等教育史研究及其学科建设仍是个相对薄弱的领域。黄福涛主编的《外国高等教育史》（上海教育出版社，2003 年 11 月）和贺国庆等著的《外国高等教育史》（人民教育出版社，2004 年 12 月）的出版，确实是“千呼万唤始出来”，唯其难得，更显可贵。这两部著作的出现，是近年来我国外国高等教育史研究领域的重要突破，必将有利于我国高等教育学科的成熟。

① 原载《教育研究》，2004 年第 10 期。作者：潘懋元，陈兴德。

一、两部《外国高等教育史》的基本特点

（一）视野开阔，贯通古今

外国高等教育史研究，此前已经有系列断代史和国别史著作出版，如《德国和美国大学发达史》（贺国庆著）、《英国高等教育历史·现状》（张泰金著）、《美国高等教育史》（王廷芳编著）、《美国高等教育发展史》（陈学飞著）。在国别高等教育研究基础上，一些学者还对近代大学的源头——欧洲高等教育进行了深入研究，尤其是对欧洲高等教育近代化，即欧洲近代高等教育向现代高等教育转型这一高等教育史上的重要理论问题进行了研究，具有代表性的如黄福涛的博士论文《欧洲高等教育近代化——法、英、德近代高等教育制度比较》。另外，20世纪高等教育最发达的美国的高等教育的发展，对世界各国高等教育的发展产生了深远影响。贺国庆的《近代欧洲对美国教育的影响》，则对美国高等教育的源流做了深入的剖析。这些著作的出版，不仅深化了外国高等教育史研究，更为撰写一部具有通史特色的外国高等教育史著作奠定了基础。教育史研究有一个基本的规律，就是一定时期的断代和国别教育史研究为进行教育通史的写作提供了必要的学术积累，反过来说，一定水平的通史类著作，可以为更深入地进行断代和专题研究提供学术视野。两者的关系是相辅相成、彼此促进的。

两部《外国高等教育史》的时间上限都指向了古代的巴比伦、印度、埃及和希伯来等文明古国，其下限则直接贯通到20世纪八九十年代。时间跨度大，涉及国家和问题多，体现了编著者广阔的视野和取精用宏的匠心。尤其是对古代东方“高等教育”和古代西方“高等教育”的介绍，体现了两部著作的作者对高等教育的起源问题的认识。两部著作通过比较翔实的论证，较好地回答了高等教育史上一个长期争论而又悬而未决的问题，即古代东西方的高等教育机构虽然很难称之为严格意义上的“大学”，与近现代高等教育机构存在极大差异，但是随着东西方文明交流的频繁，东方代表着当时最高层次的学术研究中心，曾经对西方欧洲中世纪，乃至于世界近现代大学和高等教育的发展都产生了深远的影响。对古代东方高等教育机构的研究，既可以

使外国高等教育通史的体例更加完整，同时也可使研究者从理论上对近代大学的产生及其文化源流有更清晰的认识。在两部《外国高等教育史》中，黄福涛主编的那部更注重高等教育制度的演变，准确把握高等教育发展变化与社会政治和经济等因素之间存在的直接的因果关系。在描述某一时期或某一国家高等教育发展变化之前，作者总是先分析特定的社会发展背景与高等教育变化之间的内在联系，尤其是高等教育政策与高等教育发展现实之间的相互关联。除了从政策和体制等方面宏观地描述高等教育的基本特征之外，作者还深入高等教育机构内部，从课程设置和教学活动以及管理体制等方面入手，通过整理和分析具体史料，揭示高等教育的内在本质。此外，对不同历史时期和不同国家高等教育的历史发展和变化进行量的分析是该书又一新的尝试。贺国庆等著的那部则将高等教育制度和高等教育思想结合起来，同时注重对一般外国教育史上较少关注但对高等教育发展史相对重要的事件和人物的高等教育思想（如20世纪美国高等教育产生重要影响的克尔的现代大学观）加以关照，这些不仅丰富了外国高等教育的研究内容，同时也有益于后续者的研究。

（二）探微索隐，稽奥钩沉

材料丰富、言之有据，是两部著作的共同特点。所谓材料丰富，体现为对教育史料的深度和广度的挖掘。历史研究常讲“论从史出”，从方法论角度说是理论和观点从史学、史实中产生，但以研究者进行研究来说，更体现为观点、理论从史料中发现和提炼。史料的发掘和更新对推动教育史研究有重要的影响，缺乏系统的史料，难以产生高质量的研究成果。近年来，教育界广泛关注“教育史学科的危机”，尤其是外国教育史学科危机问题。固然，影响一个学科发展的因素很多，但就教育史而言，缺乏比较系统的史料则是目前突出的问题。正如贺国庆在《外国教育史学科发展的世纪回顾与断想》一文中所讲：“多年来，史料建设一直是我国外国教育史研究的薄弱环节，它也是制约外国教育史学科发展的障碍之一。解决了史料问题，外国教育史研究才可能生存发展。”他认为外国教育史学科由于“没有新资料，没有新方法，固步自封，数十年甚至百年不变，外国教育史学科不陷入危机才怪呢”①。但是，教育史料的发掘工作是一项艰苦细致的基础性工作，特别是在当前比较浮躁和功利的学术环境下，教育史学科本身尚且受到冷遇，更遑论在这样一个冷门学科中从事寂寞的史料发掘工作。从这个角度上说，两部《外国高等教育史》的出现，尤其是其对外国高等教育史料搜集所做的扎实工作，值得肯定。正如黄福涛所说的，“从一开始，我们全体编写人员就约定，在参考和借鉴国内现有研究成果的基础上，尽可能利用第一手资料，描述高等教育历史的真实面目”②。读者们可以从各章节英文、法文、俄文、德文和日文等大量注释中看出，该书作者基本上做到了这一点。值得一提的是，黄福涛在日本留学期间，积极利用广岛大学丰富的各国教育档案资料，搜集各国在17—20世纪期间课程设置及教学内容的第一手资料。总的来看，在两部《外国高等教育史》撰写过程中，著者为在海内外广为搜集丰富的高等教育史料，下了很大的功夫，动用了大量可以利用的资源。广泛地吸收海内外已有的外国高等教育研究成果，尽量多地直接应用国外的新材料，是两部著作的共同特点。尽管在某些具体问题的论证上，仍然存在一些史料相对单薄的问题，但较之过去，进展还是明显的。

（三）群策群力，协同作战

外国高等教育史的研究时间跨度大、涉及国别多，单靠个人力量，无论是在资料搜集还是在具体写作上都有较大的难度，因此，这两部著作最终都是集体协作完成的。集体协作也有比较明显的好处，因为此前已经有一些学者进行了部分专题和国别高等教育史研究，集体协作既能够组织一支具有较高研究水平的研究团队，也有利于吸收学术界已有的研究成果。尤其是两部书的主要作者先前已经进行过比较深入的外国高等教育史专题和国别研究。所以，作者良好的学术背景和研究基础成为两部《外国高等教育史》最终得以完成的有力保障。譬如，黄福涛博士早年师从外国教育史学家戴本博教授，在教育理论上有相当造诣，对西方教育史已有研究成果。在攻读博士学位期

① 贺国庆．外国教育史学科发展的世纪回顾与断想［J］．河北师范大学学报（教科版），2001（3）．

② 黄福涛．外国高等教育史［M］．上海：上海教育出版社，2003．

间，他潜心研究欧洲高等教育从中世纪大学到近代大学的嬗变过程，理顺了近代大学形成与发展的历史脉络。贺国庆博士师从外国教育史名家滕大春教授，他此前出版的《近代欧洲对美国教育的影响》和《德国和美国大学发达史》等外国高等教育著作，在外国高等教育史研究上都是鲜有研究而又极具价值的。此外，两部著作的其他参与者，也都是教育史方面的专家或崭露头角的教育史研究者，应该说这两个学术团队都是比较精干的。因此，这两部专著都具有较高的学术价值。当然，或许也正是由于多人撰稿，难免存在文风各异、详略不均、体例不统一等问题。

（四）和而不同，特色鲜明

外国高等教育发展的历史是客观已然的，后来的研究者从不同的视角和史观出发，对其发展道路的归纳及其本质的揭示却可以是多元的。这是两部风格和特征都比较鲜明的外国高等教育史著作。以黄福涛主编的《外国高等教育史》来说，该书除了上述史料充实的特点外，还进一步厘清了历史源流。譬如，该书将近代六个高等教育发达的国家分为两类：一类是法、英、德，另一类是俄、美、日。这种独特的分类所根据的是历史上的源与流；近代高等教育发源于欧洲，在这个意义上说，法、英、德是“早发内生型”的源，而俄、美、日是“后发外生型”的流。虽然美国的高等教育在市场经济与实用主义思想制约下，早已远离欧洲传统教育模式，但在殖民地时期以及独立初期，还是分别按照英国、德国的模式办学的。而俄罗斯的高等教育更是扎根于欧洲大陆的传统教育模式。厘清源流，能够更好地把握世界高等教育的走向。此外，该书重视课程演变。一般来说，高等教育制度史易写，而高等教育课程史则比较难写。因为制度史是外显的，有许多规章条例可依据；课程史，则必须深入到专业设置、教学计划以及教材内容、教学手段中。但课程是教育活动的核心，只有课程能直接反映科学技术的发展、间接反映生产力的提高。我们说近代大学之所以是“近代”的，最根本的动力和标志就是，科学技术以知识的形态转化为课程进入大学，成为大学内部的核心，推动大学自身方方面面的变化和发展。因此，中世纪大学嬗变为近代大学，它的核心是课程的改变——科学技术进入大学课程之中。所以，黄福涛对课程演变问题的挖掘，其深度是值得称道的。但是，该书也存在一些不足，譬如，该书后半部只写了六个发达国家的历史，对于发展中国家高等教育发展的历史却未涉及。发达国家发展的历程对中国教育事业的发展，无疑有启发意义；而发展中国家的经验教训，在一定意义上说更有借鉴价值。

相对来说，贺国庆等著的《外国高等教育史》，在结构上更加完整，体例也更为严密。从古代到近现代外国高等教育的发展演变都进行了比较系统的梳理，并且，该书作者还专章介绍了印度、巴西和东亚新兴工业化国家等一些发展中国家的高等教育发展的轨迹。这样的安排，有助于避免外国高等教育研究中的“西方中心主义”的倾向。此外，该书在系统介绍外国高等教育历史的同时，对一些比较重要的高等教育家及其思想进行了介绍。例如，该书既有对德国柏林大学的办学和新人文主义者纽曼大学理想的介绍，也设专门篇幅介绍克拉克·克尔有关多元化巨型大学，以及这一新型现代大学在目的、社会责任和学术道德建设等方面表现出不同于传统大学之处的理论。同时，该书还对马丁·特罗有关高等教育大众化的理论做了比较细致的介绍。这些在现代高等教育研究中已经耳熟能详，对我国高等教育改革产生过深刻影响的人物和理论，却在较长的时间里没有引起教育史学界足够的重视。相信该书的推介有助于更新人们的认识。因此，该书作为一部外国高等教育史教材，结构比较完整，内容也比较丰富，对外国高等教育史的归纳也比较全面。稍显遗憾之处在于，该书的体例一定程度上因循了传统教育史的框架，平实而较少表达研究者的史观。当然，这或许是我们一种求全的苛责了。

二、外国高等教育史研究与高等教育学科体系的完善

与两部《外国高等教育史》相联系，我们认为有一些基本问题需要思考，比如说应如何看待教育史，尤其是外国高等教育史的学科地位与价值；如何看待高等教育史，尤其是外国高等教育史的发展中的“危机”；怎样在高等教育史的撰写中突破传统教育史的体例，揭示高等教育的本质与特征等问题。

教育理论的源泉有三条：第一条是教育史研究，第二条是比较教育研究，第三条是现实的教育实践经验的总结和提高。这三条源泉在实质上是一致的。从理论上，论证教育史研究与教育理论的关系比较容易；但是在现实中，教

育史研究的价值还是没有得到充分的关注。这恐怕和以下两个认识上的误区有关：一是对历史研究与当前教育改革实践的关系的认识；二是对教育史研究和教育理论关系的认识。第一个认识误区往往是以为既然教育史研究是以历史上的教育现象为研究对象的，则其必然和当前的教育理论和实践有相当的距离，即有历史价值就不应求其现实价值。从一定程度上说，看不到教育史的现实价值，实质就是将教育的历史与教育的现实对立或者割裂开来，或者说将人类社会的历史与现实割裂开来。关于历史和现实的关系，李大钊曾用“社会”与“历史”二者是“同质而异观”来阐释：“同一吾人所托以生存的社会，纵以观之，则为历史，横以观之，则为社会。横观则收之于现在，纵观则放之于往古。此之历史，即是社会的时间的抽象。一切史的知识，都依他为事实，一切史学的研究，都以他为对象，一切史的记录，都为他所占领。他不是僵石，不是枯骨，不是故纸，不是陈编，乃是亘过去、现在、未来、永世生存的人类全生命。对于此种历史的解释或概念，即此之所谓历史观，亦可云为一种的社会观。”①因此，历史和现实的区分只具有相对的意义，历史与现实之间是互相依存、渗透的。在历史—现在—未来的长链中，现在是历史与未来的接合点，与历史有着更为直接的关系。《增广贤文》中“观今宜鉴古，无古不成今”这句话说得很精辟，很有道理。历史与现实是不可能割断的，要解决当前教育改革的问题，差不多都要了解其历史渊源、历史经验与教训，综观历史发展的趋势，即所谓“观今宜鉴古”。而高等教育发展史的研究有助于我们把握教育规律，积极借鉴历史经验进行高教改革，吸取历史教训避免重犯错误，即所谓“无古不成今”。

高等教育理论与高等教育历史的关系是相互依存的，它体现着辩证唯物主义方法论的“历史与逻辑的统一”原则。历史的发展过程是第一性的，逻辑的理论概括是第二性的；逻辑的东西是从历史的东西中概括抽象出来的。“史与论”的关系，也可以简明地表述为“论从史出”。从这个意义上说，研究教育理论应有一定的教育史知识，才能了解高等教育理论的内在联系，研究才能有深度、有远见。缺乏历史的分析，往往只能就事论事，浮于表面。

---

① 李大钊．李大钊选集［M］．北京：人民出版社，1959：290－291.

对高等教育发展史理解得越深，则对高等教育理论的掌握也就越透。总体来说，高等教育史是高等教育学科领域的组成部分，是高等教育学的分支学科，更准确地说，是高等教育学与历史学的交叉学科。高等教育研究理应包括高等教育史的研究。但更深的含义是：高等教育理论建设有赖于高等教育史研究的支持，而高等教育史研究也需要以高等教育理论为指导。高等教育史的研究总要接触到许多高等教育的理论。例如，高等教育的功能、高等教育的基本特点、高等教育发展的动力、高等教育的运行机制、高等教育与科技的关系，以及人才观、质量观等一系列理论或原则。至于对历史上高等教育思想和思想家的评论，就更需要高等教育理论作为依据，这就是我们通常所说的“以论论史”。所以，高等教育理论与高等教育史研究之间，是相互支持的。

最后，从体例上来说，外国高等教育史著作能否突破传统教育史的框架，外国高等教育史著作如何更好地体现高等教育的特征和本质，这两个问题实际上是“外国高等教育史的体例”这样一个问题的两个向度。如果我们仔细分析两部《外国高等教育史》，会发现其体例有各自不同的风格和特点。贺国庆等著的《外国高等教育史》遵循了外国教育史的撰写惯例，认为外国高等教育史是外国教育史中的一个断面，可以将之从外国教育史中抽取出来，重新聚焦并通过材料的丰富和问题的具体化使之变得饱满，单独形成外国高等教育史著作。黄福涛主编的《外国高等教育史》试图摆脱上述体例，争取用高等教育学科的视角去把握外国高等教育的发展脉络。从学术争鸣的角度来说，不同的风格和体例可以相互借鉴，为读者提供广域的视角。这也提示我们思考，有没有更加适宜的体例，具体来说，哪一种体例能够更好地揭示和反映高等教育的基本特征和本质。数年前，笔者曾经提出编写高等教育史就要写成“高等教育”史，突出高等教育。而不是大量转抄一般教育史资料。这是在开始时，由于高等教育史料不足，研究工作刚刚展开，高等教育特点不突出，大量资料是从一般教育史摘抄来的，在所难免。不过随着高等教育史研究的逐步深入，相信这个问题是能够解决的。

三、结语

历史总有很多巧合，商务印书馆在 1936 年同时出版陈青之的《中国教育史》(1936 年 4 月）和陈东原的《中国教育史》（1936 年 7 月)。这两本专著书名相同，体例各异，各有特点，学术水平都很高，成为 20 世纪 30 年代中国教育通史研究的代表作，并与其他教育史著作一道形成了 20 世纪教育史研究的第一次高潮。而于2003 年底出版的两部《外国高等教育史》能不能像20世纪的两部《中国教育史》的出现一样，掀起一个外国高等教育史研究的新高潮、促进高等教育学科体系的进一步成熟和完善，则是我们非常关注和期待的。

教育史是教育理论的源泉[①]

教育史是教育理论的源泉，这是无可争议的。第六届海峡两岸暨香港、澳门教育史论坛的重点是讨论高等教育史，从高等教育史揭示的规律上鉴古知今。

1994 年 10 月 12—14 日，全国高等教育学研究会刚成立不久，就同厦门大学高等教育科学研究所联合召开了一次高等教育史会议。为什么研究高等教育理论的组织与机构如此重视教育史研究呢？这不仅因为教育史是教育学科的重要组成部分，而且也因为高等教育史是高等教育理论的重要源泉。

教育理论的源泉有三条：第一条是教育史的研究；第二条是比较教育研究；第三条是现实的实践经验的总结与提高。理论来源于实践，教育史是研究过去的实践，比较教育是研究外国的实践，但是还要结合现实的实践。今天比较成熟的教育理论，可以说都是从教育史或比较教育的研究获得，并经过现实的教育实践的检验而被确认的：许多教学原则，可以从中国或外国的教育史上找到它的根源。例如，学生的主体性，早已存在于自然主义的教育思想中；师生互动原则，早已存在于中国传统的“教学相长”之中。但是，由于社会文明不够发达或社会制度的局限性，使得不如今天所理解的深透。因此，需要从今天对这些教学原则所理解的深度和高度来评价教育史上的教育思想、教育制度的价值。也就是说，教育理论与教育史是相互依存的。一

① 原载《河北师范大学学报（教育科学版）》，2013 年第 15 卷第 1 期。作者：潘懋元。

方面，“论从史出”，另一方面，“以理论史”，体现了历史与逻辑的统一。

当初，高等教育学科刚建立时，许多基本概念、基本理论的理解，都要从高等教育史的研究得到解释、理解：高等教育是在什么时代、什么条件下产生的？中世纪大学如何发展为现代大学？高等教育的功能和高等学校的职能是如何演变的？人文主义同科学主义、理性主义与功利主义的矛盾斗争对高等教育的发展有什么意义？有的通过高等教育史的研究已基本弄清楚，有的仍需要教育史的研究来进一步明确。例如，大学生的素质教育究竟是人文素质教育还是文化素质教育？中国高等教育的发展与成就是不是对发达国家的“依附发展”？高等学校去行政化，建立现代大学制度，应当提倡“教授治校”还是“教授治学”的理念？如此等等。

众所周知，历史与现实是不能割断的，研究现实的高等教育问题，差不多都要了解历史经验与教训，纵观其历史发展趋势。例如，要了解中国式的大规模统一考试，如高考、国考，就要研究一千多年科举制以来的演变和一百年前的消失，即所谓“观今宜鉴古，无古不成今”。历史研究的生命力也存在于“鉴古知今”“古为今用”，而不仅仅是为古人唱挽歌、为逝去的岁月抒幽思，也是为启发人们汲取历史经验教训，以免蹈历史复辙。特别是对当前高等教育改革与创新有重要的意义：有许多所谓的新思想、新观念，乃是历史上旧思想、老观念换个新名词，旧瓶装新酒；有许多所谓改革、创新，实际上过去已有失败的教训。弄清楚这些思想观念的来龙去脉，判断这些做法的成败得失，给予忠告，是教育史研究者应尽的责任。

今天，纵观海峡两岸暨香港、澳门的教育史研究，实属同源异流。如果不知道民国时期的教育，就很难弄清楚台湾教育的某些教育现象与教育制度。举例说，如果不研究历史上雷沛鸿教育思想及其所试验的广西学校教育制度，就很难理解台湾为什么把小学称为“国民小学”，把初中称为“国民中学”的丰富的、深刻的含义；如果不了解英国的高等教育制度，也很难说清楚香港高等教育的学制与现状；澳门的高等教育受葡萄牙的影响不多，但同香港高等教育、内地高等教育有许多交错复杂的关系；至于内地的高等教育，至今还有苏联高等教育制度积极与消极的影响。鉴古知今，可以更好地相互理解、相互促进。

比较部分

接受海外华侨向厦门大学高教研究所赠送
国际教育百科全书（20世纪80年代初）

科威特：沙漠上的明珠[①]

我们乘波音747飞机从新德里向西飞行。不到两个小时，飞机飞抵波斯湾上空，港湾两侧一簇簇强烈的灯光构成了一幅耀眼的几何图案。飞机绕过一道蓝光照耀的长堤，在沙漠上轻轻地着陆。这里就是沙漠上的珍珠城——科威特。

一、石油喷射出的财富

说科威特是沙漠上的珍珠城，不只是因为它在黑夜里像明珠那样灿烂，还因为这里曾经是盛产珍珠的名城，更因为石油喷射出来的“珍珠”使科威特成为富甲天下的“乐园”。

石油财富，使这块荒凉的沙漠海岬在30年间成为一个花花世界。20世纪40年代，科威特还是一个被外国石油垄断资本所奴役的贫穷落后的酋长国。自从1951年取得了百分之五十的石油利润后，科威特很快就富裕起来；1961年废除了与英国所订的条约，获得了独立和自立；更由于石油涨价，科威特成为世界上的“暴发户”。由于历史上的传统和出于政治上的考虑，科威特当局将相当部分收入用于社会福利事业，使一般的科威特人也分享到石油带来的富足生活，成为所谓的“福利国家”。我们在科威特的短短一周中，处处可以看到用石油财富筑砌起来的公共设施与游乐场所。

① 原载《科学与文化》，1980年第2期。作者：潘懋元。

我们曾登上花了一亿美元刚建成的科威特水塔。水塔是由三座尖锥形的建筑物所构成的。最高的一座高达 180 多米。尖锥底层是珠光宝气的高档商店。上升约 80 米处有个大圆球，约 120 米处有个小圆球。大圆球的上半球是一座可容 400 个座位的大餐厅，也可以临时改成舞厅，下半球是一个圆形的淡水池。小圆球的下半球也是水池，上半球却是一座可以自动旋转的咖啡厅。坐在舒适的座位上，当圆球缓慢地把你转送到东边时，俯视碧波万顷的海湾，白鸥在脚下翱翔，巨轮在海面蠕动；转送到西边时，眼前是一望无垠的黄沙，楼房像摆在沙上的积木，公路像贴在沙面上的缎带。这种自动旋转的高空建筑物，在世界上虽不是首创，但确是石油财富带给科威特人的崭新游乐所在。

二、幸运的年轻一代

我们是教育参观团，从幼儿园参观到大学。这里的教育设施也处处显耀着石油财富。我们参观过一所幼儿园，在东方王宫殿的圆形大厅里，几百个天真活泼的白皮肤、黑皮肤以及黄皮肤的幼儿为我们表演健康操和团体舞，然后分散到特殊设计的活动室中，用各种精巧的恩物（一种教具）学习和游戏。我们参观过一所特殊教育学校，在学的是 2 500 个残疾儿童。他们按不同的生理缺陷和年龄分类分班，低年级主要学习文化，高年级按他们力所能及分别学习某种手艺。同时还有设备现代化的理疗部，有 1 500 个来自各国的专家、教师、工人为他们服务，单是为下肢残缺的儿童就办了个皮鞋作场，按每个儿童的特殊需要制作各种皮鞋。在这里，我们听了盲童的音乐会，看了断肢缺腿的男女孩子跳芭蕾舞，到处是愉快的歌声与灿烂的笑容。一群半瘫痪的少女在学美容术和缝衣服。教师说：学了这些手艺，结婚后就能理家。她们也羞涩地甜笑了，残疾的肢体仍然充满了青春的希望。我们参观过国家博物馆，从巨大的恐龙骨架到显微镜下的微生虫，从生动的北极自然景观到阿波罗号的登月车，更有趣的是一间从猿到人的人类进化展览室。接待人员说：我们不向儿童宣传违反可兰经的东西，但科学总是科学。博物馆是根据中小学的教学内容与教学法设计的，学生可以在这里上自然科学课程，每天可安排 1 500 个学生上课。全馆 85 位工作人员大多数是各科教师，担任讲课和辅导。我们参观了科威特大学，这所大学每年的经费是5 000多万第纳尔，也就是3亿元人民币。这里有豪华的校舍，20世纪70年代世界上最新的仪器设备。我们进入开架读书的书库中，丝毫没有一般书库中常有的灰尘与霉味，空气清爽，座位舒适，灯光柔和，地毯洁净，使大家惊讶不已。我们还参观了理学院的动物系，除了许多大的实验室、标本室外，这个系的16位教师，每人有一套自己的工作室，前间是写字台和沙发，后间就是个人自用的小实验室。我们也到资料室转了转，这个资料室配备了电子计算机检索科技资料的终端设备，随时能提供世界各地最新出版的科技资料。殷勤的主人为我们向电子计算机索取化学——中国化学最新资料，电传打字机飞速地打出32篇最近出版的化学论文。

三、汽车·住房·工资

在科威特，石油财富显耀在各个方面，据说这个国家有50万辆汽车，平均每两个半人一辆，除了商场或公园之外，路上是只见汽车不见行人。豪华的海滨俱乐部里，人们冬天在和煦的阳光下游泳，夏天在凉爽的空调密室中喝可口可乐。为了在陆地上过海上生活，科威特硬是把一艘万吨客轮拉到沙滩上，开了一家“轮船旅社”。市区中心绿树成荫、繁花似锦，这些花木都是用昂贵的淡化海水浇灌的。一座座宽敞舒适的双层楼房，户外总有一小片绿茵小坪，有的户旁还有一个清澈见底的小游泳池。这并不是什么大资本家的别墅，而是科威特平民的住宅。国家为科威特公民大量建造住宅，中等收入的家庭，住宅面积是400平方米，低工资收入的家庭也有二三百平方米，以分期付款的方式出售给私人，一般是每月付款约为本人工资的5%，十年还清。也就是说，一座楼房的价格，约为职工的半年工资。

科威特的公务人员，工资很高。一般月薪在200第纳尔至四五百第纳尔之间（每个第纳尔约等于3.5美元）。工资之外，还有社会津贴，每月从四五十第纳尔到100多第纳尔不等，此外还有节日津贴，名目繁多。教师的工资，比公务员又要高些。大学毕业的中小学教师，月薪从400第纳尔起支；教授月薪从770第纳尔起支，年增加月薪16第纳尔。为鼓励科威特人当教师，科威特籍的教师还给予25%的津贴。

如果只从工资数字看，科威特的公务人员和教师，同发达的资本主义国家差不多。但实际收入却要高得多：政府不向个人征收所得税，住宅分期付款只占工资的5%，医疗免费，子女受教育不但免交一切费用，而且上学还发给零用钱，幼儿园每人每月5第纳尔，大学生至少是25第纳尔……

四、富足带来的隐忧

在科威特，不论大、中、小学教师，绝大多数是外国人。科威特大学中，外国人占83%，科威特人只占17%；中小学教师中，外国人占91%，科威特人只占9%，其中科威特男教师只占全体男教师的3%。在政府机关和企业单位的科技人员中，也有类似情况，外国人占绝大多数。这种特殊情况的形成，固然有它的历史原因——文化教育事业近十年才发展起来，人才来不及培养；但更多是由于从政不如从商，许多科威特青年认为公务人员和教师，工作既辛苦，待遇又有限，不如自己当老板，到交易所搞投机买卖或受雇于私营工商业，既清闲又容易赚大钱。

访问科威特大学时，我们发现了一个有趣的现象：这所大学1979年科威特籍男大学生只占39%，女大学生高达61%。科威特是世界上第一个女大学生比例最高的国家。同时，女生的学习成绩一般也远高于男生。是不是女子社会地位高于男子呢？我曾就这个问题请教一位学院院长。他不直接回答我的问题，却说："让我告诉你一个笑话：我们学校里鼓励学生勤奋学习，学会本领当医生、工程师，男学生回答说，我干吗要勤奋学习呢？如果需要的话，我可以从埃及买个医生，从叙利亚买个工程师，让他们替我干活。"这并不是笑话。男青年受完八年强迫教育之后，往往就不愿意进高中，进高中也不愿进理科（高中阶段，文理分科），大学更是如此。科威特大学理、工、医三院的科威特籍男大学生只占19%，文、法、商三院则达81%。道理很简单，读书太辛苦，读理科尤其辛苦，赚钱的门路多得是，何必自找苦吃呢！

当然，也还是有相当一部分科威特人当公务员和教师的，那也不妨碍他们去挣更多的钱。在科威特，机关、学校只在上午办公、上课，中午十二时就下班、放学了。星期五是休息日，星期四上午只工作到十时或十一时。很多公务人员和教师，下午和晚上就在私营企业或交易所挣钱，更多的是到游乐场所吃喝玩乐。

这是一个金迷纸醉的“天堂”，不愁吃，不愁穿，追求享乐，挥金如土。这样的社会是不是人类的理想？这样的生活是不是人民的幸福？头脑清楚的科威特人对此抱着隐忧。“石油完了怎么办?”有资料估计只可开采20年，有位科威特官员说还可开采70年。20年也好，70年也好，总有枯竭的一天。一些百万富翁已有自己的打算，他们把儿女送往国外留学，把财产汇到国外投资，一朝石油枯竭、经济没落，就可以远走高飞，别谋依栖。

更深刻的隐忧也许不是石油枯竭的问题，而是暴富带来的消极作用。正如一篇《财富是一柄双刃剑》的文章所提出的问题：“财富就是一切吗?”享乐使人懒散，金钱买不来幸福，青年一代缺乏人生最可贵的理想。“生于忧患，死于安乐”，这个道理已为有远见的人们所思考，但远不是今天多数科威特人所能认识的。当我们深夜里飞离这座珍珠城时，衷心祝愿更多的科威特人觉醒，让沙漠上的明珠长明。

泰国、尼泊尔、科威特三国的高等教育①

1978 年 11 月 19 日至 12 月 13 日，我参加中国教育代表团，出访泰国、尼泊尔、科威特三个亚洲国家。出访之前，我对这三国的教育情况知道的不多，自然就把此行看作只是一个政治性的友好回访任务；出访之后，对这三国教育事业的发展有了深刻的印象。这三个国家中，有世界上按人口计算平均收入最高的国家，也有中等和最穷的国家，但都是发展中国家。20 世纪 60 年代以来，它们的经济，在各自原来的基础上都有了较快的发展；它们的教育事业，也都有了超过我们原先估计的发展。我认为，考察发达国家的教育，固然可以得到学习某些先进东西的好处，而考察发展中国家的教育，了解它们在发展过程中的经验教训，以及当前的情况与问题，也同样有可资借鉴之处，在某些方面尤能发人深省。

我们参观访问的有大学、中学、小学、职业学校、幼儿园、特种教育、研究机构和政府教育部门，并索取了一些教育资料。我所着重的是高等教育，下面只就手头所掌握的资料概述这三个国家的高等教育。作为一个社会科学工作者，应当尽可能提供一些统计数字，一方面为避免在浮光掠影中凭印象谈感想而流于主观片面，另一方面也可以提供一些素材对研究外国教育较有参考价值。

① 原载《外国教育》，1980 年第 5 期。作者：潘懋元。

一、随着经济的发展，教育发展计划被提到日程上来

泰国、尼泊尔、科威特三个国家，20 世纪 60 年代以来，由于经济发展较快，并受民族主义、民主主义思想的影响，都很重视发展本国教育事业，尤其重视本国高等教育体制的建立与发展，分别制订了教育改革计划或教育发展计划。

泰国 1961 年开始实行经济建设计划，并与之配合，相应地提出了教育发展计划。第一个为六年计划（1961—1966），以后改为五年计划，已经实行了三个发展计划，现在正在进行第四个发展计划（1977—1981）。他们认为“教育是建设国家的基础，是开发民族的基础”，在第二个发展计划中提出“为配合经济发展计划，需要大量中级水平的人才，使中等学校年龄的青年接受职业教育”；在第三个发展计划中进一步提出“五年计划的目的，在于努力使国家科学化与技术化，需要培养大批高等教育水平的人才”。历次教育发展计划，都提出了大、中、小学和职业学校发展的具体指标，制订了措施，促使各级各类教育都有了较快的发展。如以 1965—1975 年 10 年间学生增长数做对比，小学生增加了 44.1%，年增长率为 3.79%；中学生增加了 202.7%，年增长率为 11.7%；高等学校学生增加了 259.8%，年增长率为 13.7%。

尼泊尔 1971 年开始进行民主改革，同时公布“新教育计划”，宣布尼泊尔的教育目的在于培养忠于国家和王室的公民，通过扩大科学与技术教育，以确定发展国家所需要的人才。特别指出高等教育必须满足国家对人才的广泛需求。尼泊尔教育部的负责人对我们说，“新教育计划”是为解决尼泊尔教育上长期存在的文盲过多、教育质量太低、培养的人才不能适应国家建设需要等问题。它的努力目标是：（1）实现教育机会均等；（2）发展技术教育和职业教育；（3）灌输民族主义思想。实施“新教育计划”的三个步骤是改造、巩固、发展。“新教育计划”以 1971—1976 年为第一期，现在正在进行的是第二期。如以开始实行的 1971 年与 1978 年做对比，8 年间教育事业的发展也是很迅速的：小学生增加了 192%，中学生增加了 68%，高等学校学生增加了 76%，全国识字人数也从 13% 增加到 19%。

科威特在20世纪40年代以前，还是一个贫穷落后的酋长国，1951年取得了50%的石油利润，国家很快富裕起来；1961年废除了1899年与英国订立的条约，获得了独立和自主权。70年代石油价格猛涨，科威特政府把庞大的石油收入的一部分用于社会福利事业、建设住宅、发展文化教育和医疗卫生，把高等教育和科学研究视为对“新国家生存和发展有决定意义的事业”。独立后的第五年，1966年10月，创办科威特大学，从此科威特才有了自己的高等教育。据认为，科威特大学的建立反映了一个强烈的愿望，即“教育和科学将是新的国家复兴与发展的生产力”。用科威特教育大臣、科威特大学名誉校长马尔佐克的话说：“科威特大学在许多方面肩负着未来的希望，大学的发展是国家的需要。”从1966年到1979年的13年间，科威特大学的学生增加了20倍，现在已是一个学生数达近万人的具有最新设备的现代大学。

二、教育制度和管理体制

这三个国家的初、中、高等教育，学制总年限基本上都是16年，但各级年限的长短，各有不同。

泰国普通中小学的学制年限，原为“4－3－3－2”制（初小4年、高小3年、初中3年、高中2年），现已改为“6－3－3”制（小学6年、初中3年、高中3年）。同初、高中并行的，有初等职业学校和高等职业学校。普通高中也设有职业课程，一般占总课时的20%左右。高等学校学制年限一般是4年，建筑、工科、药学5年，医科、牙科、兽医6年，大学毕业之后，可得学士学位；攻读硕士学位的，一般规定为2年，而博士学位则规定要再研究两三年。此外，师范学院分三种程度：初级班招收初中毕业生学习两年，培养小学教师；高级班招收高中或初级师范班毕业生学习两年，培养初中教师；学士班招收高级师范毕业生学习两年，可得学士学位，培养高中教师。

尼泊尔普通中小学的学制原为“5－3－2”制（小学5年、初中3年、高中2年），“新教育计划”改为“3－4－3”制（小学3年、初中4年、高中3年）。普通教育阶段学制年限只有10年，但高等学校学制年限则长达8年（包括研究生），分为四级：

（1）证书级（certificate level）2年，培养初级水平人才。

（2）文凭级（diploma level）2年，培养中等水平人才。

（3）学位级（degree level）2年，培养高等水平人才。

（4）研究级（research level）2~3年，培养专门人才。

科威特的普通中小学学制年限定为“4-4-4”制（小学4年、中间学校4年、中学4年），和中学并行的有师范学校、技术学校和商业学校。高等学校学制年限也是4年。大学毕业之后有硕士学位、博士学位和无学位三种研究生学程。

在管理体制上，这三个国家的高等教育均与普通中小学教育分开，自成体系，而且社会地位很高。

泰国的14所国立大学和11所私立学院，由大学部领导。36所包括中、高等教育程度的师范学院仍由教育部领导。大学的社会地位很高。朱拉隆功大学校长由内阁大臣、大学部长兼任，其他大学的校长，多数是由当过总理、副总理、议长、副议长等社会地位很高的知名人士担任，还由各学科领域的知名人士组成大学委员会，审议有关大学的学术问题和学科设置。国王经常到各大学巡视，还亲自参加朱拉隆功大学、兰甘亨大学等校的毕业典礼，亲授毕业证书，以提高大学的社会地位和增强大学毕业生的荣誉感。

尼泊尔的特里普文大学也自成体系，不属于教育部，直接由国家领导，国王亲任大学校长。在我们访问期间，教育部和特里普文大学分别宴请代表团，宴会规格远超于教育部的规格。不仅规模大，而且政府的许多部长和文化界、科学界的名流参加甚多。

科威特大学也不属科威特教育部领导，但校长由教育部部长兼任，只有四五所大专程度的学院由教育部管辖。

三、高等教育投资

一个国家的政府对于教育事业的重视程度如何，与其看它那庄严的宣言，不如看它的教育经费预算；教育事业计划能否实现，也在一定程度上取决于政府的教育拨款。因此，在这次访问中，我们很重视调查这些国家的教育投资。

这三个国家，不只是把教育作为社会福利事业看待，一般也把教育特别是高等教育作为生产事业的组成部分看待。科威特教育大臣说："政府对教育的大量投资是作为人力资源的开发"，"政府对教育是慷慨的"。事实也正是如此，科威特大学的经费，不但绝对数极其庞大，相对比例也很高。泰国大学部的一位负责人对我们说："在国家支出中，国防摆在第一位，其次就是教育。"我们检索了该国近几年的国家财政总预算，发现国防、经济建设、教育三项预算，每年都在20%左右。尼泊尔在"新教育计划"中也说："要把教育看作国家发展所需的人力资源的投资。"在近10年间，其教育经费的增长率竟达388%之多。

下面，就这三个国家的高等教育经费做简略的分析。

（一）泰国

1979年泰国国家总预算为920亿铢（1美元约等于20铢）。当年教育经费预算为182.859亿铢，占总预算的19.88%；高等教育经费预算为27.329亿铢，占教育经费预算的14.95%，占总预算的2.97%。

泰国12所国立大学（不包括兰甘亨大学和素可泰电视大学）所获政府拨款的逐年增长数如表1所示。

表1　泰国12所国立大学经费预算增长情况

单位：万铢

年度	1975	1976	1977	1978	1979
大学经费	128 532	177 148	196 649	217 751	232 502

5年之间，政府拨款的增长率达81%。其中获政府拨款较多的有马希敦医科大学（45 241万铢）、宋卡王子大学（31 519万铢）、朱拉隆功大学（30 327万铢），每年获得的拨款都在3亿铢以上，即1 500万美元以上。

实际上高等学校每年的经费远远超过政府的拨款。一般政府拨款仅占学校经费的85%～95%，其余经费来源有国内外捐助、学校资产收入和学费等。有些知名大学的经费来源是很丰足的。例如朱拉隆功大学1979年获得的政府拨款仅占全年经费的49%，其余经费来源为：红十字基金存款利息23%，资产盈利22%，学费3%，奖学金3%。所以朱拉隆功大学1979年全年经费达6亿多铢，即3 000多万美元，比我国1979年任何一所大学的经费都要多得多。

每名大学生由国家所负担的经费，平均为2万多铢，即1 000多美元。其中玛希敦医科大学达7万多铢，朱拉隆功大学约4万铢，地方上的大学如清迈大学也达3万铢。

（二）尼泊尔

尼泊尔是世界上最贫穷的国家之一。它的教育经费从绝对数来说，是比较低的，但从增长速度来看，不论一般教育经费还是高等教育经费，增长率都是很高的（如表2所示）。

表2　尼泊尔教育经费预算增长情况

单位：千卢比

学年度	1970—1971	1972—1973	1975—1976	1977—1978	1978—1979	1979—1980
教育经费	71 516	99 698	245 990	277 671	322 705	348 759
特里普文大学经费				93 947	117 464	118 453

特里普文大学1979—1980学年度的经费达1. 18亿卢比，合987万美元（1美元约等于12个尼泊尔卢比）。

（三）科威特

科威特大学1979年全年经费5 083万第纳尔（Di-nar，每个科威特第纳尔约等于3. 5美元），约合17亿美元。按当年大学生8 500人计算，平均每名大学生由国家所负担的教育经费达6 000第纳尔，即2万美元以上。大学生除免交学费、医疗费、交通费以及学校免费提供书本、文具、校服、午餐等之外，每人每月还发给25第纳尔的零用钱。出国留学生除学杂费、旅费由国家负担外，更由国家发给数量可观的各种津贴，如留美学生每月生活津贴550美元，每年书籍补助200美元、服装补助200美元、节日补助200美元。科威特是世界上国民经济按人口计算平均收入最高的国家，因此其大学经费绝对数之高不足为奇。值得重视的是，在国家财政预算上，大学经费所占的相对比例也很高，远远超过联合国教科文组织所定的15%的标准，达到占总预算的25%。

科威特大学教师的待遇是世界上最高的，大学生还有很高的生活津贴与奖学金，但这些“人头费”的支出只占该校经费支出的28%（1 432万第纳尔）；基建设备费则达56%（2 850万第纳尔），为“人头费”的两倍。该校现在正在兴建新校舍，预计于1982年竣工，基建投资预算共2亿第纳尔，约合7亿美元。一所大学有这样巨额的基建投资，在世界上是少有的。我们参观过这所大学的部分校舍与设备，如空气凉爽新鲜的教室，宽敞舒适、开架阅览的书库，配有现代化仪器设备的实验室，全校的电子计算机网络化和国际电子计算机检索科研资料的设备，琳琅满目的国外学术刊物（文理学院期刊阅览室就有1 000多种国外学术刊物），为教学和科研提供了良好的条件。

四、三国高等教育事业的发展

由于国民经济的发展、国家的重视、教育经费的增加，三国高等教育事业一二十年来，或则从无到有，或则迅速发展。从大学数和大学生数的增加，可以大体看出这三个国家高等教育发展的基本情况。

（一）泰国

1961年以前，泰国全国只有朱拉隆功大学（Chulalongkorn University，1917）、法政大学（Thammasat University，1933）、玛希敦医科大学（Mahidol University，1942）、农林大学（Kasetsart University，1943）、艺术大学（Silpakorn University，1943）5所大学，规模都不大，而且都设在曼谷一地，大学生只有二三万人。实施教育发展计划以来，一方面整顿、扩充老大学，一方面从老大学分出或增办新大学多所。特别是在曼谷以外办了几所有相当规模的大学：清迈大学（Chiang Mai University，1964）、孔敬大学（Khon Kaen University，1965）和宋卡王子大学（Prince of Songkla University，1967），还改办或增办了国家发展行政学院（The National Institute of Development Administration，1966）、拍宗告工学院（King Mongkut's Institute of Technology，

1971)、诗纳卡林威洛大学（Srinakharinwirot University，1974）、农技学院（The Institute of Agriculture Technology，1975）等，并整顿或批准成立了11所私立学院。

1977年，12所国立大学的本科生、研究生81 227名，11所私立学院学生17 737名，共计大学生98 964名，比1961年以前增加了3倍多。按当年泰国人口约4 400万人计算，每万人中平均已有大学生22名以上，如果加上6 600名留学生和36所师范学院中具有高等教育水平的学生计算，每万人中大学生已达30名以上，为我国现时每万人中大学生平均数的3倍多。但还远远不能满足国民经济文化发展和高中毕业生升学需要，国家又创办了兰甘亨大学（Ramkhamhaeng University，1971)，现已有在校大学生32万名（兰甘亨大学的情况见后）。如果将开放大学的大学生一并计算，泰国全国大学生达45万人以上，每万人中平均约有大学生100名。在一个50年代科学文化比我国落后的发展中国家，高等教育事业近20年来这样迅速发展，是很值得我们认真研究的。

（二）尼泊尔

1951年以前，尼泊尔全国仅有三钱学院（Tri-Chandra）和梵语学校（Rajkiya Sanskrit Mahavidhyalaya）两所高等院校，学生只有250人。1951年特里普文国王执政之后，重视发展教育事业，鼓励各地创办高等学校。到1961年，全国高等院校达33所，大学生增至5 143人，10年之间学校数增加了15倍，学生数增加了20倍。规模宏大、设备较好的国立特里普文大学，就是于1959年创办的。特里普文大学成立之后，对尼泊尔的高等教育起了重要的促进作用。到1971年，全国大学生增至17 220名，10年之间又增加了3倍多。“新教育计划”调整高等教育体系，将全国所有高等院校都划归特里普文大学统一领导、管理，高等教育事业有了更进一步的发展。现在特里普文大学共设有10个学院（institute)、4个研究中心、68个分院（campus)，连同校本部共83个单位，遍布全国14个地区中的12个地区。

表 3　1951—1978 年尼泊尔大学生数增长情况

年度	1951	1961	1971	1973	1974	1975	1976	1977	1978
学生数/人	250	5 143	17 220	19 094	20 550	23 540	21 438	24 744	31 942

1978 年，全国大学生达 31 942 名，按尼泊尔人口约 1 300 万人计算，每万人中平均已有大学生 24.57 人。对于一个世界上最贫穷落后的国家来说，高等教育事业有这样的发展速度及其所达到的比例数，也是值得重视的。

（三）科威特

1966 年以前，科威特本国没有大学，中学毕业后想升学的，只能到国外留学。1966 年建立了科威特大学，当时仅有大学生 418 名、教师 31 名。现在科威特大学已是一所有大学生8 508名、教师 514 名，设有文教、法、理、医、工业与石油 5 个学院和 1 个研究生院的具有相当规模的大学，还有 5 所大专程度的商业、技术、师范、卫生、音乐学院（师生数不详）和 3 000 多名留学生。估计全国接受高等教育的学生有 1.5 万名左右。科威特人口统计说法不一，大致在 120 万～150 万人之间，平均每万人中大学生在百名以上，已不低于一些发达资本主义国家。实际上在科威特，除了成绩太差的中学毕业生之外，凡是想进大学的都能进大学，因为科威特大学和各所学院都有余额可以接收更多的大学生；也不存在家庭经济负担问题，因为大学不但免收各种费用，而且有相当高的生活零用津贴。科威特的义务教育，可以说已经提高到高等教育程度，其所以未能达到普及高等教育，是因为科威特的强迫教育只有 8 年，初中毕业之后许多青年特别是男青年就不想升高中、进大学，而想从事商业活动赚钱了。由此可见，经济发展是高等教育事业发展的必要基础，但是还有赖于正确的政治路线与思想路线的指引。

从这三个发展中国家的高等教育事业发展情况看，由于基础不同、条件各异，它们的发展情况也各有不同。但由于近 20 年来国民经济发展的需要，各国政府都十分重视高等教育，力求自己能培养所需的科学技术与管理人才，因此高等教育事业都有了相当迅速的发展。

五、培养人才的水平

这三个国家不但高等教育机构的数量发展较快，而且也在努力提高培养人才的水平。它们的实际水平如何，我们在访问期间来不及深入分析研究，但就下面几个侧面，也可窥见一斑。

（一）大学生入学水平，这是培养人才的起点

泰国的国立大学本科，招收12年制普通学校的高中毕业生。入学考试由大学部统一举行，每个考生可填报6个志愿，除5个科目是统一的考题外，还根据不同学科附加考试科目。笔试成绩按高低顺序排列达到学校录取名额，再参加口试和体格检查。国立大学的录取率大约为考生数的20%，而且有逐年下降的趋势（如表4所示）。可见泰国大学新生水平一般不低。

表4　泰国历年来国立大学新生录取率

年度	1973	1974	1975	1976	1977	1978	1979
录取率/%	24.89	23.96	22.53	22.42	18.35	17.57	18.20

尼泊尔的初中毕业考试由各地区统考，高中毕业考试全国统考。考试多且严，淘汰率很高，升学率只有16%～19%。进入大学之后，从证书级到文凭级，从文凭级到学位级，都要通过考试。文凭级以上的大学生数仅占全体大学生的1/3，剩余2/3的大学生是证书级的。由于普通学校仅为10年制，更由于原来的文化教育基础较差，证书级的教育内容一般只相当于或略低于高中水平。

科威特的普通学校为12年制，中学毕业生一般均可进入大学。据说成绩优秀的分别到美国、西欧，其次到埃及、叙利亚等国留学，在科威特大学学习的男青年只是中等水平，中等以下则进入5所大专院校或就业。

（二）培养研究生

能否自己培养研究生，是反映高等教育水平的一个侧面。泰国很重视自己培养研究生。国立大学的研究生近年来增加很快（如表5所示）。研究生逐年增长数如下：

表 5　泰国研究生逐年增长情况

年度	1972	1973	1974	1975	1976	1977	1979
研究生数/人	5 565	6 534	7 354	7 399	8 012	8 356	9 400

泰国1979年全国研究生达9 400名，约占国立大学学生总数的11%。有些知名大学，如朱拉隆功大学，大学生有15 000多名，研究生有3 300多名，超过20%，并有3种博士学位，有博士研究生20多名。我们所参观过的清迈大学理学院，虽然只有十余年历史，但有大学生1 000名，研究生也达234名，接近1/4。研究生的水平如何，我们虽未能具体探究，但据朱拉隆功大学研究生院的负责人说，硕士学位一般为2年制，实际平均要修3.8年；博士学位一般规定再修3年，实际平均要修4.5年。可见要通过课程考试和毕业论文答辩不是很容易的。从大学拥有大量的研究生，而研究生于大学毕业之后，还要修三四年以至七八年才能分别取得硕士、博士学位，可见泰国国立大学，特别是几所知名的大学，具有相当高的学术水平。

科威特大学的历史虽然只有十来年，近年来也重视自己培养研究生。1979年科威特大学8 500名大学生中，已有研究生373名，其中有6名博士研究生。研究生占大学生总数的4.4%。

尼泊尔的特里普文大学，第四级为研究级，该级现有研究生1 141名，占大学生总数的4.6%。

这三个国家的研究生比例都比我国高。此外，这三个国家都有相当数量的学生到国外接受高等教育。1979年，泰国有留学生6 000多名，科威特有留学生3 000多名，尼泊尔也有2 000多名。据泰国大学部负责人说，在国外的留学生十之八九毕业后能回国工作，除医生外，人才外流的现象并不严重。这是由于学生具有强烈的爱国精神，而政府又给高级知识分子以较为优厚的待遇。

从这三个发展中国家积极培养自己的研究生和鼓励青年出国留学深造，可以看到它们对于培养高级建设人才以适应国家发展的需要是很努力的。

（三）大学的科学研究水平

高等学校培养人才的水平，很大程度取决于能否开展科学研究和科研的水平。泰国的大学，共有11所国家承认的研究所，主要的国立大学都有自己的独立研究机构。如朱拉隆功大学，就有人口研究所、社会研究所、保健研究所、环境科学研究所 4 个机构；农业大学有食物研究和生产发展研究所、糖食研究中心等。尼泊尔的特里普文大学也设有应用科学、经济和行政管理、尼泊尔和亚洲、教育改革和发展 4 个研究中心，这些研究中心既承担国家和企业的研究课题，又培养研究生。大学的负责人向我们介绍说：国王陛下有指示，尼泊尔不应当只依靠外国的科学技术，而应当充分利用国内的资源，发展自己的科学技术。科威特大学没有独立的研究机构，但各系都有自己的研究组织与研究任务，而且仪器设备都是现代化的。据理学院的负责人说，该院教师都要从事科研工作。我们参观了该院的动物系，除几个设备齐全的动物、物理、病理实验室外，这个系有 16 位教授，每人都有自己的一套工作室，包括办公室和个人实验室。

我们对所参观过的三个国家的大学研究机构或国家研究机构有一个总的印象，就是在社会科学方面，多数是研究社会问题与经济管理；在科学技术方面，多数是研究应用技术，如太阳能利用、农作物栽培、食品加工、水产捕捞、建筑工程等，基础理论和尖端科学尚未提到日程上来。

（四）大学教师的水平和待遇

高等教育事业的发展和培养人才的水平，同经费、设备有密切的关系，但归根结底，最重要的是教师的水平。这三个国家的师资水平，从教师的队伍的构成可以进行大概的估计。

泰国的国立大学教师按学位的构成如表 6 所示。

表 6　1977 年泰国的国立大学教师学位构成

学位		名誉博士	博士	硕士	研究院毕业	学士	大学毕业以下	共计
专职	人数	33	1 457	5 101	334	2 628	55	9 608
	百分比/%	0. 34	15. 16	53. 09	3. 48	27. 35	0. 57	100. 00
兼职	人数	3	606	1 094	51	320	63	2 137
	百分比/%	0. 14	28. 36	51. 19	2. 39	14. 97	2. 95	100. 00

续上表

学位		名誉博士	博士	硕士	研究院毕业	学士	大学毕业以下	共计
外籍	人数		59	74	3	48	1	185
	百分比/%		31.89	40.00	1.62	25.95	0.54	100.00
总计	人数	36	2 122	6 269	388	2 996	119	11 930
	百分比/%	0.30	17.79	52.55	3.25	25.11	1.00	100.00

由表 6 可见，泰国的国立大学教师中，有博士、硕士学位的达 70.86%。有些知名大学，如朱拉隆功大学（75.57%）、农业大学（78.50%）、诗纳卡林威洛大学（79.46%），都达到 75% 以上。他们的学位，除得自于本国之外，多数得自于美国和西欧国家。

其次，国立大学教师按学衔的构成如表 7 所示。

表 7　1977 年泰国的国立大学教师学衔构成

学衔	教授	副教授	助理教授	讲师、助教	总计
人数	256	285	2 120	6 781	9 442
百分比/%	2.71	3.02	22.45	71.82	100.00

由表 7 可见，泰国的国立大学教师中，有助理教授以上学衔的占教师总数的 28.24%，朱拉隆功大学有助理教授以上学衔的则达 43.78%。

科威特大学教师中，具有硕士以上学位的教师比例更高。据理学院负责人说，理学院对教师资历的要求很高，一般没有博士学位不能在理学院任教。在实验员、职员中，也不乏具有硕士以至博士学位的。该校教师按学衔的构成如表 8 所示。

表 8　1979 年科威特大学教师学衔构成

学衔	教授	助理教授	讲师	总计
人数	155	149	210	514
百分比/%	30.16	28.99	40.85	100.00

由表 8 可见，科威特大学助理教授以上教师，达到全体大学教师的 59. 15%，其师资水平已不亚于一般发达资本主义国家。

这些国家之所以能吸收具有较高水平的博士、硕士、教授、专家从事教学和科学研究工作，除了大学的社会地位高之外，一个更重要的原因就是这些国家的教师待遇相对来说都是比较优厚的。泰国大学教师薪金水平如表 9 所示。

表 9　泰国大学教师月薪情况

学衔	教授与副教授	助理教授与高级讲师	讲师	助教
月薪/铢	5 175 ~ 9 885	3 420 ~ 6 875	1 860 ~ 3 850	1 645 ~ 2 370
折合美元/美元	295 ~ 494	171 ~ 344	93 ~ 183	82 ~ 119

泰国大学教师的实际收入，据说比表 9 统计的要高。除了每月 200 铢的生活补贴之外，多数教授、讲师在其他大学兼任教职，如兰甘亨大学就从各大学聘请了大批兼职教师。此外，大学教师还有从事律师、会计师工作以及受雇于公司企业的。收入较高的教授，每年薪金和兼职收入可达 1 万多美元。

尼泊尔大学教师的待遇，和其他国家比较，当然是较低的，但与国内其他职业比较，却是很高的（如表 10 所示）。

表 10　尼泊尔大学教师月薪情况

学衔	教授	助理教授	讲师	助教
月薪/卢比	1 700	1 200	940	750
折合美元/美元	142	100	78	62. 5

表 10 为各级教师的起点月薪，此外每年增加月薪 50 卢比；参加研究中心科研工作的，月薪还可增加 50%。一个教授，如果任教 10 年以上，又兼任研究中心的科研工作，可得到月薪 3 000 多卢比，折合 200 多美元。而一般工人的工资，每月只有 300 ~ 500 卢比，折合 20 ~ 40 美元。

科威特大学教师薪金水平如表 11 所示。

表 11　科威特大学教师月薪情况

学衔	教授	助理教授	讲师	助教
月薪/第纳尔	770	610	520	440
折合美元/美元	2 603	2 062	1 758	1 487

表 11 为科威特各级教师的起点月薪，每年一般增加月薪10 ~ 16 第纳尔，科威特籍教师的薪水增加 25%，教师的子女每人每月有津贴 10 第纳尔，还有社会津贴，已婚的从几十第纳尔到 100 多第纳尔。同时，科威特不向个人征收所得税，子女上学免费而且发给生活零用费，医药免费，房屋由政府建造，住户分期付款，期限 10 年，每月付款约为月薪的 5%。所以大学教师以及中小学教师的实际收入，远比发达资本主义国家为高。

这三个国家，由于国民经济收入悬殊，教师待遇也极悬殊，一个科威特大学教授的实际收入，比尼泊尔教授的多达二三十倍。但有一点是相同的，就是教师的待遇不但高于工人，而且比其他公职人员优厚。科威特大学教授的月薪，相当于部长或中将级将军；讲师的月薪，相当于司局长或上校；有学士学位的中小学教师，相当于一级文职人员或少校。为鼓励科威特人当教师，还另发教师津贴。尼泊尔也是如此，各校中小学教师津贴不同，多的达 25%，山区教师一律加薪 10%。泰国和尼泊尔，由于教师的社会地位较高，就国内来说待遇也较优厚，所以报考师范院校、立志从事教育工作的青年颇不乏人。在职教师也较安心。科威特却是另一种情况。不论大、中、小学教师，绝大多数是外国人。大学教师中，科威特人占 17%，外国人占 83%；中小学教师中，科威特人占 9%，外国人占 91%。其中科威特女教师占教师总数的 14%，男教师仅占 3%。在政府机关和企业单位的科技人员中，也有类似情况。这种特殊情况之形成，固然有它的历史原因——文化教育事业近 20 年才逐渐发展起来，人才来不及培养。但更多是由于它的社会原因：对于外国人来说，科威特的公务人员、科技人员和教师，待遇都很高；但对于科威特人来说，从政从教不如从商，许多科威特青年认为公务人员和教师，工作既辛苦，待遇又有限，不如自己当老板或受雇于私营工商业，既清闲又容易赚大钱。面对这种情况，有远见的科威特人士深感忧虑。科威特政府虽制订了种种措施鼓励本国人为国家服务，但至今收效甚微。

六、高等教育的专业结构

在资本主义社会，青年上不上大学，很大程度是受劳动市场的支配；选学什么专业，更是受劳动市场所支配。因此，一个国家高等教育的专业结构，一般反映了这个国家现实的经济结构。这三个国家特别是泰国和科威特，20年来，经济的发展虽然很迅速，商业尤为繁荣，但是工业基础，尤其是重工业和尖端科技生产的基础是比较薄弱的。因此高等教育偏于培养财经、政法人才，理工方面科系不齐全，学生数量也较少。以泰国为例，按联合国教科文组织的学科分类，1977 年国立大学各科学生人数（包括兰甘亨大学）及其比例如表 12 所示。

表 12　1977 年泰国国立大学各科学生人数及其比例

学科	大学生		研究生		合计	
	人数/人	百分比/%	人数/人	百分比/%	人数/人	百分比/%
农业	4 182	2. 20	428	5. 12	4 610	2. 32
教育	37 280	19. 60	1 669	19. 97	38 949	19. 62
工科	7 021	3. 69	632	7. 56	7 653	3. 85
艺术	1 335	0. 70	183	2. 19	1 518	0. 76
人文	10 433	5. 49	529	6. 33	10 962	5. 52
法律	44 515	23. 41	408	4. 88	44 923	22. 63
医药	8 891	4. 68	652	7. 80	9 543	4. 81
理科	9 228	4. 85	836	10. 01	10 064	5. 07
社会	67 294	35. 38	3 019	36. 13	70 313	35. 42
总计	190 179	100. 00	8 356	100. 00	198 535	100. 00

从表 12 可以看出，泰国的大学生，不论本科生或研究生，学社会科学（主要是商业经济）的占第一位，其次是学法律。两者合计，超过半数。学理、工、农、医的，本科生只占 15. 42%，研究生也只占 30. 49%。

科威特和尼泊尔大学专业结构的情况，大致也是如此。1979 年科威特大学各学院的大学生人数及其比例如表 13 所示。

表 13　1979 年科威特大学各学院大学生人数及其比例

学院		医学院	工学院	商业、经济、政治学院	法学院	文教学院	理学院	总计
科威特	人数/人	114	299	1 404	421	2 738	800	5 776
	百分比/%	1.97	5.18	24.31	7.29	47.40	13.85	100.00
外国人	人数/人	40	347	594	112	848	791	2 732
	百分比/%	1.46	12.70	21.74	4.10	31.04	28.96	100.00
合计	人数/人	156	646	1 998	533	3 586	1 591	8 510
	百分比/%	1.83	7.59	23.48	6.26	42.14	18.70	100.00

除总计栏的百分比是指占全校大学生的百分比外，其余各栏的百分比均指科威特人或外国人各自的百分比。

从表 13 可见，科威特大学理、工、医 3 个学院的大学生，仅占全校学生的 28.1%；3 个学院的本国籍大学生，仅占全校大学生的 21%。1978 年尼泊尔特里普文大学各科大学生数及其比例如表 14 所示。

表 14　1978 年尼泊尔特里普文大学各科大学生人数及其比例

学科		人文、社会	理科	法律	商业、行政管理	工科	农林	医药	教育	总计
大学生	人数/人	11 200	2 786	1 966	5 242	1 673	1 160	1 717	6 198	31 942
	百分比/%	35.06	8.72	6.15	16.41	5.24	3.63	5.38	19.40	100.00

从表 14 可见，特里普文大学理、工、农、医大学生，仅占全校学生的 22.97%，而人文、社会、法、商学生则占 57.62%。

三国高等教育的专业结构，都是文科（文、法、商）远多于理科（理、工、农、医）。如果进一步分析，还可以见到文科以商、法为多，理科基本上是应用技术。这种专业结构，显然不利于现代化科学技术与经济的自立发展。泰国的农、林、渔业生产，在国民经济中占有重要地位，并且有很好的发展前途。尼泊尔基本上是个农业国家，但这两国的农、林人才的培养，只分别占2.32%和3.63%。据泰国农业大学的负责人说，报考农业的考生很少，往往招收不到合格的大学生，这对农业的现代化显然也是不利的。他们也看到这个问题，并且认识到“受劳动市场的支配”，但缺乏有效的措施。我国当前的专业结构恰恰与此相反，财经、政法专业学生人数比例太低，人才奇缺。但造成这种比例失调的原因同这些国家不尽相同，主要是由于计划上的问题，如果制订高等教育发展计划，既从当前的经济结构出发，又考虑到国家发展的长远需要；既重视科学技术人才的培养，又重视管理、政治、教育人才的培养，有计划按比例地自觉调整计划，这种比例失调的问题，是能够逐步解决的。在社会主义制度下，不能无视价值规律的作用，但也不能盲目地“受劳动市场的支配”，在物质生产上如此，在人的培养上也如此。这也是社会主义制度之所以优于资本主义制度的一个方面。

七、推广高等教育的一些措施

为满足青年学习科学和专业知识的需要，泰国和科威特都采取了一些积极的措施，并行之有效。泰国的兰甘亨大学、科威特大学的社会服务中心，给我们留下了深刻的印象。

（一）泰国兰甘亨大学

如上所述，泰国的国立大学、私立学院和师范学院的在校大学生，虽然达到每万人中有30人以上，但远不能满足高中毕业生升学需要，更不能满足在职青年深造的要求。泰国政府于1971年派出一个教育代表团赴美国考察大学的开放政策与经验，回国后即利用亚洲博览会场所办起一所兰甘亨大学，当年就招收大学生23 000多名。政府规定：兰甘亨大学可以无限制招生，招生条件只要具有高中毕业水平，不受年龄、地区限制，免试入学。因此该校发展极为迅速，截至1979年底，注册的大学生已达32万多名，超过全国其他各种类型大学的学生人数总和的2倍。兰甘亨大学历年学生增长如表15所示。

表15　1972—1979年泰国兰甘亨大学学生数

年度	1972	1973	1974	1975	1976	1977	1978	1979
学生数/人	23 117	38 364	60 831	52 636	82 287	117 415	125 959	311 480

这所开放大学设有法学、政治、工商管理、经济、人文、教育、理科7个学院，法学院人数最多，达全校学生的1/3。学生中有在职的公务人员、军人、店员等，多数是高中毕业未能考取大学的青年，年龄最大的72岁，最小的16岁。学制一般定为4年，但只要按教学计划修满140个学分，通过毕业考试，就可毕业。成绩优异的学生，每学期可以多修若干学分，提前毕业；不能按期毕业的，也可延长学习年限达8年之久。

1979年该校有教师745名，多数是聘请其他大学的教师或社会上学有专长的人士兼任，所以教师水平不低，具有硕士以上学位的498名，达全体教师的2/3。1979年第二学期开出的课程达1 021门。

该校的主要教学手段是闭路电视，也利用广播电台和电视台进行教学。学生可以到校学习，也可以在校外学习。据说到校学习的学生经常达七八万人。校内教学利用闭路电视，校外学习则只要按照教学计划和统一教材按时收听广播。全国设有12个中心广播站，曼谷的国家广播电台第二套节目每天播讲5小时，各府电台播讲1小时，还有一些课程是通过商业电视台播讲的。

学校自办大型印刷厂，1979年印书1 044种共500万册，专门供应各门课程的课本和参考书，校内设有书店、图书馆。图书馆有4 000个座位，藏书10多万册，国内外期刊约1 000种，学生可以凭证到馆内阅读，也可请图书馆复印资料。该馆设有庞大的录像、录音部和参考部，能够迅速供应学生所需的显微胶卷、复印资料和录像带、录音带，学生只交成本费。理学院还设若干实验室，学生可以交费到实验室做实验。

我们到这所大学参观时，一部分学生在大学教室中上课，每间大教室有

2 500个座位，教师讲课通过大屏幕电视播送，形象、声音、板书都十分清晰。更多的学生散布在校园内的自修室、自修棚以及河边、树下，有的埋头读书、做作业，有的开讨论会，也有三五成群谈天、玩扑克的。运动场上也很热闹。完全让学生自己学习，自由活动。图书馆的阅览厅很宽敞，除翻阅报刊之外，据说大多数是高年级学生写论文的场所。学校不管学生的吃和住，学生一律走读，商店、饭店、咖啡室林立，吃饭不用排队，咖啡室也是学习的场所。

这所大学的特点是入学容易考试难。入学只要提供一定证明，交纳学费，就可注册。学费每学期每门课程 150 铢，大学经费约 60% 靠学费收入。注册用电子计算机办理，每天可注册 2 万名学生。学习虽完全自由，考试却十分严格。学校定期举行考试，学生分批来校应考，校内考场不够就借用曼谷市一些中学做考场。用电子计算机评卷，迅速准确，经过若干次考试不及格便予除名。据说办学七八年来，被除名的已达 10 万人，而毕业生则只有 25 000 名，淘汰率极高。该校负责人说："我们是通过严格的考试，使得从兰甘亨大学毕业的学生，水平不低于其他国立大学的毕业生，才能为社会所承认，具有与其他大学毕业生同样的社会地位和待遇。"据大学部的官员说，兰甘亨大学毕业的学生在社会上表现很好，参加国家所举办的文官考试，录取率不低于国立大学毕业生。在我们访问期间所听到的反映确是如此，一般都肯定了这所开放大学的成功及其所起的作用。但也有不同的意见：认为入学不经考试，学生程度参差不齐；全凭学生安排学习，存在严重的自流现象，尤其是外地学生，虽有巡乡辅导，但学习上的困难不能得到及时解决，往往只好半途而废；为适应电子计算机评分，不能出理论性、概念性的问答题，考试很难全面反映学生的质量；有些课程，只通过广播教学，学习效果不好；等等。

兰甘亨大学的开办和大量招生，不但满足了高中毕业生升学的广泛需要，解决了青年学生失学问题，也起了缓和青年失业问题的作用，一定程度上解决了一些社会问题，这是一个值得重视的经验。当然，并不是说该大学的做法可无条件照搬。

兰甘亨大学创办时，政府的决定是无限制招生，现在他们认为最多只能容纳 50 万名大学生，还是不能够满足日益增加的高中毕业生入学需要，因为预计到 1987 年，每年高中毕业生将达 30 万名。因此，泰国政府又决定创办素可泰电视大学，现在正在筹备中，预定于1980年的暑期开始招生。

（二）科威特大学社会服务中心

科威特大学的“社会服务和继续教育中心”，是扩大高等教育的另一种形式。这个中心根据社会的需要，开设各种课程；有时也接受某一单位的委托，开办特殊训练班。正如该中心的负责人所说：社会上需要什么，我们就开什么课程。现在学生人数最多的是语言方面的课程，有英、法、德、意、俄、西班牙、波斯语种和为外国人开设的阿拉伯语等。此外有经营管理和商业、统计学及数据处理、秘书科、人文科学、美术、通讯等专业班。各专业班的课程都是实用性的。如秘书科的课程有：秘书事务及办公室管理、英文打字、阿拉伯文打字、英文速记等；人文科学开的是婚姻及家庭生活、心理学原理及儿童抚养等；美术专业则有绘画、广告设计、印花、摄影等。招收中间学校（8年制）或中学（12年制）的毕业生，或具有同等学力的职工，一般不经入学考试，但年龄须在18岁以上。下午或晚间分班上课（科威特的机关、学校一般只于上午办公、上学），每个学生可以同时修两门课程，成绩及格的，按课程发给修业证书，修不完或不及格的，可以延长修习期限。学生经常有2 000名左右，多是因工作或爱好利用业余时间学习某种知识、技能。据说全国这类继续教育中心多达138处，不过规模都较小，不升大学的青年或在职职工，随时随处都有学习的机会。

八、使高等教育机会均等的一些措施

三国在推广高等教育上，注意到城乡、男女以及穷富差别，力求使受高等教育的机会均等。当然，这种“均等”是有限的。

泰国自实施教育发展计划以来，如上所述，分别在边远地区创办了三所具有相当规模的大学。即西北山区的清迈大学、东北山区的孔敬大学和南部的宋卡大学。这几所大学，10年之间都发展成为科系较为齐全的大学。清迈大学学生已达8 000多名，其余两所大学也各有3 000多名。为了照顾边远地区的知识青年就近入学，这三所大学除参加全国统一招生外，都可以保留40%的名额，由学校自己举行入学考试，在附近地区高中毕业生中择优录取。

此外，朱拉隆功大学的医学院和马希敦医科大学，为发展农村医学，各从农村招收 15% 的学生。兰甘亨大学近年来更是大力向外地招收学生，为外地学生设立教学点，派大批教师巡乡教学。据该校负责人说，1979 年就派出巡乡教师 40 组分赴各地。

泰国的大学注意招收女大学生。1977 年，12 所国立大学的女生占全体大学生的 43.35%，已不低于发达的资本主义国家。同时，也为一些家庭经济困难、学习成绩优秀的大学生提供上千种奖学金。如 1976 年，仅朱拉隆功大学一校就有 243 种奖学金，受奖人数大多只是一二名，最多的达 55 名。奖学金额，每名学生从几百铢到几千铢不等，使一些勤奋学习的清贫学生能够继续求学。

尼泊尔全国都是山区，交通很不方便，只有中部加德满都盆地附近的马格玛蒂区人口比较集中，经济文化相对比较发达，新教育计划对边远山区提出了五条特别措施，如边远山区的教育经费百分之百由政府拨款，教师薪水增加 10%，为校舍建设和实验室设备提供帮助等。新教育计划还规定大学生结业前必须到边远山区服务一年，由政府提供生活补贴，主要是到山区当教师。特里普文大学的校本部虽设在加德满都，大学分院却遍布全国各地区。现在虽然 69% 的大学生仍然集中于中部地区，但在东、西部已有 31% 的大学生，特别值得一提的是崇山峻岭、人口稀少、经济十分落后的西北高山地区，1977 年已有 1 684 名大学生。同时，在这个封建宗教势力大、女子社会地位低的国家中，政府努力提倡和支持女子教育，进中、小学的女生，免交学费并免费发给课本，大学女生也逐年有所增加，现在已达大学生总数的 22% 了。

至于科威特，不存在城乡差别，因为全国人口都集中于科威特城和附近的几座城市，沙漠上没有什么村庄。上学免费且有津贴，也不存在穷人子弟不能上学的问题。男女的不平等却是比较突出的，但科威特大学中，女大学生却远多于男大学生。1979 年 8 508 名大学生中，女生 4 928 名，占 58%；其中科威特籍大学生，5 776 人中有女生 3 504 名，更达 61%，成为世界上女大学生比例最高的国家。

上面就访问观感和手头资料，介绍了泰国、尼泊尔、科威特三个发展中国家高等教育的一些情况。一方面，我们看到在 20 世纪 50 年代或 60 年代，这些国家的教育都比我国落后，但近 10 年或 20 年来，都有较快的发展。特别是泰国和科威特，有些方面已走在前面，使我们感慨万千；但是，另一方面，我们也看到这些国家，由于缺乏坚实的工业基础，它们的高等教育基础是比较薄弱的，更由于政治和社会制度的制约，使高等教育的发展受到了一定的限制。例如在专业结构上，只能受当前劳动市场的支配，很难兼顾长远利益，做出全面的计划安排。教学质量的提高、基础理论与尖端科学技术人才的培养，不能不受到一定的限制。我们国家的经济基础与教育基础，远比它们完整与坚实，在社会制度上，更有无可比拟的优越性。我们深信，只要认真总结经验教训，认清高等教育在建设现代化强国中的重要地位与作用，根据客观规律研究和制定适应四个现代化需要的教育规划与教育体制，采取有效措施，落实知识分子政策，调动广大教师、干部的积极性，增加经费，充实设备，努力开展国际文化交流，学习先进东西，亡羊补牢未为晚也。不但一定能把损失的时间追回来，而且能够更快地发展、更好地提高。

菲律宾的高等教育①

菲律宾是毗邻我国的发展中国家，它的历史背景、经济水平、社会生活同中国有着某些近似的因素。因此，对菲律宾的教育进行一些探讨，了解它在发展过程中的经验与问题，对我国教育的发展与改革具有一定的参考价值。

本文只就菲律宾的高等教育简述若干情况，初步探讨一些似难理解而又可以理解的问题。例如：一个宣布独立不到40年、人口不足5 000万的国家，为什么高等学校竟达1 000多所，大学生人数超过100万？为什么菲律宾的初等教育阶段有90%以上的学生进公立小学，而高等教育阶段却正好相反，88%的学生进私立院校？为什么一个文化并非十分发达的国家，大学教师中女性不少于男性？为什么高等教育的专业结构中商业科系达1/3，而文理各科合计仅占1/15，这样的结构是否同菲律宾的经济与社会的发展相适应？菲律宾近年来对于高等教育的设想及其努力的结果，得失如何，也是值得参考的。

本文所引用的材料，除来自公开出版物之外，还参考了一些政府的、教育界人士的以及我国访问者的报告。

一、历史与现状

早在16世纪，西班牙人占领菲律宾群岛后不久，一批天主教的传教士在当地办起了教区学校。这些学校是为宣传宗教而开设的，所以教学内容中，

① 原载《外国高等教育资料》，1983年第2期。作者：潘懋元，黄建如。

神学课一般占2/3以上，也开设一些教育、商业、农业、算术方面的课程。

16世纪末叶至18世纪，天主教徒又陆续办起了一批学院。其中包括罗莎丽女皇学院（College of Our Lady of the Rosary，1611），后改为圣托马斯学院（College of Santo Tomas，1616），也就是至今号称亚洲最古老的大学之一的圣托马斯大学（University of Santo Tomas）的前身。这些教会学院所开设的课程有：拉丁语、希腊语、西班牙语、诗词、修辞、历史、哲学、神学、天文、物理、化学、数学等。除接受西班牙殖民者的子女入学外，这些教会学院也允许一些当地青年接受高等教育。

19世纪末，西班牙的殖民统治日趋没落，菲律宾人民不断掀起反对西班牙殖民统治的斗争。一些开明绅士、知识分子在法国和美国革命的影响下，接受和传播西方资产阶级自由、民主的新思想。正当菲律宾人民反对西班牙殖民统治的斗争即将取得胜利时，1898年美国对菲律宾进行武装干涉，残酷地镇压了菲律宾革命者，取代了西班牙殖民者的统治，从那时以后直到1942年被日本占领。菲律宾处在美国的殖民统治之下达40多年，在美国统治期间，创办了一些不同于教会大学的近代传统大学类型的高等学校。如1908年成立的菲律宾大学，到1926年设有农业学院、医学院、师范学院等。此外还有一批学院，其中的16所学院后来成为大学，如：国立大学（University of the Philippines，1921）、马尼拉大学（University of Manila，1921）、菲律宾女子大学（Philippine Women's University，1932）、锡利曼大学（University of Sillman，1938）、远东大学（Far Eastern University，1933）和阿达姆森大学（University of Adamson，1947）等。

1946年7月4日菲律宾宣布独立后，随着经济的恢复和发展，教育事业也得到较快的发展。从1946年到1971年的25年间，大学、学院增加了一倍多。这期间，私立大学、学院的发展尤其迅速。

20世纪80年代，菲律宾政府开始执行“新经济政策”。它的主要内容是：稳定物价、进行土地改革、降低失业率、提高社会福利。同时采取一系列摆脱片面依赖美国、积极发展民族经济的措施，使菲律宾的国民经济有一个发展较快的时期。经济的发展必然提出高等学校培养人才要适应国家发展和社会发展的需要。所以，进入70年代以来，菲律宾一方面大力发展各种技术职业院校，另一方面鼓励原有的公立、私立院校在农村设立分校。这一时期菲律宾高等教育的重点，逐渐向工程技术等实用技术方面转变，为各类企业培养有相当文化水平的技术人员、管理人员和熟练工人。

菲律宾现有各类高等院校 1 097 所，其中公立 341 所，私立 756 所（详见表 1）。

表 1　菲律宾的公、私立高等院校

单位：所

类别	公立	私立
大学	16	49
学院	33	461
未立案的学院	103	—
技术/职业学院	104	212
社区学院	38	—
卫星学院	47	34
合计	341	756

根据菲律宾教育文化部 1981 年度报告，各类院校在校生总数达 118.2 万多人，每万人口中大学生数超过 200 人。

高等教育的迅猛发展，特别是私立院校的膨胀，既反映了国家对人才的需求增加，也是因资本家和政治家为了谋取自己的利益所致。由于发展太快，质量很难保证。尤其是私立院校，招生很滥，除了少数历史较长、收费昂贵的大学之外，一般水平偏低。这些私立院校的毕业生也比公立院校的毕业生难就业。所以从 20 世纪 70 年代以来，菲律宾政府就集中力量制定关于提高高等教育质量和增加职业技术训练的政策，同时暂缓建立新的大学，维持现有入学率。但实际上的收效并不明显，入学率逐年还有所增加。

二、高等教育政策

1973 年，菲律宾颁布了新宪法。新宪法一方面规定“所有教育机构必须在国家的监督之下，并受国家条例的管辖。国家应建立和保持一个与国家发展目标一致的、完全的、充分的和完整的教育体制”。另一方面，承认“所有高等院校必须享有学术自由”；同时规定“所有学校必须进行热爱祖国和公民义务教育，培养道德品质、个人纪律以及发展科学技术和职业能力”，“国家应鼓励科学研究和发明，应把科学和技术的发展作为国家发展的重点”。

在1973年的“教育发展法令”中，对菲律宾高等教育的目标有较具体的规定：（1）提供普通教育课程，以促进国家的统一，振兴文化意识、道德正气和精神力量；（2）发展为国家提供领导人才的专业；（3）通过研究工作提高知识，利用新知识改善人类的生活水平；（4）训练国家人力，使其拥有国家发展所需的技能。

这一目标既照顾到传统的文化科学教育，又指明社会发展的实际需要，是比较全面的。但重点所在，是提倡培养具有实际应用知识、技能的人才，以适应国家管理和社会发展的需要。这是同菲律宾近年来强调职业技术教育一致的。“教育发展法令”还规定要发展各种高级专业，培养国家所需要的高级人才，并制定了具体的工程教育计划和渔业教育计划等。

为了提高高等教育质量，政府一方面在20世纪70年代开始实行高等学校入学统一考试制度，另一方面授权文化教育部关闭那些质量太差的学院；同时，规定每一所学院或大学应设置一定的奖学金，并为经济困难的学生提供“延期付款学习计划”，学生每年费用可以向政府低息贷款，毕业后就业时再分期偿还，但学生必须修习某些应用性课程，以便保证毕业后能就业，有偿付能力。所有这些措施虽然在实践收效上并不很大，但可以反映政府的政策趋向，在于设法扭转高等教育质量低的状况和努力发展职业技术教育，以适应社会发展需要。

三、公立、私立大学

菲律宾各级教育都有公立学校。公立学校有国立、省立、市（镇）立、村立（巴兰加学校，为数最多），私立学校有教会办、社团办以及私人办；全国公立学校占78%，私立学校占22%。其中，小学阶段，95%的学生进公立小学，5%的学生进私立小学；中学阶段，40%的学生进公立学校，60%的学生进私立学校；高等教育阶段正好相反，88%的学生进私立学校，只有12%的学生进公立学校。

菲律宾现有341所公立院校。其中49所大学和学院是立案的，政府特许其有自治权，可以自行授予学位；其余的292所未立案的院校，要经教育文化部的批准，才有权授予证书、文凭和学位。

公立院校多数集中于人口密集的地区，吕宋区拥有58%的公立院校。大部分公立院校的规模很小，大约25%的公立院校的学生总数只占1/8左右。

菲律宾现有各类私立院校756所，为公立院校的两倍多。私立院校中，有大学49所、学院461所、职业技术学院212所、卫星学校34所。

私立院校有两大类：一类是由教会开办的，占私立院校的50%左右。开办者主要是罗马天主教会，此外还有浸礼会、摩门教、长老会以及其他宗教团体。但大多数院校招生不分教派，某一教派的学生可以进入由另一教派所开办的院校学习。

另一类是私人所办的院校。有些是股份公司开办的，有些是富裕家庭开办的。还有为数不多的院校，称为“基金会”。如碧瑶（Ba-guio）学院基金会、格雷格里阿兰尼塔（Gregorio Araneta）大学基金会。

20世纪70年代以前，菲律宾政府一直鼓励私人办学，对私立院校没有严格的规章。很多私立院校是为了赚钱而开办的，因此招生滥、设备差、教育待遇低，因教学质量无法保证而受到社会的责难。近年来菲律宾政府不得不采取措施，以控制私立院校的发展，并对之进行考核和整顿。规定任何一门课程，如果达不到一定水平，未经政府承认，就不得继续开设。为此菲律宾除了通过高等教育局对私立院校加以管理外，还成立了许多“认可委员会”（Commission of Accreditation）。主要的认可委员会是由下列各协会所设置的：基督教大中学校协会（Association of Christian Schools and Colleges），菲律宾中学、学院、大学认可协会（Philippines Accrediting Association of Schools, Colleges and Universities）及菲律宾学院、大学协会（Philippines Association of Colleges and Universities）。

“认可”（Accreditation）虽是一个非官方的程序，但是如果某一学院各方面水平太低、不能达到标准，认可委员会就可以通过教育文化部勒令其停办，或者要求学校改革或停开不合标准的课程。经考察认可之后，可以发给为期3年的认可证书，3年后再做一次考察，可以得到5～7年的认可证书，以后每隔5～7年进行一次再认可考察。

菲律宾政府还规定，所有的私立院校都要先取得教育文化部的批准，才能授予毕业证书、文凭或学位（除了已得到特许的课程）。授予硕士、博士学位，应邀请教育文化体育部派员参加学生的论文答辩会。

办得好的私立学院，也可申请升格为大学。升格的条件规定为：

（1）文、理科或教育学科的学士学位课程已得到承认。

（2）至少有三种学科领域（其中之一必须是农业、医学或技术）的学士学位课程已得到承认。

（3）文、理科或教育学科的硕士学位，已有一类课程得到承认。

（4）图书馆有专人管理，藏书中至少应有大学用书合订本1万册，其中至少10%是用菲律宾语写的。

（5）经教育文化部的认可已达5年以上。

私立高等教育占菲律宾高等教育的绝大多数，在高等教育中起很大作用，其中不乏历史悠久或办得较有成绩、质量较高的院校，但是情况很复杂，问题很多。如何整顿好私立院校，是菲律宾高等教育的重大问题。

四、招生与学位

菲律宾普通中学一般分为文化班和职业班两种。职业班的学生毕业后，只可进入高等职业/技术学院学习；文化班的学生毕业后，则可进入一般高等院校学习。高等学校招生，除了要有中学毕业证书外，1973年以前由各校自行组织入学考试，从1973年开始，规定必须通过全国统一考试。

统一考试最初是由私立教育促进基金会（FAPE）和教育文化部合作举办的。1975年教育文化部新成立了“国家教育测验中心”（NETC），统一考试就由该中心负责。统一考试的目的是为了保证高等教育的质量，保持国家各种类型人才的平衡。

现在全国设有1 300个考试中心，于同一天举行考试。每年大约有97%的中学毕业生参加统一考试。

考试时间为3小时，考试内容着重考查学生的语文、数学等知识和逻辑思维能力。考题都为选择题，约300～400道题，分七个部分，以考查学生四个方面的能力：推理能力、数学能力、表达能力和阅读理解能力。考试成绩记为"普通学习能力"分数（GSA），一般是200～800分之间，平均500分左右，标准差±100。

每年统一考试以后，由国家大学入学考试顾问委员会决定最低录取分数线。高于录取线的学生可以修习四年以上的学士学位课程，低于录取线的学生只能修习职业/技术教育课程。

分数计算方法是将"普通学习能力"分数转换成百分数。1973年的最低录取线是25分。1974—1978年是30分，1979年提高至35分。1977年统一高考成绩分布表如表2所示。

表2　1977年统一高考成绩分布表

分数段	学生数所占百分比/%
75分以上	26.08
51～75分	25.05
35～50分	16.01
30～34分	4.53
25～29分	4.51
0～24分	23.82

来源：Private Education in the Philippines.

由表2可见，约有半数学生的高考成绩达50分以上，有25%的学生成绩在25分以下。这些25分以下的学生，同样有进高等学校的机会。除了统一考试的一般要求外，各院校录取学生时，还可以根据不同的专业提出附加条件，同一院校、不同专业的要求也不一样。程度高的大学，还要经本校第二次考试，合格后才予录取。有些大学要求分数在75分以上，或85分以上，甚至有个别专业要求95分以上。而一些私立学院招收学生，不但统一考试成绩很低都可录取，甚至不需经统一考试，只要有中学毕业证书就可交费注册。

菲律宾高等学校学习年限长短不一，短的只有几个月，长的达几年。两年以下的，只能发给毕业证书；两年以上的，根据年限的长短，可以分别获得协士（associate degree，也叫准学士学位）、学士、硕士、博士学位。协士学位授予2年制毕业生。获得协士学位可以就业，也可以继续修学士学位课程。学士学位课程一般要学习4年或5年。获得学士学位后，继续学习研究生课程1~2年，可以获得硕士学位。有些硕士学位要求写论文，有的则只要读完规定的研究生课程就行，然后再进行两三年的研究，写出论文，可以授予博士学位。医学、药学、兽医学等，只授予博士学位，一般学制为6年，有的长达8年。菲律宾的普通教育是“6－4”制，即小学6年，中学4年，共10年。按年限计，协士学位只是相当于我国中专毕业水平，学士学位相当于大专毕业水平，硕士学位也只是本科毕业水平而已。只有医科学生水平较高。8年制的医科年限长，入学要求较高，学习也比较严格，所以，医科博士的水平是比较高的。有钱人家的子女以进医科学习为荣。他们毕业后，很多外流到其他国家当医生。其次是护士学校，护士学校的要求也比较严格，菲律宾的护士颇受国外医院欢迎。

五、高等教育的专业结构

菲律宾的高等学校专业设置和学生人数，很大程度上受劳动市场的支配。学生选学什么专业，多从就业机会考虑，同时也考虑学费的高低。就业机会多、学费低的专业学生多，反之则少。这就造成了高等教育专业结构不平衡的现象。

下面按学科分类列举在校学生和毕业生的两种统计表（见表3、表4）。

表3　1975—1976学年各学科在校生比例

学科	社会科学	工程	医科	人文学科	教育	农业	自然科学	艺术	研究生
比例/%	39.36	15.15	12.42	10.66	8.91	5.12	2.19	1.80	4.39

来源：菲律宾教育文化部. The Philippine Educational System.

表4　各学科毕业生人数统计表

学科	1970—1971 学年		1979—1980 学年	
	人数/人	百分比/%	人数/人	百分比/%
农业	11 456	1.78	56 242	5.38
化学	2 617	0.41	4 764	0.45
商业管理	232 599	36.16	402 405	38.51
工程技术	66 615	10.35	204 096	19.53
法律	15 695	2.44	22 719	2.17
文理各科	118 776	18.46	79 537	7.61
医学	32 699	5.08	119 185	11.41
海洋	3 569	0.55	30 203	2.89
教育	132 116	20.54	83 863	8.03
食物与营养	5 977	0.93	11 664	1.12
硕士	20 368	3.17	27 707	2.65
博士	814	0.13	2 618	0.25
总计	643 301	100.00	1 045 003	100.00

来源：Jose. A. Cruz. 菲律宾高等教育报告.

表3与表4，大体可以反映菲律宾高等教育的基本专业结构以及20世纪70年代以来的发展趋势。表3表明学习社会科学的学生人数最多，达学生总数的40%。所谓社会科学，主要是商业管理方面的专业，这从表4可以反映出来，无论是1970—1971学年或1979—1980学年的毕业生，商业管理方面的专业都保持1/3以上。原因是学商业管理专业就业门路较宽，学费较低，发财机会也较多。这多少可以反映这个社会的经济结构与社会心理。表4表明十年之前教育学科和文理各科的毕业生人数占第二、第三位，而十年之后却都急剧下降，教育学科从20.54%下降为8.03%，绝对数字也下降了4.8万多名。这是由于中小学教师待遇低，青年尤其男青年不愿选择教师这一职业。文理各科从18.46%下降为7.61%，绝对数字也下降了3.9万多名。这一现象同工程技术方面专业毕业生的急剧上升形成鲜明的对比。工程技术方面专业毕业生从10.35%上升到19.53%，绝对数字更是增长了3倍多，从每年毕业生6 600多名增至20.4万多名，净增13.7万多名。一升一降的两极趋势，是经济的发展和政府提倡科技职业教育的结果。当然，也反映了文理各科理论

脱离实际、学生毕业后难以就业的问题。此外，医学方面专业毕业生也像工程技术专业毕业生一样猛增。每年从高等学校中培养出 11 万多名医生、护士，除了具有与工程技术专业同样的原因之外，还由于菲律宾的医科相对来说质量较高，毕业生外流到国外赚钱的机会多。据说在外流的高级人才中，医生、护士数量最多。从增长的比例来说，农业和海洋业毕业生人数的上升也是很快的，这同菲律宾政府近年来强调发展农业与开发海洋有关。

菲律宾高等教育的专业结构是否适应菲律宾经济、社会发展的需要，是值得探讨的问题。应该说，应用学科如工程技术、农业、海洋等的增长，是符合经济发展的需要的，是比较合理的。但教育、文理各个理论学科的急剧下降，从长远观点看，未必有利于提高菲律宾的科学文化水平，未必有利于发展中国家走独立自主的道路。同时，文理科混在一起的分类掩盖了一个更为严重的实况，即以文掩盖理，掩盖了自然科学专业人才缺乏的现象。从表 3 的分类可以看到，自然科学专业的在校生数仅占总数的 2. 19%。一个国家在制订人才规划与教育政策时，既要看到当前的实利，也要看到长远的利益。当然，这不只是制订规划问题，在资本主义社会中，教育尤其是高等教育培养人才，是受劳动市场的直接支配的，一切号召、提倡、规划、政策所起的作用是有限的。

六、教育经费

菲律宾公立学校的教育经费，每年仅占全国预算的 10% 左右，如表 5 所示。

表 5　1978—1980 年教育经费

年度	政府总预算/亿比索	教育文化预算/亿比索	占全国预算的比例/%
1978	286. 8	32. 0	11. 16
1979	322. 3	34. 5	10. 70
1980	378. 9	34. 1	9. 01

1978—1980 年三年的教育经费预算，摆动在 10% 上下。1983 年的预算有所提高，达到 13.3%，但即使这个比例，比起其他国家来也还是低的。尤其是高等教育经费所占的比重更低，大约 2/3 的经费用于普及教育，用于高等教育的拨款就很少了。但菲律宾的高等教育中，私立学校占 2/3，学生达7/8，而政府对于私立高等院校是很少资助的，所以高等教育经费一般来说不算太低，尤其是几所国家重点资助的公立大学。例如：1983 年高等教育总拨款额为 1 763 584 000 比索。菲律宾大学（包括罗斯巴诺斯学院、比萨扬学院和卫生科学中心）得到541 831 000比索。仅菲律宾大学（学生 22 000 人）就得到 257 451 000 比索的拨款，还有南部的明达瑙（旧译棉兰老）大学（包括伊利岸学院、塔威塔威学院）得到更多的拨款，总数达 811 831 000 比索，约占全国高等教育经费的一半。虽然明达瑙大学规模很大，据说学生达 4 万多人，实际上有 3 万名是其所管辖的几十所中学的学生，其所以获拨款特别多，是出于特殊政策的考虑，即为了从文化教育方面解决南方的穆斯林问题。其他公立院校，则总共只得到407 246 000比索的拨款。因此，公立高等学校还得依靠学生的学杂费、产业和产品的收入、校友和社会的捐款来维持学校的经费。至于私立高等学校，则完全要靠学生的学杂费收入、私人团体的捐赠来维持。政府不直接给予资金资助，但可以减免一些税收。由教会基金会开办的非营利院校，可以得到国外一些机构、团体的捐款。如最古老的圣托马斯大学的经费就是大部分依靠国外的资助。

为了多收学生以筹措经费，大部分院校必须设在市区中心，便于学生入学；又由于质量较高的大学收费昂贵，因此高等学校，尤其是质量高的院校，学生大部分来自城市中上层阶级家庭。如菲律宾大学的学生 90% 来自富裕家庭。好的私立院校中出身于上层社会富裕家庭的学生比公立院校的更多。出身于下层社会贫苦家庭的学生只能到一些收费较低、质量差的学校就读，或者半工半读。他们白天做工，晚上上课，或者只选修若干课程，逐年积累学分。为了帮助贫穷青年上学，政府规定高等学校应设置奖学金和“延期付款学习计划”，但数额有限。按规定，500 名学生才有一个获奖学金名额。偌大的菲律宾大学，获奖学金的学生只有 100 名。“延期付款学习计划”的受益面也很小，如 1978 年银行提供的贷款总共只有 4 000 万比索，受益者 3 790 名。

近年来有些私立高等学校自动增加奖学金名额，如 Ateneo 大学是一所收费昂贵的大学，全校学生 2 000 余名，奖学金达 20%；马尼拉市还专为有志求学的贫穷青年办了一所市立马尼拉大学，只接受家庭收入在 17 000 比索以下的贫穷学生入学，不收学费，并为他们介绍一些课外工作。据说这是全国唯一的一所免费大学，大学生也只有 4 000 名而已（还有 3 000 名中学生）。总之，奖学金、“延期付款学习计划”、免费大学等，都是粥少僧多，聊胜于无，并未能从根本上解决贫穷青年就学问题。倒是一些私立院校，吸收一些在职的青年，早晚上学，按课收费，容纳了不少贫穷青年，只是质量太差，放任自流，也可以说是聊胜于无。

七、师资

按照菲律宾政府规定，高等学校的教师至少应有硕士学位，大学教师应有博士学位。但实际情况并不完全如此，以菲律宾大学为例，该校 1971—1974 年间，有 1 720 位专任教师，其中 391 人（22. 7%）有博士学位、673 人（37%）有硕士学位、520 人（30. 8%）有学士学位，还有少数没有上述三种学位的。又如最古老的圣托马斯大学，1982 年有教师 687 人，其中博士 216 人（31%）、硕士 268 人（39%）、学士 203 人（30%），各占 1/3 左右。其他院校就更难说了。因为教师的任命通常由各大学、学院自行决定，一般情况是：委任教授级的教师由学院校长推荐，经校董事会批准；讲师由校长任命。任期一个月、一个学期、一年不等。

菲律宾教师的待遇和社会地位不高。中小学教师待遇只稍高于国家规定的工人工资最低限额。高等学校教师也好不了多少，一般月薪为两三千比索，私立学院有的只有 1 500 比索左右。还有的私立学院按钟点计酬，每小时约 20 比索，每周教课 20 小时，月收入还不到 2 000 比索。城市里每月每人的吃穿至少就得花三四百比索，两室或三室的一般住房每月房租 500 比索左右，还有医药费、子女学费、交通费等。所以一个四口之家，如果主要劳动力是教师，即使是大学教师，生活也是很困难的。由于教师待遇低，男人不愿当教师，中、小学绝大多数都是女教师。大学也有很多女教师。当了教师的也千方百计想转业。许多教师上课不专心，下课后就去当家庭教师或招生补习；也有的课余时间去当推销员、文书以及摆摊子。大学教师也得设法兼课或到公司、工厂兼职。当中国教育代表团访问最高学府的菲律宾大学时，该校分管文史学科的副校长就说：文史学科教师兼职机会少、生活困难，大学有责任为他们创造兼职机会。菲律宾各大学都有鼓励教师在外面寻找兼职工作的做法，由此教师待遇与地位可见一斑。

八、存在问题

综上所述，菲律宾高等教育的主要问题是：

（1）高等学校和大学生的数量虽然很多，但在发展过程中对于质量的关注不够。政府对于私立院校缺乏有效的控制与管理，以致质量普遍偏低。除了若干名牌大学如菲律宾大学、菲律宾工程技术学院的五年制院校和医科院校之外，估计多数学士学位的大学毕业生仅具大专水平，二、三年制的毕业生仅具中专水平。年限过短、知识积累与能力培养不够，是主要原因；另外，教师待遇与社会地位不高、师资水平与教学努力不够，以及除少数大学外设备较差，都是造成学习质量偏低的原因。如何切实有效地控制数量、提高质量，至今似乎尚无有效措施。在教育事业发展过程中，数量与质量的矛盾应当如何正确处理是一个值得深思的问题。

（2）殖民地教育影响较深。名牌大学多是美国以及西欧的传统教育，甚至有西班牙传统的痕迹。例如规定西班牙语为必修课程，每个学生四年中必须修习 24 个学分的西班牙语。因为学了没有什么用，近年来大学生纷纷反对，但仍囿于传统法规，尚未能废除。至于人文、社会科学方面的课程，更是渗透了资本主义、帝国主义的文化与思想。1978 年以后，虽然强调教育要菲律宾化，但在高等教育特别是传统大学中所起的实际影响却很小。例如政府提倡双语教学（用英语授自然科学，用菲律宾语授人文科学），但在高等学校中，实际却很难推行。很多人认为学了菲律宾语用处不大，因为上流社会、政府机关以及工商业界，通用的乃是英语。

（3）为了适应经济社会发展的需要，也为了解决毕业生就业问题，政府大力提倡加强技术与职业教育，收到一些效果。但传统大学仍然重理论、轻实践，重学术、轻应用，培养出来的学生不能适应劳动市场的需要，毕业生的失业率仍在不断增加，问题很严重。政府为培养忠于自己的干部，训练在职职工的职业技能，创办了以“生活大学”（按菲律宾语应译为“新社会大学”）为中心的一套不同于传统教育的政治与职业教育体系。这一体系要求教育应在严格控制之下，贯彻新社会建设的意图，着重思想灌输和政策教育，也进行职业训练。其学习年限不定，教学计划视需要编制，教学方式多样化。“生活大学”现已延伸到全国各地，设立了50多所分校。有些高等学校（如Ateneo大学），虽然不可能按“生活大学”那套方法办学，但在思想上也逐渐倾向于新社会运动的教育思想，从重理论到重实用。两种教育思想，两个教育体系，形成对立。谁是谁非，现在下判断还为时过早。但这种发展变化的过程是值得注意的。

（4）在高等教育结构上，除商业管理变化不大、仍保持1/3的大学生数外，其他学科领域的消长，十年来变化很大。总的趋势是从文理、教育学科占优势到医学、工程技术专业占优势，这是适应经济、社会发展的必然趋势。但有三点值得注意：第一，学习教育（师范）的学生人数急剧下降，对于文化教育事业的发展是不利的；第二，如果国家不重视培养理论人才，文理各科学生比例继续下降，尤其是学自然科学的人数太少，可能从一个偏向走向另一个偏向，不利于科学技术的发展，也不利于作为一个独立国家的发展；第三，菲律宾的主要生产领域是农业、海洋，这方面的人才还有待于扩展，商业管理专业比例过高，从长远看是否恰当，也值得研究。

每个国家有各自的具体情况，本文只能就菲律宾谈菲律宾高等教育，可能有某些经验与教训值得我们借鉴，但我们是社会主义国家，有可能根据现代化建设的需要，从当前的实际出发，对高等教育的发展做出全面的、比较长远的规划，这是受劳动市场支配的资本主义国家做不到的。

主要参考资料

1. 菲律宾教育文化部. Annual Reporl 1981.

2. 菲律宾教育文化部. The Philippine Educational System.

3. The Higher Education of the Republic of Philippine//国际高等教育百科全书：第7卷.

4. Trends and New Developments in Higher Education in the Philippines.

5. Current Trends in Higher Education.

6. Tertiary Education in the Philippines.

7. Private Education in the Philippines.

8. 菲律宾国家报告（一）.

9. 菲律宾国家报告（二）.

10. University of Santo Tomas.

11. 菲律宾 Ateneo 大学. School of Arts and Sciences Profile Faculty.

12. Ateneo 大学校长报告.

13. 中国教育代表团访问菲律宾报告.

14. 出席联合国教科文亚太地区高等教育合作计划第二组第一次会议报告.

泰国高等教育的改革与发展①

泰国政府把教育看作是促使经济社会发展和政治进步的关键。自20世纪60年代以来，制订了一系列发展国民教育的计划，采取措施，保证和促进教育事业的发展。如增加教育投资；增设各类教育机构，创办“开放大学”，扩大受教育机会；改革高等教育管理体制；加强大学与国家经济社会发展的联系等。这些措施在实施中有哪些成功的经验、有哪些不足之处，特别是高等教育有哪些值得参考的经验与教训，是本文所要探讨的问题。

一、高等教育的发展简史

泰国近代意义上的高等教育起始于拉玛五世时期。从高等教育机构的职能、任务变化来看，其历史发展可分为两大阶段：20世纪50年代以前，主要是为政府培养各类官员；50年代以后，由于经济社会发展的需要，开始为经济建设和国家发展培养人才和学者。

1871年泰国在皇宫设立第一所高等学校，有如中国的同文馆，是为培养外事官员而设立的。教学内容主要是外语、欧洲列国概况、西方礼仪等。其后，1889年在诗里叻医院设立了一所医学院。1897年成立了第一所法律学校，属司法部管辖。1902年设立了王室侍从学校，专门培养行政官员。1913年成立工程学校。1917年，成立了第一所大学——朱拉隆功大学（以下简称

① 原载《外国高等教育资料》，1986年第4期。作者：潘懋元，黄建如。

朱大）。朱大是由上面提到的几所学院再加上新设的文理学院和政治学院合并而成。其校名是为纪念王朝维新的拉玛五世——朱拉隆功国王。在他统治时期，泰国的教育事业有了很大发展。

1932 年革命以后，泰国由君主专制国家变为君主立宪国家，于是需要一批训练有素、懂得立宪政府管理知识并具有管理能力的官员。因而在 1933 年成立道德与政治科学大学（后改名为法政大学），专门培训新型的政治领导人和公务员。法政大学开始也是一所“开放”大学，凡在政府部门就职的公务人员都可以进去学习。这所大学也是泰国社会科学研究的中心。法政大学的创立，为以后类似的专门性大学的设立开创了先例。

1942 年以后，又新建了三所大学：1942 年朱拉隆功大学医学院从朱大分立出来，成为独立的医科大学——玛希敦大学。1943 年设立甲色沙大学，这是一所农业大学。同年还设立了锡柏肯艺术大学，培养从事泰国古代工艺品的发掘、研究及保藏的人才。

这样，“二战”后，泰国有了五所大学。这些大学构成了泰国高等教育系统的雏形，为以后高等教育的发展打下了基础。但是，早期的高等教育的任务主要是为了培训政府官员。泰国一位前任教育部部长说：“……在泰国建立第一所大学的主要动机就是为国家的各个政府部门培训公务人员”，而不是为社会培养从事建设和寻求真理的学者。这就限制了大学的发展速度与规模，不利于发挥大学对经济社会发展的促进作用。由于每一所大学都是各个部门为了自己的需要而办的，所以大多成为单科性的专门学校。并且各所大学由各个部管辖，上面没有一个统一协调的领导机构，相互之间缺少联系和协作。在地区分布上，这些大学都集中在曼谷地区。

20 世纪 50 年代中期，特别是 1958 年的政变以后，新政府提出了高等教育要为国家的社会经济发展培养合格人才的号召，加深了人们对高等教育概念的理解，并开始推行包括教育在内的国民经济发展计划。随着经济建设的迅速发展，教育设施也迅速增加起来，1954 年，在美国的援助下，设立了教育学院（1974 年扩展为诗纳卡林威洛大学）。

20 世纪 50 年代末 60 年代初，泰国政府致力于发展本科生教育，提倡研究生教育，在乡村地区设立教育进修学院，以提高教师的素质。为改变高等教育的布局以增加受高等教育的机会，60 年代以后，泰国的高等教育逐步向内地发展，在曼谷地区以外创办了三所地区大学。这就是1964年在西北地区创办的清迈大学、在东北地区创办的孔敬大学、1967年在南方地区创办的宋卡王子大学。此外，1966年成立了一所只招研究生的国立发展研究院，专门培养高级工、商、行政管理人才。为进一步减轻政府教育经费负担，并缓和中学毕业生要求升学人数过多的压力，1965年9月，泰国内阁会议通过决议，准许私人开办三年制大学。但这还是不能满足适龄青年接受高等教育的要求。于是在1971年，开办了亚洲第一所开放大学——兰甘亨大学。1978年又创办了素可泰・探玛提叻电视大学。

二、高等教育的现状

1977年开始实施的泰国第四个国民教育发展计划，把高等教育定义为“中等后教育”。因此各级各类中等后的教育机构都作为高等教育的组成部分。

目前泰国共有各类高等院校241所，其中属大学事务部管辖的国立大学11所、研究院3所、私立学院12所。1981年在校学生总数837 352人，其中两所开放大学的学生共有571 700人，占在校生总数的65%（如表1、表2所示）。

表1　高等教育机构分类

<table>
<tr><th>类　别</th><th colspan="3">国　　立</th><th colspan="2">私　　立</th></tr>
<tr><td>大学事务部</td><td colspan="2">国立大学</td><td>11 所大学
3 所研究院</td><td>私立学院</td><td>12 所私立学院</td></tr>
<tr><td>教育部及其他部</td><td>国立学院</td><td>教育部
公共卫生部</td><td>1 年高等职业教育学院（有分校 28 所）
36 所师范学院
46 所技术学院
34 所职业学院
33 所农学院
4 所商业学院
14 所体育学院
6 所戏曲艺术学院
1 所美术学院
20 所保育学院</td><td>私立专科院校</td><td>1 所曼谷主息日基督教再临教会医院保育学院
2 所佛教学院
1 所亚洲技术学院</td></tr>
</table>

续上表

<table>
<tr><th>类 别</th><th colspan="3">国 立</th><th colspan="2">私 立</th></tr>
<tr><td rowspan="2">教育部及其他部</td><td>国立学院</td><td>内政部</td><td>1 所曼谷保育学院</td><td rowspan="2">私立专科院校</td><td rowspan="2">1 所曼谷主息日基督教再临教会医院保育学院
2 所佛教学院
1 所亚洲技术学院</td></tr>
<tr><td colspan="2">国立专科院校其他部属学校</td><td>4 所军事/警察专科学院
2 所军事/警察护理学院
1 010 所其他部属学校</td></tr>
</table>

注：学校数截至 1983 年 2 月 15 日。

来源：维拉庞 · 博冯塞里．泰国发展高等教育的研究.

表 2 1981 年高校注册生学业水平和学校类型

单位：人

学业水平	国立大学	私立学院	国立学院
研究生	12 142	—	—
本科生	653 625	23 000	37 070
专科生	6 431	6 835	98 247
总计	672 198	29 835	135 317

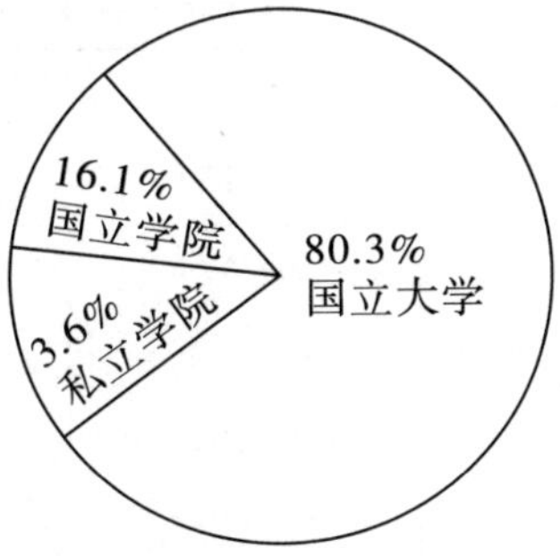

图 1 1981 年高校注册生百分比

来源：维拉庞 · 博冯塞里．泰国发展高等教育的研究.

泰国的高等教育机构分为国立、私立两大类。具体还可分为四种：国立大学、私立学院、国立学院、私立专科学校（如表 1 所示）。

（1）国立大学。国立大学属大学事务部领导，有 11 所国立大学和 3 所研究院。这些大学和研究院主要培养本科生和研究生，还有一部分专科学生。1981 年国立大学和研究院总注册人数为672 198人（见表 2），学生总数中本科生653 625人，研究生12 142人，其余皆为专科生。研究生中，有毕业证书的 701 人，有硕士学位的10 860人，有博士学位的 581 人。

表 3　1981 年国立大学注册生学科分类

学科		本科生	
		人数/人	百分比/%
选择性大学	人文	9 217	11.1
	教育	22 495	26.9
	艺术	1 644	2.0
	社会科学	17 007	20.3
	法律	3 508	4.2
	科学	10 222	12.2
	工程学	6 106	7.3
	医学	7 891	9.4
	农学	5 562	6.6
	合计	83 654	100.0
开放大学	人文	21 306	3.7
	教育	114 155	20.0
	社会科学	247 594	43.3
	法律	177 448	31.0
	科学	11 197	2.0
	合计	571 700	100.0

来源：Higher Education Section. Educational Planning Diversion，NEC from：Higher Education Sector Survey，p. 21.

（2）私立学院。泰国现有私立学院 12 所，其中曼谷 8 所、中部地区 2 所、北部地区 1 所、东北地区 1 所。私立学院所设科系主要是人文学科、社会科学、法律、工程和医学等学科，学生人数最多的是商业管理，毕业后多在私人商业公司工作。工程学方面，私立学院的学制一般为2年或3年，毕业时发给高等职业教育证书。医学方面，主要是培养保育人员。1981年私立学院注册人数为29 835人，其中23 000人达到学士水平，6 835人只达到毕业水平。

（3）国立学院。国立学院主要培养劳动市场的中级人才。职业技术教育学院、师范学院、戏曲学院和美术学院，设有学位课程和毕业文凭课程两种，不设研究生课程。1981年注册学生数为135 317人，其中修习学士学位的有37 070人，修习毕业文凭的有98 247人。

（4）私立专科院校。私立专科院校只有4所。其中有2所佛教学院，1所教会医院保育学院，1所亚洲技术学院。

从对招生控制的宽严程度来分，泰国的高等院校可分为三种类型：

第一种类型的高等院校每年的招生数有一定限额。入学须经过严格的考试，只有达到标准的学生才能被录取。这类高等院校有12所国立大学和11所私立学院。

第二种类型的高等院校虽然招生数也有一定的限额，有计划地培养具有学位的人才，但在实际中却大大超过计划规定。这类学校有教育部所属的36所师范学校、职业技术教育学院及理工学院，学生数超过规定限额的主要原因是“寄读”制度在这类高等院校中占有很大的比例。

第三种类型的高等院校招生数额不限，入学条件较低。主要是兰甘亨大学和素可泰电视大学。这两所大学招生人数不限名额，并实行免试入学，所以这两所大学的学生数都是数以十万计的。

三、高等教育的体制与管理制度

泰国高等教育分为专科、本科与研究生教育三个层次。师范学院、短期大学及其他专科院校的学制一般为2～3年，普通大学及学院的学制一般是4年，建筑、工科、药学为5年，医科、牙科、兽医为6年。大学毕业之后，可得学士学位。研究生教育分两级，研读硕士学位的，一般规定为2年，博士学位则要再研究 2 ~3 年。

高等学校采用学分制，积累足够学分，学生就可以毕业。学分可以通过正规学校教育获得，也可以通过非正规教育获得，并行的各类教育课程的相互转换也较灵活。

泰国的高等教育在管理体制上与普通中小学分开，自成体系。原则上，泰国所有的高等院校均由国家管理、监督。但在 1958 年以前，几所国立大学由几个部分管，难免政出多门。为改变大学分散管理的状况，1958 年政府做出决定：除教育学院外，其他五所大学都划归总理办公厅主管。1959 年又成立国家教育委员会，作为泰国各级教育发展的咨询机构和协调机构。这样做的目的，一是可以逐步把大学的发展纳入国家发展的计划，以适应经济社会发展的需要；二是可以促进各大学之间的协作；三是有利于国家教育投资的统一调配。

1972 年 10 月，泰国设立大学事务部。大学事务部的职责有：监督、管理国立大学和私立学院，制定大学行政管理规划、课程标准，确定高等教育财政预算的分配，以及根据国民教育发展计划提出指导性意见。为了与其他政府机构取得协调，大学事务部经常与国家有关部门联系，征求他们的意见。除大学事务部作为政府管理部门外，还设立“校长联合会”，以协调国立高等学校之间的关系。每两个月举行一次会议，就各校遇到的普遍性问题进行讨论。

师范院校仍由教育部管理，职业教育局则负责职业、技术学院的管理（见图 2）。

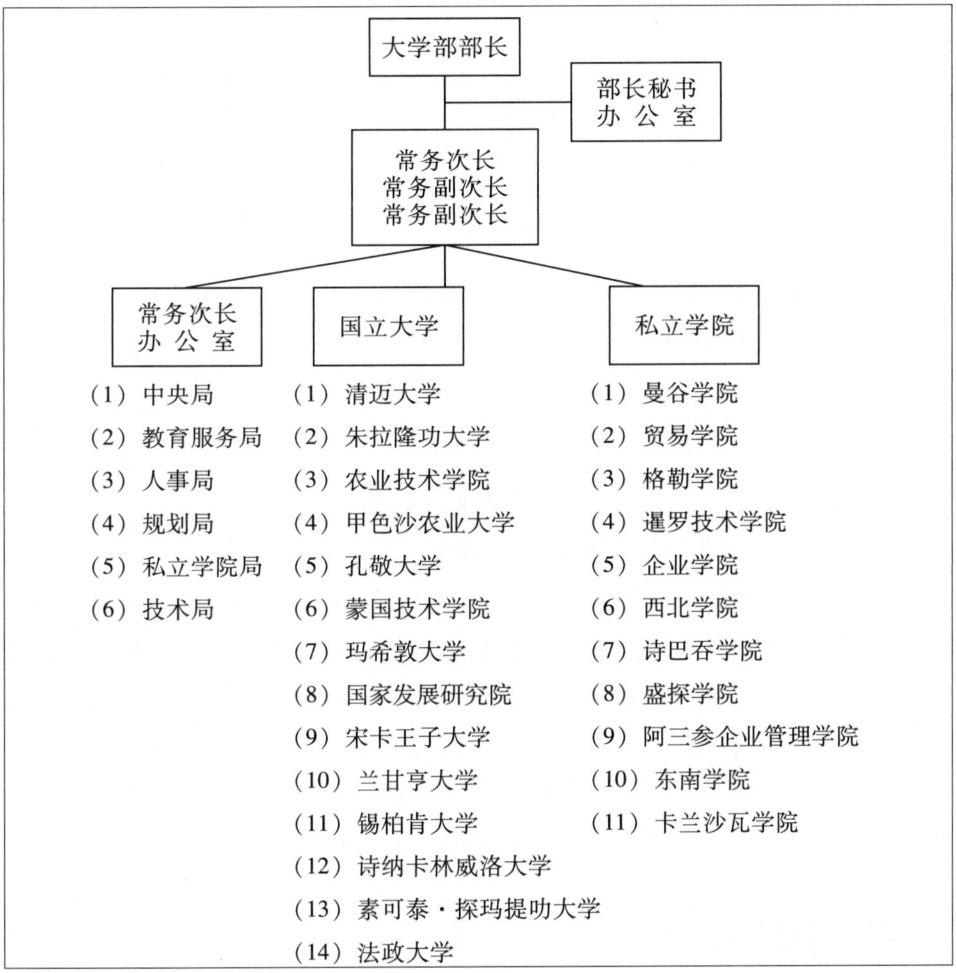

图2　泰国大学部行政机构

来源：［泰］大学事务部. General Information. 1979：2.

大学内部管理由大学委员会（相当于理事会）领导。大学校长、学院院长、系主任和教师评议会的一名代表是委员会的当然委员。当然委员约占委员会的半数，其余半数委员由选举产生。各大学有很大的自主权。从职权范围讲，大学由校长参照委员会的意见主持日常工作。但实际上，教师评议会在大学事务中所起的作用越来越大。大学中每个学院的院长负责行政工作，有关学术计划由院务委员会制定，经大学委员会批准执行（见图3）。

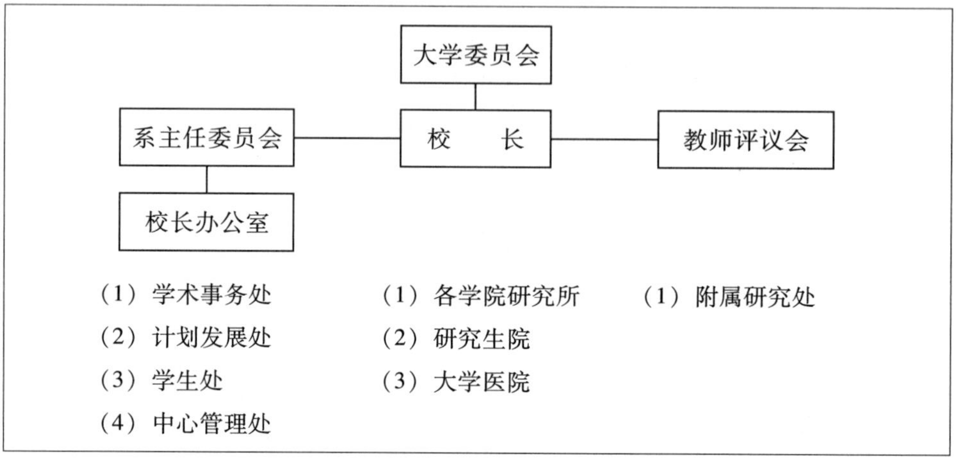

图 3　大学的组织机构

来源：［泰］大学事务部. General Information. 1979：2.

高等教育是泰国教育事业的核心部分，因而大学很受重视，具有很高的社会地位。表现在：朱拉隆功大学校长由内阁大臣、大学部长兼任，其他大学的校长，多数是由当过总理、副总理、议长、副议长等社会地位很高的知名人士担任，还由各学科领域的知名人士组成学术委员会，审议有关大学的学术问题和学科设置。国王经常到各大学巡视，还亲自参加一些大学的毕业典礼，亲授毕业证书，以提高大学的社会地位和大学毕业生的荣誉感。

四、高等教育投资

泰国高等教育经费的主要来源是政府的财政拨款。高等学校的兴建和扩建，教学设备和图书资料的添置都动用大量预算拨款。例如 1979 年高等教育经费预算为 27.329 亿铢，占当年教育经费的 14.95%，国家财政总预算的 2.97%。

12 所国立大学和研究院（不包括兰甘亨大学和素可泰电视大学）获政府拨款的逐年增长数如表 4 所示。

表 4　泰国国立大学历年经费预算增长情况

单位：万铢

年度	1975	1976	1977	1978	1979
大学经费	128 532	177 148	196 649	217 751	232 502

五年之间，政府拨款的增长率达 81%。其中获拨款较多的有玛希敦医科大学（1979 年为 45 241 万铢，下同）、宋卡王子大学（31 519 万铢）、朱拉隆功大学（30 327 万铢），每年拨款都在 3 亿铢（约合 1 500 万美元）以上。

实际上，高等学校每年的实际经费都超过了政府的拨款数额，一般政府拨款只占学校经费的 85% ~95%，其余经费来源，有国内外捐助、学校资产收入和学杂费等。有些知名大学的经费来源相当丰足。例如朱拉隆功大学 1979 年政府拨款仅占全年经费的 49%，其余为红十字基金存款利息 23%、资产盈利 22%、学费 3%、奖学金 3%，所以朱拉隆功大学 1979 年全年经费达 6 亿多铢，即美金 3 000 多万元，比我国当年任何一所学校的经费都多得多。

每名大学生由国家所负担的经费平均为 2 万多铢（合 1 000 多美元）。其中玛希敦医科大学的学生每人达 7 万多铢，朱拉隆功大学约 4 万铢，地方上的清迈大学也达 3 万铢。

五、高等教育的专业结构

在资本主义社会，青年上不上大学很大程度是受劳动力市场的支配，选学什么专业更是看劳动力市场的行情而定。因此，一个国家高等教育的专业结构，一般来说反映了该国的经济结构与上层建筑各个领域的情况。20 年来，泰国的经济发展虽然很迅速，商业尤为繁荣，但是工业基础，尤其是重工业和尖端科技生产的基础还较薄弱。因此高等教育偏向于培养财经、政法人才，理工方面科系不齐全，学生数量也较少。

按联合国教科文组织的学科分类，1977 年与 1981 年，泰国国立大学各学科学生人数及其比例变化情况如表 5、表 6 所示。

表5　1977年国立大学（包括兰甘亨大学）注册学生学科分类

学科	大学生		研究生		合计	
	人数/人	百分比/%	人数/人	百分比/%	人数/人	百分比/%
农业	4 182	2.20	428	5.12	4 610	2.43
教育	37 280	19.60	1 669	19.97	38 649	19.62
工科	7 021	3.69	632	7.56	7 653	3.85
艺术	1 335	0.70	183	2.19	1 518	0.76
人文	10 434	5.49	529	6.33	10 962	0.52
法律	44 515	23.41	408	4.88	44 923	22.63
医药	8 891	4.68	652	7.80	9 543	4.81
理科	9 228	4.85	836	10.01	10 064	5.07
社会	67 294	35.38	3 019	36.13	70 313	35.42
总计	190 180	100.00	8 356	100.00	198 235	

来源：［泰］大学事务部．General Information．1979：58、59．

表6　1981年国立大学（不包括兰甘亨大学）注册学生学科分类

学科	人文	教育	艺术	社会	法律	理科	工科	医学	农业	总计
学生数/人	9 217	22 459	1 644	17 009	3 508	10 222	6 160	7 891	5 562	83 672
百分比/%	11.0	26.9	2.0	20.3	4.2	12.2	7.4	9.4	6.6	100.00

来源：Higher Education Sector Survey．1982：21．

从表5可以看出，泰国的大学生不论本科还是研究生，学社会科学（主要是商业经济）的占第一位，其次是学法律的。两者合计，超过半数。学理、工、农、医的，本科生只占15.42%，研究生也只占30.49%。如果进一步分析，还可以见到文科以商、法为多，理科基本上是应用技术。这种专业结构，显然不利于现代化科学技术与经济的自立发展。表6不包括兰甘亨大学，比例有较大变化。但理、工、农、医仍只占学生总数的35.6%，尤其是工科只占7.4%，农科只占6.6%。

泰国是一个以农业为主的发展中国家，农、林、渔业生产，在国民经济中占有很重要的地位并且有很好的发展前途。但是高等农业科系的大学生（含研究生）1977年仅4 610人，占在校生总数的2.4%（包括兰甘亨大学）或6.6%（不包括兰甘亨大学）。不论从相对数还是从绝对数来看，都与泰国的实际情况与发展前途很不相称；对泰国农、林、渔业的发展，农业的现代化都很不利。

兰甘亨、素可泰两所开放大学的学生中，由于受教学形式的限制，理、工、农、医科系不易创办，修习人文、教育、社会科学和法律的竟达98%。由于开放大学学生约占在校生总数的70%，因而对整个高等教育的学科构成产生了举足轻重的影响，是我们在宏观控制上值得考虑的问题。

造成农业学科学生数少的原因，除了受劳动力市场支配外，还有以下两方面的原因：（1）城市学生害怕到农村工作，农村来的学生也有许多不愿回农村的，因为农村的工作、生活条件都不如城市；（2）农村文化教育基础薄弱，缺少必要的图书资料及设备，加上子女上学条件差，农村中学生能考上大学并有足够经济条件到城市就学的较少。

由于泰国的高等教育结构比例与社会经济发展对人才的需求不相协调，造成某些学科，特别是社会科学、人文学科的毕业生人数大大超过社会需求的增长比例，引起了供求之间的严重失调，造成大量毕业生结构性失业（见表7）。

表7　泰国高等学校毕业生失业率（毕业后一年）百分比

学科	毕业生失业率百分比/%		
	1975年	1976年	1977年
农业	28.73	20.36	21.27
教育	11.00	16.13	7.30
工程技术	20.02	21.73	3.47
美术	20.57	19.89	4.02
医学	9.16	6.62	5.91
人文	38.32	46.66	29.56
法律	30.73	47.45	45.80

续上表

学科	毕业生失业率百分比/%		
	1975 年	1976 年	1977 年
自然科学	41.31	44.97	30.26
社会科学	33.14	42.57	36.02

来源：大学事务部. Higher Education Sector Survey. 1982.

从表7中可以看到，1976年人文学科的失业率高达46.66%，法律学科达47.45%，社会科学学科为42.57%。这三个学科毕业生的失业百分比年平均都超过35%，可见其失业率之高。出现这种情况，与前面所讲的人文、社会、法律等学科招生人数失控是直接相关的。至于自然科学学科与农业学科毕业生失业率也很高，属于社会性失业：自然科学学科毕业生失业率高是由于科技事业的不发达，农业学科毕业生失业率高是由于很多大学生不愿到农村去。

据调查，1981年泰国三所主要大学：朱拉隆功大学、甲色沙农业大学、法政大学，1977年时只有社会科学学系的毕业生失业率超过30%，但到了1981年，失业率超过30%的已增加到九个科系：会计学系、经济学系、政治学系、法律学系、自然科学系、语言文学系、人文学科系、艺术学系和社会科学系。说明这九个科系培养出来的人才已大大超过了当时劳动力市场的需求。

因而对泰国高等教育系统来说，当务之急就是要对其专业结构加以调整，控制人文、社会科学、法律、工商管理和教育等学科的发展，发展科技事业，鼓励大学生到农村去，从而增加理、工、医、农等学科的招生数，使高等教育结构适应及推动经济与社会的发展。虽然近两三年泰国政府做了某些努力，如增加就业空位、限制招生数、调整专业结构，以及采取措施，鼓励大学生到农村去等，但由于学生选择专业是无计划的，受当前劳动力市场的盲目支配，因而情况未见明显好转。

六、培养人才的水平

近一二十年来，泰国的高等教育不仅数量发展较快，而且也在不断努力提高培养人才的水平，可从以下三个方面窥见一斑：

（一）大学生入学水平，这是培养人才的起点

泰国国立大学本科，招收12年制普通学校的高中毕业生。要求进入高等院校学习的学生，除了必须通过中学毕业考试外，还必须通过由大学事务部统一举行的大学入学联考。每个考生可填报6个志愿，除5个科目是统一的考题外，还根据不同学科附加考试科目。笔试成绩按高低顺序排列，达到学校录取限额内者，再参加口试和体格检查，全部达到录取标准才能入学。国立大学的录取率，大约为考生数的20%，而且有逐年下降的趋势。可见泰国大学新生水平一般不低。

表8　泰国国立大学（不包括开放大学）历年新生录取数及百分比

年度	1975	1976	1977	1978	1979
申请入学人数/人	49 322	51 851	64 253	75 321	71 620
被录取人数/人	11 110	11 626	11 793	13 236	12 791
百分比/%	22. 53	22. 42	18. 35	17. 57	17. 86

（二）研究生

能否培养研究生，是反映高等教育水平的一个侧面。泰国很重视自己培养研究生。国立大学研究生的数量，近年来增长很快。研究生逐年增长数如表9所示。

表9　泰国研究生逐年增长表

年度	1972	1973	1974	1975	1976	1977	1978	1979
研究生数/人	5 565	6 534	7 354	7 399	8 012	8 356	8 593	9 400

1979年全国研究生达9 400名，约占国立大学学生总数的11%，这对于发展中国家来说可不算低了。有些知名大学，如朱拉隆功大学，有大学生15 000多名、研究生3 300多名，占国立大学学生总数的22%，并有3种博士学位，博士研究生20多名；清迈大学理学院虽然只有十余年的历史，但有大学生1 000名，研究生也达234名，占国立大学学生总数的百分比接近25%。

泰国的硕士学位一般为2年制，实际平均要修3. 8年；博士学位一般规

定再修3年，实际平均要修4.5年。虽然这是由于研究生的学习往往停停走走，但也可见要通过课程考试和毕业论文答辩并不是很容易的。从大学拥有大量的研究生，而研究生于大学毕业之后，还要修三四年以至七八年才能分别取得硕士、博士学位，可见泰国国立大学，特别是几所知名大学，具有相当高的学术水平。

泰国除积极培养自己的研究生外，还鼓励青年出国留学深造。每年都派遣一定数量的学生到国外接受高等教育，如1977年就派出留学生6 000名。每年用于派遣留学生的经费超过2 500万美元。这些学生主要在美国、西欧、日本、澳大利亚和新西兰等国学习。由此可见，泰国对高级建设人才的培养还是比较重视的。

（三）大学的科学研究水平

高等学校培养人才的水平，很大程度取决于科学研究的开展和科学研究的水平。泰国的国立大学共有11所国家承认的研究所，主要国立大学都有自己的独立研究机构。如朱拉隆功大学就有人口研究所、社会研究所、保健研究所、环境科学研究所等四个科研机构；甲色沙农业大学有食物研究和生产发展研究所、粮食研究中心等。泰国的科研机构在社会科学方面多数是研究社会问题与经济管理问题；在科学技术方面多数是研究应用技术，如太阳能利用、农作物栽培、食品加工、水产捕捞、建筑工程等。基础理论和尖端科学的研究有的正在起步，有的尚未提到日程上来。

七、师资

高等教育事业的发展和培养人才的水平，同经费、设备有密切的关系，但归根结底，最重要的是教师的水平。一个国家的师资水平，可以从教师队伍的结构、教师的待遇与社会地位进行大概的估计。

1981年泰国国立大学有教师12 038人，私立学院和国立学院各有874人和5 392人，其学历结构如表10所示。

表 10　1981 年泰国各类学校专任教师学历结构

学历	国立大学		私立学院		国立学院	
	人数/人	百分比/%	人数/人	百分比/%	人数/人	百分比/%
博士	2 314	19.2	22	2.5	60	1.1
硕士	6 956	57.8	291	33.4	2 499	47.1
学士	2 676	22.2	527	60.2	2 537	47.9
学士以下	92	0.8	34	3.9	296	3.9
总计	12 038	100.00	874	100.00	5 392	100.00

来源：[泰] 国民教育委员会办公室. 高等教育部分调查 [Z]. 1982：52－53.

根据表 10 的统计数字，国立大学教师中有 19.2% 获得过博士学位、57.8% 获得过硕士学位。学历在硕士以上的占 77%，私立学院占 35.9%，国立学院占 48.2%。可见泰国教师中高学历的比例在发展中国家中还是不低的。

泰国之所以能吸收具有较高水平的博士、硕士、教授、专家从事教学和科学研究工作，除了大学的社会地位高之外，一个更重要的原因，就是泰国给教师的待遇比其他公职人员和工人更优厚。

表 11　泰国大学教师的月薪

学衔	教授与副教授	助理教授与高级讲师	讲师	助教
月薪/铢	5 175～9 885	3 420～6 875	1 860～3 850	1 645～2 370
折合美元	259～494	171～344	93～183	82～119

大学教师的实际收入比表 11 中所列的要高，因为多数教授、讲师在其他大学兼任教职，如兰甘亨大学就从各大学聘请了大批兼职教师；还有的教师兼职当律师、会计以及受雇于公司企业。收入较高的教授，每年薪金和兼职收入可达一万多美元。按当地的社会生活水平来说，无疑是相当高的。

由于泰国教师的地位较高，待遇也较优厚，不仅高于工人，而且比其他公职人员优厚（但比私营企业待遇较低）。所以报考师范院校，立志从事教育工作以“报效立国”的青年，颇不乏人，在职教师也较安心。就是出国留学的人员，90% 以上也都愿意回国，其中绝大部分回国是从事教育、科研工作。

八、改革与发展

像东南亚其他国家一样，泰国的高等教育也经历了不断地扩大和多样化的过程。高等学校学生数由 1961 年的 5 万人增加到 1980 年的 22 万人（不包括开放大学的学生），高等院校已增加到 241 所。学校类型也越来越多，现已形成具有专科、本科、研究生和短期大学、开放大学、职业大学等多层次、多形式的高等教育体系。

泰国的高等教育能获得如此迅速的发展，与 20 世纪 60 年代初为了适应国家经济建设和社会发展的需要，对高等教育进行改革有密切的关系，主要有以下几个方面：

第一，把高等教育纳入国家发展计划，使高等教育与经济发展的关系更加密切。泰国从 1961 年开始实行第一个国民经济与社会发展五年计划，高等教育与国家经济发展的关系就显得更加重要，高等院校以其为国家培养和输送专门人才而受到特别重视。国家经济发展中极需而又缺乏的专门学科，被列为重点发展的学科。

第二，改变了过去高等院校分散管理的制度，实行集中统一管理。泰国先是把五所大学划归总理办公厅统一管理；1959 年成立国家教育委员会，加强了对大学的集中管理和协调；1972 年又进一步成立了大学事务部，对全国大学（国立、私立）实行统一管理。

第三，发展内地高等教育。1964 年起，泰国先后建立了一批内地高等院校，逐步改变了以往高校大多集中在曼谷地区的不合理布局，促进了内地教育事业的发展。三所地区性大学既是学术中心，也是地区开发中心，同时还采取照顾内地青年的办法，增加了内地青年接受高等教育的机会。

第四，加强研究生教育。由于国家经济社会的发展需要大量高级专门人才，仅依靠派遣留学生远不能满足国家的需要，因而必须自己培养研究生。泰国除了在各国立大学开设国家急需的专门学科的研究生课程、招收研究生以外，还成立了一所专门培养研究生的高等学校——国立发展管理学院。创立这所大学的目的，是为了使高等教育更直接地服务于国家经济建设。它是泰国加速现代化建设时期的产物。该校设置政治学、发展经济学、统计学和企业管理等学科的研究生课程，向国家提供具有硕士学位以上水平的人才，并培训国家干部。

第五，增加接受高等教育的机会。由于经济建设的发展对人才的需求量大大增加，公众希望接受高等教育的要求不断增强，原有的普通全日制高等学校远远不能满足需要，因而泰国政府采取了两条措施，以增加接受高等教育的机会：一是允许私人办学，二是开办开放大学。

1965 年 9 月，泰国内阁会议通过决议，准许私人或私人团体开办私立三年制大学，借以减轻政府教育经费负担，并缓和国立大学招生生源过多的压力。为保证私立大学的质量，政府规定了创办私立大学的几条原则：（1）保持高等教育的一定水准；（2）有足够的教授和教学仪器设备；（3）开办政府急需的科目，如化学、经济学、农业学、工程学等；（4）制定管理学校的严格规章制度；（5）招收学业成绩中等的高中毕业生。1969 年泰国颁布了《私立学院法》，从立法上正式肯定了私立高等学校的法律地位。

九、引人注目的开放大学

泰国政府在增加接受高等教育机会，推广高等教育方面采取的另一条重要措施就是举办开放大学。开放大学开办以来受到国内外的热烈欢迎，入学人数与日俱增，现已大大超过正规大学的学生数。泰国是东南亚国家中第一个创办开放大学的国家，它为各国，特别是发展中国家如何最大限度地利用国家有限的资源增加民众接受高等教育的机会，树立了一个样板。从一开始，它就引起了亚太地区和其他地区各国的注意。

如前所述，泰国的国立大学、私立学院和师范学院的在校大学生，虽然达到每万人中约有 30 人，但远不能满足高中毕业生的升学需要，更不能满足在职青年深造的要求。在这样的形势下，人们已经认识到增加受教育机会不能单靠普通全日制高等学校，还要采取昔日法政大学曾经一度实行过的学术开放的模式，创立一所新型的开放性的大学，这个设想受到了广泛的支持。

1971 年，泰国政府派出一个教育代表团赴美国考察大学的开放政策与经验，回国后即利用亚洲博览会场所办起一所兰甘亨大学，当年就招收大学生23 000多名。政府规定：兰甘亨大学可以无限制招生，招生条件只要具有高中毕业水平，不受年龄、地区限制，免试入学。因此该校发展极为迅速，截至 1981 年底，注册的大学生已达 49 万多名，超过全国其他各种类型大学的学生人数总和的 2.5 倍。

表 12　兰甘亨大学 1972—1981 年学生增长数

单位：人

年度	1972	1973	1974	1975	1976
学生数	23 117	38 364	60 831	52 636	82 287
年度	1977	1978	1979	1980	1981
学生数	117 415	125 959	311 480	396 687	491 290

来源：Higher Education Sector Survey. 1982：29.

兰甘亨大学现设有法学、政治、工商管理、经济、人文、教育、理科 7 个学院。法学院人数最多，达全校学生的 1/3。学生年龄最大的 72 岁，最小的 16 岁。他们当中有在职的公务人员、军人、店员、小商贩等，绝大多数是高中毕业未能考取大学的青年。

兰甘亨大学采用一些现代化的教学设备。该校的校内主要教学手段是闭路电视，也利用广播电台和电视台进行校外教学。学生可以到校学习，也可以在校外学习。据说经常到校学习的学生约有七八万人，校外学习根据教学计划和统一教材，按时收听广播。设在曼谷的国家广播电台第二套节目每天播送 5 小时的授课节目，各府电台播讲 1 小时，电视台每天进行 1 小时的电视讲授。同时，学校还制订计划，组织流动教师到全国 12 个授课中心为一年级学生讲授课程，并在期考前为学生辅导四周，每周进行一次辅导。

兰甘亨大学的学习年限一般定为 4 年。在基础阶段开设普通必修课程，使学生掌握必备的基础知识，为以后选修专门学科打下基础。每个学生可以有主修和辅修科目，也可以在本系或跨系选修自己所需或感兴趣的科目。每个学生只要按教学计划，修满 140 个学分，通过毕业考试，就可以毕业。成绩优异的学生，每学期可以多修若干学分提前毕业；不能按期毕业的，也可以延长学习年限达八年之长。这种灵活的学制，有利于广泛吸收在职青年、家庭妇女参加学习。

这所大学的一个特点是入学容易考试难。要进兰甘亨大学学习，手续很简单，只要提供一定证明，交纳学费，就可注册。学费每学期每门课程 150 铢。该校的办学宗旨是“提供学术和高级技术职业教育，发扬泰国文化”，是一个学术开放式的教学及科研机构，为国家培养具有学士水平的人才。但为保证质量，必须进行严格的考试。学校定期举行考试，学生分批来校应考。试卷一律用电子计算机评阅，迅速准确，学生经过若干次考试不及格便予除名。从 1972 年到 1979 年办学八年间，据说被除名的已达 10 万人，只有 25 000 名学生毕业，可见淘汰率极高。该校负责人说：“我们是通过严格的考试，使得从兰甘亨大学毕业的学生，水平不低于其他国立大学的毕业生，才能为社会所承认，具有与其他大学毕业生同样的社会地位和待遇。”

1970 年该校有教师 745 名，多数是聘请其他大学的教师或社会上学有专长的人士兼任，所以教师水平不低，与几所名牌的国立大学相当。如具有硕士以上学位的 498 名，达全体教师的 2/3；开出的课程，1979 年第二学期就达 1 021 门。

该校还自办大型印刷厂，1979 年印书 1 044 种共 500 万册，专门供应各门课程的课本和参考书。校内设有书店、图书馆。图书馆有 4 000 个座位，以凭证到馆内阅书，也可请图书馆复印资料。该馆设有庞大的录像、录音部和参考部，能够迅速供应学生所需的显微胶卷、复印资料和录像带、录音带，学生只交成本费。理学院还设有若干实验室，学生可以交费到实验室做实验。

兰甘亨大学的开办和大量招生，不但满足了高中毕业生升学的广泛需要、解决了青年学生失学问题，也起了缓和青年失业问题的作用，一定程度上解决了一些社会问题。这是一个值得重视的经验。

兰甘亨大学创办时，政府的决定是无限制招生，现在他们认为最多只能容纳 50 万名大学生，还是不能满足日益增加的高中毕业生入学需要。因为预计到 1987 年，每年高中毕业生将达 30 万名。因此，1978 年泰国政府决定创办素可泰·探玛提叻电视大学。1980 年暑假开始招生，当年入学人数就达

82 139人。

但开放大学的大量招生也带来了一些问题，如质量下降；由于所设专业大多是无需太多实验设备，学生可以在家自学文、法、财、经、教育等，因而使泰国高等教育专业结构失调的问题更为严重。兰甘亨和素可泰这类开放大学的社会价值与教育价值，是人们经常争论的一个问题。

十、存在问题与展望

二十几年来，泰国的高等教育获得了迅速的发展。在发展过程中也不可避免地出现一些问题。目前泰国高等教育中存在的主要问题有：

（1）高等教育结构比例失调。虽然泰国政府在历次的五年计划中力求调整专业结构，以减轻大学生毕业后的结构性失业问题，但据泰国国家经济和社会发展局人口和人力规划处于1981年的估计，1982—1986年间，牙医、药学、自然科学、教育学科毕业生将大量过剩，失业率将为24%～70%。而电气、机械、化学、材料、冶金、保健等专业仍将大量缺员。

（2）缺乏合格的师资，特别是医学、科学技术、工程学和农学领域的合格师资奇缺。这是结构比例失调造成的直接后果。一些有名的大学在聘请这些教师时，都感到非常困难。

（3）教育资料与教学设备不足。泰国主要以泰语教学。但大学图书馆绝大部分的藏书，特别是教科书、科技参考书多是英文的，很少译成泰文。目前泰国许多大学生的英语水平还不足以利用这些英文资料，以致有些大学的教授上课时，不得不花费许多时间将教科书的内容逐句翻译成泰语。这是由于只注重使用泰语的教学，忽视了以非泰语，尤其是英语作为施教媒介语的教育所致。单一语言政策也直接影响了高等教育的水平。如泰国法政大学人文学系主任阿敦指出的那样：“当前，我们的学生没有能力开展研究，与他们的英语知识的贫乏直接有关。”近年来，泰国政府采取了一些措施，力图改善这种状况。

教学设备不足，特别是在一些私立院校，问题比较突出。兰甘亨大学由于大学生数增加过快，教学设备也严重不足。

（4）高等学校所进行的研究工作涉及面不广，研究项目寥寥无几。且多是社会、经济管理和应用技术方面的问题，基础理论和尖端科学的研究课题几乎空缺。从长远看，缺乏基础理论研究的国家在科学技术方面很难站在前列，从而也将影响经济的高速发展与国家的自力更生。

（5）高等学校在为社会服务，提高民族文化艺术水平方面未能尽其所能。虽然大学具有培养人才、发展科技、服务社会和保护与发展民族文化等基本职能，但泰国的大学实际上的主要职能只是培养人才而已。这就使得大学很难在与国家发展直接有关的活动中发挥更积极的作用、更有效地满足国家发展的需要，同时也限制了其自身向更高水平发展与更好地联系实际。

为了解决这些问题，泰国政府在第五个国民教育发展计划（1982—1986）中制定了以下政策：

（1）提高教学质量和教学效果，加强泰语课本的出版工作，提供现代化设备和资料以满足教学和科研需要，改进管理体制，以提高高等教育的质量和标准。

（2）改进课程内容以及学习和教学过程，使理论与实践适当平衡。同时开设短期课程，以满足社会需要。

（3）采取措施保证教育机会均等，同时增加急需学科和专业的毕业生，特别是医药和公共卫生方面的人才。

（4）支持能促进学术发展和其成果能用于国家发展的研究项目，特别是能源研究和农业技术发展的研究。

（5）通过加强专业知识的传播和各种类型的培养和深造，扩大专业知识为社会服务的范围。

（6）强调道德价值，保护和促进那些构成本民族独有特点的文化艺术，鼓励高等学校为促进和保护民族文化多做贡献。

（7）鼓励大学生多参加课外活动，如体育运动、文化艺术和公益活动等。

（8）鼓励私立高等学校在力所能及的范围内扩大教育领域。这就是说，区别公立高等学校、开放性大学和私立高等学校的不同职责，提供教育机会。阐明可能的措施来支持和加强这类政策。

（9）促进高等学校与校外机构之间的合作，最有效地利用资源。此项政策也是为了使私营部门也承担扩大高等教育的责任。

第五个国民教育计划还提出了在此期间高等教育的几项发展指标：

（1）增加招生数：1982 年招学士学位生约 100 万名，1986 年将要达到 143 万名；硕士生 1982 年招 13 000 名，1986 年将达到 17 000 名；博士生 1982 年招 929 名，1986 年将达到1 592名。

（2）教师队伍的学历构成：博士、硕士、学士的比例将由 2.0∶5.5∶2.5 调整到 2.5∶5.5∶2.0。

（3）高等教育投资在第五个发展计划期间总共拨款 300 亿铢，平均每年 60 亿铢。

第五个国民教育发展计划的政策与措施是否能够很好地实现、实施的结果如何，还有待于进一步的考察。

当前，世界各国的高教改革有共同的发展趋势[①]

今年[②]6月，来自世界各地的高等教育专家聚会北京，就当前世界性的高等教育改革进行探讨。尽管各国高等教育改革的方案、措施不尽相同，但仍可以看出一些共同的趋势。

第一，各国都在寻求使学校与社会紧密联系、教育与生产密切结合的有效途径。苏联提出“教育和生产、科学一体化”，日本提出“产学协同”，美国、加拿大提出“合作教育”，英国提出“三明治”教学制度都是这一共同趋势的体现。中国近年提倡的“教育、科研、生产联合体”，也符合这一潮流。

第二，办学形式和学制日益多样、灵活。终身教育、继续教育和回归教育等新概念不断涌现，许多国家形成了一种新的“双轨制”的高教体制。当日本临时教育审议会提出“向终身教育体系过渡”的基本设想时，美国1 200万名大学生中，已有40%是部分时间制的大学生，还有1 700万人在高等学校之外接受多种多样的“校外教育”。泰国的开放大学学生已占大学生总数的70%以上。中国的全日制普通高等学校的学生和成人高等学校的学生已差不多相等。

第三，在人才培养的目标上，通才教育与专才教育并行发展。一些传统大学强调通才教育，以培养基础宽厚、文化素质较高、适应性较强的人才。

① 原载《世界知识》，1988年第16期。作者：潘懋元。

② 编者注：此处指1988年。

但劳务市场上却更欢迎技术性、应用性、职业性的专门人才。在市场机制的制约下，大学生更多地倾向于为谋求就业机会而学习。美国卡内基基金会的一项调查表明，大学生以自我价值为学习目标的人数比例日趋下降，而以获得一项职业技能为学习目标的人数比例不断上升。这种教育价值观使教育家忧心忡忡，他们担心人才质量下降，最终将影响国家的科学文化水平，因而力求寻找一种能把普通教育和职业教育结合起来的模式，使之既能满足劳务市场当前的需要，又能培养出具有良好文化素质与科学水平的人才。日本强调本科教育的完整性，把基础教育与专业教育结合起来；美国卡内基基金会建议把文理科教育渗透于职业教育之中；苏联则提倡培养专业面广的专门人才。

第四，在教学内容上，强调基础（基础知识具有相对稳定性与广泛适应性）、综合（有利于适应现代生产与生活）、方法（方法比知识具有更高的迁移价值）；在教学方法上，强调智力与能力的培养，加强生产实践与社会实践，以及广泛运用现代化教学手段以提高教学效率。

英国考试制度及开放教育考察报告①

应英国文化委员会的邀请，由国家教委、全国自学考试研究委员会、福建省和湖北省教委组成的中国高教自学考试考察组一行七人，以全国自学考试研究委员会主任、厦门大学教授潘懋元为组长，全国自学考试研究委员会副主任、北京师范大学教授张厚粲，福建省教委副主任王昕为副组长，于1988年6月11—24日赴英国考察。这是我国高教自学考试制度建立以来首次组织出国考察。

一、考察的基本情况

我们考察组到达英国以后，先后经伦敦、爱丁堡、格拉斯哥等城市，考察和访问了英国开放大学及其东南部分校、格拉斯哥大学、爱丁堡大学、巴克黑文开放学院等五所学校，伦敦城市与行会考试院、牛津大学地方考试中心与苏格兰职业技术教育委员会等三个考试机构，对英国的校内考试和校外考试、学科性考试和职业性考试以及相关的开放教育进行了多方面的了解和交流。

我们认为，英国的考试制度不仅具有悠久的历史，而且至今仍在社会各方面发挥着重要的作用。可以这样说，在英国，考试不仅是学校教育的组成部分，而且渗透到社会的各行各业中。我们对英国考试制度的印象是：各式

① 原载《福建高教研究》，1989年第3期。作者：潘懋元，王昕，康乃美。

各样的考试机构林立，办考经验比较丰富和成熟，规章制度比较健全，考试管理比较科学化和现代化，考试的内容适应社会需要，考试方式也在不断改革和创新，考试的威信和声誉都很高。

尤其值得提到的是，与英国考试制度相匹配的远距离开放教育也是相当发达的。不仅开放大学围绕着考试举办各种各样的教学和辅导，而且许多考试机构本身也举办远距离教学。这些远距离开放教育的办学形式、层次和规格是多种多样的；对社会各类成人充分开放，专业和课程设置也十分灵活，针对性很强；学法和教学手段一般都采用或吸收现代化技术，特别是视听技术和计算机。自编的教材不仅保持有较高的学术水平，而且比较适合成人自学的特点。教师队伍数量相当可观，而且训练有素；辅导系统和学习中心网络遍布全国各地，组织和管理相当严密。英国开放教育的质量和成就，不仅为英国社会所承认，而且得到了世界的公认。尤其是开放大学被世界各国誉为开放教育的楷模和先驱。

当然，英国的考试制度与开放教育并不是完美无缺的，也存在许多问题，有待改进。如：有的收费昂贵，学生负担较重；有的办学经费不足，难以承担电视广播的开支；有的兼职人员过多，队伍不够稳定；有的竞争激烈，生源不够稳定；等等。因为我们这次考察的主要任务是取人之长、补己之短，所以没有也不方便着重考察他们的不足之处。

总之，尽管我们这次考察带有初次探路的性质，时间很短暂，但确实开阔了视野，交流了经验，互通了信息，增进了友谊，沟通了联系渠道，探讨了今后合作的意向，达到了预期的考察目的。

二、英国考试及开放教育可资借鉴之处

这次考察所接触的英国考试名目繁多，就考试范围来说大致可分为校内考试和校外考试，就考试内容来说可分为学科性考试和职业性考试。与此相对应的开放教育，既有校内教育又有校外教育，既有以学科性为主的教育又有以职业性为主的教育。这些考试和开放教育形式，应该说都很有特色，各有长短。针对我国自学考试情况，我们认为主要有以下做法可资借鉴。

(一)办考与办学相沟通

据我们考察，英国考试制度和开放教育既有教学与考试两种职能相分离的模式，如伦敦大学的校外学位制和伦敦城市与行会考试院，本身只办考不办学；又有教学与考试两种职能相结合的模式，如英国开放大学和一些传统大学为校外生所举办的远距离教育，本身既办考又办学，两者是互相配合、互相沟通、互相制约和互相促进的。

伦敦城市与行会考试机构，本身并不具备办学的职能，但是他们通过制定考试目标和规范、编写和提供教育资料等与社会办学单位保持极其密切的联系，并促进和推动了本国和外国 1 200 多所高等学校和专门培训机构，围绕着他们所制定的考试目标和内容进行办班和辅导。社会上的广泛办学，不仅每年源源不断地为他们提供了大量的生源，而且对考试质量起了一定的促进和保证作用。

英国开放大学则是兼备教育、考试和授予学位整套职能于一身，办学与办考自然是紧密结合在一起的。但是，他们为了确保毕业生的质量，在总校专门设立了考试部并保持相对的独立性，建立了严密的考试监察系统，并邀请校外人员参与命题和主持考试。此外，他们还把考试分成由分校辅导员进行的连续性评定和总校进行的总结性评定两个部分（根据平时作业与测验）。一门课程的总分数或等级是把这两部分数据按一定公式综合起来确定的。

英国的这一经验，对于解决我国自学考试、广播电视大学、函授等实际工作当中长期存在的“考学分家”的困扰，很有启发和参考价值。

(二)办考办学与社会需要相结合

按照经济社会的实际需要，发展多形式、多门类、多层次、多规格的开放教育和社会考试，并根据经济社会需要的变化，随时调整和重新设计教学和考试计划以及考试内容，这是英国考试制度与开放教育又一可资借鉴之处。

英国的高等教育历史悠久，过去以本科教育为主，学科的学术水平较高，但保守观念较重，重理论、轻应用的倾向比较明显。但是，我们这次在英国实际所看到的情况，显然有了很大的变化。就我们所接触的几所大学和考试机构而言，都在努力追踪市场的需要，社会上需要什么专业和课程他们就设置什么专业和课程，并着重于提高成人的工作能力，办学办考与社会实际需要紧密结合，方式灵活多变，十分注重实效。

以英国开放大学为例，这所建立于1971年的新型大学，为了适应社会需要领域的不断扩大，开设的课程从1975年的70多门增加到现在的290多门。学科内容包括文科、教育、数学、自然科学、社会科学、技术工艺学等各个领域，门类比较齐全。学历层次包括研究生、本科生和非本科生。1985年有12万名学生参加学习，其中一半以上是修学位课程，每年平均有5 000～6 000名毕业生。

又如伦敦城市与行会考试院，他们把分析和研究社会各行各业的岗位规范列为首要任务，根据社会需要设考，目前共开设了480个专业，每年举行8次考试，考生保持在50万人左右，遍布80多个国家。正如该院负责人所说："按照社会需要设考，这是首先必须考虑的问题。如果发现不了社会的新需要，就无法生存下去。"因此，我们必须投入很大的力量去分析和预测社会的需求。

在当前商品经济条件下，为使我国自学考试事业不致"滑坡"而能不断发展，英国办考办学追踪市场需要这一经验，是特别值得我们重视的。

（三）灵活性与统一性相结合

英国校外考试和开放教育办得很灵活，管理也很严格，质量较有保证。这显然与他们能正确处理灵活性与统一性的关系是分不开的。英国校外考试和开放教育，在报考条件和入学条件、教学与考试方式、课程和考试的具体安排等方面都十分灵活，以适应在职成人的学习和应考。但是，他们在培养规格和选拔人才标准上又是十分严格，要求相同等级的质量标准必须基本一致。

英国开放大学具有学生开放、课程开放、授课方式开放等三个显著特征。学生入学不需要考试；选课的自由度很大，学校按课程开放，并将123门课程按不同专业的需要组合成45种足够学分的专业，供学生自由选择（学生还可根据自身的需要自选课程组合成另外一些专业，不受此限）；学生可以到校听课参加辅导，也可以在家自学，其自由灵活的程度是其他大学无法比拟的。但是，学分和考试是统一的。开放大学规定学生必须修满六个学分才能授予学士学位，修满八个学分才能授予荣誉学士学位，同时还规定平时作业或考试不合格的学生不能参加总结性考试，未取得基础学分之前不准学习第二级或以后各级的课程。因此，尽管他们办学很灵活，但毕业生质量在社会适应性上一般不差于全日制大学。

英国的校外考试亦是如此，既有灵活性，又有统一性，大家都坚持把质量标准放在第一位。牛津大学地方考试中心研究部主任对我们说，英国现在还有六七个与他们负有相同任务（评估中学生毕业水平）的考试机构，所出的考题风格不同、各有特色。各中学可以任选某一考试中心所出考卷，但考试结果基本是一致的。所以，他们有一项非常重要的工作，就是必须研究课程之间、各年度之间以及各个考试中心之间的考试标准相一致的问题，只有这样才能建立起考试的权威。

我国自学考试和其他成人高校存在“统而不活”或“活而不严”以及“互不沟通”的现象。英国这方面的经验，有助于我们解决上述问题。

（四）多种教学方法和教学手段并用

英国考试制度和开放教育取得成功的一个重要因素，就是综合运用多种教学方法和教学手段进行教学辅导，善于取长补短，把各种教学方式很好地协调起来。英国开放大学可以说是这一方面的范例。

英国开放大学所采用的教育媒体有自学教材、参考书、广播电视、盒式录音带、录像带、唱片、幻灯片、家庭实验箱、实验室、实地考察、计算机软件等，并通过学习中心、暑期学校和短期学校进行集体面授、个别辅导以及小组讨论。他们所关心的不是采用了哪种教育媒体，而是采用哪些教育媒体最方便于学生的学习和取得最佳的教学效果，以及如何发挥多种教育媒体的整体效益和综合效能。据开放大学调查统计，各种教学方法平均约占学生学习时间的百分比：自学为65%，收看（听）电视（广播）为10%，面授和辅导为15%，作业和考试为10%。他们特别指出，广播、电视因受频道、时间与范围的限制，只能重点采用，一门课程很少从头到尾通过广播电视授课。

在英国，我们发现现在确实没有哪一所远距离学习机构只采用一种方式进行教学，一般都是采用自学、面授、广播、电视以及可能条件下的面授、辅导等组成的综合教学体系。同时我们还发现，即使是在英国这样发达的国家里，也不管各种教育形式采用多么现代化的教学技术，自学至今仍然是英国各种远距离教育形式的基础。

我国成人高等教育大多只用单一的教育媒体，而且还以单一的教育媒体把成人高等教育划分为自学考试、函授大学（部）、广播电视大学、业余大学等几大块，这显然不利于成人高等教育的发展和提高。英国这方面的做法，又为发展和改革我国自学考试和整个高等教育提供了一个可资借鉴的经验。

（五）文字教材与视听教材配套

英国考试制度和开放教育取得成功的又一重要因素，是高度重视教材建设，既有由浅入深、适于自学和具体生动的文字教材，又有艺术形象视听教材。两者配套，配成所谓的“学习包”。

英国开放大学自编的教材很有特色，每个单元都明确提出教学目的、内容、组织和学习要求，以及各门课程之间的相互关系。课程编写组不仅有该学科的教师，还有教学法、心理学、教育技术、编辑设计、广播电视制作等方面的专家参加。除了专职人员外，还聘请校外有关专家当顾问，对教材初稿提意见。到目前为止，已编写 100 多种教材。

英国开放大学自编教材的另一特色就是板块式或组件式，即把学生在一学期或一年要学习的相同性质的教材内容编辑成一门综合课程，以适应成人习惯于单科独进的学习要求。一套教材一般包括若干个板块（单元）。每一板块的内容和顺序都是按照学习、心理知识结构来编排的，引导学生由浅入深、循序渐进地进行学习。每个板块都规定了基本学习时数、作业次数、自我测试题目和答案。由于这些教材在学术水平上有保证，并且符合学生学习心理，英国和国外许多大学纷纷采用他们的教材。出售教材，是英国开放大学一项重要的收入。

英国开放大学除了编写高质量的教材之外，还重视编写、制作帮助学生学习和理解教材的辅助性材料，如辅导材料、参考书、录音带、录像带等。他们还建立与此相适应的学习邮包制度，把上述全部材料按课程装成包裹，按时寄发给学生。

除开放大学之外，许多校外考试或教学机构，也根据其考试课程编辑发行自编图文音像并茂的教材，为学生自学应考之用。

（六）专职队伍和兼职队伍相结合

英国考试机构及开放教育取得成功的再一个重要因素，就是建立一支专兼结合、数量可观、训练有素的业务队伍。在英国，考试机构和开放大学都拥有业务能力比较强的专职队伍。但是由于考试和教育具有开放性，面临的专业门类和所担负的任务繁多，而且考试和教学的内容常常因人而异、因时而异，仅靠专职人员的力量是不够的，因此他们都采用聘任兼职人员的办法来充实和壮大自身的业务队伍。专职人员数量较少，比较精干，主要从事定计划、编教材、出考题以及组织、检查等工作；兼职人员的数量比较多，主要从事面授、辅导、批改作业，以及阅卷、登分及其他考试事务性工作。

据我们了解，格拉斯哥大学成人教育学院专职教师人员只有10名，兼职人员则达300多名；巴克黑文开放学院学生与兼职辅导教师的比例为1∶20；开放大学东南部分校在校生只有5 000多名，兼职辅导教师为400多名；伦敦城市与行会考试院专业人员80多人，兼职专业人员达3 500多人；苏格兰职业技术教育委员会专业人员为20名，兼职专业人员为300人。牛津大学地方考试中心阅卷、登分、建档、成绩合成等，几乎都是聘请临时工作人员（勤工俭学的学生）来完成。所有这些兼聘人员，不论教育或工作人员都要经过考试与教学方法的严格训练。这支专兼职结合、各有业务专长、各司其职的队伍，保证了英国考试制度与开放教育的质量。

三、关于发展和改革我国自学考试的若干建议

通过这次考察，我们感到我国自学考试虽有自己的特色和长处，但也有差距和短处。下面我们结合英国的经验，针对我国自学考试的一些薄弱环节，提几条建议，供有关方面参考。

第一，要进一步明确我国自学考试的发展方向。

我国自学考试过去一直强调“以考为主”“以考促学”，虽然提倡社会助学，并编辑出版自学考试刊物，但实际上是“办考不办学”。同时，用于以全日制普通高校为模式、着重于学科性的学历考试，只采用文字自学教材这种单一的媒体，枯燥乏味，难以吸引学生坚持经常性的自学。自学考试这种单模式、单重性和单媒体的倾向，不利于自学考试的发展和提高，也与我国经济社会发展的需要和学生学习的需要很不适应。为此，我们建议，我国自学

考试在保持开放性、灵活性、多层性等原有几大特色的基础之上，应该从我国的国情和实际出发，朝“既办考又办学”或“考学相互沟通”等多模式的方向发展，朝学科性的学历考试和职业性的岗位任职资格考试并重的多重性方向发展，朝综合运用各种教学方法和教学手段的多媒体方向发展。

第二，要进一步深化我国自学考试的体制改革。

自学考试能不能得到加强、发展、完善和提高，关键的问题在于自学考试体制改革。我们认为，当前自学考试体制改革可以从理顺和协调关系以及调整和充实机构着手。

首先，要理顺和协调自学考试与其他成人教育形式的关系，通过一定的联合体和实体，实现自学考试、函授、广播电视大学和地方业余大学、职业大学之间的互相沟通和协作。当前，可先从统一质量标准入手，制定统一的专业或课程的教学考试计划和教学考试大纲，办学单位据此进行教学，考试单位据此进行学历或资格考试。同时，还要理顺和协调自学考试与国家考试管理中心、教师合格证书考试等教育系统内部考试机构的关系。

其次，要调整和加强自学考试机构。从长远来看，自学考试与广播电视大学及其他教育考试机构，必须突破目前条块分割的体制，改变封闭式的独家办学与办考的单一模式，加强横向联系和沟通，对这些部门的机构进行适当的调整和合并，使用统一的名称。但从目前的情况来看，这项工作涉及面广，错综复杂，难度还相当大，只能采取逐步摸索和过渡的办法。鉴于这种情况，我们先提出三个具体方案供讨论研究：一是在保留现有自学考试、广播电视大学和函授三类教育的基础上，建立三者之间的联合体，负责研究和制定统一的计划和大纲，使主要课程的质量标准及所用教材大体一致，制定互相承认学分和课程免修的办法，负责其他方面的计划、协调、监督等工作；二是把自学考试与广播电视大学的基层机构和职能先合并起来、融为一体，建立具有中国特色的远距离高等教育模式；三是成立国家和省两级教育考试院，把教育系统内部带有考试性质的工作协调和统一起来，制定和实施考试标准，负责命题、印卷、考试、阅卷、登分和考试分析研究等任务。

第三，要进一步加强我国自学考试的基础建设。

我国自学考试的基础建设比较薄弱，亟待进一步加强。

（1）要加大力气抓好教材建设，尽快编出反映我国学术水平又适合我国成人自学的教材，尽可能制作一批与文字教材相配套的视听教材，制成类似英国开放大学及其他考试机构的“学习包”。编写教材是一项难度大、时间紧的工作，需要投入较大的人力、物力和财力，需要学科专家和教学法专家协作，应由国家教委来统筹和规划。

（2）要建立具有中国特色的自学考试辅导系统和学习网络。根据考生的不同特点和分布情况，合理规划和布点，采取定时、定人、定向和定任务等多种多样的方法，建立健全辅导和学习制度。为照顾广大农村成人学习需要，也可将部分辅导内容通过电视或广播发送。

（3）要进一步采取专职与兼职相结合的办法，不断充实和加强自学考试业务队伍，对专、兼职教师和干部都必须进行培训和考核，以提高自学考试人员的素质和实现管理科学化。

第四，要进一步扩大我国自学考试科学研究和对外交往。

这次考察，使我们看到了我国自学考试与国外考试制度和开放教育的差距。究其原因，英国的开放大学和其他有关大学，以及考试机构，差不多都设有研究部或研究室，配备专门的研究人员。不论人才需求、设科开考或教材编写、考试评定，都有科学依据、科学方法，这是英国考试制度与开放教育取得成功的重要原因。我国虽成立自学考试研究委员会，但只有少数兼职委员，研究范围基本上只是出考题、建题库的技术问题。各地考办和有关大学从无研究任务，往往只能就事论事地写总结。这对我国自学考试的科学化与发展改革十分不利。据此，我们以为应当加强自学考试的研究工作，扩大研究范围，建立自上而下的研究组织；要加强对外交往和合作，虚心学习外国的经验和长处，以提高我国自学考试的水平。当前，建议国家教委从全国自学考试系统中选派两三名有经验的优秀干部，前往英国进修培训，从英国邀请有关专家学者来我国讲学，培训自学考试干部。

这次考察还使我们了解到国外远距离开放教育的理论研究和学术交流空前活跃，每年有大量的论著问世，国际性研究组织和交往日渐增多，活动相当频繁。建议在我国自学考试制度建立十周年之际，由全国自学考试研究委员会召开一次专题性国际学术会议，扩大自学考试的学术交流和国际影响。

比较高等教育的产生、发展与问题①

一、比较高等教育的产生与发展

（一）比较教育的产生与发展

不论是王承绪等主编的《比较教育》，还是吴文侃等主编的《比较教育学》，都把近现代比较教育的产生与发展分为三个阶段。这也是国外比较教育研究通行的分期。关于这三个阶段的发展历史，日本冲元丰的《比较教育学》和我国朱勃的《比较教育史略》都有详细的论述。概括地说：从1817年到1917年的一百年为“借攀”阶段，主要是进行描述性的介绍，借以学习他国经验；从1917年到1945年（或笼统称为20世纪前期）为学科形成阶段，以“因素分析”为标志，主要是运用历史方法，选定若干影响教育的因素进行分析比较，开始时着重于对外部因素的分析，稍后则着重于把外部因素与内部因素结合起来分析比较；从1945年以后（或笼统称为第二次世界大战后、50年代后）它的表现是研究规模迅速扩大、研究成果大量增加以及研究方法多种多样，运用多种社会科学方法，研究过程程序化。有一个时期以流行的结构—功能主义作为比较研究的方法论基础，当前则更多地运用系统科学方法和现代化研究手段。

从上面的简要概括可以看出，比较教育学家用以划分阶段的主要依据是

① 原载《上海高教研究》，1991年第3期。作者：潘懋元。

研究方法，有的还强调时代背景、研究任务分期。我认为：划分阶段，对研究比较教育学的历史发展是有意义的，但对一般学习比较教育学的人来说却是困难的，甚至会发生某种误解或混乱。例如，按研究方法划分：描述⇒因素分析⇒方法多样化；按研究任务划分：模仿⇒借鉴⇒探讨规律或国际合作，如此等等。那么，后一阶段是否不需要前一阶段的方法或任务呢？而且方法或任务是前后交叉的，很难以确定的年期截然划分阶段。至于以时代背景划分，则政治意义重于学术意义，有时不免牵强。对于学习比较教育者，与其斤斤计较分期问题，不如纵观这一学科大体的发展趋势：

功能：从着眼于本国教育借鉴到国际上的理解与合作。

方法：从现象的描述到运用多种社会科学方法（包括历史法、因素分析法、系统科学方法等）以探讨教育的规律。

思路：从孤立地比较研究教育现象到比较研究教育与社会关系（生产力与科技发展水平、经济与政治制度、文化传统、地理条件、人口、宗教、国民性……）。

对象：从国与国的比较研究到多种类型（国与国、不同类型或不同地区国家、一国之中的各个地区）的比较研究。

（二）比较高等教育的产生与发展

比较高等教育这一学科尚处于初创时期，因而不可能也不必划分阶段，甚至也不容易纵观其发展趋势。但存在着不同于一般比较教育产生与发展过程的两个特点：

（1）比较高等教育比一般比较教育较晚出现，因而它不一定要重复后者的发展过程，可以直接参照比较教育近期所明确了的功能、方法、对象。例如：既着眼于本国教育借鉴，又重视国际理解与合作；运用多种社会科学研究方法，重视教育与社会的关系，避免对一国高等教育孤立地进行描述；研究对象不只是国与国，也可以是一种类型或一个地区国家，或一国之中的不同地区等。

（2）比较高等教育，作为学科可以说比高等教育学的形成稍迟些。至今是否已形成一个独立学科，似乎还有不同意见。但广义的比较高等教育，可以说是与高等教育学同时产生的。研究高等教育理论，离不开国际比较。因为一国的高等教育制度，多是从外国引进而后加工的。如美国的高等教育，是从英国、德国引进而后发展成为美国式的；日本的高等教育，先从荷兰、德国引进，后来又从美国引进，但都与日本文化传统融合，形成了日本式的高等教育；东南亚的高等教育，大多数模仿英国（也有的曾模仿荷兰、西班牙），其后又受美国影响；至于中国高等教育，清末学日本，民国学美国，新中国成立后学苏联，“文化大革命”后又向美国倾斜，现在正在汇集各国所长，致力于建立中国特色社会主义高等教育体系。没有借鉴，很难建构一国的高等教育体系。因此，没有比较就很难弄清楚高等教育理论的脉络。

正因如此，比较高等教育学至今很难像一般比较教育学那样，确定一位像朱利安（M. A. Gulien）那样的教育家作为创始人，并以其《比较教育的研究计划与初步意见》一书出版年限（1817 年）作为建立学科的起点。

周南照曾根据阿尔特巴赫（Philip G. Altbach）的《比较高等教育：研究趋势和书目索引》，认为 1843 年德国休伯（V. A. Huber）的《英国的大学》就是一本关于外国高等教育的描述性的专著。较多的比较高等教育专著则是 20 世纪以后出版的。如 1911 年瑟温（C. F. Thwing）的《世界的大学》，1928 年纽约出版的《美国大学和德国大学》，1930 年亚布拉罕·弗莱克斯纳（Abra Hain Flexner）的《美国、英国、德国的大学》。这些早期的著作基本上是描述性的介绍，缺乏科学性的比较，与其说是比较教育，不如说是教育史。

比较权威的比较高等教育著作，首推巴巴拉·伯恩（Barbara B. Burn）等当代知名的比较教育家所编著的《九国高等教育》。该书出版于 1971 年，搜集了法国、英国、加拿大、澳大利亚、西德、瑞典、日本、苏联、印度 9 个国家 1960—1970 年 10 年间的大量高等教育资料，基本上按规定项目，如结构、任务、入学人数、行政管理、学校内部管理、经费、高等教育与经济计划、改革、优缺点、未来展望等，逐一论述，便于比较。最后还归纳了几条普遍性经验和若干特殊性经验，可以说是一本具有一定科学意义的比较高等教育著作。

其次是阿尔特巴赫的《比较高等教育》。这是一本理论性专著。阿尔特巴赫在广泛搜集整理大量比较高等教育文献的基础上，编辑了 1 000 多种书刊论文索引，写出论述世界高等教育理论与实践结合的研究专著。这本专著不但在理论研究上有深度，更可贵的是那份历史资料的索引。1973 年出版的这本专著，以及阿尔特巴赫的其他有关著作，在学科建设上的作用是应该予以充分肯定的。

德拉高尔朱布·纳尔曼的《世界高等教育的探讨》（1974 年）是一本在广泛考察和研究欧洲、美洲以及非洲高等教育的基础上所写成的高等教育理论专著。这本书从世界各国——主要是欧洲发达国家高等教育的历史与现状的比较中，探讨某些规律性的东西，形成某些有意义的观念，并以之预测高等教育未来发展趋势，提出高等教育改革的构想。它既是一本有学术价值的理论专著，也可视为一本高水平的比较高等教育著作。

此外，欧洲教育部部长会议的专题调查组所编写的《欧洲七国第三级教育》是对 20 世纪 70 年代欧洲七国（法国、西德、荷兰、挪威、瑞典、瑞士、英国）第三级教育的结构改革进行七八年的调查研究之后，在大量资料基础上所写的“最终报告”。另外美国于 1977 年出版了一部 10 卷的《国际高等教育百科全书》，这是一部相当完备的（特别是发达国家）资料。

关于高等教育研究课题，根据阿尔特巴赫《比较高等教育》所列举的，有几个主要方面：（1）高等教育的计划工作；（2）教授职务；（3）管理；（4）大学和社会的关系；（5）学生的行动主义（主要指学潮）。

但阿尔特巴赫所列举的只及于 20 世纪六七十年代，且偏重于发达的资本主义国家。80 年代以来，据我所知，下面这些问题是热门话题：

（1）大学与社会的关系。

（2）高等教育的价值、培养目标（包括个性发展、通才教育、社会适应、职业准备等）。

（3）高等教育（中学后教育、第三级教育）体制多样化。

（4）终身教育与继续教育的理论与形式。

（5）教学、科研、生产劳动一体化（包括产学协同、合作教育等）。

（6）大学课程改革。

（7）大学生数量剧增（发展中国家）、下降所带来的问题。

（8）招生制度与毕业生就业。

（9）高等教育地方化。

（10）高等教育投资以及公私高等学校体制。

（11）大学管理改革、社会参与和大学生参与。

（12）高等教育国际交流与合作（包括留学生政策、人才外流等）。

当然，以上只是不全面的列举。实际上当前各国高等教育所研究的课题有很多，既有共性的，也有的只是某些地区、某些国家的特殊的问题。

（三）中国比较高等教育研究现况

我国实施改革开放政策以来，国际交往增多，向国外借鉴成为高等教育改革的一条重要途径。20 世纪 70 年代末以来，介绍外国高等教育，特别是美国、日本、西欧等发达资本主义国家高等教育的文章车载斗量。这些文章，大多是参观访问之后的报告，或根据各种材料对某些国家、某些方面的介绍，多数是描述性的。这些文章所起的积极作用是应当充分肯定的，但它们对宣传与决策往往产生消极的导向作用，尤其是不顾国情，鄙薄中国自己的成功经验，唯西方发达国家的教育理论与教育模式马首是瞻，往往使人在思想上及实践上陷入误区，也影响了比较高等教育这一学科的健康发展。

第一本以《比较高等教育》作为书名的专著是符娟明等编写的。该书的体系是以专题为纲，以国别为目，每个专题除分国铺叙之外，还有综合性的、现象性的比较，但只限于苏、美、西德、日、法五国，且较少理论探讨。杭州大学出版了一些国别高等教育译书，提供了一些资料，但大多不是当代的著作，作为历史资料还是有价值的。国家教育发展研究中心近年来每年出版一册《发达国家教育改革和发展趋势》（已出版上集），搜集最新的教育重要文献，内容偏于高等教育方面，对于掌握高等教育改革动态有参考价值。此外，中央教育科学研究所的《六国高等教育结构》、梁放主编的《中日高等教育比较》等，也多有特色。

就我们所读过的比较高等教育论文（或专书中的章节）而言，值得推荐的有周蕖的《苏美高等教育经验与我国高等教育改革》（《中国社会科学》1984 年第 3 期）一文，首先缕述两国对高等教育的理解、培养目标、教学组织、领导体制的特点，进而得出两国高等教育体制虽不相同，但因各自适应其国情，因而得到了发展，也各自存在缺点问题的结论。又如汪永铨和几位青年教师所写的《外国高等教育结构比较》（《中国高等教育结构比较研究》

第五章)，根据翔实的材料进行细致的分析，得出“没有规律的规律”的结论——各国高教结构，因条件、传统的不同而各异，没有一定的模式。这两篇论文之所以特别值得推荐，是因其具有实事求是的研究态度和科学的方法论。

我国目前尚无专业性的比较高等教育研究会、权威性的期刊，开设这门课程的大学也不多，还没有从一般比较教育的组织、刊物、课程中分化出来。厦门大学高等教育科学研究所从 1978 年开始出版《外国高等教育资料》季刊，在 1984 年成立外国高等教育研究室，从 1986 年开始开设“比较高等教育”课程，在这方面跨出了尝试性的一步。这是有意义的。

二、比较教育和比较高等教育研究中的若干问题

（一）意义

比较教育研究，一般认为有如下三个层次的意义：

（1）借鉴外国教育的经验，以促进本国的教育发展与改革。

（2）增进国际理解与合作。

（3）探讨教育发展规律。

关于第一层次和第二层次的意义可不赘述。对于第三层次的意义，曾有不同的看法，有必要谈一谈。

人们认识教育规律不外乎三条途径：第一，纵观教育历史的演变推论出来。第二，从国际教育比较研究概括出来。第三，从现实的教育实践经验总结出来。这三条途径是相互联系，互相贯通的。“比较教育可以看做是教育史的研究延伸到现在的继续。”（比较教育家 Kandel 语）而历史与外国，都是前人与他人的教育实践经验，由此所认识的规律还必须通过本国教育实践的验证。同时，各国教育的发展，既有共同的一般规律，又有受一定社会条件所制约的特殊规律，必须通过比较研究和实践验证以弄清楚哪些必须遵循和哪些并不符合国情。社会主义教育规律，既体现了社会主义社会教育的特殊性，也体现了人类社会教育的共同性，是共同性与特殊性的统一。那种认为别国的教育经验可以照搬的观点，显然是忽视社会主义社会教育的特殊性，当然

是错误的；那种认为教育史只能推论封建社会的教育规律，比较教育只能概括资本主义社会的教育规律，因而社会主义教育规律只能从社会主义教育实践中总结出来，从而否定了教育史、比较教育研究在探讨教育规律上的意义的观点，显然也是片面的。这种片面性认识，导致了一个时期对教育史采取消极批判的态度，比较教育课程由此被取消。当然，取消比较教育课程，还有更深层的社会原因，而把教育中国化与向外国借鉴对立起来的这种片面性认识，则是直接的原因。直到“文化大革命”之后，师范学校教育系才把比较教育作为选修课程开出。众所周知，以后又发生了“全盘西化”的倾向。从“固步自封”到“全盘西化”的历史教训，对我们正确地认识比较教育的意义是有帮助的。

（二）对象

在比较教育研究对象方面有两个问题：一是发达国家与发展中国家在比较教育中的地位；一是本国教育在比较教育中的地位。

1. 发达国家与发展中国家在比较教育中的地位

我国比较教育，多以发达国家为研究对象。如王承绪等主编的《比较教育》所研究的是6个发达国家，符娟明主编的《比较高等教育》是5个发达国家。比较教育刊物上所发表的研究或介绍文章，80%以上也是以发达国家为对象。国外的比较教育研究，早期也只注意欧洲强国，后来才重视对发展中国家教育的研究。卡扎米亚斯与马西亚拉斯（Andrdreas M. Kazamias and Byon G. Massialas）合著的《教育的传统与变革》和索科洛娃（M. A. Соколoва）等编著的《比较教育学》，都兼编发展中国家的教育；巴巴拉・伯恩的《九国高等教育》不但把澳大利亚、加拿大、瑞典列为比较研究对象，还专章论述印度高等教育；阿尔特巴赫的《比较高等教育》，虽以发达的英语国家为主，但也涉及印度、拉美、非洲、东南亚的高等教育，个别地方也提到中国的高等教育特点。为什么中国的比较教育或比较高等教育研究，多数只以发达国家的教育为对象呢？一个重要的原因是发达国家资料易得，且往往有现成的研究成果可引用，发展中国家则资料难寻，且原始资料多为小语种。但主要原因恐怕是认识上的问题，即认为发达国家文明程度比较高，要学习先进经验，不必花力气研究发展中国家的教育。这个观点不能说是完全错误，但却是片面的。

研究发达国家的教育，的确可以学习一些先进的经验，但却很难掌握教育发展过程的规律；而研究发展中国家教育，更可以从人家的成功、失败的事例中看到发展过程的经验、教训，从中寻找规律性的东西。我于1978年访问泰国、尼泊尔、科威特三个贫富悬殊、环境各异的国家之后就深深感到：在某种意义上，研究发展中国家的教育，对我国教育改革与发展更有借鉴意义。因为同是发展中国家，生产力水平、科技水平、社会条件比较接近。人家成功的经验较易学习，而这些国家照搬西方教育思想、模式的失败教训，更值得我们深思。我曾设想，假如20世纪70年代末以来，我们不是一味宣扬西方发达国家的教育，而是既评价西方发达国家的教育，也研究发展中国家模仿、效法西方发达国家教育的结果，评价其得失，可能就会考虑这样的问题：为什么某些西方教育行之有效的政策、体制、模式，搬到发展中国家却行不通呢？这样，当我们研究中国的教育改革问题时，或许就会更加审慎些。因此，厦门大学高等教育科学研究所在80年代初，就确定了比较高等教育研究的重要对象是同我国发展水平、社会条件、文化传统比较接近的东南亚国家。当然，我们绝不是不重视发达国家的高等教育，两者都应重视：研究发达国家高等教育，着重于看它们发展到今天的现状；而研究发展中国家的高等教育，着重于看它们的发展过程。看现状、看过程同样是重要的。在教育改革中，看过程可能比看现状更为重要。

2. 本国教育在比较教育中的地位

比较教育既是外国与外国比较，也是外国与本国比较。前者着重于探讨教育发展规律，而后者着重于借鉴外国经验。这里说的仅仅是“着重”，因为两者不能截然分开。探讨教育规律，有更为深刻的借鉴意义，把本国摆进去比较，更有利于探讨教育的一般规律与特殊规律。虽然许多比较教育学家认为比较教育从着眼于“借鉴”到着眼于探讨规律是这一学科的深化，但纯粹客观地探讨规律而不涉及本国利害的还不多见。

既然要把本国摆进去比较，那么是否必须在比较教育论著中专列“中国教育”一章？这是编写比较教育专著或教材时有争议的问题。把中国教育与他国教育并列进行比较研究，似乎很“客观、平等、公正”。但是据我所知，任何一本比较教育专著或教材都很难那么“客观、平等、公正”，不偏不倚，不带研究者所在的国家、民族、社会的感情色彩的。冲元丰、阿尔特巴赫等人的著作，是把自己国家的教育摆进去的，他们都一再申明自己的研究态度是客观的，但也都努力于维护、宣扬本国教育。冲元丰的《比较教育学》，既是一本有一定理论水平的著作，也是一本宣扬本国教育成就的著作。阿尔特巴赫的《比较高等教育》，如前所述，是一部在比较高等教育学科发展史上的重要著作，其中有不少中肯的论断。但正是在这部书中，作者明白无误地力图论证“美国成为高等教育的范例”（这是该书第三章第四节的一标题）。这个标题的论证，一半是事实，一半是傲慢——美国高等教育的一切，不见得都是完美无瑕、都值得发达国家以及第三世界作为“范例”而学习的。巴巴拉・伯恩等编著的《九国高等教育》，不列美国，而最后一章在总结世界多国高等教育经验的基础上，却“为美国得出一些结论”，这些结论可能更为公允。由此可见，是否把“中国教育”列为专章，只是编著比较教育论著的形式问题。并列专章，评断颇难处理；不列专章，“不在无不在”，必然处处或明或暗地体现本国与外国的比较。我认为：中国学者研究比较教育，就是要从中国教育改革与发展的需要出发，实事求是地借鉴外国的经验、教训，从中找出规律性的东西，以“洋为中用”为目的，出发点和归宿都是中国。

（三）观点

比较，应当客观、公正。但是，社会科学研究都要通过有一定观点的人来进行，而其研究对象又不像自然科学那样定量明确，因而绝对的纯客观是不可能的。何况作为国际比较的研究，影响客观、公正的因素很多，除了教育价值观之外，还有民族感情、文化传统，以及先入为主的教育模式，都在有意无意地起作用。

索科洛娃等合著的《比较教育学》就公开地宣称，“比较分析当代世界教育的发展”，是为了论证“马列主义教育学的基本原理和社会主义学校的实践对资本主义国家和发展中国家的进步教育思想的形成起着主导的影响”（该书前言）。因而全书贯穿着社会主义国家教育与资本主义国家的对比，以及“社会主义意识形态在教育学中的斗争”。一般来说，资本主义国家的比较教育论著是不会这样坦率宣称的。如卡札米亚斯与马西亚拉斯合著的《教育的传统与变革》比较了美国、英国、德国、日本、苏联、希腊、土耳其、坦噶尼喀等大大小小的发达的与很不发达的国家之后，强调“它无意强求证明一种制度优越于另一种制度。相反，它力求尽量不带偏见地来考察不同文化的教育，并指出应以中间学科的观点来研究比较教育”（该书序言），然而，实际上未必就能做到。因为一项政策、一条措施、一个制度、一种经验，由于价值观不同、考察问题的角度不同、个人经验不同，完全可能得出不同的结论。冲元丰的《比较教育学》，对日本在比较教育学科发展史上的贡献做了过高的评价，把并无多大特色的“田中不二磨”，也挤进世界比较教育名家之列，而且把它作为建立“大东亚共荣圈”的亚洲问题研究，不加批判地说成是“日本对亚洲教育的关心”。阿尔特巴赫的《比较高等教育》，不但给人以美国比较高等教育研究在世界上遥遥领先的印象，而且对于其他国家的评论，往往所根据的也是美国人的教育价值观。

比较教育研究既然不可避免地受一定的教育价值观所支配，那么我们在学习别国所编著的比较教育学时，也应当有自己的观点，不应人云亦云、不加判断地把别人的观点作为自己的观点，甚至把“借鉴”说成“启示”“启迪”，而对我们自己的某些长处却不敢肯定，生怕“土气”。

（四）方法

关于比较方法，我想谈两个问题：第一，要避免比较教育中易犯的错误；第二，要掌握正确的方法论。

关于第一个问题，朱勃的《比较教育的研究方法》一书，第一章就列举了若干易犯的错误，如资料不可靠、标准不统一、比较的目的性不明确、不能分清一般性与特殊性（把特殊作为一般）以及偏见的错误等。我这里只谈“不可比性”这个问题。

不言而喻，只有具有可比性的事件才能比较，比较的结果也才有意义。但是，在比较教育研究中，对缺乏可比性的教育现象进行比较，却是屡见不鲜。举几个例子：

——以美国大学生数量与苏联大学生数量做简单对比（美国大学生包括社区学院学生，而苏联中专学生不算大学生），断言苏联大学生数远远低于美国大学生数；

——以美国研究生与本科生的比例作为中国近期的“范例”，而不考虑两国的生产力与科技发展水平以及教育自身发展规律，以致中国的研究生数量增长过快；

——以某种社会道德标准比较大学生道德水平，从而论断德育效果，忽视各国道德观念与道德行为习惯的不同；

——只以理论水平或技术能力为标准比较大学教学质量的高低。

上述这些例子的错误，大体可以概括为：（1）国情不同，光是孤立地看表面现象而不联系社会条件；（2）统计数字的内涵不同，光从数字定量比例而不深究数字的内涵。由此可见，比较教育研究的不可比性错误，主要是指孤立地把两种或多种表面现象、统计材料、模式等，凑在一起比较，而不深入研究其背景、内涵、实质，轻率地做出结论。这种结论，似乎有根有据，却是不准确甚至是虚假的。以之探讨规律，不能正确认识规律；以之作为决策参考，不但缺乏可行性，而且往往会导致决策失误。

关于第二个问题，王承绪等所编的《比较教育》中“比较教育研究的方法论基础”虽然是指一般比较教育，但也同样适用于比较高等教育的研究。这就是：用辩证唯物主义和历史唯物主义作为方法论基础。应当特别注意下列方法论问题：

1. 要把教育摆在一定的社会背景上来考察

不能就教育谈教育，要联系一定社会的生产力水平与科技水平、政治与经济制度、文化传统，以及人口、地理、民族等来考察，这样才有可比性，从而在“借鉴”上也才有可创性。例如，为研究当前中国高等教育发展战略，显然不可以简单地直接用当前美国或其他发达国家的教育现状作为参照系。最近我们在研究闽南三角区高等教育发展战略时，就是以“亚洲四小龙”在经济起飞初期的高等教育数量与结构作为一定程度的参照系。即使如此，也要加上种种限制条件才可比较。

2. 要以发展观点来比较研究

过去许多比较研究，往往只取横断面，以最新统计数字进行比较，例如美、日、苏等国每万人中有多少大学生，这样一比，中国的大学生数就太少了；但如果以增长率来进行比较，则“文化大革命”后甚至新中国成立后，中国大学生数的平均年增长率远远高于这些国家。前一比较的结论是太少了，后一比较的结论可能提醒我们近年来发展得太快了。在太少与太快之中，可能启发我们要根据经济与社会发展的水平来寻求一个比较合理的发展速度。上面所举的汪永铨等的《外国高等教育结构的比较》一文，很重视纵向的发展变化以及增长率，是值得称道的。当前许多国家都在进行高等教育改革，我们尤其要密切注视它们变革的动态，把握它们的发展趋势。

3. 要善于选择符合研究目的的因素进行分析比较

一般来说，宏观的定量比较较容易，所以过去的比较教育研究较多的是比较教育经费、学生数量以及教育结构、管理体制等，很少有微观的定性比较，如教学内容、教学质量、教育效益等，因为这方面的比较资料很难掌握。宏观比较虽然很重要，但仅有宏观比较却很难掌握实质性的问题。根据周南照关于比较教育研究趋势的预测，[①] 今后将从教育总政策的比较研究转向学校内部过程的比较研究，研究方法将从注重结果的定量分析转向注重过程的定性分析。那么，选择能够反映过程的因素就很重要，而能够反映过程的因素是较难定量分析的，一般只能选择若干典型进行定性分析。这就牵涉到另一个问题，即正确处理一般与特殊的关系，避免以偏概全。例如20世纪80年代初，高等教育界总是以几所研究性大学作为参照来研究中国的高等教育改革，似乎中国的大学都得以美国的研究性大学为“范例”。近年来才开始重视对美国大量的二三流大学、文理学院以及职业性社区学院的比较研究。

4. 要重视各国的教育实践、实际效益的比较，不要停留在对各国政策、法令等文献资料的分析研究上

政府所公布的政策、法令等文件，是比较研究的重要资料，但不是唯一资料。书面的教育政策反映的是政府办教育的意向、要求，往往与实际有相当大的距离。这种距离，在分权制的国家更大。在多数资本主义国家，高等学校的自主权、自由度很大，不完全听从政府的指挥和按政府的文件办事。如果只是比较研究政府的文件，往往会不识教育真相。许多实际问题，只能通过有目的、有计划、较长时间的实地考察才能弄清楚。我国的比较教育家

① 中国教育报，1990－12－18.

出国不易，出国访问也只是走马观花。补救的办法只能是平时多注意通过报纸杂志，对出国留学或工作人员、外国来华专家以及华侨华人的访问等多种渠道搜集信息。当然，这些信息可能是一鳞半爪、相互矛盾的，然而正是从这些纷繁错杂的信息中进行分析研究，才能获得比较切合实际的信息。

关于台湾高等教育研究的若干意见[①]

一、开幕讲话（摘要）

研究台湾教育，尤其是研究台湾高等教育，对大陆高等教育的改革与发展有一定的借鉴意义，对于增进海峡两岸的相互了解与学术交流尤有重要的作用。这是大家所达成共识的，不拟多谈。只就大陆对台湾高等教育研究的现状谈几点个人的看法和意见。

（一）大陆对台湾高等教育的研究，近年来已有若干成果，但还不够全面深入

据我所知，目前大陆已有一些高等教育研究单位对台湾高教立项研究；已在报刊上发表一些论文，但为数不多。在大陆700多个高等教育研究所（室）中，只有20～30个单位经常地或偶然地进行研究；在400多份高教研究刊物上，只有几个刊物发表过研究文章，一般报刊上发表的文章也不多。我所看到的系统专著只有一本，从数量上看，远不及其他地区，至于研究的深度、论文的质量，应当说有高有低、有深有浅，也出现了一批质量较高的研究成果。但从总体上看，大多数文章还停留在对台湾高等教育的描述性介绍，或转引台湾高等教育界的评论。很少有文章从占有大量的、实际的资料出发，进行深入的分析、概括，提出新的见解。这与研究工作起步较晚有关。

① 原载《福建高教研究》，1991年第4期。作者：潘懋元。本文是作者在“台湾高等教育研讨会”开幕和闭幕两次讲话的摘要。

大陆高等教育学科的创立是在20世纪70年代末，大陆各省在80年代初就纷纷建立起高等教育研究机构，进行本省的和全国的高等教育研究，而对台湾高等教育进行有计划的、系统的研究则只是80年代中期或后期才开始。研究时间短，要求一下子达到很高水平是不可能的。但更重要的原因，众所周知，是无法进行实地考察，文字资料也较难搜集。官方文件，往往与实际情况出入颇大；报刊资料，则大多一鳞半爪，且分歧错杂、难窥全貌。在现有条件下，要做比较全面、准确的研究，不仅要占有较多的实际资料，而且要充分了解台湾学者的研究成果，把台湾高等教育基本情况与台湾学者的研究成果做比较，把台湾学者的研究成果与我们的思想做比较，只有这样才能开拓思路，有所鉴别；研究成果才能比较全面深入。这次研讨会的目的之一，也就是要借此机会，一方面检阅已有研究成果，一方面在此基础上推动我们的研究工作进一步发展、提高。

（二）要拓宽思路，多角度进行研究

写文章，除了要有新材料、新论点之外，新角度也很重要。目前大陆对台湾高等教育研究的角度，多从经济与高等教育发展的关系立论（当然这是最基本的），而涉及其他社会因素与高等教育发展关系的则很少、很浅（不是没有）；宏观研究的论文较多（当然这是很重要的），微观研究的论文绝少。是否视野还应开阔些？可以结合政治、文化传统等因素研究台湾高等教育的宏观问题与微观问题。例如，台湾高等教育既继承民国时期的教育传统，又深受西方特别是美国教育思想的影响，这里面就大有文章。有些教育现象单从经济背景进行分析，就说不清楚，要综合地考虑政治的、文化的以及地缘的背景。当然，经济背景仍是最基本的。

有一个可喜的现象，就是近来不少论文把中国台湾的教育与中国香港及韩国、新加坡等地区和国家的教育进行比较，或是在某一方面与大陆沿海教育进行比较。从这个角度着手，广东做了许多有益的工作。有一个问题顺便说一下：台湾教育与大陆教育、香港教育进行比较，算不算“比较教育”？“比较教育”，过去一般上只指国与国的比较，有时也用于国家群、民族群、文化群等地区比较，如非洲教育与拉丁美洲教育、发达国家与发展中国家教育等等。近来也有人主张一国之中，多个地区、各个省（州）的比较也属

“比较教育”。为了避免某种误解或影响，我的意见还是不要把我国的内地（大陆）、台湾、香港的教育比较叫作“比较教育”，但“比较教育”所用的许多研究方法，完全可以使用，使我们的研究工作不停留在描述性的介绍上，而能得到较为科学的结论。

（三）方向要正确，持论要公允

从近来大陆对台湾高等教育研究的现状来看，绝大多数文章的立场、观点和方向是正确的。但有的在某些具体问题的评论上，尤其是在引述台湾学者的观点、意见上，或者有所偏离，或者缺乏自己的主见。研究台湾教育问题，正如研究其他教育问题一样，都要在马克思主义思想指导下，坚持实事求是的科学态度，持论要公允，力避从一个偏向走向另一个偏向。台湾高等教育确有许多值得我们借鉴的，但是也存在许多弊病，我们要引以为戒。尤其在比较研究中，要注意两种不同社会制度下的教育性质不同，不能简单化地生搬硬套，或者不加分析地以他人的观点作为自己的论据。

（四）要加强横向联系与协作研究

现在各研究单位和研究者通过各种渠道，各自占有了一定的研究资料，各自选题研究，各自为政，很少互相通气与交换资料，希望通过这次研讨会，相互了解各研究单位的研究计划和所拥有的资料，起促进横向联系与协作研究的作用。这也是我们发起组织这次研讨会的另一个目的。此外，在政策允许和条件成熟时，也应当同台湾高教界加强联系。

二、闭幕讲话（摘要）

这次研讨会，在会上报告或出面交流的论文有24篇，包括台湾高等教育的历史、沿革、现状、趋势，台湾高等教育的结构；体制；各级各类高等教育问题；高等学校科学研究与海峡两岸学术交流；等等。因为是第一次会议，论文涉及的内容比较广泛，但广而不散。大家围绕一些重点问题，展开学术争鸣，自始至终保持着浓厚的学术气氛。最后一次研讨，还就今后如何联系与协作交换了意见。

大家比较一致的共识，不必在此重复谈论，只概括地谈一谈有不同意见的若干问题，以供进一步研究参考。

（一）台湾高等教育质量高低问题

有的同志认为，台湾高等教育近年来因片面追求数量的增长，导致质量下降，数量与质量严重失衡；有的同志持不同看法，认为台湾高等教育在发展数量的同时，也重视质量的提高。高等教育质量的高低，关键在于师资水平，从近年来台湾获得博士、硕士学位的大学教师的比例逐年上升，可反映教学质量逐年有所提高。

（二）台湾高等学校科研的地位问题

大多数代表或论文，认为台湾高等学校把科研摆在重要的地位，这从20世纪60年代以来高等学校的研究所和研究生数量迅猛速增可见一斑。有的代表则认为台湾高校存在重教学、轻科研的倾向，教师教学负担较重，科研的人力、财力投入均不足，科研工作在高等学校中地位不高，效益也不明显。

（三）台湾高等教育与经济发展的关系

许多代表和论文论述台湾经济的发展为高等教育提供了条件，而台湾高等教育的迅速发展促进了经济的起飞。有的代表持不同的看法，认为台湾高等教育与台湾经济的发展，总的来说是不相适应的，尤其是本科与研究生教育并未能适应台湾经济发展的需要，许多毕业生学非所用或高才低就，也存在一定的毕业即失业的现象。能够对台湾经济起飞起推动作用的，只是职业技术教育和高等专科教育。

（四）关于台湾高等学校的“通识教育”的含义

有的论文指出，台湾近年来所强调的“通识教育”，是针对台湾大学生“唯财是趋”、追求眼前利益的弊病，企图以“人文精神滋养科技”“通识教育”“实现人文主义教育的理想”，“着眼于受教育者个人人格与见识的陶冶与完善”，因而与古代欧洲的“博雅教育”“自由教育”（Liberal Education）思想一脉相承；有的则认为“通识教育”所开课程只是一些自然科学、社会科学的基础知识以及一些“新鲜、实用、有趣”的课程，着眼于拓宽知识面、培养学生的智力，只能算作“普通教育”（General Education）。

此外，研讨会对于台湾大学教师的地位、待遇高低问题，中医、高师教育问题，私立高等教育体制等问题，也有一些不同的看法。

存在一些有争论的问题，正好促使我们进一步思考、进一步研究。因此，这次研讨会是比较成功的。

特别值得重视的是，在这次研讨会上，有的提出了许多积极的建议。如：

——研究台湾高等教育，一定要以辩证唯物主义与历史唯物主义为指导；比较研究要实事求是，避免片面性。

——许多有待深入研究的、具有现实意义的选题，如台湾的政治、文化对台湾高等教育的影响，台湾的职业技术教育等。

——建议在资料方面要“互通有无”，创造条件，建立资料信息库或中心。

——加强双边或多边的横向联系，根据自愿与需要，不拘形式，讲求实效。

许多有价值的论文，将在有关刊物陆续发表，并争取出版论文集。

访美散记[①]

今年[②]5月底至6月中，我应美国校院研究会（the Association for Institutional Research，简称AIR）主席约翰·A. 玛福（John A. Muffo）教授的邀请，偕同汕头大学副校长姜桐教授、博士生秦国柱副教授赴美参加该会的第34届国际年会，并顺途到玛福教授任职的弗吉尼亚理工大学回访。因为去年[③]玛福教授曾应邀来厦门大学高等教育研究所和北京大学高等教育研究所做短暂的访问。此外，走马观花到了一些城市，参观了几所大学和社区学院。开会、回访是有计划的，而旅行、参观则是无计划的，由厦门大学高教所留美的研究生徐俞、李文权、曹自力三人随机安排和轮流接送。不预定日程，不惊动什么人，随兴活动，另有一番情趣。因而回来后只留下一些浮光掠影，写下来就只能是一篇“散记”。

一、校院研究会

美国的校院研究会，究竟是什么样的组织？在中国很难找到相应的组织。我没有拿到该会会章，从它的活动内容看：有高等教育理论研究，有点像中国的各种高等教育学会或研究会；有许多交流高等学校实际工作经验的活动，有点像中国的校际经验交流会；它讨论并协调各高等学校的管理工作，又有

① 原载《外国教育资料》，1994年第4期。作者：潘懋元。

② 编者注：此处指1994年。

③ 编者注：此处指1993年。

点像我国教育主管部门召开的行政工作会议，但不能形成行政性的决定或决议，因为它是民间组织。也许称之为“协会”比较合适，但也不尽然。据说它拥有会员数千名，除了团体会员之外，还有众多个人会员，以及20多个国家的团体与个人会员。

二、第34届国际年会内容

第34届国际年会的主题是“新世纪的信息工程”（Information Architects for the New Century）。讨论高等学校如何共建计算机通信互联网络，使高校能够共享各校信息资源，以至获得全国的、世界的信息资源。也就是说，如何使正在为信息社会的到来而建设的信息高速公路通向高等学校，为普及高等教育、提高教学质量、促进科学研究服务。围绕这一主题，有理论研究（如法律问题、道德问题、保密问题等），有技术交流，有各校的经验介绍。会议的形式，有专题报告会、技术讲习班、小组讨论会等。这是一个对高等教育的改革和发展有重大意义的课题。例如我曾参加一个社区学院的小组讨论会，得悉美国许多社区学院已进入互联网络，正在准备通过计算机网络向本科大学购买高年级课程，使本来只能开大学本科一、二年级课程的社区学院，也可以让学生就近读完本科全部课程，而且可以选修一些名牌大学的课程。我想，了解发达国家如何运用高科技进行教学、科研与管理，对我国高等教育的改革是很有意义的。当前我国高等教育改革的热门话题是面向市场经济，改革体制，这当然是重要的；而人家谈得更多的是面向新科技革命，改革内容和方法。如果我们对此有所忽视，又将在现代化上与发达国家拉大距离。

会议内容也并非都限于主题范围内。据我所接触的，有的是大学校长或系主任谈办学经验，有的小组讨论教育经费、开辟生源、课程设置、学生管理等各自感兴趣的问题。由于中国代表是第一次参加，会议的组织者特地邀请我列席该会的执行委员会，和执行委员们会面，并安排了中国高等教育专场，由该会主席玛福教授亲自主持。

三、一首插曲

玛福教授主持会议时，说中国是一个12亿人口的大国，是世界上经济发展最迅速的国家之一，而高等教育规模却相对很小，要求与会者讨论如何帮助中国继续发展高等教育。他讲的是事实，用意也是友好的。但习惯于以发达国家自居而以第三世界国家为“从属”“依附”者的美国人，话说得有点欠分寸。为此我在报告中特别强调指出，中国不仅是一个人口众多的国家，也是一个学生最多的国家，现时是以占世界1%的教育总经费培养占世界24%的学生（据联合国教科文统计材料，1990年世界教育总经费为10 369亿美元，而当年中国教育经费仅434亿元人民币，按外汇比率，不满100亿美元；当年世界各级各类学生总数为9.727亿人，中国学生总数达到2.365亿人）。即使就大学生来说，1993年注册的大学生（包括普通高校和成人高校，不计高等教育自学考试）为45.5万人，就绝对数来说，仅次于美国和印度而已。究竟是少还是多，是应该加速发展还是控制发展，必须对资源、文化、历史、人口进行综合研究，不能只就大学生数与人口比例做出轻率的判断。

四、会议的形式与组织工作

对会议的形式与组织工作，总的印象是周密、自由、杂乱而有序。既不同于中国所组织的国际学术会议，也有别于我参加过的一些其他国家所组织的国际会议。一个1 100多名代表参加，大会、小会几十场，大小会场10多个的会议，几个月前就已将详细的日程印发出来，寄给各地的代表们，当然是经过周密安排的。但会议既没有例行的开幕式、闭幕式，更无所谓的总结；大会、小会除主持人与报告人之外，都是自由参加，无所谓分组名单；论文是自带自发，食宿更是自己订房间，自己料理。会议的组织者，只管签名报到，收注册费，发给几张会议指南之类的文件和一些招待、旅游、寄车的优待券，并尽可能组织一些招待餐会、文娱晚会、旅游活动，提供代表们广泛相互接触的机会。参加会议的代表们，不少是借此机会带家属前来度假胜地的新奥尔良“公费旅游”的（一般可以申请到开会资助）。因此，会议期间，探亲访友、逛马路、上商场，大有人在。但更多的代表是利用这个机会，进行各种目的的会外活动。我们在开会期间，就约访了下届主席理查德·D. 霍华德教授（Prof. Richard D. Howard）和几位州教育局与社区学院的负责人。国外学术会议本来就比较自由，而这个会议更是彻底自由，连何时离开也悉听尊便，无人过问。按照中国开会的准则看，可以说是杂乱无章；而从会议的组织者看来，各得其所，达到了“聚会”的目的。据说这个组织就靠每年一度的年会，收取大量注册费来维持一年的经常性开支。

五、社区学院

我们参加会议之后，应邀到弗吉尼亚理工大学，并重点访问西弗吉尼亚社区学院。

弗吉尼亚理工大学（Virginia Polytechnic Institute and State University）是一所规模较大的、以技术教育为主的多科性研究性大学，在美国名牌大学中榜上有名。中国来此留学、访学、讲学的不少。和我们一起从华盛顿同行的，就有一位清华大学的副教授，据说已经在此工作了一年多。弗吉尼亚理工大学的校园宽阔，占了黑堡（Blackburg）这个城镇的大半。学校中文、理、工、农齐全，有农场、工厂，还有一个小型的机场，但目前也面临经费困难的问题。据说下一年度州政府将削减20%的财政拨款，有些机构面临停办、合并的危机。高等教育研究中心是一个博士点，也将被裁撤，中心主任也只好准备改行。

因为受厦门大学成人教育学院的委托，我们重点访问了西弗吉尼亚社区学院并与院长探讨联合办学的可能性。这所学院是弗吉尼亚20多所同类学院中规模中等的一所，位于美丽的雷纳克（Roanake）市区，校舍由几座大楼组成，主楼有10多层，环境甚清幽。学生6 000名，其中约1/3修本科一、二年级普通课程，2/3修职业技术课程。前者结业之后可以升入大学本科三、四年级；后者毕业之后，授予副学士学位。学院每年的经费约1 500万美元，80%是靠州政府拨款。学费按学分收取，普通课程每个学分约20美元，职业技术课程40~60美元不等。学费收入只占经费中的一小部分，他们现在也正在为州政府将削减20%财政拨款而发愁，准备解雇一部分专职教师，多雇用兼职教师，因为后者以所授学分计酬，廉价得多。根据我们实地考察，按国内标准来看，学院校舍够堂皇，不是一般人所设想的因陋就简的成人高等院校，但普通教育课程除电脑外，只有我国一般普通高校的设备。职业技术课程的工厂、实验室较好。大学生除听课外，大多在工厂、实验室忙碌着，或在电脑前学习，在图书馆的不多，图书馆的藏书量也不到10万册。学院院长对于同中国的成人高等院校联合办班很感兴趣，主要是为扩大学校的国外影响。有的人抱怨说，中国前来的访问团，眼睛只盯着几所名牌大学，殊不知社区学院已形成美国一支强大的办学力量，在教育合作上可能更能收到实效。

除上述两所院校外，我们还参观了几所大学。总的印象是名牌大学（如爱默雷大学、土伦大学、亚特兰大的工商管理学院）不一定校舍堂皇，往往挤在闹市中或大城市边缘，校园湫隘。倒是有些非名牌大学校园宽阔、环境幽美，如南阿拉巴马州立大学就是如此。可见知名与否，主要是看师资队伍、图书设备、科研成果、毕业生的质量与社会地位，尤其是学术带头人的学术影响与知名度。

六、旅途见闻与感想

我们开会之前，由旧金山经达拉斯到新奥尔良；开会之后，由南往北，经莫比尔、亚特兰大、雷纳克、华盛顿、纽约等大中城市，地面行程2 000多公里。看了一些经常出现在书本上或电视上的文物、景点，也接触到了一些民情风习，印证了一些旅游者津津乐道的印象与感想。如美国地大物博，得天独厚；高速公路四通八达，交通方便；参观不购门票，路桥不收“买路钱”；华盛顿、纽约等地，高楼大厦与贫民窟并存，豪华仕女与流浪汉、乞丐杂处；如此等等，不过以见证闻，不加赘述。下面只是散记一些书本上未见或少见的见闻与感想。

（1）在公路上，醒目的路标指向大学。无论高速公路或乡间小道，都有清晰醒目的路标。路标有两类：一类是指向前面的城镇和里程；一类是指向休息处、加油站和大学与社区学院。休息处与加油站一般就在路旁，而大学与社区学院则或在路旁，或另有岔道。却没有发现指向商店、工厂、公司的路标。我曾就此事询问美国的朋友，为什么为大学设路标而不为大企业、大机关设路标。他们只知历来如此，却说不清道理。后来问一位搞公路交通的专家，据他说，大学是受人们尊重的公共事业，政府有责任为他们设置路标；企业是营利单位，只能自己做广告。广告的位置也是有限制的，不能任意设在公路上，以免影响驾车者的注意力。

（2）问讯和问路。到一个新地方，问讯和问路是少不了的。在国内，我们常为此烦恼，怕看厌烦的冷脸。不得已硬着头皮打扰人家，也要力求简单，以免招人讨厌。在美国，就不必有此顾虑，电话询问机票、车票、物价，24小时服务，提供详细的信息。往往问了几家，才选定价廉方便的一家订购。这自然是“市场经济”在起作用。但问路却是没有任何代价的。无论是走路者、开车者，或是匆匆赶路的上班者，只要打个招呼，都会停下来耐心地倾听你结结巴巴的英语问话，比手画脚的回答又往往比你所要问的还多，或者撕下一张纸画个路线图。我很奇怪，为什么“时间就是金钱”的社会，对此却不计较时间即金钱的损失，而且脸上并无“微笑服务”小姐那种勉强的微笑？还有一个专为不懂英语的中国人服务的 MCI。只要拨通 1－800－264－3795 的电话号码，有问必答。用他们的话说：“对 MCI 来说，为您服务是一种难得的缘分。因为我们非常重视您的需要，让您每次打电话给 MCI，就像打回家一样。透过电话，我们听到了彼此的关怀，也看到对方的微笑。”

（3）各地治安有好有坏。一般来说，乡村治安较好，城市治安较差，尤其是大城市。纽约市的治安最差，我们住在纽约时，旅店主人就劝告我们夜间不要独自外出。旧金山的治安也不好，我们大白天乘公共汽车到离开市中心的海滨，经过一处高地，可以俯瞰整个海滨。想要下车游览，司机就劝我们不要下车，说是怕遭抢劫，并劝我们没有当地人陪同不要远离市中心。相反，在黑堡这个小城镇住了两天，不但绿草如茵、林木茂盛、商店雅洁、街道安静，而且据说很少发生盗窃抢劫一类事件。一位在这里工作的中国学者就说，他之所以不愿到纽约找个更好的职业，就是留恋于这里安谧的环境和较有人情味的氛围。

（4）思想政治教育。有人说，美国是一个多元化的自由主义国家，不搞什么思想政治教育。我在短短的访问期间所得印象恰恰相反。即使不说美国学校开设美国历史、美国文化、美国政治、美国法律等课程，向学生灌输美国是世界最民主、最自由、最富裕、最强大的国家的政治思想，也不可无视他们利用各种各样的纪念馆、博物馆、文化走廊、国家公墓以及白宫、石头山、自由女神像等，有计划地组织学生参观，寓思想政治教育于旅游之中，灌输爱国主义和民主政治思想。举例说，林肯纪念馆，每天要接纳一批又一批来自各地的学生。除了参观林肯故居、各种文物和图片外，还有20分钟时间让参观者坐在当年林肯遇刺的剧院中，舞台及其他布置都是当年情境，一位讲解员用生动的充满感情的语调，向学生讲述林肯的丰功伟绩和遇刺故事。从学生们专注与哀伤的表情可以看出这样的教育方式是成功的。当我们参观爱丽思岛上的移民博物馆时，也听到一场美国移民史的报告，宣传美国融合来自世界不同文化的宽容精神。至于随处设置的免费参观的历史博物馆、航天航空博物馆、总统纪念馆等，都在向人们显示美国的强大与民主。每个国家，都要对它的人民进行爱国主义以及其他的思想政治教育，这并没有什么不好。我只是想说，美国这个国家，同样是很重视对学生和人民的思想政治教育的。它们所采取的潜移默化的方式方法，值得我们借鉴。

（5）美国式的自由。人们都知道美国这个国家的人民是很自由的：政治自由、生活自由。只要不触犯法律，可以自由发表政见、批评总统。有随意迁徙的自由，有就业与失业的自由，有在白宫和国会山前讨饭的自由。人们像浮萍一样，被金钱之风吹着东漂西泊，无人干涉，也无人过问。但每个人又都在一个无形的网络监视之下，如越雷池一步，你的档案材料，包括纳税和银行存款就会显示在某个部门的荧光屏上。

作为“散记”，我只是浮光掠影地写下所忆的某些现象，难免不出差错，也无褒贬之意，顺此声明。

多国高等教育大众化模式比较研究[①]

"二战"之后，各国陆续迈出了高等教育大众化的步伐。今天，许多国家已经迈过了马丁·特罗提出的大众化的数量门槛，部分国家甚至已进入普及化阶段。规模的扩张造成了经费的紧张，各国在解决这个问题的过程中大致形成了四种模式。对它们进行归纳和总结，有利于更好地理解世界高等教育大众化的趋势，并为我国高等教育大众化的发展提供借鉴。

一、美国模式

美国是高等教育大众化起步最早、发展最顺畅的国家。根据美国教育统计中心（National Center of Education Statistic，NCES）的数据，1931 年美国高等教育在校生数为 115.4 万人，占 18～24 岁人口的 7.4%；1956 年达到 291.8 万人，占 18～24 岁人口的 19.5%；到 1991 年，毛入学率则已经达到 51%。[②] 根据高等教育大众化的数量指标，可以认为，在 1950 年左右，美国高等教育开始进入大众化阶段；到 1990 年左右，已经进入普及阶段。其大众化的实现，有如下两个鲜明的特点：

① 原载《高等教育研究》，2007 年第 28 卷第 3 期。作者：潘懋元，罗丹。

② U. S. Department of Education. 120 Years of American Education，A Statistical Portrait [EB/ OL]. http：// nces. ed. gov/pubsearch/ pubsinfo. asp？ pubid = 93442.

1. 从规模扩张的对象上看，前期公、私立高校同步发展，后期以发展公立高校为主

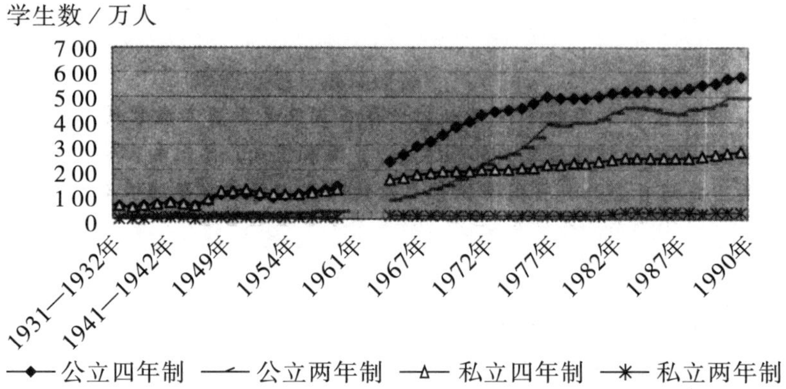

图1　美国公、私立高校1931—1990年学生增长情况

来源：根据 *Enrollment in Institutions of Higher Education, by Sex, Attendance Status, and Type and Control of Institution*: 1869—1870 *to fall* 1991 数据绘制而成。National Center of Education Statistics. 120 Years of American Education, A Statistical Portrait. p.84－85.

图1显示，在1930年至1960年前后，美国公、私立院校呈同步发展的趋势。这一阶段以四年制高校为主体，两年制学院略有增加，但幅度不大。20世纪60年代以后，公立两年制学院快速增长，公立大学和学院的在校生人数也迅速攀升，形成了以公立院校扩张为主的特点。在这一过程中，私立高校的规模也仍在增长，只是幅度较小。总体来看，美国高等教育大众化是公、私立高校共同发展的结果，在从精英阶段迈向大众化阶段的过程中，公、私立大学同步发展；进入大众化阶段以后，以公立高校的发展为主，私立高校也做出了一定的贡献。

2. 多方努力，共同解决经费难题

表1　美国高等教育经费来源构成表（1931—1989）

单位：万美元

年度	政府资助	学生学费	募捐及捐赠	其他收入
1931—1932	18 566.1	15 064.9	9 085.1	13 910.3

续上表

年度	政府资助	学生学费	募捐及捐赠	其他收入
1935—1936	18 387.0	15 813.4	9 720.5	15 737.7
1939—1940	21 447.4	20 089.7	11 175.7	18 808.3
1943—1944	50 678.0	15 448.5	12 564.5	25 738.8
1949—1950	110 719.0	39 461.0	21 496.8	65 786.8
1955—1956	152 736.0	72 221.5	39 008.5	96 369.9
1959—1960	265 608.1	115 748.1	58 918.9	138 278.5
1965—1966	609 604.2	264 064.1	90 255.1	309 499.1
1970	1 147 821.5	502 121.1	156 230.9	581 745.1
1975	1 929 170.7	817 194.2	260 450.6	963 500.9
1980	3 037 567.1	1 377 352.9	492 800.1	1 689 474.6
1985	4 292 249.7	2 311 660.5	822 858.0	2 671 071.0
1989	5 600 557.3	3 392 506.0	314 369.6	3 877 872.6

注：表中的“其他收入”，主要指学校医院收入、副业经营收入（auxiliary enterprises）以及院系各种服务和其他收入的总和；政府资助包括联邦、州和地方三级政府的拨款以及对学生的资助。

来源：根据 *Current-fund Revenue of Institutions of Higher Education, by Source of Funds: 1889—1890 to 1989—1990* 有关数据整理而成。National Center of Education Statistics. 120 Years of American Education, A Statistical Portrait. p.97.

根据表1制图，我们能清楚地看出不同经费来源所占的比例。

从图2可见，支持美国高等教育规模扩张的经费来源是多元化的。其中民间投入（学费、募捐及捐赠）与政府资助以1943—1944年为界，分为前后两个时期。前期民间投入比例较大，政府资助比例较小；后期民间投入比例下降，政府资助比例上升，政府资助和民间投入呈现出明显的互补特点。此外，“其他收入”所占比重始终保持在30%左右，成为政府资助和民间投入之外的第三个重要经费来源。这表明美国高等教育大众化既不是只依靠增加政府投入，也不是只依靠增加学费和捐赠收入来支撑高等教育的发展，而是依靠其独特而完善的高等教育经费制度、广开财路、多方吸纳非政府资源，

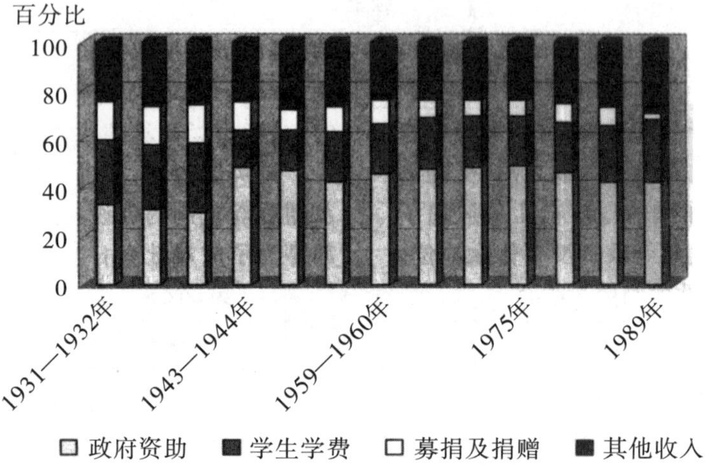

图2　美国高等教育经费来源构成图（1931—1989年）

来解决规模扩张中的经费短缺问题。

总之，美国高等教育大众化的实现，是依靠公、私立大学和学院的共同努力来实现的：公立院校在规模扩张过程中发挥了重要的作用，同时私立院校也做出了应有的贡献。在这个过程中，各级政府和民间力量互为补充，共同为规模扩张提供经费。此外，高校附属产业部门利用独立经营所得为学校发展补充了大量经费。由此，我们可以用“公私共济，协调发展”八个字来概括美国模式的特点。

二、欧洲模式

和美国高等教育大众化模式不同，欧洲各国高等教育大众化的发展主要依靠公立高校，以政府财政为主，民间力量基本不起作用或作用很小。虽然这些国家在经济上是发达或比较发达的国家，也很重视文化教育的发展，但高等教育大众化发展过程缓慢。

表 2　欧洲部分国家高等教育毛入学率变化表（1970—1996 年）

国家	毛入学率/%					
	1970 年	1975 年	1980 年	1985 年	1990 年	1994 年
奥地利	11.76	18.90	23.20	26.30	35.20	44.80
比利时	17.49	21.32	26.30	31.20	40.20	54.40
丹麦	18.28	29.41	28.60	29.30	36.50	45.00
法国	19.50	24.45	25.50	29.80	39.60	43.00
希腊	13.52	18.63	17.40	25.10	24.80	38.10
意大利	16.69	25.07	27.70	25.70	30.80	40.60
荷兰	19.51	25.47	30.00	31.80	39.80	48.00
西班牙	8.91	20.36	24.20	28.60	36.70	46.10
瑞典	21.34	28.80	30.80	31.30	32.00	42.50
瑞士	9.98	13.60	18.30	21.20	25.70	31.80
英国	14.07	18.90	20.10	21.80	30.20	48.30

注：1970—1989 年数据统计以 20 ~ 24 岁人口为基数，1990—1996 年各国统计口径变化，以 18 ~ 22 岁或 19 ~ 23 岁为主。

来源：根据 UNESCO Statistics Yearbook. 1980：157 – 215；1992（3）：17 – 70；1998（3）：35 – 76 有关数据绘制而成。

从表 2 可见，欧洲这些发达或比较发达的国家，高等教育大众化的起步并不晚。在 20 世纪 70 年代以前，大多数国家已徘徊于大众化门槛前后；但从 70 年代中期开始，除了个别国家外，大多数国家高等教育毛入学率的增长缓慢，直到 90 年代以后，这种状况才开始有所改变，但绝大多数国家都未能进入普及化阶段。欧洲国家高等教育毛入学率变化的这一特点，与其财政政策不无关系。在这些所谓“福利国家”中，教育一直被视为公共产品和政府责任，高等教育长期实施免费上学政策，尤其是在“二战”之后，受经济高速发展和人力资本理论的影响，政府几乎包揽了高等教育的全部费用，私立高等教育没有什么地位。实际上，除个别国家外，欧洲的私立高等教育似有若无。在英国，牛津大学和剑桥大学原本是私立大学，但“二战”之后，政府资助成为它们最主要的收入来源，真正意义上的私立大学只有 1976 年成立的白金汉大学一所。在法国，1976 年公立高校学生为 948 019 人，私立高校学生才 68 327 人，只占大学生总数的 6.7%。① 这一状况在 90 年代以后虽然略有变化，但总体上私立高等教育在欧洲发展仍然缓慢。从经济合作与发展组织（OECD）2002 年和 2003 年对欧洲部分国家的高等教育经费统计中也可以看出这一点。

表 3　2002—2003 年欧洲部分国家公私立高等教育经费占 GDP 的比重

国家	高等教育经费占 GDP 比例/%					
	2002 年			2003 年		
	总计	公立	私立	总计	公立	私立
法国	1.1	1.0	0.1	1.4	1.1	0.2
德国	1.1	1.0	0.1	1.1	1.0	0.1
意大利	0.9	0.8	0.2	0.9	0.7	0.2
西班牙	1.2	1.0	0.3	1.2	0.9	0.3
比利时	1.4	1.2	0.1	1.3	1.2	0.1
荷兰	1.3	1.0	0.3	1.3	1.1	0.3
英国	1.1	0.8	0.3	1.1	0.8	0.3

来源：OECD 各国教育概览 Education at a Glance – OECD Indicatores，2005，2006 Table B2.1a. b［EB/OL］. http：//www.edu.tw/EDU_ WEB/EDU_ MGT/STATISTICS/EDU7220001/indicator/ 2006.

表 3 显示，即使到 2002 年和 2003 年，欧洲各国私立高等教育经费所占的比重仍然非常小。同在 2002 年，美国私立高等教育经费占 GDP 的 1.4%，公立占 1.2%；日本公、私立分别占 0.4% 和 0.6%；韩国公、私立则分别占 0.3% 和 1.9%；即使在印度尼西亚，公立高等教育经费所占比例只有 0.3%，

① 北京师范大学外国研究所．欧洲七国第三级教育［Z］. 北京：北京师范大学高等学校干部进修班印，1983：23.

私立也已经达到0.4%。①

这种以公立高校为主，依靠政府投入作为主要经费来源的大众化发展模式，首先遇到的问题是经费不足。政府经费增长始终跟不上学生数的增长，导致生均教育资源减少，教育质量堪忧。更为严重的是，由于长期忽视民间自主办学的推动机制与力量，欧洲国家的高等教育结构改革进展艰难，新型的、适应市场需求的大众高等教育机构发展动力不足。以英国为例，20世纪60年代新大学的建立，以及随后双重制的创设与废除，开放大学的发展等，都是为了应对社会日益强烈的高等教育入学要求，但这些改革未能有效地建立起直接满足社会需求的新型高等教育机构，即使是开放大学，也因偏向于传统大学的课程而未能充分反映市场需求。德国在1968年以后大力发展专业学院，以培养具有实用性的人才，但强调科研和基础知识的大学仍然占据高等教育的绝对主体地位。1980年，专业学院的学生仅占大学学生数的1/5②而已；1990年以后，专业学院的发展才开始加速，即使如此，到1998年时这一比例也仍不到1/3③。尽管欧洲国家在经济上比较发达，政府财力雄厚，但其高等教育大众化发展缓慢，高等教育毛入学率长期在20%～30%之间徘徊。直到90年代以后，经过一系列改革，包括开办一些私立高等教育机构，毛入学率才开始上升。对于这些国家而言，在质的方面（主要指结构改革方面），大众化高等教育的时代还没有真正到来。要全面实现大众化高等教育量的增长和质的发展，它们还必须进一步解决好经费来源和建立新型高校这两个重大问题。可见，欧洲各国的高等教育大众化最突出的特点就是“依靠公立高校，倚重政府投入”，在这里，民间力量对于高等教育发展的作用十分微弱。这些国家的经验表明，即使政府财力非常雄厚，也仍然难以完全支付高等教育规模增长所需的经费；更为严重的是其单一的办学形式，不利于建立适应

① 教育统计指标之国际比较（表4－1）[EB/OL]. http://www.edu.tw/EDU_WEB/EDU_MGT/STATIS TICS/ EDU7220001/ indicator/ 2006.

②③ 1980年，德国大学学生823.9万人，专业学院学生175万人；1990年，大学学生1 188.3万人，专业学院学生333万人；1998年，大学学生1 335万人，专业学院学生403.1万人。克里斯托弗·福尔.1945年以来的德国教育：概览与问题[M]. 北京：人民教育出版社，2002：300.

社会需要的新型高等教育机构。如何广开财路、如何促进新型高等教育机构的建立，是这些国家高等教育继续发展道路上必须解决的两大难题。

三、东南亚以及拉丁美洲模式

在亚洲和拉丁美洲的一些国家，高等教育大众化起步有先有后。1970 年，泰国的高等教育毛入学率仅 2.02%，而菲律宾已达到近 20%，新加坡、古巴、智利、韩国、巴西等国的毛入学率则都在 10% 以下。到 1995 年，韩国超过了 50%，日本紧随其后，新加坡、菲律宾则已经达到或超过 30%，其他国家绝大多数也都超过了 20%。① 与欧洲国家相反，这些国家或地区的高等教育大众化发展，以私立高校作为大众化扩张的主要承载者，以民间资源尤其是学费作为主要的经费来源，由此形成了另一种模式。

1. *私立院校是高等教育规模扩张的主要承载者*

表 4　东南亚部分国家和地区高等教育学生人数

单位：人

国家		1955 年	1965 年	1975 年	1980 年	1985 年	1990 年
日本	非私立	231 139	335 034	511 962	607 227	675 695	780 672
	私立	131 115	265 748	669 557	1 091 534	1 188 666	1 654 237
韩国	非私立	35 210	42 870	84 332	n. a	29 1103	313 053*
	私立	43 442	112 615	199 017	n. a	971 390	1 321 372*
菲律宾	公立	n. a	n. a	106 000	185 000	230 000	622 976*
	私立	n. a	n. a	666 000	1 069 000	1 274 000	1 890 392*
中国台湾	公立	n. a	235 033*	n. a	256 031	299 182	345 547
	私立	n. a	3 951 218*	n. a	438 867	551 178	680 187

来源：

1. 日本数据：文部科学省．文部科学统计要览．平成十八年.

① 此处各国高等教育毛入学率数据来源于 UNESCO . Statistics Year Book. 1980：157－215；1992（3）：17－70；1998（3）：35－76.

2. 韩国数据：谢作栩．中国高等教育大众化的发展道路研究［M］．福州：福建教育出版社，2001：118. 其中1990年栏中数据实为1993年数据，转引自：谢安邦．外国私立高等教育［M］．北京：中国社会科学出版社，2003：42.

3. 中国台湾数据：台湾教育事务主管部门网站，其中1965年栏中数据实为1970年数据。

4. 菲律宾数据：Hiromitsu Muta. Educated Unemplolyment in Asia，Hong Kong，Nordica International Limited，1990：312. Table 2. 1. 其中1990年栏中数据实为1998年数据，转引自：谢安邦．外国私立高等教育［M］．北京：中国社会科学出版社，2003：72.

如表4所示，到1990年前后，东南亚部分国家和地区私立高校在校生数都在公立的两倍以上，韩国在1993年更是达到四倍。也就是说，这几个国家和地区的高等教育在校人数中，65%以上，甚至80%是在私立高校，从增长比例来看，私立高校的规模扩张也远远高于公立高校。实际上，除了新加坡、马来西亚、中国香港等少数受英联邦影响的国家和地区，东南亚和拉丁美洲大多数国家的私立高等教育发展都非常迅速。印度尼西亚私立高校学生数占高校学生总数的比重，1963年为25%，1965年即达到32%，1985年，该国私立高校已有400所，而国立高校仅44所。[①] 智利在1980年时，仅有6所私立高等教育机构，且都是大学；到1990年，全国310所高等教育机构中，竟有294所是私立，在校生人数占高等教育总学生数的比例达到52.4%。[②] 巴西的情况与此类似，其私立高校在校生人数占高等教育在校生总数的比例，1955年为44%，1970年达到55%，1975年再增至65%，到1998年，这一比例仍维持在62%。[③] 即使受英联邦影响的几个国家，开始不发展私立高等教育，近年来也加大了私立高等教育的发展步伐。如马来西亚，1980年以前几乎不存在私立高等教育机构，但在1983年之后，由于经济不景气，政府放松了对私立高等教育的管制，到1996年，在教育部注册的私立高等教育机构达到280所，到2001年，更是发展到666所，私立高等教育机构学生数占高等

① 冯增俊，卢晓中．战后东盟教育研究［M］．南昌：江西教育出版社，1996：393.

② 王留栓．智利私立高等教育的主要特征及其经验［J］．外国教育研究，1997（6）：5－8.

③ 王留栓．亚非拉十国高等教育研究［M］．上海：学林出版社，2001：205，50－51.

教育学生总数的比例，在1985年仅为9%，到1999年则已经达到了43%左右。[①] 可见，在东南亚和拉丁美洲的大部分国家，私立高校是高等教育大众化的主力军，承载了大量的在校学生。

2. 学费收入是高等教育的主要经费来源

在上述国家中，公、私立高等教育普遍实行收费上学制度，私立高等教育机构的经费更是主要依靠学费。以韩国和日本为例。1985年，韩国高等教育毛入学率已经达到34.2%，私立高校学生是非私立高校学生的3倍以上，但政府给私立高校的资助仅占这些机构经费来源的1%，私立高校总收入的82.3%是来自学费收入。同年，公立高校经费的49.6%也是来自学费收入。在随后的发展中，以学费作为主要收入来源的情况并没有太多改变，到1990年，韩国学费收入仍占私立高校总收入的78%左右。[②] 日本的情况也非常典型，容纳了70%多在校生的私立大学和私立短期大学，接受的政府资助非常少，除了20世纪70年代末期和80年代初期超过10%以外，其他时间都在7%~8%，甚至更低。而学费在高校总收入中的比重，私立大学一直保持在45%~50%左右，私立短期大学更是常年高达65%以上。[③] 除了韩国和日本，在东南亚和拉丁美洲的其他国家和地区，政府的拨款也都是以资助公立高校为主，同时公立高校也收取学费来补充经费。占高等教育主体的私立高校，主要是以学费和募捐、基金维持，其中学费收入是最主要的经费来源。这种状况迫使私立高校紧密关注市场需求，以吸引到足够的生源来维持生存。这样，私立高校自然与传统大学区分开来，成为以满足社会需求为导向的大众型高教机构。

总之，东南亚和拉丁美洲的大部分国家和地区，高等教育大众化的实现主要得益于私立高校的迅速发展。在政府的财政资助有限的情况下，这些国家和地区依靠收取学费和吸纳社会资金，较好地解决了规模扩张所造成的经费短缺问题；同时，借助私立高校之间激烈的生源竞争，较好地满足了市场

---

① 李毅．蓬勃发展的马来西亚私立高等教育［J］．比较教育研究，2003（8）：76-80.

② 王留栓．亚非拉十国高等教育研究［M］．上海：学林出版社，2001：205，50-51.

③ 根据广岛大学高等教育研究中心数据计算得出，数据来自：http：//en. rihe. hiroshima-u. ac. jp/data_ list. php? #37.

对高等教育的新需求，形成了有别于欧洲传统大学的高等教育体制。这种模式的特点可以概括为：倚重私立高教，以学费收入为主。

四、转型国家模式

在苏联和东欧转型国家中，高等教育大众化的发展又是另一种模式。这种模式以社会政治转型为界，前期依靠政府投入和公立高校实现规模扩张；转型后，各国开始大力发展私立高等教育，借助私立高等教育机构和民间资金，使高等教育发展迎来一个新的快速增长时期。我们选取了其中几个国家的高等教育毛入学率，从中可以明显地看出这种趋势。

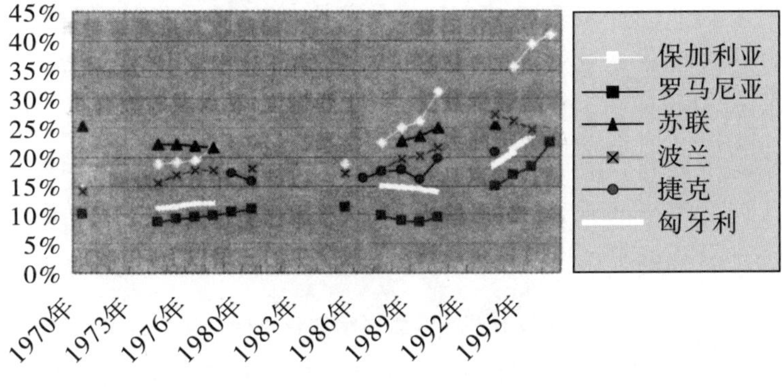

图3　苏联和保加利亚等五国高等教育毛入学率变化图（1970—1995 年）

注：1992—1995 年苏联数据为俄罗斯数据。

来源：根据 UNESCO Statistics Yearbook ［Z］. 1980：157 – 215；1992（3）：17 – 70；1998（3）：35 – 76 有关数据绘制而成。

从图3 可以看出，几国的高等教育毛入学率在20 世纪70 年代都已经达到了较高的水平，多数开始进入大众化阶段；但从 1970 年到 80 年代末，除个别国家外，绝大多数停滞不前，甚至还有不小的起伏。直到 90 年代初，毛入学率才开始攀升，并且势头迅猛，意味着高等教育规模得到了迅速发展。对于苏联和东欧转型国家高等教育毛入学率的变化趋势，我们需要思考两个问题：第一，为什么高等教育发展较早的苏联和东欧各国，在 1970 年之后长达近 20 年的时间里，毛入学率没有较大的提高？第二，为什么 90 年代以后，毛入学率上升的势头如此明显而强劲？要完全回答这两个问题并不容易，但是通过对比转型前后这些国家高等教育领域的重要变化，也许能找到部分答案。在这些变化中，首先是私立高等教育机构从无（极少）到有，迅速发展。

由表5可见，俄罗斯和保加利亚等五国中，转型之前只在波兰和罗马尼亚有少量私立高校，注册学生非常少。到1999年，波兰和罗马尼亚私立高校学生数占全体学生的比重都达到将近30%；到2004年，俄罗斯的私立高校学生占高教总学生数的比例达到40.6%，保加利亚和匈牙利也超过14%。从表5中数据可见，转型之后，各国私立高等教育迅速发展，成为高等教育规模扩张的重要载体。私立高等教育在转型后的迅速发展，不言而喻，是由于这些国家政策的转变。转型后，这些前社会主义国家纷纷出台政策法规，鼓励创办私立高校。俄罗斯在1992年颁布了《联邦教育法》，开始允许不同社会组织、企业以及其他创办者设立教育机构，并在1994年的《莫斯科宣言》中提出对私立高校的学生及其家庭进行政府补助；波兰1990年的高等教育法也开始允许创办私立高等教育机构；罗马尼亚在1989年到1995年之间，私立高等教育机构是依照非营利性或营利性组织设置法来发展的，法律环境非常宽松。正是这些政策法规的出台，促进了各国私立高等教育的迅速发展，为高等教育找到了新的增长点。

表5　俄罗斯等五国非公立高等教育机构及学生情况

<table>
<tr><th colspan="2">国家</th><th>保加利亚</th><th>匈牙利</th><th>波兰</th><th>罗马尼亚</th><th>俄罗斯</th></tr>
<tr><td rowspan="4">非公立高等教育机构数(所)及所占比重</td><td>1990年</td><td>0</td><td>n. a</td><td>6
(5.4%)</td><td>17
(26%)</td><td>0</td></tr>
<tr><td>1995年</td><td>8
(9%)</td><td>n. a</td><td>80
(44.7%)</td><td>36
(38.7%)</td><td>193
(5.7%)</td></tr>
<tr><td>1999年</td><td>9
(10.3%)</td><td>34
(38.2%)</td><td>182
(59.3%)</td><td>83
(59.3%)</td><td>334
(36.5%)</td></tr>
<tr><td>2004年</td><td>14
(27.5%)</td><td>37
(54.4%)</td><td>274
(68.5%)</td><td>67
(54.9%)</td><td>392
(37.4%)</td></tr>
</table>

续上表

国家		保加利亚	匈牙利	波兰	罗马尼亚	俄罗斯
非公立高等教育机构数(所)及所占比重	1990 年	0	550 (0.5%)	n. a	11 000 (5%)	0
	1995 年	n. a	18 104 (9.2%)	89 399 (11.2%)	34 800 (14%)	135 500 (4.9%)
	1999 年	27 916 (11.5%)	39 155 (14.1%)	403 189 (28.4%)	130 045 (29.6&)	250 000 (7%)
	2004 年	32 802 (14.4%)	57 921 (14.2%)	54 439 (29.4%)	143 904 (23.2%)	2 622 322 (40.6%)

来源：1999 年、2004 年数据和 1990 年、1995 年数据分别来自欧洲高等教育中心网站：http：//www. cepes. ro/ information_ services/statistics. html 和 http：//www. albany. edu/dept / eaps/prophe/data/National_ Data.

转型后的第二个重要变化，是自费生的增加。转型之前，这些前社会主义国家的高等教育都是不收学费的，政府是高等教育经费的最主要来源。转型之后，由于经济发展受影响，国家财政困难，高等教育经费不足，这些国家纷纷开始实行自费生政策，允许公、私立高校招收部分的自费学生，以缓解经费困难。在俄罗斯，从 1992 年联邦教育法规定公立高校可以招收自费生开始，自费生比例逐步增加，1995 年占高等教育总招生数的 15%，2000 年迅速发展到 51%，其中有 2/3 以上进入了公立高校①。匈牙利也有自费生政策，在私人和基金会举办的高校中，2001 年招收的自费生占其总招生数的 46%②。波兰的私立高校向学生收取全额学费，公立高校则通过招收大量的非全日制学生，向他们收取学费来补充办学经费。2000 年的数据显示，波兰私立高校

① 何雪莲. 前苏东社会主义国家私立高等教育研究［Z］. 厦门：厦门大学教育研究院，2006：65.

② 何雪莲. 前苏东社会主义国家私立高等教育研究［Z］. 厦门：厦门大学教育研究院，2006：90.

收入的98.5%、公立高校收入中的24.4%都是来自学费。①

可见，在苏联和东欧社会主义国家，伴随着社会、政治、经济的转型，高等教育大众化走过了一条特殊的道路：在发展的前半期，依靠公立高校，借助政府财政经费，几个主要国家的高等教育毛入学率虽已经达到了较高的水平，但在1970年后的一个相当长的时期停滞不前。直到转型之后，借助私立高校的发展和学费收入，高等教育规模在政府财政困难的情况下奇迹般地得到了较快的发展。转型国家这种模式的特点可以概括为，前期政府垄断，后期民间发力。

五、比较与启示

从世界范围来看，"二战"以后，尤其是1960年以后，规模扩张是各国高等教育发展的主旋律。在这个过程中，不同国家采用不同方式来扩大高等教育规模，以满足经济发展和人民文化水平提高的需求，形成了上述几种模式。比较这些模式，有许多问题值得我们深思：第一，为什么国家财力雄厚的欧洲发达国家，大众化发展速度反而比亚洲、拉美一些发展中国家或地区迟缓？第二，为什么欧洲许多国家的高等学校在面向市场经济，结构体制改革，培养应用型、实用型人才方面不如美国和亚洲一些发展中国家与地区的高校表现出色？第三，为什么许多国家私立高校的教育质量一般不如公立的，而有些国家，最好的大学却是私立大学？公、私立的办学体制同质量高低有无必然联系？限于本篇论文所讨论的是教育经费来源与高教大众化关系问题，下面只从教育经费的角度探索答案。

首先，毫无疑问，高等教育入学机会的增加，需要增加经费投入。因此，大众化首要的问题是"经费的挑战（the challenge of funding）"②。解决经费问题的渠道无外乎两条：增加政府投入和增加非政府投入。上述国家，无论一

① 何雪莲．前苏东社会主义国家私立高等教育研究［Z］．厦门：厦门大学教育研究院，2006：124.

② ALTBACH P G. The Logic of Mass Higher Education［J］. Tertiary Education and Management，1999（5）：107－124.

开始采用什么方式发展高等教育，最后都走到了或多或少借重民间资金的道路上。这说明，解决高等教育规模扩张所导致的经费不足问题的根本途径就在于此。因为按生均教育经费测算，高等教育大众化、普及化不同于义务教育的普及化，它所需的投资远远超过义务教育阶段，即使在欧美发达国家，政府也难以承担高等教育扩张所需的全部费用。在欧洲国家为了经费问题绞尽脑汁、围绕“效率”展开各种改革而效果并不佳的时候，东南亚和拉丁美洲的国家在高等教育基础薄弱的情况下，通过大力发展私立高等教育，反而轻松实现了高等教育规模的扩张，发展速度甚至超过了欧洲国家。如泰国在1977年时高等教育毛入学率仅为5.3%①，但在七八十年代开放学禁之后，情况大为改观，高等教育规模迅速扩张，仅到1980年，泰国高等教育毛入学率已经达到14.7%②；一向发展缓慢的苏联和东欧社会主义国家，在转型后的经济困难时期，借助民间力量，高等教育规模反而得到了奇迹般的发展。一般来说，民间资金的利用方式主要有两种：一是大力发展私立高等教育，一是建立成本分担制度，实行收费上学。对于我国而言，收费上学已实施多年，学费收入对于高等教育的发展做出了相当大的贡献，2004年高等学校的学杂费收入，已占当年高校总经费的33%③。但是，民办高等教育的发展还比较缓慢，不但无法与东南亚和拉丁美洲的国家或地区相比，比苏联和东欧转型中的国家也较慢，还没有完全认识到发展民办高等教育的积极意义。从各国的经验来看，要持续发展高等教育、满足人民日益强烈的接受高等教育的需求，还必须进一步发展民办高等教育，以解决经费难题。

其次，发展民办高等教育的积极意义，还在于面向市场需求，激活竞争机制，调整高教结构，改革管理体制，更好地培养适应经济与社会需求的应用型、实用型（职业型）人才。欧洲许多国家由于以公立大学为主体，相对地独立于市场之外，有利于保持传统精英教育模式，但不利于培养更多应用型、实用型（职业型）人才。

---

① UNESCO. Statistics Yearbook [Z]. 1980：198.

② UNESCO. Statistics Yearbook [Z]. 1990 (3)：58.

③ 根据中国统计出版社《2005年中国教育经费统计年鉴》第32－33页的数据计算得出。

最后，比较四种模式，我们还发现，高等教育质量的下降与办学体制并没有必然联系。的确，在东南亚和拉丁美洲地区，存在着私立高校质量普遍较低的问题。但是，在欧洲模式中，公立高校的质量也由于规模扩张而严重下降，即使在美国，高校的质量也是参差不齐的，可以说，最好的和最差的高校都在美国。这说明规模扩张导致质量下降是一个世界范围的普遍问题，它与采用何种模式发展高等教育并没有必然联系。相反，我们应该汲取上述国家发展私立高校过程中的教训，不能让民办高校仅依靠学费收入来谋求发展，不能让民办高校因受生存困扰而影响教育质量的提高。这就要求我国政府应该适当承担起补助民办高校的责任，以提高民办高等教育的质量，进而提高高等教育的整体质量。

美国高等教育治理的核心要义与内外格局①

一、美国高等教育治理体系的总体架构

美国高等教育体系完善，公立大学和私立大学共生，营利性私立大学和非营利性私立大学并存，办学目标多种多样，发展水平也参差不齐。它们在一个有序的竞争环境中自由发展。这都得益于其现代化的高等教育治理体系。

美国高等教育是继中学之后的教育阶段，是可自主选择的非义务教育。高等教育是在大学或学院进行的专业教育，也称为中学后教育、第三级教育。2015 年，美国的国家教育统计中心（NCES）公布最新的数字，截至 2014 年，全美共有 4 726 所具备学位授予资格的机构。这些机构包括公立大学、私立大学、文科院校和社区学院。其中 4 年制 3 026 所和 2 年制 1 700 所。美国在高等教育阶段共有 2 100 万学生，约占总人口的 5.7%，其中约 1 300 万为全日制学生②。美国高等教育形式多样、分类复杂，但各类高校能够各司其职、各安其位，形成全国性的学术秩序。美国的高校类型多种多样，它们在目标方面有所不同：一些高校较为强调工程、技术或商业课程，如理工学院和赠地学院，而有些大学则倾向于文科课程，许多大学结合了两方面的课程而成为综合性大学。最近这些年美国高等教育为世人较为关注的有：能力本位教育、

① 原载《江苏高教》，2016 年第 6 期。作者：左崇良，潘懋元。

② NCES. Degree-granting Postsecondary Institutions, by Control and Level of Institution: Selected Years, 1949 – 1950 through 2012 – 2013 [Z]. U. S. Department of Education, 2015.

教学方面较多地使用互联网（如在线开放课程，即 MOOC）、削减开支、迅速上升的学费和增加学生贷款。与英国和澳大利亚不同，美国较为重视高等教育中的文科教育，这在世界上是独特的。顶尖的科研水平和充足的资金投入使美国高校在世界上最负盛名。这使它们特别能吸引国际学生，而教授和研究人员还在奋力追求学术卓越。

美国高等教育是按照“团体格局”的图式来运转的，主要包括联邦、州、高等院校三个层面。高等教育的团体格局是基于制度而成的“机械团结”和基于文化而成的“有机团结”，条理清楚、环环相扣。这种团体格局的形成依赖于以下几种因素：一是国家制度；二是经济水平；三是政治地位；四是治理文化；五是教育体制。国体决定政体，经济决定政治，文化决定制度。几种因素的综合作用，形成了美国高等教育特定的治理模式。

为了更好地解析美国高等教育治理体系，我们使用社会科学通用的社会结构分析方法。系统动力学方法是研究复杂的社会系统的方法。有证据表明，系统动力学方法适用于关系复杂的高等教育领域，并有助于教育管理和研究走向科学化和精细化。我们借助于“流图”建模，以此构建美国高等教育治理体系的因果关系链和反馈系统，形成美国高等教育治理体系的协同机制图（见图 1）。

美国高等教育治理体系的本质特征是分权与共治，权力的分化和资源的合理配置，形成高等教育治理的协同机制，在深层教育结构和体制层面持续有效地推动高等教育秩序的构建。20 世纪 90 年代以来，私营部门、第三部门及各种社会组织频繁出现在美国公共事务管理的大舞台上。这些非政府部门与政府部门联结起相互依存的合作关系，就共同关心的问题采取集体行动；因此，“治理是政府与社会力量通过面对面的合作方式组成的网络管理系统”①。治理实质上是一种合作管理，一种以公共利益为目标的社会合作过程，主体之间存在权力依赖性和合作伙伴关系。大学董事会在美国高等教育中有着悠久的传统和突出的作用，是大学运行的首脑机构。由于高等教育机构类

① KETTL D F. Sharing Power：Public Governance and PrivateMarkets［M］. Washington D. C.：The Brookings Institution，1993：232.

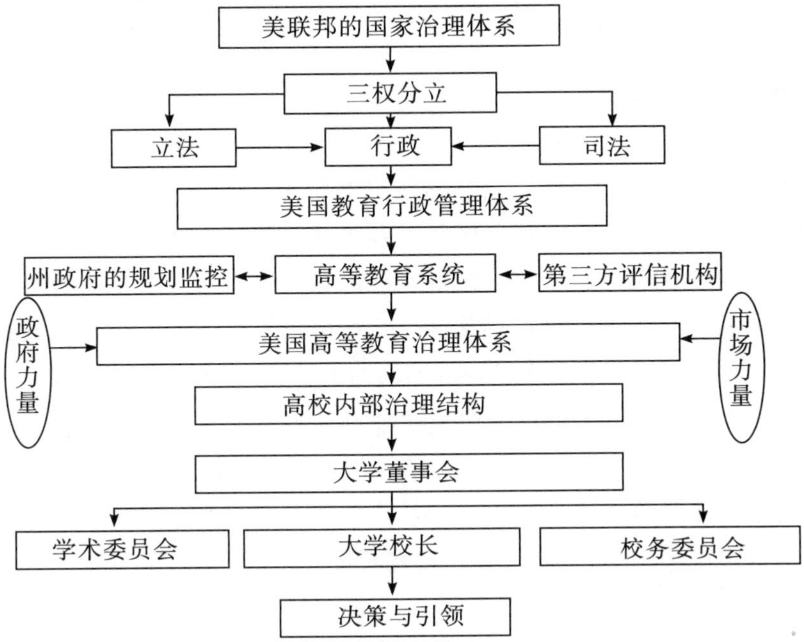

图 1　美国高等教育治理体系的协同机制图

型的多样性，大学董事会往往代表着多方面的职能和责任，并在很大程度上实现大学内部和外部人士的分权。校长是美国大学的核心角色，通过文化建设和管理决策，引领着一个学校的发展方向。哈佛大学在近现代的崛起主要得益于五位杰出校长的励精图治，他们以理念为先、以革新为本、以治校为业，接力引领着哈佛大学走上世界一流大学之巅①。在大学内部治理方面，向教师分权，让教师积极主动地参与到大学决策过程中，是学术民主的表现。美国各州不同治理模式中，教师参与的情况有所不同。加州大学伯克利分校可能是学术民主的先端，教师自觉地分享权力和参与治理②。美国高等教育治理具有规范性、优质性、效率性和公平性等优势特征的同时，也存在发展的

① 刘亚敏. 教育家校长引领大学崛起：以哈佛大学五任校长为分析样本［J］. 高等教育研究，2011（11）：100－105.

② TRAKMANF L. Modeling University Governance［J］. Higher Education Quarterly，2008（1/2）：67.

不平衡性等问题。针对美国高等教育的批评主要在以下几个方面：成本和财务，巨额债务，营利学校，学术标准的维持，大学生的毕业率，等等。

在过去的几十年中，美国政策制定者一直鼓励高等教育机构与私营部门结盟，使高校变得更有效率和承担更大的责任。高等教育具有强大的正外部效益，政府部门在新的经济环境下调整发展思路，部署这些创新，将之投入商业用途，将加强所在州的竞争优势。多年来，美国各州围绕税收优惠和其他激励措施，普遍建立了它们的经济发展战略，旨在吸引新的行业。由洛克菲勒政府研究所发起的一项研究发现，各州正越来越多地向高等教育系统寻求帮助，把大学的研究能力作为经济增长的引擎①。该机构还报告说，他们提供了一个广泛的以知识为重点的服务企业和其他用人单位的培训计划，包括定制、面对面的辅导、技术支持和协助管理。2000 年以后，美国的大学由联邦拨款转向企业资金，越来越依赖于私人慈善事业。在马里兰大学，诺斯洛普格鲁门公司（Northrop Grumman）已经资助了一个网络安全中心，设计了网络安全课程，并提供电脑和其他装备；在俄亥俄州，IBM 作为合作伙伴负责进行大数据分析教学；纽约州立大学纳米科学和工程学院，获得了数十亿美元的私人部门投资②。这些趋势表明，州级高等教育管理机构持续的努力在知识经济中已取得成功，成为经济发展计划的一个新的范例。

美国高等教育优异和卓越的重要因素在于一种政府、市场和高校的合作治理模式的运用。20 世纪 90 年代以来，随着高等教育普及化和规模化发展，美国高等教育财政治理呈现出以下四个方面的特征③：（1）政府层面，建立起与高等教育总体规划相配套的财政供给能力的统筹与规划；（2）法制层面，提供高等教育财政治理的政策鼓励和政策支持；（3）规划层面，落实大学法人责任，加强财政治理主权、治理意识与相应的战略规划；（4）专业层面，

---

① SHAFFER D F. Higher Education Systems are Assuming a Larger Role in the Economic Development Efforts of their States [J]. Economics, Management & Financial Markets, 2015, 10 (1): 54 – 79.

② Belkin, Douglas (7April 2014). Corporate Cash Alters University Curricula [Z]. WSJ, Retrieved 23 April 2014.

③ 程青英. 资源约束下的高等教育治理：当代美国大学财政治理给我们的启示[J]. 现代教育科学，2012 (1): 44.

建设专业化的大学财政治理团队。在现代社会中，高校已远远超出了其早期的作用。它们现在是国家的三大原料供应商，在科学、技术和其他领域的探索，提供大多数在重要机构工作的专业知识，训练成年人的技能达到执业要求，管理各种各样的组织，创建一个技术先进的经济体①。在美国高等教育治理体系中，政府放松管制，主要发挥引导作用，市场和高校在资源配置中充分发挥主体作用。

美国早已建立了学界公认的评价机制，学术自由被认为是一种工作条件。大学的终身教职强调的是学术自由和学术独立，强调学术逻辑，强调大学自身的逻辑，大学成为捍卫学术自主性的堡垒。但是，即便是在美国大学，学术自由也会经常受到各种挑战②。市场力量日益渗透到高等教育领域，围绕学术资本主义展开的大学治理模式的重构，通过引入以管理主义治理院校的新型模式，大学深化并扩大了自身的危机。德里克·博克指出：坚持学术价值，拒绝让大学听命于经济逻辑，就是坚持学术自由。大学不是风向标，不能什么流行就迎合什么。大学应不时地满足社会的需求，而不是它的欲望。现代大学的开放，是在保持大学独特本性、品格、精神、尊严的情况下进行的。大学教师之所以享有学术自由乃是基于一种信念，即这种自由是学者传授知识与探索真理之工作所必需的，同时也因为学术自由的气氛乃是科学研究最有效的环境。

二、美国高等教育治理的核心要义

美国高等教育顺应教育的发展规律，糅合本民族特有的信念，结合本国政治体制，注重法律规则的运用，形成了内涵丰富的治理理念和目标取向。

（一）分权制衡：美国高等教育治理的基本理念

在美国高等教育治理的话语体系中，工具理性渗透着价值理性，治理方

① BOK D. The American System of Higher Education [M]. Princeton: Princeton University Press, 2013: 9 – 27.

② DREYFVSS S, RYAN M. Academic Freedom: The Continuing Challenge [J]. Libraries and the Academy, 2016, 16 (1): 1 – 9.

略浸润着治理文化。美国高等教育治理的基本理念是分权制衡，这种法权配置方略与其政治经济体制相关。美国分权共治制度源于其早期的分权思想，受孟德斯鸠等思想家的影响，美国人高举自由民主的旗帜，确立了行政、立法、司法三权分立的政治体制。独立战争后，联邦形式的资产阶级政治制度为美国地方分权的高等教育管理体制打下了政治基础，1789 年宪法又为其奠定了坚实的法律基础，最终演变成当下的分权制衡的治理模式。美国人都有这样一种信念，他们相信一种自由、不受束缚的高等教育系统具有长远效益，政府通过宪法、法令、预算拨款和管理政策等方式为大学提供足够的资源和自由的保障。国家在明确的政府指导方针以内赋予大学以自主权，大学有权制定它们自己的使命和目标，并肩负责任。这样，高等教育能够与时俱进并更富革新精神。

美国高等教育的分权制衡，旨在建立一个分化而又制衡的高等教育权力结构，通过异权分割，形成不同权力主体之间的权力制约关系。从法理上分析，完整意义上的高等教育的“分权”必须包括“分立”与“制衡”两个因素，缺一不可。高等教育的分权制衡存在纵向和横向两个维度。纵向上的权力主体是联邦政府和州政府，横向的权力主体是政府、社会、市场和高校。在联邦制的美国，高等教育的治理主体在于各州政府。美国以州为主、联邦辅助的教育管理体制反映出两级政府的上下协调关系，有利于地方上更多的人士参与到高等教育中来。在横向上，政府对高等教育的治理是一次公共教育权力在政府、社会、市场、院校之间更大范围的分配。政府通过高等教育分权，实现了权力在不同主体之间的转移和制衡，形成了权力的多中心。从法律的角度来讲，相对于政府对大学的纵向控制，大学与市场之间的关系主要是一种平等的民事主体关系。大学与市场的关系，其本质反映的是政府与市场在高等教育领域的力量博弈。由于政府是一种强势的公权力，政府的决策影响着市场介入的程度。美国联邦政府和州政府都选择主动退出一些领域，而让市场更多地参与进来，因此市场对美国高等教育的调节作用十分明显。政府向市场分权，增强美国高等教育的市场取向，政府调控与市场调节构成既矛盾又统一的两种力量，共同作用于高等教育的运作过程。

美国高等教育治理的首要原则是分权制衡、共同治理。在多元文化的美国，治理文化在高等教育体系建构中起着基础的作用。在大学治理结构中，分权共治的理念得到体现，在学术权力和行政权力的互动过程中，权力制衡原则有效地发挥作用。美国加州地区就能反映这种制度安排的成效。加州地区高等教育体制完整而发达，可谓美国州级高等教育的杰出代表。加州大学、加州州立大学、加州社区学院、加州私立大学四大教育系统，以加州地区教育法案和各大学章程为基础，构建组织松散、层次清晰、权力制衡、共同治理的高等教育治理体系①。州级高等教育治理体系未来发展的趋势是：进一步提高教育政策的稳定性、治理理念的创新性、治理结构的简洁度、治理职责的明晰度和治理行为的透明度。

（二）增进效益：美国高等教育治理的目标导向

美国是一个重视教育尤其是重视高等教育的国家，增进效益、提高质量是美国当代教育改革的基本目标。1958 年美国颁布《国防教育法》，明确了国防和教育的关系，把教育的发展视为关系国家安危的核心要素。《国防教育法》极大地改变了美联邦与教育的关系，对美国高等教育的影响深远，具体表现在高校规模、师资、研究生教育、科研、通识教育、外语教学等方面的显著改变。20 世纪六七十年代，美国高等教育进入到大众化阶段，大学的内外部关系更为复杂，传统的院校自治受到威胁，“利益攸关者”（stakeholders）成为大学治理的一个新的要素。一方面，大学利益攸关者增多，包括教师、学生、雇员、资助委员会和社会公众等；另一方面，大学利益攸关者对大学的关注度增强，而且诸多利益攸关者对大学的要求不一，有时甚至是矛盾的，因此冲突不可避免。为了降低冲突所带来的破坏力，为了高等教育的可持续发展，美国教育决策者将共同治理和增进效益作为高等教育新时期的管理目标。

高等教育质量被美国人视为一种参与全球竞争的核心竞争力，高等教育的效率和效益是其关注的重点所在。20 世纪 80 年代中期以来，美国公共部门的管理方式发生了变化，出现了一种以市场为基础的新公共管理模式。新公

---

① 李威，查自力．美国加州地区高等教育公共治理结构的特征研究：基于州教育法案和大学章程的分析［J］．现代教育科学，2016（1）：139.

共管理模式是以质疑官僚行政有效性为前设，以精简、重建和改进为手段，以追求“3E”即 economy（经济）、efficiency（效率）、effectiveness（效能）为目标。与此同时，美国政府通过放松政府管制的方式对大学进行授权，通过主动退出一些领域而对市场和社会公众进行授权，通过下放决策和解决问题等权力而对教师进行授权，通过多元资金援助等方式吸纳校外人士参与大学治理，通过下放课程选择权以反映学生的需求。新自由主义和新公共管理对高等教育的影响主要体现在四个方面，即效率与问责制、认证与普及化、国际竞争力、私有化①。在更广泛的意义上，政府与私人部门这种新的伙伴关系可能是被称为“灾难资本主义”的证据。灾难资本主义，危机通常被视为经济机会。高等教育管理机构制定合同规范，为企业家提供进一步的机会。美国高等教育中的责任危机可能是这样的一个机会，导致美国高等教育“空心大学”的出现②。在空心的大学，州议会、智库的专家、来自私营部门的领导人和高等教育管理者共同创造一个环境，高等教育机构与私人部门结成伙伴关系，导致“学术资本主义”的出现。

在现今环境下，学术人员、行政人员和校外人士共同发挥作用的高等教育协商模式是令人满意和高效的。这是一种宽泛的、成功的共同治理模式。其强调的是两个关键问题：尊重学术自由，为学术人员提供主动参与院校管理的空间和条件，但同时并不妨碍院校功能的发挥，使大学能对迅速变化的外部环境做出适当的反应。这不仅使美国高等教育的管理和运行更加有效，而且极大地提升了美国高等教育的社会公平性，保证了美国高等教育的质量，打造了美国高等教育强国的形象。

提高质量、增进效益是美国社会各界“不约而同”达成的共识，是高等教育公共治理的目标所在。基于教育公共治理理念，构建高校内外“双重”教育质量保障体系是美国高等教育发展的价值选择。学术委员会是美国高校的最高学术机构，负责制定本校的学术标准、审定和评定学术事务、对高校

---

① 托里斯. 知识商品化：高等教育的福音还是灾难［J］. 许心，译. 北京大学教育评论，2014（1）：1－16.

② JETIZIA A J. The Hollow University：Disaster Capitalismbefalls American Higher Education［J］. Policy Futures in Education，2016，14（3）：360－376.

教师和学生所达到的学术水平和相关资格进行审查。高等教育认证机构是以教育质量保证和改进为宗旨、为院校（专业）提供教育认证的社会组织，通过实施认证评估等方式参与高等教育治理，间接影响到教育政策的制定，业已成为美国高等教育治理机制的重要组成①。认证机构设定大学和学院的标准，如学校的财务偿付能力、图书馆的质量、学术质量、教师持有的学位和教师的出版记录。未被正式认可的机构也存在，如圣经学院，但其学生没有资格获得联邦政府的贷款。美国高等教育管理中心与印第安纳大学共同研发了 NSSE 项目，其全称是 National Survey of Student Engagement，他们主持了“全美学生参与度调查”。NSSE 是高校质量评估的新范式，NSSE 的 2011 年报告指出：当美国高等教育标准在置于一个竞争性很强的全球背景中被评估时，NSSE 数据真实而深入地洞悉了高校学习环境的质量②。美国高等教育认证机构独立于政府并能够担保高校的学位质量，其治理特征鲜明、成效显著。

三、美国高等教育治理的内外格局

近三十余年，美国掀起了一场公共教育体制重构运动，其核心是分权和共治，两者共同体现了美国高等教育治理的内外格局。

（一）以法定权：美国高等教育治理的内在要求

美国高等教育分权共治的内在要求是以法律为基础，分权与问责相结合，以法定权，权责对称，最终实现高等教育法治化。首先，高等教育分权的立法机制保证了高等教育立法活动规范、有序、有效地运作，从而对美国高等教育法治化提供了制度保障。其次，良好的治理结构实现了高等教育的分权和制衡，调动了各方的积极参与，在契约管理下实现共同的使命。最后，规范的制度设计创造了良好的学术秩序，授权与问责的有机结合，使得高等教育的权力主体各司其职、各负其责。

---

① 宣葵葵. 美国认证机构参与高等教育治理探析［J］. 浙江万里学院学报，2012，25（3）：89－93.

② 程欣. 高校质量评估的新范式：美国 nsse 2011 年报告解析［J］. 中国大学教学，2012（9）：91－93.

美国高等教育宏观治理注重立法权的“分享”和权力重心的下移，立法权的分享包括“分立”与“制衡”两个因素，权力的重心下移表现在联邦政府不直接管理高等教育事务，州政府对本州的高等教育负主要责任。美国高等教育微观治理的特征是大学法人化。大学法人化是以法律的形式确认大学的独立法人实体地位，法人治理已成为美国大学治理的常态。在美国，存在着两类大学群体：公法人和私法人。两类大学按照不同的性质享有不同的法律地位：美国的私立大学根据契约性的特许状享有私法人地位；大部分州立大学具有独立于政府的公法人地位；少数从属州政府的大学被看成是政府机构的延伸，没有独立于政府的法人地位，或者说其有限的法人地位依赖于政府的授权或委托。法人意味着人格独立和组织自治。美国大学多实行“法人—董事会制度”，每所大学都有自己的章程。董事会的权限载于批准设立该校的特许状或议会法案中。

美国是一个世界公认的法治国家。这在美国高等教育行政管理中表现得较为突出。美国高等教育行政依法治理，赋予了高等教育制度以较强的法治化特征。制度是由社会符号、社会活动和物质资源所组成的多层次稳定的社会结构。它包含三大要素：法令规章（regulative）、规范（normative）和文化认知（cultural-cognitive）[①]。政府的角色是制定法律规则和民主标准，根据效益原则进行资源分配，引导和监控高等教育的发展。对于高等教育的道德行为，旧时的行会规范的控制作用已经削弱，需要新的规则和机制，用更加明确的契约和更加公正的学术法律制度来取代行会的规范和实践。

美国高等教育的学术法律制度充分体现了对学术自由的尊重。美国大学教授协会（AAUP）和美国高校协会（AACU）多次声明学术自由的原则。它们认为，教师在研究和公布结果方面有充分自由，教师在课堂上具有充分的主体资格；但教师们要小心，不要在教学中引入有争议的问题。许多州的宪法授予高校师生自由学习、教学和研究的权利。在美国，最高法院认为学术自由是宪法第一修正案的宪法权利，即“国会不得制定法律……剥夺言论自

① SCOTT W R. Institutions and Organizations [M]. California: Sage Publications, 2001: 49 - 58.

由”。1957 年法院总结出的“四大自由”构成了学术自由的基本内容。学术自由意味着高等教育机构可以“确定自己的学术依据，谁可以教，什么可以教，如何教，谁可能被录取的自由”。但是，学术自由不是没有限制。一位大学校长和文化理论的学者奥尔森加里解释说：学术自由给教师和学生的权利，他们选择研究的主题，得出什么结论，他们的发现与他们的研究相一致，但这并不妨碍别人发出声音，根据他们的结论判断他们的工作是否有价值。大学与学者作为学术自由的主体，在享有自由权利的同时，必须履行一定的社会责任。哈罗德·珀金（Harold J. Perkin）对大学的这一矛盾困境有着深刻的洞察。“当大学最自由时它最缺乏资源，当它拥有最多资源时它则最不自由。”① 雷斯（Dressel）认为，“个人、组织、群体实质性自治的扩大意味着义务与责任”。他明确提出，拥有学术自由权的大学，至少应该履行如下责任：大学有责任用好社会配给的资源，明智而合法地完成相应的组织目标；大学有责任收集更充分的证据以证明目标的达成度；大学有责任去评估支持目标的证据是否经济、有效、恰当；大学有责任持续革新以提高现有方式的有效性并寻找更有效的方式②。

美国高等教育的分权共治制度力求使每一个权力主体的权力与其所承担的责任相对称，在权力主体所被赋予的权力和它所承担的责任之间建立对等关系。与分权授权相配套，美国高等教育建立了复杂的问责制度。高等教育问责制是一种法律制度，是在权责明确、权责统一的基础上，利益攸关者对承担责任的高校及其教育工作者在教育、教学与管理过程中的误为、不为和滥为产生的后果进行责任追究的一系列制度。其实质是以公众权利制约高校权力，以消费者本位代替学校本位的一种具有民主监督特征的制度设计。其中，政府对大学的问责最为严厉，不仅要对大学进行合法性监督，还需对大学进行合理性或合目的性进行监督。在授权的基础上，问责制被广泛引入到

① 克拉克，等. 高等教育新论：多学科研究［M］. 王承绪，等译. 杭州：浙江教育出版社，1987：24.

② ALTBACH P G，BERDAHL R O，GUMPORT P J. American Higher Education in the Twenty-first Century：Social，Political，and Economic Challenges［M］. Baltimore：The Johns Hopkins University Press，1999：73.

美国高等教育领域，尤其是依赖于公共财政支持的公立大学。高等教育问责是高校作为问责主体，按照法律和道德的要求，提交问责报告，就如何使用公共资源及达到何种效果等方面向政府和公众做出解释和回答。这种制度有助于知识的创新和促进社会公正。

（二）多方共治：美国高等教育治理的外在格局

美国高等教育治理结构具有多主体性和协同性的特点，这与美国大学的发展历史和社会环境有关。纵观高等教育发展史可以发现，美国大学治理结构并非刻意设计的结果，而是由大学的内部逻辑和外部压力的对抗而历史地形成的。早期的美国学院直接移植了英国的大学法人制度，采用外行董事会作为学术法人的权威代表，形成了教授、董事和行政人员共同治理的结构形式。随着历史的推进和社会的发展，美国的大学治理日益复杂化，多个利益主体相互冲突、相互约束。行政权力和学术权力的交融与制衡是英美大学治理的共同特征，但在权力的重心方面，美国与英国不同。美国的大学董事会享有更大的权力，大学通过社会名流而获得足够的办学资源，教授们的权力相对较少。2000年以来，大学组织呈现出更大的复杂性，内部出现分化，外部联系增加，大学变得更加扩散，大学内部不同利益集团的冲突以及这些集团和外部集团的斗争，都在持续加强。在大学的内部关系中，学校与院系、学术与行政、大学管理者与师生之间存在矛盾冲突；在大学的外部关系中，政府、市场与大学三者之间也有明显的权力博弈。

美国高等教育治理的外在格局是多方共治，表现为纵横两个维度的法权结构。美国高等教育系统的纵向结构中，国家级的正式权力比较小，中间级（州，联合大学，大学）的组织较强，基层（学院和系）在人事和课程等方面有较大发言权。纵向结构中各层次的权力互相依托，呈现出“两头小中间大”的权力格局，其配置模式可概括为“强有力的中层管理”。进入到21世纪之后，美国高等教育又出现权力配置新趋势：教授们的专业权威在基层机构得到加强，行政人员的官僚权威在中层机构得到加强，董事和其他校外人士的公众权威在国家和州一级得到加强①。美国高等教育治理的横向结构的特点是多主体、多中心。多元主体的良性互动、市场机制的适度引入、社会的积极参与，很大程度上打破了政府对公共教育的垄断和大学对学校事务的绝对控制，形成了权力的多中心格局。在质量保障方面，美国更多地依赖民间机构和公民个人对高等教育的热情参与，建立起公私部门的各种伙伴关系。在共同治理结构中，特别明确了外行成员的作用以进行有效的评审，通过第三方组织来监控高等教育质量。

美国高等教育的多方共治体现为“国家—大学—社会”动态均衡的治理结构，以及三者的制度化合作治理机制。非政府组织承担重要的管理职能是美国高等教育管理模式的特色。美国高等教育领域中，存在着数量众多、类型多样的协会组织。这些协会组织是一支不可或缺的力量，承担着多项重要的职能：促进高等教育的跨区域协作，实现区域教育资源共享；传递高校和社会呼声，影响政府教育政策制定；接受政府委托，协助政府调控高等教育的发展；制定高教领域职业活动规范，捍卫活动主体权益；参与院校决策，发挥监管和协同作用；规范高校办学行为，评估高等教育质量②。美国高等教育协会能有效参与高等教育治理，除了适宜的外部环境外，也与这些组织自身的特性有关。组织目标的高远、工作机制的独特和成熟、监督机制的完善、协会间力量的整合、对协会工作的研究和人员培训、组织成员的专业化和敬业精神等，这些都为美国高等教育协会组织有效参与高等教育治理提供了重要支撑。民间的协会组织参与高等教育治理，具有无可比拟的优越性，但不可避免地也会带来一些弊端，比如增加了高等教育的运行成本。

高等教育的协调机构在美国主要有州级和联邦级两个层面。各州的高等教育的协调机构主要是代表州政府或作为州政府与高等教育机构之间的中间人行使治理、协调或规划、服务的职能，其定位具有中介性和地方性，功能

① 左崇良. 美国高等教育的分权与共治 [J]. 国家教育行政学院学报，2013 (8)：90 -95.

② 黄敏，杨凤英. 第三方治理：美国高等教育协会组织的管理职能 [J]. 河北师范大学学报（教育科学版），2014 (3)：76 -81.

具有多样性和市场性①。州级高等教育协调机构主要有三种类型：统一治理委员会、协调委员会和规划委员会。协调机构在美国的每一个州都有一个实体，旨在促进高等教育机构之间的协调和合作。20世纪80年代以来，受外部环境变迁等诸多因素的影响，高等教育协调机构的职权范围发生了变化。传统的整体规划、预算评估、学生资助管理等功能大大弱化，致力于政府问责和高校自治的平衡，成为新时期州级高等教育协调机构的首要职责②。为了更好地达成地区之间的沟通与平衡，美国州际高等教育也建立了协调与合作机制。其中，州际高等教育协定和州际学费互惠协议，是两种主要形式③。另外，美国还有全国性的协调机构，比如美国大学联合会（AAU）。美国大学联合会被称为一流研究型大学的“贵族俱乐部”。该机构一方面通过制定严格的入会标准和院校治理规则来塑造精英大学的组织行为，进而影响成员高校制定院校政策；另一方面，通过报告、信函等方式对联邦政府进行游说，就科技政策、科研资助等重要问题为研究型大学争取资源。作为第三方组织，美国大学联合会积极有效地促进了美国主要研究型大学之间及研究型大学与联邦政府、社会机构之间的交流与互动，成为影响美国高等教育治理的重要力量④。总之，高等教育的协调机构通过多方的交流和沟通，致力于实现高等教育的广泛合作和资源共享，解决高等教育的矛盾和争端，协助制定和实施全国性或区域性高等教育政策，扩大高等教育入学机会，进而提升高等教育质量。

美国这种自由而又分权的体制具有很大的优越性，政府与教育部门或政府以外的有关人士进行广泛协商，并加强他们的互动合作。政府与大学之间是指导、服务与被指导、被服务的关系。国家和政府对大学的管理主要是经费的支持和质量的监控，较少直接干涉大学自身事务。这样，在政府与大学

① 杨文明．美国州级高等教育治理组织：定位、职能与分类［J］．外国教育研究，2013（11）：107－115．

② 王景枝．美国州级高等教育协调机构的权力演变［J］．外国教育研究，2009（11）：87－91．

③ 彭红玉，张应强．美国州际高等教育协调与合作机制及其启示［J］．高等教育研究，2012（4）：99－104．

④ 沃恩，杨曦．促进国家和全球利益：美国大学联合会的作用［J］．清华大学教育研究，2008（1）：6－9．

之间通常会出现各种形式的缓冲组织。每一所大学都自成一体，形成独立的学术中心，进行高水平的科学研究。大学与大学之间进行激烈而又友好的竞争，竞争生源、竞争资金、竞争设备，在相互竞争中逐步明确了目标，提高了创造力和适应性。在大学内部，通过明确院校的目标和绩效，使大学组织对自己的行为负责、对公众负责，进而带来了大学组织成员的价值观、行为规范、态度及期望值的改变。大学评议会在学术事务方面拥有较大的决策权力，在制订战略计划中发挥了关键作用。大学教师在一种宽松的氛围中开展科学研究，进行高质量的专业教育。学生个性各异，选择自己喜欢的课程，努力进取以超越他人。

基于分权共治的教育治理理念，构建现代化的教育治理体系是美国高等教育发展的价值选择和现实举措。经过历史上的长期发展，美国现已形成一种治理过程规范化、治理主体多元化、治理组织网络化、治理机制弹性化的教育治理体系。这些方面共同体现了美国高等教育治理的内外格局。

百 岁 感 言

我即将进入百岁高龄，但仍耳聪目明，思维清晰，可以授课、指导研究生、作报告、写文章。许多人问我有什么长寿秘诀。

说是遗传：我的祖父母在我出生之前，均已辞世；我的父亲虽高寿达八十一岁，但我的母亲五十岁就去世了；我有兄弟姐妹共十人，除大姐、四弟和我高寿外，余均夭折；对我影响最大的二兄潘载和，也只活到二十一岁就染肺病去世。

说是健康：我一生身体多病。我的最早记忆（约三岁或四岁），就是在病榻上母亲的擦摩；其后的记忆是少年时经常得感冒和胃病，青年期经常患恶性疟疾（打摆子）。一生还生过几场大病：十七岁时患伤寒；五十二岁时患急性黄疸肝炎；六十四岁时胆结石急性发炎，两次手术，切除了胆囊；如今是肝癌经放疗在养病中。疾病的磨难使我后半生腰弯背驼。

说是运动：身体运动，有利于健康，的确如此。但我只在青年时喜欢翻双杠，其后坚持做掌上压，现在只是每天做十五分钟的简式太极拳而已。

我的理解：身体的运动很重要，大脑的运动更重要。大脑是全身的“司令部”，指挥全身活动。“心之官则思，思则得之，不思则不得也。”人应当保持大脑有足够的运动量。例证：选择做官员，在位时忙于开会、作报告、处理种种复杂问题，精神焕发，身体健康。退休之后，“门庭冷落车马稀”，很快显得老态龙钟；选择做生意人，在谈生意时，跑市场、陪客户，酒酣茶热，满面红光，生意做完，“人一走，茶就凉”，也容易催人衰老；而从事教学与科研工作的人，可以退而不休，继续从事脑力活动。如果说有什么长寿秘诀的话，这就是我所体会的秘诀——大脑的运动比身体的运动更有利于长寿！因此，身体从职位上退下，但大脑不要“退休”。人要退而不休，发挥余热。西方有一种更有意义的说法：“迎接人生的第二个青春！”

潘懋元
2019年10月28日于厦门

编 后 记

传承是根，创新是魂。

编纂整理《潘懋元文集》具有极其重要的理论意义、历史意义和现实意义。在潘先生百岁华诞暨从教 85 周年来临之际，编纂整理《潘懋元文集》（第二版），其意义更为重要。

世纪老人潘懋元先生是中国高等教育学科的奠基者和创始人，是学术上的“老人与海”。潘先生人生经历丰富，内蕴深刻，富于传奇。他的学术成果丰硕，富有创见。早年作品涵盖诗歌、散文、杂文和小说等，很有文学功力，如果在这条路上走下去，说不定会成为文学大家。然而，潘先生志向不在于成为文学家，而是矢志从教和教育研究，他甚至说：“如果有来生，我还愿意当教师！”他不是一般的教师，而是具有学术创见和学术生命力的教师。作为我国高等教育学的创始人，他创造了一种存在！他的学术生涯开创和见证了我国高等教育研究的发展历程，他的学术成果反映了我国高等教育学科建设和高等教育研究的理论创新。他的学术事业不仅为我国高等教育事业的发展做出了重大贡献，而且对世界高等教育研究做出了创造性贡献。这些贡献体现了中国学者的文化自信、责任担当、精神风貌和卓越成就。

编纂整理《潘懋元文集》（以下简称“文集”）是一项宏大的工程，聚集了不少人的智慧和努力。这里有必要简介文集的构想和编辑过程，同时表达最真诚的谢意。

首先，需要说明的是，《潘懋元文集》（第二版）是在 2010 年出版的第一版文集的基础上重新整理而成的，主要是加进 2010 年以后的内容，也有少量 2009 年以前的内容。

最初提出编纂文集设想的，是广东高等教育出版社原社长张耀荣先生。2008年5月，厦门大学教育研究院在院庆30周年之际举办“大学教育质量的理论与实践研究”国际学术研讨会，参加会议的张耀荣先生向潘先生提出，希望出版《潘懋元文集》，以及出版厦门大学教育研究院承担的“国家985工程中国特色高等教育体系研究”系列成果。这一想法得到潘先生的同意和厦门大学教育研究院的支持。潘先生便将整理文集的任务交给了我。我想一个重要原因是，在跟随潘先生做博士后期间，我整理过《潘懋元教育口述史》，以及协助潘先生在广东高等教育出版社出版“高等教育大众化研究丛书”（如《现代高等教育思想的演变——从20世纪到21世纪初期》《中国高等教育大众化的理论与政策》《中国高等教育大众化的结构与体系》等），任务完成得还不错。我深感责任重大，使命光荣，欣然受命。很快，我们组织了一支精干的团队：除我之外，还包括韩延明教授（临沂大学，当时是校长）、李均教授（深圳大学）、向春博士（深圳大学）、刘志文教授（华南师范大学）、李枭鹰教授（广西民族大学，现大连理工大学）等。经过两年多认认真真、踏踏实实的埋头苦干，文集终于在2010年庆祝“潘懋元先生九十华诞暨从教七十五周年”研讨会之际首发，受到高度评价。

光阴似箭，一晃又是十年。青山不老，绿水长流，潘先生的学术生命力依旧生机勃勃。潘先生虽已百岁高龄，仍耳聪目明，思维清晰，继续指导研究生、讲课、做报告、写文章，活跃在教学第一线，而且是老当益壮，益见其高远的智慧。

2018年底，广东高等教育出版社领导提出进一步修订出版《潘懋元文集》。广东高等教育出版社副社长钟凌翊女士与我通电话讲到修订文集事宜，我立即打电话向潘先生汇报此事，潘先生欣然同意。而且，潘先生电话中的反应敏锐让人惊叹不已。听我讲了重新修订文集的事宜后，潘先生接口就说：“好啊，辛苦你出力、出版社出钱，辛苦啦，谢谢哈！”我一听也笑了，老爷子青松不老，太厉害了！跟着潘先生干活，再辛苦也是幸福的，何况我能借此机会再次认真而系统地品读潘先生的作品，从中受益。

广东高等教育出版社的领导真是能干事的人，其出版眼光和务实精神让人很生敬佩。通过电话不久，钟凌翊副社长从广州来到深圳，与我面谈修订文集的具体设想和准备工作，虽然在电话中我一再说这事我一定会重新干起来，不用亲自过来，电话沟通就好。总编辑黄红丽女士更是积极，她当时正在福州组稿，又电话约请钟凌翊副社长立即奔赴厦门，她们一起登门拜访潘先生，商谈再版文集事宜。其诚可鉴！

不久之后，黄红丽总编辑、钟凌翊副社长和我一起去厦门拜访潘先生，讨论文集修订方案。印象深刻的是，黄总编、钟副社长一行先从广州到深圳，在深圳高铁站与我会合，一起去厦门。我一到深圳高铁站，大吃一惊，这么多人！我原以为只是我和黄总编、钟副社长三人行，结果发现她们几乎整个编辑团队都出动了。有些是我认识的，她们原来就参与过文集（第一版）或“高等教育大众化研究丛书”的编辑工作；也有新面孔，她们都是认真干事的人。

在修订文集的方案中，我们确立了“框架不变，分类整理，依照时序，加进新鲜”的原则，以及“人员到位，统筹兼顾，分工合作，各负其责”的原则。接下来，我们立即全身心投入，认认真真干起来。具体分工情况及体系如下：

肖海涛：卷一·高等教育学讲座

肖海涛：卷二·理论研究（上、下）

李　均：卷三·问题研究（上、下）

肖海涛：卷四·历史与比较研究

刘志文：卷五·序文

朱乐平：卷六·讲课录

向　春：卷七·昔年作品及其他

韩延明：卷八·潘懋元教授纪事年表

肖海涛：卷九·潘懋元教育口述史

这里特别要对编辑工作做些说明。

卷一，在保持原貌的基础上，少量地方由于时代发展加进了注释。卷二、卷三、卷四，包括潘先生有关高等教育理论研究、问题研究、历史研究、比较研究等内容，分别由我和李均教授负责。这部分内容繁多，工作量大，搜集资料，按主题进行分类和进一步再分类，是一件很细致的工作。好在我和李均教授是同事，同事合作的好处是非常便利和默契。在文章分类上，我们根据材料，逐一整理，共同协商，分工合作。在这个过程中，包括在平时的工作中，李均教授都给了我很多帮助。

卷五，由华南师范大学的刘志文教授负责整理。当初人手不够，我打电话给刘教授，请他负责序文卷，他毫不犹豫，满口答应，工作认真，高效负责。而每当我给他打电话道谢时，他总说是应该的。

卷六，是潘先生最新版的讲课内容，由厦门大学的博士生、潘先生的学术助手朱乐平负责。我们都知道，潘先生虽已百岁高龄，但仍活跃在教学第一线，而且一讲课就是整个上午。这卷讲课录就是潘先生给2019级博士生讲授“高等教育学专题研究”课程内容的讲课实录。

卷七，包括潘先生早年的学士学位论文、文学作品、人物回忆、杂文、散论等，由向春博士负责整理。这卷新加进了一些有趣的篇章。韩延明教授在整理纪事年表及诸位院友在查阅资料的过程中，一旦发现潘先生早期的作品，就在院友微信群中发布，我们如获至宝，赶紧收录在文集中。潘先生15岁开始从教，实际上他在15岁之前的中学时代就开始了创作和发表，文集收录的最早作品是从他16岁时开始的。这里也特别要感谢刘海峰教授，他在浩如烟海的厦门大学图书馆馆藏中查到了潘先生1945年的本科毕业论文；还要特别感谢刘志文教授，10年前他带领学生去广东省图书馆查阅潘先生1949年以前的作品，搜集到不少珍贵史料，其中不少作品是潘先生自己并没有保存的。

卷八，包括潘先生各个时期个人生活、学术活动等内容的照片和教学、科研及学术活动纪事，由韩延明教授负责。这部分涉及日常生活，时间跨度大，内容细致而繁多，韩延明教授作为校长亲力亲为，真是了不起，他以极大的兴致和求真务实的精神，很早就开始做这些耗时耗力的细致工作。在编纂文集过程中，我们多次通电话，相互讨论，相互鼓励。

卷九，由潘先生口述，我和殷小平博士整理，2007 年北京师范大学出版社出版。在潘先生温馨的家中，听着潘先生口述其丰富的教育人生经历，是我们珍贵而难忘的回忆。这次将《潘懋元教育口述史》补充进文集之中，稍加修改，并加进一些新的照片，生动地反映潘先生的教育人生，有助于加深对潘先生作品的理解，也使得文集更为完整。遗憾的是，潘先生的另一本侧重谈高等教育改革的口述史《实践—理论—应用：潘懋元口述史》（2019 年华中科技大学出版社出版），由于未满合同期，不能收入文集中。

再者，要特别感谢潘先生的家人、厦门大学教育研究院的领导及师生、众多院友对文集的支持。虽然在工作过程中我们一直踏踏实实地埋头苦干，没做刻意宣传，但仍收到不少关心和问候。厦门大学教育研究院院长别敦荣教授、华中科技大学教育科学研究院原院长张应强教授等多次表达关心和问候。还要感谢为文集搜集资料的潘先生的博士生朱乐平、刘明维等，以及为第一版文集搜集资料的葛喜艳博士、冯晓玲博士等。

当然，最需要特别真诚感谢潘先生对我们的信任，将出版文集这一重大事情交予我们，能够参与其中是我们的荣幸。

有时候，对一个人，你越走近他，就越崇敬他。我们对潘先生的感觉就是这样的。在研究潘先生的过程中，我常情不自禁地感叹：“我越来越崇拜潘先生了！”“高山仰止！”于我而言，能做潘先生的学生是幸福的，能整理潘先生的教育口述史是幸福的，能一再整理潘先生文集更是幸福中的幸福！

潘懋元先生是一个传奇。研究潘先生丰富而传奇的教育人生，可以发现，他的学术人格、生命意蕴和人生哲学有两个鲜明的特征：一曰“诚”，二曰“闯”。

“诚”是中国文化的核心概念，是潘先生立身处世的生命哲学。他赤诚向学，忠诚教育，精诚开拓，如《中庸》所言：“诚之者，择善而固执之者也”，“诚则明矣，明则诚矣”，“唯天下至诚为能化”。

“闯”是潘先生的英雄本色，是他大丈夫立德、立功、立言的本体功夫。他性格乐观坚强，敢闯，善闯，能闯，敢于创新，敢为天下先，闯出了一条建设和发展中国特色高等教育学之路。

两者合起来，潘先生是诚中有闯，闯中有诚；因诚而闯，由闯见诚；二者的和谐统一，成就了他的教育事业，也为国家的教育事业做出了贡献。

概言之，潘先生是一名优秀的教师，他忠诚国家和人民的教育事业，真诚地热爱教师职业；潘先生是爱国的人民教育家，他“板凳敢坐十年冷，文章不写半句空”，“精诚所至，金石为开”，开创出高等教育学这门“中国创造”的新兴学科。

今天，我们无限自豪、满怀欣喜地看到，中国高等教育学学科体系日益成熟，研究队伍日益壮大，科研成就硕果累累，对不同层面的教育政策和实践产生了积极而有效的影响……这一切，潘先生功不可没，真可谓：

由诚而成懋业，

敢闯而创新元。

最后还需要说明的是，文集涉及的研究成果内容丰富，时间跨度大，编辑加工难度大，难免有不当、错漏之处，敬请批评指正。

肖海涛

2019 年 10 月 30 日初稿

2020 年 4 月 23 日修改于深圳半塘斋